让 我 们 一 起 追 寻

拜占庭的

BYZANTIUM

从拉丁世界到东方帝国

THE Early Centuries

新生

John Julius Norwich

〔英〕约翰·朱利叶斯·诺里奇 著

李达 译

社会科学文献出版社
SOCIAL SCIENCES ACADEMIC PRESS (CHINA)

献给莫尔（Moll）

目　录

示意图

（布拉赫内宫）圣母教堂

布拉赫内宫

紫衣贵胄宫

木船门

哈尔希乌斯门

金角湾

霍拉的救世主教堂

灯塔门

埃提乌斯蓄水池

帕玛卡里斯托斯教堂

圣塞奥多西亚门

第五军用门

阿斯帕蓄水池

圣劳伦提乌斯教堂

圣罗曼努斯门

狄奥多西亚城墙

巴科斯河

普拉泰亚门

全知基督修道院

第四军用门

君士坦丁城墙

圣使徒教堂

舰队都督门

红门

全能基督修道院

主街

瓦伦斯引水渠

圣莫西乌斯蓄水池

阿斯特里安努姆集会所

佩盖圣母教堂

第三军用门

公牛集会所

佩盖门

狄奥多西集会所

（瑟利姆布里亚门）

阿卡狄乌斯集会所

米列莱昂修道院

圣阿纳斯塔西亚

圣托马斯教堂

铁门

第二军用门

圣埃米利安努斯门

狄奥多西港

尤里安港

全知圣母修道院

圣塞

圣巴

普萨玛西亚门

圣约翰·斯托迪奥斯修道院

圣尤菲米亚修道院

金门

马尔马拉海
（普罗彭提斯海）

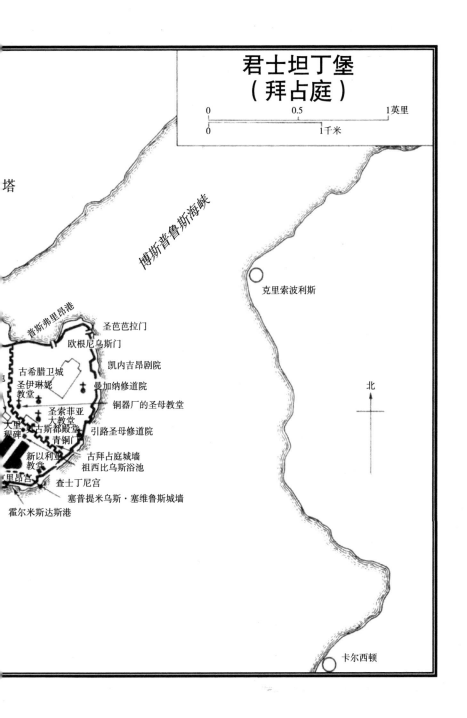

君士坦丁堡
（拜占庭）

0　　　　　　0.5　　　　　　1英里
0　　　　　　　　　1千米

塔

博斯普鲁斯海峡

克里索波利斯

北

普斯弗里昂港
圣芭芭拉门
欧根尼乌斯门
凯内吉昂剧院
古希腊卫城
圣伊琳妮　　曼加纳修道院
教堂
铜器厂的圣母教堂
圣索菲亚
大教堂
大里　以古斯都殿堂　引路圣母修道院
程碑　　　青铜门
新以利亚　古拜占庭城墙
教堂
祖西比乌斯浴池
里昂宫　查士丁尼宫
塞普提米乌斯·塞维鲁斯城墙
霍尔米斯达斯港

卡尔西顿

地中海世界

200英里

300千米

西尔米乌姆

西吉杜努姆
（贝尔格莱德）

伊斯特河（多瑙河）

玛利亚诺堡

黑海

内索斯（尼什）

默西亚

墨森布里亚

安西亚卢斯

塞尔迪卡
（索菲亚）

希布鲁斯河
（马里查河）

亚得里亚堡
（埃迪尔内）

菲利普波利斯
（普罗夫迪夫）

色雷斯

拜占庭
（君士坦丁堡）

瑟利姆布里亚

马尔马拉海

底拉西乌姆

马其顿

帕撒罗尼迦
（塞萨洛尼基）

加利波利

库齐库斯

阿拜多斯

伊庇鲁斯

塞萨利

爱琴海

帕加马

希德伦图姆
（奥特朗托）

莱斯沃斯岛

士麦那
（伊兹密尔）

克基拉岛
（科孚岛）

以弗所

温泉关

底比斯

希俄斯岛

米利都

奥尼亚海

埃利斯

科林斯

雅典

扎金索斯岛

伯罗奔尼撒半岛

斯巴达

皮洛斯

迈索尼

科斯岛

罗德岛

克里特岛

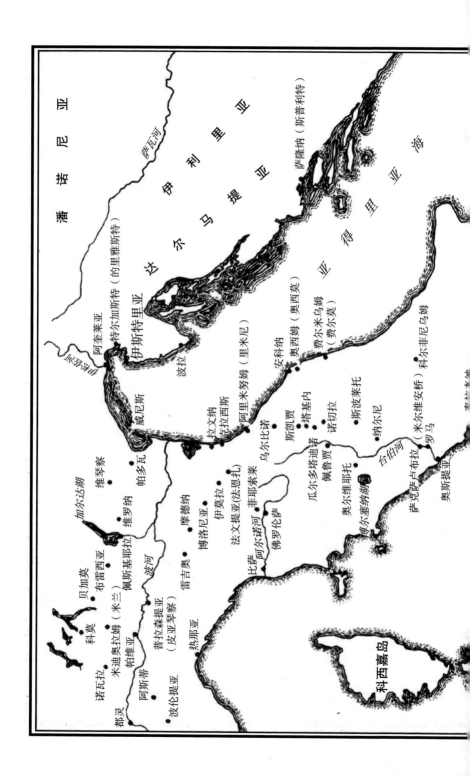

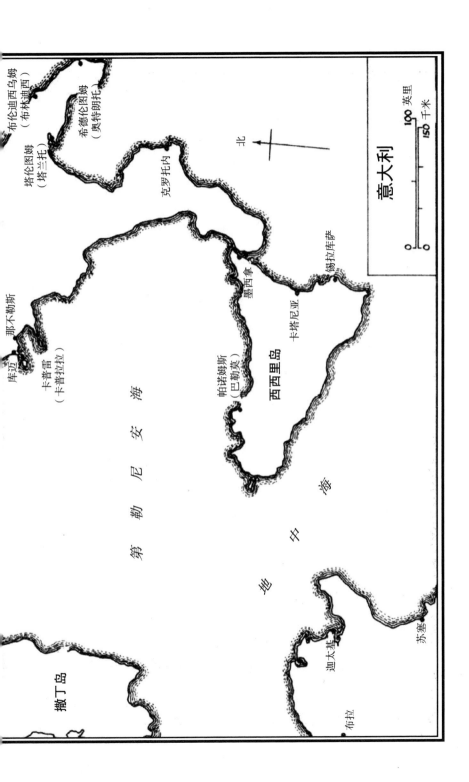

布伦迪西乌姆
（布林迪西）

塔伦图姆
（塔兰托）

希德伦图姆
（奥特朗托）

克罗托内

那不勒斯

库迈

卡普雷
（卡普拉拉）

第　勒　尼　安　海

帕诺姆斯
（巴勒莫）

墨西拿

锡拉库萨

卡塔尼亚

西西里岛

地　中　海

撒丁岛

迦太基

苏塞

布拉

北

意大利

100 英里

150 千米

永奥多西亚
瑟库里斯卡
（尼科波尔）
赫尔松
黑海
拜占庭
（君士坦丁堡）
塞巴斯提奥波利斯
（苏卢萨赖）
法纳戈里亚
科尔基斯
阿拉克斯河
亚美尼亚
特拉比松
（特拉布宗）
士麦那
（伊兹密尔）
安条克
陶里斯
（大不里士）

里海

咸海

塔什干

撒马尔罕

布哈拉

粟特

阿姆河

阿拉比苏斯

马特罗波利斯

凡湖

陶里斯
（大不里士）

曼尼西亚
马拉什

阿米达
（迪亚巴克尔）

埃德萨
（乌尔法）

达拉

希索拉纳

尼斯比斯

卡莱
（哈兰）

乌尔米湖

大扎布河

赫拉波利斯
（曼比季）

罗亚
勒颇

尼尼微

小扎布河

桑加拉

美索不达米亚

底格里斯河

幼发拉底河

斯）

亚

（巴勒贝克）

苏拉

萨迈拉

巴格达
泰西封

苏西亚纳

阿拉伯

苏萨

库法

小亚细亚与中东

0 ———————— 200 英里

0 ———————— 300 千米

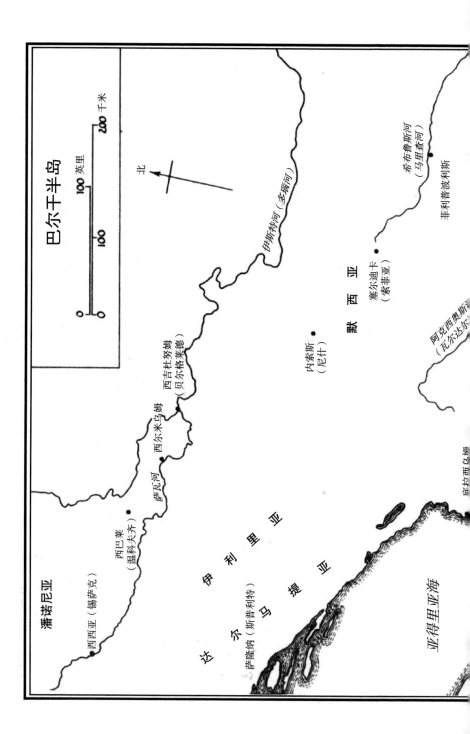

巴尔干半岛

潘诺尼亚

西西亚（锡萨克）

西巴莱（温科夫齐）

萨瓦河

西尔米乌姆

西吉杜努姆（贝尔格莱德）

伊斯特河（多瑙河）

内索斯（尼什）

默　西　亚

塞尔迪卡（索菲亚）

希布鲁斯河（马里查河）

菲利普波利斯

阿克西奥斯河（瓦尔达尔河）

达　尔　马　提　亚

伊　利　里　亚

萨隆纳（斯普利特）

底拉西乌姆

亚得里亚海

北

0　　100　　200 千米

0　　100　　英里

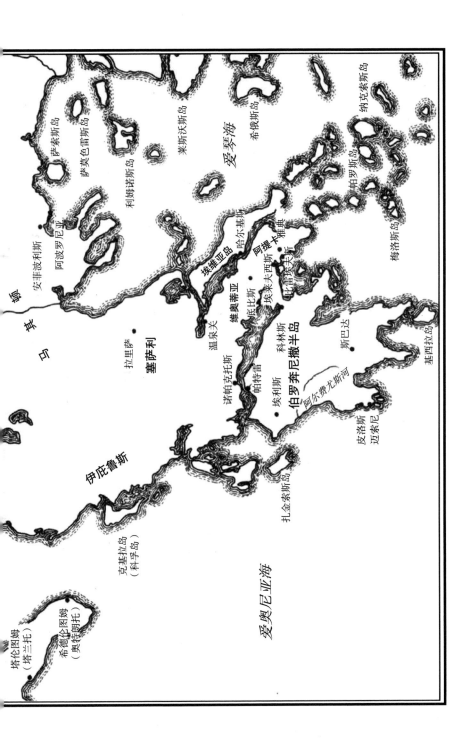

家族谱系图

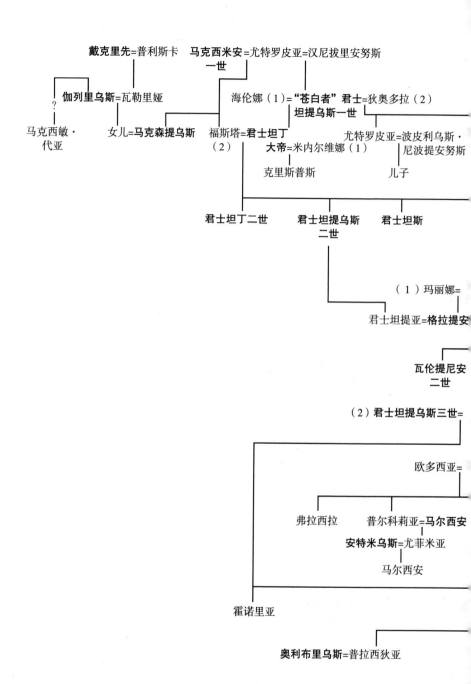

戴克里先、君士坦丁大帝、瓦伦提尼安和狄奥多西的家族

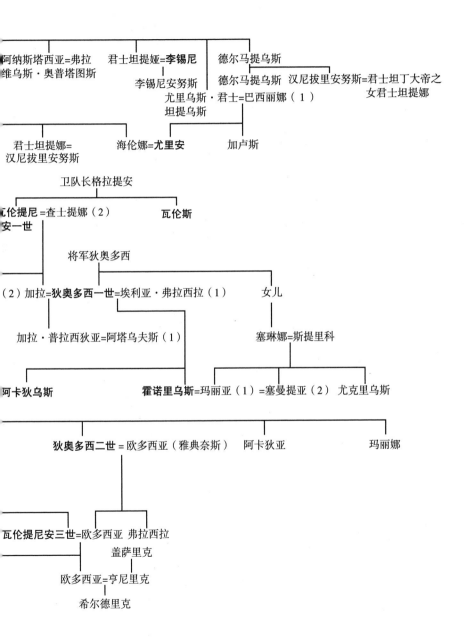

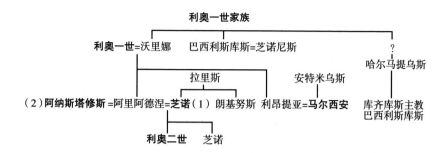

利奥一世家族

利奥一世＝沃里娜　　巴西利斯库斯＝芝诺尼斯　　　　　　　　　　？
　　　　　　　　　　　　　　　　　　　　　　　　　　哈尔马提乌斯

　　　　　　　　　　拉里斯　　　　　　安特米乌斯　　　　　　库齐库斯主教
　　　　　　　　　　　　　　　　　　　　　　　　　　巴西利斯库斯

（2）阿纳斯塔修斯＝阿里阿德涅＝芝诺（1）朗基努斯　利昂提亚＝马尔西安

　　　　　　　利奥二世　芝诺

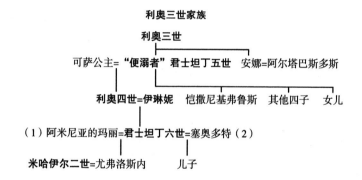

利奥三世家族

利奥三世

可萨公主＝"便溺者"君士坦丁五世　安娜＝阿尔塔巴斯多斯

利奥四世＝伊琳妮　　恺撒尼基弗鲁斯　其他四子　　女儿

（1）阿米尼亚的玛丽＝君士坦丁六世＝塞奥多特（2）

米哈伊尔二世＝尤弗洛斯内　　儿子

查士丁尼与狄奥多里克的家族

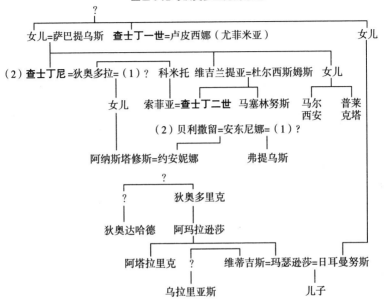

提比略·君士坦丁家族

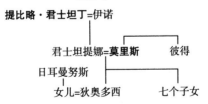

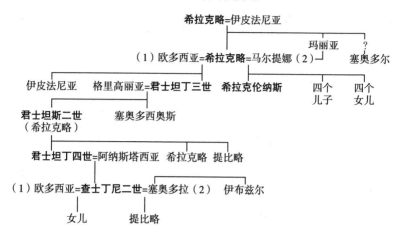

希拉克略家族

拜占庭三部曲系列涵盖的时期超过千年，涉及的专有名词极多，而且大多没有通译名，这对汉译者而言是不小的挑战。对于没有通译名的名词，本人在选择汉译名时，尽可能按照这个名词所属的时代，选择同时代人使用的语言（拉丁语/古希腊语/中古希腊语）读音进行翻译。特殊情况大致分为以下几类。

1. 通译名及其衍生词

如果一个专有名词已有使用较多的通译名，那么汉译文中便采用这个通译名，并基于这一通译名翻译其衍生词。比如"君士坦丁"，衍生词如"君士坦斯""君士坦提乌斯"等；又如"查士丁尼"，衍生词如"查士丁"等。

2. 同人同地不同译名

这种情况大致分两种情况，其一源自不同时代语言的差异，比如拉丁语中的"狄奥多西"用中古希腊语转写之后应译作"塞奥多西奥斯"，类似的情况如"狄奥多拉"与

"塞奥多拉"，"帖萨罗尼迦"与"塞萨洛尼基"，等等。其二是有通译名的著名人物和同名但没有如此知名度的人，比如"普罗柯比"，仅用于指六世纪著名史学著作《战史》的作者，其他同名者译为"普罗柯比乌斯"。

另外，部分语言之中存在女性姓氏阴性变格的问题，比如亚历克修斯一世之女安娜·科穆宁（Anna Komnene），音译名应为"安娜·科穆宁妮"。为减少误解，大家族成员的姓氏统一按照家族名称翻译。

3. 同名号官职不同译名

本作品中涉及了大量的官职与名号，汉译者尽可能查找词汇的原意来进行翻译，其中一些部分采用意译，以便于读者理解。比如"奥古斯塔"，基本都是根据实际情况，具体翻译为"皇后""皇太后""女皇"等。

本人学识有限，在历史问题和译名问题上难免出错，在此先向读者致歉，恳请方家斧正。

致　谢

　　我衷心感谢莫莉·菲利普斯（Mollie Philipps）为本书精心绘制插图；衷心感谢金·埃尔坎（Kim Erkan），她在伊斯坦布尔提供了无价的帮助。

　　一如既往，我要再度感谢伦敦图书馆，向他们致敬，本书的每一字每一句都有其中藏书的功劳；更要感谢的是图书馆管理员道格拉斯·马修斯（Douglas Matthews），他提供了绝佳的索引。

引　言

対拜占庭帝国的评价之中，一个普遍的历史认知是，拜占庭是文明世界中一切卑劣无耻的集合……所有长期存续的文明之中，只有拜占庭与任何一种伟大都完全绝缘……他们罪孽深重，既放弃了勇敢，也不知道德为何物……奴隶，与自甘沦为奴隶的人，在思想与行动上沉溺于声色犬马之中，只有一些神学上的琐碎辩论或者战车赛上的胜负争夺，才能使这些人疯狂暴动，暂时摆脱倦怠……帝国的历史是单调的阴谋史，是和僧侣、宦官、妇女有关的毒杀、密谋、忘恩负义与手足相残的历史。

这段令人讶异的诽谤来自 1869 年出版的 W. E. H. 莱基（W. E. H. Lecky）的《欧洲道德史》（*History of European Morals*），而对当代人而言，这位作者的观点或许不再能引起多少共鸣——按最后一段话的说法，拜占庭历史与其说是单调，倒不如说很有娱乐性。但事实上，在此前二百多年间，所谓的"晚期罗马帝国"，其风评堪称恶劣。漫长的诋毁似乎自十八世纪的爱德华·吉本（Edward Gibbon）开始，吉本和所有接受传统教育的英国人一样，将拜占庭帝国视作背弃古希腊与古罗马一切精华的叛徒，而这种观点影响至今。一战之后，在罗伯特·拜伦（Robert Byron）、戴维·塔尔博特-赖斯（David Talbot-Rice）、斯蒂文·朗西曼（Steven Runciman），以及他们的朋友与后继者的努力之下，天平开始向另一侧倾斜，而直到第二次世界大战之后——黎凡特地区的旅行终于变得容易、快捷和较为舒适了，大众才得以亲身参观拜占庭帝国的遗迹——帝国才回归了本来面目。人们最终意识到，拜占庭以一种截然不同的方式，继承了此前的两个伟大文明。

26　　　　问题在于，我们之中的绝大多数人，对拜占庭的了解都太少了。成见依然根深蒂固。我在英格兰最古老也最优秀的公学之一的五年学习期间，拜占庭仿佛被避而不谈。说实话，我记不清课堂上有没有人提到过这个词，更不可能具体研究了，这种全方位的忽视，让我在进入牛津大学之前，一直都无法对拜占庭下一个大致的定义。或许，许多人直到今天对拜占庭的认识还是同样模糊，而他们正是我写下这本书的主要原因。

　　　　但完整的故事不止于此。自君士坦丁大帝（Constantine the Great）于330年5月11日（星期一）建城，到奥斯曼苏丹穆罕默德二世（Mehmet Ⅱ）于1453年5月29日（星期二）破城，拜占庭帝国延续了一千一百二十三年零十八天，而我在几年前写作一部威尼斯历史作品时意识到，将如此漫长的历史时期内的种种，汇集在一本篇幅合宜的书中，是根本不可能的。一两位史学家尝试过，但在我看来，结果并不算令

人满意，读者或者因过于简略、破碎的记述而感到困惑不解，
或者在无休止的史实罗列轰炸之下知难而退。我更希望提供
一种轻松的叙述氛围，因此将第一卷叙述的时代限制到大约
五百年之内。前两章作为全书的序言，主要讨论君士坦丁的
早年生活与掌权历程——这不但是一段引人入胜的故事，也
是接下来叙述内容的必不可少的铺垫；直到第三章我们才开
始讨论"新罗马"君士坦丁堡的建成，而罗马帝国自此也可
以被称为拜占庭帝国——尽管他们自己从未放弃原来的国名。
第一卷跨越四百七十年，在公元 800 年圣诞节查理曼加冕成为
"罗马人的皇帝"时结束——这也是最方便的历史节点之
一——博斯普鲁斯海峡畔的皇帝终于首次有了一个对手。下一
卷将写到十字军时代，第三卷则将写到其壮烈而近乎无法承受
的悲剧结局。

　　您或许要问，是什么让我决心完成如此艰难的任务？事
实上这个想法并非源自我本人，而是我的朋友鲍勃·戈特利
布（Bob Gottlieb），那时的他还没有离开美国的出版社而成为
《纽约客》的编辑。尽管我多少觉得，完成他提议的长篇大作
过于大胆，但我并没有犹豫。自从 1954 年首次前往希腊，并
于次年在贝尔格莱德的英国大使馆中任职之后，这二十多年
以来我已经对拜占庭世界着迷，此后在贝鲁特停留的三年更
是增添了我对东地中海的种种喜爱，而这座迷人的城市依然
是世上最宜人的地方之一。当我于 1964 年离开外交部，决定
靠笔谋生时，我的第一本书——与里尔斯比·西特韦尔
（Reresby Sitwell）合著——的主题便是那个依然存留着拜占
庭精神的地方——阿索斯山（Mount Athos）。这绝非偶然。

27

拜占庭的新生：从拉丁世界到东方帝国

　　我近期作品的主题是威尼斯，她最初是帝国行省，而后成为帝国的孑遗，圣马可大教堂（St Mark's）——事实上其设计正是以君士坦丁主持建造的圣使徒大教堂（Church of the Holy Apostles）为模板——和托尔切洛大教堂（Cathedral of Torcello）的镶嵌画，堪与君士坦丁堡的镶嵌画遗存相媲美。而这两座城市的差异，写出来又是多么惊人！在威尼斯的历史之中，潟湖的浅水使她与陆地分离，庇护着这座城市的安全。她清楚，在共和国结束之前，她一直安然无恙。而君士坦丁堡，却面临着无休止的威胁。一场又一场的围攻之中，城市一次又一次靠着皇帝和臣民的英勇而获救。两座城中的居民也可谓截然不同。威尼斯人信奉犬儒主义，冷眼旁观，是世上最具商人思维的人。拜占庭人则信仰神秘主义，对他们而言耶稣基督、圣母和圣人们就和他们的家人一样真实。最后也最重要的是，威尼斯的统治者是匿名的议员们——他们选举一批身着黑袍的人，秘密工作，人员组成总是变动，实行集体决策制，避免任何突出的个体。拜占庭则是专制政府，统治者拜占庭皇帝接近天堂，等同于使徒——上帝在人间的辅助统治者——掌控着每一个臣民的性命。其中一些皇帝是英雄，一些皇帝是怪物，但没有哪位皇帝是沉闷无聊的。

　　仅这一个原因，就足以让这本书的写作充满乐趣，但若是谦逊地表述，也算是一种致敬。我们并没有充分意识到，东罗马帝国对我们的文明有何种恩惠。若不是这个基督教世界的东方堡垒，欧洲要如何抵御七世纪的波斯王和八世纪的巴格达哈里发？我们今天要说何种语言，要崇拜何种神祇？在文化领域中，这种恩惠也极为可观。在蛮族入侵，罗马城

26

中的皇帝衰落之时，西欧的学术之光几乎完全熄灭，只剩下　28
修道院中偶尔的闪光；而在博斯普鲁斯海峡岸边，学术之光
依然闪耀着，古典时代的遗产得以留存。我们对古典时代的
很大一部分知识——特别是希腊与拉丁文学，以及罗马
法——都是源自君士坦丁堡城中的学者、书记员与抄写员，
若是没有他们，这一切早已散佚。

　　然而这些意义重大的辛劳，长期以来被视作理所应当而被
人们遗忘。在当今时代，只有一件事依然在提醒着我们拜占庭
人的天才：他们辉煌的艺术成果。基督教历史之中——或许可
以说，世上所有宗教的历史之中——怕是再没有哪一批艺术
家，能够将如此深刻的信仰渗入艺术作品。拜占庭神学家过去
坚持宗教画作与镶嵌画作必须展现上帝的形象。这要求绝非简
单，但在帝国的教堂与修道院中，它一次又一次地被成功达成了。

　　最后，我必须强调，这本书并非学术专著。专业的拜占庭
研究者不会在本书中找到什么新知识——当然，很可能会时而
发现他们无法认同的论断与观点。就这样吧。叙述那个遥远的
时代，我们能够参考的现存资料往往少得可怜，而两位编年史
家对同一时期的叙述截然相反的情况甚至可能更为常见。不幸
的史学家们，只能靠分析其可能性来尽可能地叙述历史。

　　无论如何，尽管河流之中总会有些难以探知的暗流，但
主流依然清晰，我尽可能顺水而行，并力求准确。到达大海
的路还很长，但我相信，这段旅程本身比结果更重要。

约翰·朱利叶斯·诺里奇

1987 年 12 月于伦敦

一旦脱离自然界，我就不再从
任何自然物体取得我的形状，
而只要希腊的金匠用金釉
和锤打的金子所制作的式样，
供给瞌睡的皇帝保持清醒；
或者就让我在金树枝上歌唱，
把一切过去、现在和未来的事情
唱给拜占庭的老爷和夫人听。

——W. B. 叶芝《驶向拜占庭》

第一章　君士坦丁大帝（至 323 年）

世人不复虔敬，国家濒于毁灭，神如何解救我 们？……我就是神选的解救者……因此，从遥远的不列颠海洋，那个太阳遵循自然法则落下地平线的地方开始，我在神的帮助下清除了当时盛行的各种恶，希望世人在我的启示下能够重新遵守神的神圣律法。

——君士坦丁大帝，尤西比乌斯（Eusebius）引述，
《君士坦丁传》（*De Vita Constantini*），II，28

首先，拜占庭这个词，无疑是全世界历史之中最引人遐想的地名之一。即使帝国从未存在过，即使 W. B. 叶芝从未赞美过，即使那里仅仅和起初一样，只是个无欲无求的、位于欧洲大陆最远端的希腊人小聚居区，拜占庭这个名字之中的韵律，也足以让它印在我们的记忆之中，无法忘怀，并在我们的脑海之中幻化出这个名字今天所能唤起的景象：黄金、孔雀石与斑岩，庄严肃穆的仪式，镶有红宝石和绿宝石的锦缎，大厅之上奢华的镶嵌画在熏香的氤氲中发出微光。历史学者曾经认为这座城市在公元前 658 年由来自希腊城市

墨伽拉（Megara）的移民领袖拜扎斯（Byzas）主持建造。现在他们又认为拜扎斯从未存在过，而我们只能祈祷他们说得没错。不可思议的事往往无法解释。

然后，城市选址，同样是独一无二的。拜占庭位于亚洲的门槛上，位于一块宽阔的三角形海岬的最东端，南边是普罗彭提斯海，即今天的马尔马拉海，东北方向是约五英里长、宽阔且水深足以通航的水湾——那里在最遥远的古时就已被称为金角湾，大自然将这座城塑造为绝佳的港口，又是易守难攻的要塞，只需要在靠陆地的一侧建筑工事即可固守，事实也确实如此。即使走海路进攻也相当艰难，马尔马拉海的两端还有两个狭长的海峡防护，即东边的博斯普鲁斯海峡和西边的赫勒斯滂海峡（或称达达尼尔海峡）。事实上，这里的位置是如此完美，以至于让十七年前于博斯普鲁斯海峡对岸建城的卡尔西顿（Chalcedon）居民因有眼无珠而举世闻名：若不是有眼无珠，他们怎么可能错过仅仅一两英里之外、远远优于此地的定居地点呢？

最后，那个人，罗马皇帝君士坦丁一世。历史上所有的"伟大"统治者——无论是亚历山大还是阿尔弗雷德，无论是查理还是叶卡捷琳娜，或者腓特烈甚至格里高利——都不及君士坦丁一世更配得上"伟大"的称号，因为在约十五年里他做出了两个决定，而其中任何一个决定都足以改变文明世界的未来。第一个决定是皈依基督教——在一代人之前基督徒依然是官方迫害的对象，对其迫害的残忍程度前无古人后无来者——并将它定为罗马帝国的国教。第二个决定是将帝国的都城从罗马迁到一座新城市，即他在古拜占庭城的

2

旧址上建立的新城，而接下来的十六个世纪中，那座城市都将冠以他的名字：君士坦丁的城市，君士坦丁堡。这两个决定及其引发的后续事件，意味着他很可能是世界历史上影响力最大的人——仅次于耶稣基督、佛祖和先知穆罕默德。而我们的故事将从他这里开始。

帝国分治（286）

　　尽管我们能够确定君士坦丁于 2 月 27 日出生在罗马帝国达契亚省（Dacia）的内索斯（Naissus），即今尼什（Niš），我们却不能确知具体年份——这在存世资料颇为零碎的罗马帝国晚期历史上，实在太常见了。通常认为他出生在公元 274 年，但也可能是一两年前或一两年后。他的父亲君士坦提乌斯（Constantius）绰号为"Chlorus"，即"苍白者"，在他的儿子出生时已经是帝国最出色、最成功的将军之一，而他的母亲海伦娜（Helena）并不是十二世纪的历史学家蒙茅斯的杰弗里（Geoffrey of Monmouth）所说的，传说中建造了科尔切斯特的科尔（Coel of Colchester）——童谣中的"老国王科尔"——的女儿，而是一个比提尼亚（Bithynia）的旅馆老板的女儿，出身低微。一些历史学者质疑她和君士坦提乌斯实际并未成婚，其他人——敌视这个家庭的异教徒——则声称她在小时候就在她父亲的旅馆工作，为索取微薄的钱财而给顾客提供特殊服务。直到她步入晚年，她的儿子执掌大权时，她才最终成为帝国最受人尊敬的女人。327 年，年逾古稀的她在皈依基督教的热忱之中前往圣地朝圣，而她也在那里奇迹般地发现了真十字架，并因此

33

3

荣耀地位列圣人历（Calendar of Saints）之中。

不管他出生于何年，君士坦丁在他的父亲成为罗马帝国的四个统治者之一时依然是个孩子。早在286年，皇帝戴克里先（Diocletian）认为帝国国土过于庞大，敌人过于分散，交通线也太长，仅靠一个君主无法有效统治，于是他让自己的老战友马克西米安（Maximian）与自己分享皇位。他本人对管理东部领地更感兴趣，驻守在马尔马拉海滨的尼科米底亚［Nicomedia，今伊兹米特（Izmit）］，这里距离多瑙河与距离幼发拉底河基本相当。在他的支持下这座城市的规模扩大，也更为华美，直到可以与安条克（Antioch）、亚历山大，乃至罗马城相比。但在戴克里先的时代，罗马城除了往日的光辉记忆之外没有任何足以支持其发展的资质。其地理位置意味着它无法有效作为三世纪帝国的都城。当马克西米安成为帝国西部的皇帝时，他一开始就清楚自己将主要在米迪奥拉姆（Mediolanum，今米兰）管理帝国。

两个皇帝的管理确实优于一个皇帝。但不久之后戴克里先决定进一步分配皇权，任命两个"恺撒"，这两位将军尽管地位低于他和马克西米安（马克西米安的头衔是"奥古斯提"[1]），但在他们管理的领域之中依然拥有最高权威，最终还能够继任帝国的最高职务。最早的两位恺撒之中，一位是来自色雷斯（Thrace）的粗暴野蛮的职业军人伽列里乌斯（Galerius），负责管理巴尔干；另一位则负责管理高卢，承担将反叛的不列颠收归罗马帝国统治的特殊任务，他正是

---

[1] Augusti，意近"第二奥古斯都"。——译者注

"苍白者"君士坦提乌斯。

这一安排的缺陷即使在当时也显而易见。尽管戴克里先竭力强调帝国依然是一个未分割的整体，依靠统一的法律与机构管理，然而他或者他的继任者不可避免地会把帝国分为争执不休的四个政权。实际情况也确实如此。事态平稳地发展了一段时间——在这一时期年轻的君士坦丁在戴克里先的宫廷中生活，某种意义上作为人质以保证他的父亲安分守己（毕竟四帝共治时代的四位君主没有一人完全相信他的同僚们），但身为皇帝身边人的他依然保持显赫地位。

他也是以这样的身份陪同皇帝参与 295~296 年的埃及远征，返程时他穿过凯撒利亚（Caesarea）。据记载，他在那里时给年轻的基督徒学者尤西比乌斯留下了很深的印象。之后尤西比乌斯成了当地的主教以及君士坦丁的第一位传记作家，然而此时的他只是个大约三十岁的俗世中人，是凯撒利亚著名的奥利金神学学院的主要支持者潘菲鲁斯（Pamphilus）的朋友和门徒。此后他在《君士坦丁传》之中写道，书中的主人公

……拥有一种气度，所有见到他的人都会为之折服，那时的他已经展现出皇帝的伟大。因为没有人拥有堪与他相比的风度与俊美，也没有他健壮的体格；此时他在体能方面已经远超同时代的所有人，让他们恐惧不已。①

① Eusebius, *De Vita Constantini*, Ⅰ, 19.

君士坦丁称帝（306）

两年后的君士坦丁在另一次对波斯的远征中，成了皇帝的得力干将，而考虑到他那些年极少离开戴克里先身边，我们可以认定他见证了303年蓄意焚毁新建成的尼科米底亚大教堂一事，这也为随后八年间近乎无法控制的著名迫害运动拉开了序幕。但在305年，发生了一件罗马帝国历史上前所未有的事：皇帝退位。在当了二十年皇帝之后，戴克里先已经厌倦权力，他离开了公众视线，隐居到相对偏远的达尔马提亚海岸的萨隆纳 [Salona，今斯普利特（Split）]，居住在自己执政时建造的大型宫殿之中，此外他还迫使马克西米安与自己共同退位，即使后者极不情愿。①

35　　　幸运的是，在这一前所未有的事件之后，不必详细讨论一系列极其复杂的后续事件，只需要提及伽列里乌斯和"苍白者"君士坦提乌斯——此时的他抛弃了海伦娜，与马克西米安的养女狄奥多拉（Theodora）成婚——按照计划加冕称"奥古斯都"，但他们的继承者，即两位新"恺撒"的任命问题却存在激烈争议。君士坦丁发现自己被忽略，担心性命不保的他趁夜逃出了伽列里乌斯在尼科米底亚的宫殿，并为逃避追击而割断路上驿马的腿筋，一路来到布洛涅（Boulogne）与他的父亲会合。那里一支罗马大军在君士坦

①　在退位后不久，戴克里先收到了不安分的马克西米安的一封信，鼓动他共同复位。吉本提及"他带着怜悯的微笑拒绝了，平静地认为，只要自己在萨隆纳亲手种植的卷心菜送到马克西米安那里，他就不会被迫为追逐权力而放弃这些快乐了"。

提乌斯的指挥下正准备远征不列颠，将四处劫掠的皮克特人（Picts）赶回哈德良长城以北。父子二人共同渡过英吉利海峡，在几周后就达成了目标。然而不久之后，306年7月25日，"苍白者"君士坦提乌斯在约克逝世，而尸骨未寒之时，他的朋友兼盟军——法兰克仆从骑兵的指挥官、名字讨喜的阿勒曼尼（Alemanni）国王克洛库斯（Crocus）——代替他立君士坦丁为奥古斯都。在这个短暂的夏季远征期间，这个年轻人似乎得到了当地军团士兵的一致敬仰，他们立即欢呼支持。然后他们在那里将皇帝的紫袍围在他的肩上，用盾牌将他托举起来，齐声欢呼。

这是个伟大的胜利，当消息从高卢逐渐传开之后，各省纷纷向这位年轻的将军表示忠诚与支持。但君士坦丁依然需要得到正式认可。因此他在加冕之后的首要行动之一就是给尼科米底亚的伽列里乌斯送信，以及他父亲的官方讣告和一幅他本人戴着皇帝的月桂冠、带有西部奥古斯都（Augustus of the West）特征的画像。拉克坦提乌斯（Lactantius）记载称伽列里乌斯收到这张画像时立即将它扔进了火中，而他的幕僚们费了一番唇舌才让他意识到主动与一个更受欢迎的对手为敌的危险。然而这位皇帝在一个问题上依然十分坚定：他毫无理由地拒绝承认这个年轻的僭越者——事实上君士坦丁确实算得上僭越者——为奥古斯都。他不情愿地承认他为恺撒，但仅此而已。

对君士坦丁而言这就够了——至少目前如此。也许他还没有准备好掌握最高权力，他在接下来的六年间留在高卢与不列颠，睿智且高效地管理这些省份——尽管在被激怒时他　36

7

同样暴戾甚至残忍。（306 年某个法兰克部落发动叛乱，被镇压之后，上千名俘虏在大竞技场中被喂了猛兽，同时代人的记载称连这些猛兽都因猎杀如此多的猎物而精疲力竭。）另一方面，他在很大程度上改善了奴隶以及其他受压迫者的境遇。而他的清醒，以及在男女之情上的正直，与他绝大多数的先辈也形成了鲜明对比。

然而这种正直并不能阻止他在 307 年抛弃自己的结发妻子米内尔维娜（Minervina），为了获取更显赫的盟友而与老皇帝马克西米安的女儿福斯塔（Fausta）成婚。老皇帝此时推翻了他两年前逊位的宣言，重新穿上紫袍并挑战伽列里乌斯，并且与自己的儿子马克森提乌斯（Maxentius）联合起来开创大业。两人一同笼络了整个意大利，还至少拉拢了西班牙和北非。然而他们的皇位仍算不上稳固。伽列里乌斯从多瑙河流域——很可能得到了东方军团的支援——发动的联合进攻依然对他们构成威胁，而且如果君士坦丁同时从高卢对他们发起攻击，他们的未来就更无希望了。因此一场婚姻对双方而言都是有利的，对马克西米安和马克森提乌斯而言，他们也许可以在需要时获得君士坦丁的支援，而君士坦丁与两个皇帝有了亲属关系。

马克森提乌斯（311）

本打算统治整个帝国的君士坦丁，到底有多久仅满足于统治帝国一个相对偏僻的角落，我们不得而知；311 年 4 月，老皇帝伽列里乌斯颁布了一份容忍基督徒的敕令，就此在理论上终结了这次大规模的迫害，几天之后就在萨瓦河畔的西尔米乌姆［Sirmium，今斯雷姆斯卡米特罗维察（Sremska Mitrovica）］逝世。尤西比乌斯和他的同伴编年史家拉克坦提乌斯，以虔诚基督徒绝不应有的欢愉和病态，记述了他的死亡：

> 他的私处突然出现了脓肿，而后溃烂创口加深，这一疾病完全无法治愈并深入到他的内脏。自此之后他的内脏之中生了不计其数的虫子，发出令人窒息的恶臭。他因为长期暴食，在生病之前就已经在体内积累了大量脂肪，而此时这些脂肪全部开始腐烂，成为无法忍受且令人恐惧的景象。至于他的医生们，一些因过度且诡异的恶臭而完全无法为其治疗，因此被杀，其他人也因为完全无法治疗他的疾病——毕竟他的整个身体已经腐烂并早已无望复原——而被无情地处死。①

伽列里乌斯的死让三个人得以分享最高权力：瓦莱里乌斯·李锡尼安努斯（Valerius Licinianus），即李锡尼（Licinius），原本是老皇帝的酒友，在三年前被提升为共治的奥古斯都，此时正管理伊利里亚（Illyria）、色雷斯和多瑙河各省份；他的侄辈马克西敏·代亚（Maximin Daia），于 305 年被封为恺撒并掌控帝国东部；以及君士坦丁本人。但还有一个人，尽管他理论上并不是皇帝，却一直认为自己是被不正当地剥夺了本该属于他的皇权，这个人正是伽列里

37

---

① Eusebius, *Historia Ecclesiastica*, Ⅷ, 16.

乌斯的女婿马克森提乌斯。他是老皇帝马克西米安的儿子，马克西米安在前一年因为误判形势，在君士坦丁离开时于南高卢起兵与他对抗，结果战败被处决或被迫自裁。马克森提乌斯长期以来厌恶自己杰出而年轻的妹夫，而自君士坦丁继位之后，他就一直在加固自己在地中海地区的权力基础。早在306年，在他和他父亲在意大利起兵之前，他就已经授意罗马城的禁卫军推举他为"罗马皇子"，并接受了这一称号。而五年之后的他和他的三个对手一样强悍，足以以他父亲之死为借口公开与君士坦丁决裂，称他为谋杀犯与叛徒，下令在意大利全境的铭文与庆典之中去除他的名字。

战争显然已经不可避免，而在得知伽列里乌斯的死讯之后，君士坦丁也立即开始备战。然而在出兵进攻他的对手之前，他必须先与李锡尼达成协议，毕竟马克森提乌斯控制的是理论上属于李锡尼管辖范围内的领土。对君士坦丁而言幸运的是，李锡尼不能亲自前往收复这些土地，因为他忙于与东部的马克西敏·代亚对抗以保证自己的地位，因此得知君士坦丁决定为他收复意大利的消息时大喜过望。这次协议再次依托婚姻保障——李锡尼本人迎娶了君士坦丁异母的妹妹君士坦提娅（Constantia）。

在外交基础打好之后，君士坦丁在311年秋季出发前往科尔马（Colmar），在那里越冬并制订计划、准备给养。佐西姆斯（Zosimus）称他的部队由八千名骑兵和约九万名步兵组成。也许这仅是他拥有的总兵力的三分之一，但高卢不能没有军队驻守。而且他很清楚马克森提乌斯的军力规模，

38

他相信这支部队的实力足以完成这一任务。为了确保取胜，他亲自指挥大军，在312年夏初率部出征。

米尔维安桥（312）

君士坦丁的意大利远征以及推翻马克森提乌斯一事可以迅速说完。从塞尼山口（Mont-Cenis）翻越阿尔卑斯山之后他突袭夺取了苏萨（Susa）——他行军路上的第一座重要城市，然而他拒绝他的部下进行惯常的掠夺。他声称他们不是征服者，而是解放者。在都灵城外，情况要艰难得多。马克森提乌斯的部队拥有一些所谓的"熔炉甲骑兵"，这些骑兵和他们的马匹都身披重甲，这种装备方式很可能源自波斯，而在一千年之后又被中世纪的骑士们效仿和发展。但即使是他们，在君士坦丁最精锐的部下手持齐肩高的包铁棍发起冲击时，也最终被击退，而当他们在一片混乱之中向城下撤退时，市民拒绝打开城门。都灵就此被攻破，随后米兰也被占领，而后在一番血战之后布雷西亚（Brescia）和维罗纳（Verona）也被攻破。君士坦丁继续向东，抵达了阿奎莱亚（Aquileia），距离的里雅斯特（Trieste）不远，直到那时他才转向南方，经拉文纳（Revenna）与摩德纳（Modena）向罗马进军。

在这次漫长的行军期间，马克森提乌斯一直留在自己的都城之中，按绝大多数基督徒乃至一些非基督教史学家的记载，他忙于进行各种令人生厌的巫术，施放咒语，召唤恶魔，甚至献祭胎儿，以避免自己即将面对的厄运。对这些故事不必太当真，尽管马克森提乌斯缺点很多，但他从来不缺少勇气。他相信自己的禁卫军执政官（Praetorian Prefect）

鲁里库斯·庞培安努斯（Ruricus Pompeianus）以及其他几位出色的地方部队将军（对他而言不幸的是，他们都未能战胜君士坦丁），从这一点来看，他留在罗马在战略上是完全合理的。但当君士坦丁的大军高奏凯歌，庞培安努斯战败被杀时，他亲率最后的也是最精锐的部队出城迎战。

两军在 312 年 10 月 28 日，即马克森提乌斯夺权的七周年纪念日，于罗马城东北方向七八英里处，弗拉米尼亚大路
39（Via Flaminia）的萨克萨卢布拉（Saxa Rubra），即"红岩石"交锋，水流不大的克里梅拉河（Cremera）在那里汇入台伯河（Tiber）。① 后世的传说声称，也正是在这里，在这一战之前或者这一战之中，君士坦丁经历了他一生中最著名的一次神迹，尤西比乌斯如此记载：

> ……一个来自天堂的非凡景象出现在他的面前，而对这一景象的说法若是出自他人之口未必可信。但胜利的皇帝本人在很久之后，他受自己亲友与整个社会尊敬之时对这部史书的作者提及了此事，并发誓称他所说属实，而在时间的检验之后，谁还能质疑他所说的一切的真实性呢？他声称大约在正午时分，太阳开始西沉时，他亲眼见到天空之上出现光芒四射的十字符号，位于太阳之上，上面还写着铭文"*以此征服*"（Hoc Vince）。见到这一景象的他，和他所有的士兵一同呆立。②

---

① 此处今称 Grotta Rossa。
② *De Vita Constantini*，Ⅰ，28.

据说在这明白无误的上帝指引之下，君士坦丁击溃了马克森提乌斯的部队，将其一路赶向南方，赶到台伯河向西急转弯的地方以及位于那里的旧米尔维安桥。① 在这座格外狭窄的桥边，马克森提乌斯建造了一架浮桥，他可以通过浮桥有序撤退，并迅速将其拆毁以避免追击。他溃退的部下此时拥上了桥，每个人都拼尽全力想逃命，君士坦丁的部下则紧追不舍。他们本可以逃走，但桥梁的建筑工匠过早地撤走了桥上的加固件，整座浮桥突然崩塌，数百人落入湍急的水流。那些没能过桥的人盲目地向唯一的逃生之路，即那道旧石桥冲去，然而正如马克森提乌斯所预料的，那道桥太窄了。不少人在桥上被撞死，还有不少人被践踏而死，更多的人则被同伴挤落河中。而篡位者本人也落水溺亡，他的尸体之后被冲到了岸上。他的首级被挑在长枪上，在君士坦丁于次日胜利进入罗马时被挑在他的前方。此后首级被送到北非，以警告马克森提乌斯的支持者。与此同时，马克森提乌斯的名字也被从所有公共纪念碑上除去，正如一年前这位征服者的名字被除去一样。

君士坦丁目睹的神迹（312）

米尔维安桥之战使君士坦丁成了自大西洋到亚得里亚海，从哈德良长城到阿特拉斯山的欧洲土地的统治者。而且虽然这或许并不能标志着他皈依基督教，但至少表明他在保 40

① 这座桥，即"Ponte Milvio"，原本建于公元前 109 年，被多次重建和修复，最近一次是加里波第（Garibaldi）将其炸毁后，教皇庇护九世于 1850 年重建。

护与资助他的基督徒臣民。在罗马的两个半月间，他不仅自己出资补贴二十五座名义上的教堂，并建立起几座新的教堂，还要求其属下的各行省管理者在他们的领土之上也如此行事。在他离开罗马之前，他将拉特兰家族在西里欧山上的宫殿——在他进入罗马之后不久就前来与他会合的皇后福斯塔在罗马停留时即居住于此——送给了新任教皇米尔提亚德斯（Melchiades）。这一宫殿在此后的一千年间均由教皇掌控。而后他自己出资建造了罗马的第一座君士坦丁式教堂——拉特兰圣约翰教堂，至今它仍是该城的大教堂。重要的是，其中央有一座大型的独立圆形洗礼堂，这在此后极大增加了受洗的人数。①

因此，究竟在多大程度上，我们可以说皇帝在米尔维安桥边感召的十字，不仅是他一生中一个决定性的转折点——堪与圣保罗在前往大马士革的路上所受的感召相比——从其后续影响来看，也堪称世界历史的一个分水岭？这不是个能轻易回答的问题，而在我们回答这个问题之前，必须先问另一个问题：到底发生了什么？这个故事的最初版本见于这一时期的另一份主要参考资料，即基督徒学者与演说家拉克坦提乌斯的记述。他在迫害之中幸存下来，大概在这一时期被君士坦丁任命为他的儿子克里斯普斯（Crispus）的家庭教师。无论那时的他是不是皇帝的随从，至少拉克坦提乌斯此后也应当有很多机会询问皇帝那时究竟发生了什么。在此事

---

① 君士坦丁洗礼堂已经毁损，原址的八角洗礼台于教皇西克斯图斯三世（Sixtus Ⅲ，432~440）在位期间被重修。

发生一两年后，他如此写道：

> 君士坦丁在梦中受到指引，将上帝的徽号绘制在他
> 的士兵的盾牌上，再率部出征。他仿佛奉命行事一般在
> 他们的盾牌上描绘上"X"，并在字母上画出一条先垂
> 直后在字母顶端曲折成弧的线，代表基督。①

他的记述仅限于此，没有提到其他景象，只提到了梦。　41
这个虔诚的基督徒与基督教的辩护者甚至完全没有提到救世
主或者十字架出现在皇帝面前。至于那个上帝的徽号仅仅是
由"X"（chi）和"P"（rho）组成的花押字，即希腊语
"基督"的头两个字母，而这也是基督教铭文中常见的符号
之一。

也许更值得一提的是，尤西比乌斯在 325 年完成《基
督教会史》（*Ecclesiastical History*）时完全没有提到这一战之
前任何的梦境或者奇景。直到他在君士坦丁逝世多年之后写
下的《君士坦丁传》里才记述了与那段引文相同的事件。
他将拉克坦提乌斯的记述展开，记载当夜基督出现在皇帝的
梦中，命令他将在天堂中看到的那个符号绘制在旗帜上，
"作为与他任何敌人作战时的庇护"。尤西比乌斯称君士坦
丁于次日照做了。结果是，包金的长枪交叉成十字架，配有
月桂环绕的神圣花押字，即拉布兰旗（labarum）。尤西比乌
斯在多年之后看到这一旗帜时，有些出人意料的是皇帝和皇

---

① *De Mortibus Persecutorum*, Chap. xliv.

帝的孩子们的金色肖像也被挂在了这一旗帜的横杆上。

那么，我们从这一切的记载中能得出什么结论呢？首先当然是，在战场上出现十字架的幻象，这个在西方教堂与艺术馆的油画与壁画中被描绘了无数次的景象，根本没有发生过。如果确曾发生，同时代的记载中无人提及简直是不可想象的，而事实上直到《君士坦丁传》问世，才出现这一说法。皇帝本人似乎从未如此宣称，即使在他应该说出这个故事的场合，他也不曾说过，而尤西比乌斯似乎成了唯一的例外。在皇帝逝世后不久，耶路撒冷主教西里尔（Cyril）对皇帝的儿子君士坦提乌斯二世（Constantius II）保证，近期空中出现十字形光斑一事是上帝的慈爱，甚至胜过他祖母海伦娜在圣地发现真十字架一事。如果主教清楚君士坦丁看到如此神迹，他又怎么可能将其忽略呢？最后，尤西比乌斯也特意提到"全军……都目睹了这一神迹"。如果属实，那这九万八千人还真的都是守口如瓶了。

另一方面，基本可以肯定，在这场决定性的战争之前，皇帝就已经受到某种圣灵感召。拉克坦提乌斯单调的记载可能属实，但这类经历未必都会以梦境这种易于描写的方式发生。有证据显示，自两年前处决他的岳父马克西米安之后，君士坦丁在宗教方面存在相当的不确定性，并愈发倾向于一神论。310 年发行的货币上原本属于古罗马众神的位置仅仅保留了一位神灵——太阳神赫利俄斯（Helios），也就是通常所说的"不败的太阳"（Sol Invictus），君士坦丁也宣称于多年前在高卢作战时看到了有关太阳神的神迹。而这一信仰——此时帝国最受欢迎也传播最广的信仰——似乎没能让他满意。尤西比乌斯提到在君士坦丁前往意大利时，他清楚自己很快就要参与他一生中最重要的一战了，而他要为此赌上自己的一生。他虔诚祈求神的指引。简而言之，312 年夏末的君士坦丁是最急于改宗的人，他的祈祷也理所当然地收到了回应。

如果接受这一假说的话，尤西比乌斯的说法就更容易理解了，这与其说是蓄意造假，倒不如说是无意之中的夸大，而这种夸大更多是由皇帝本人而非记述者完成。在君士坦丁的一生之中，特别是在米尔维安桥之战后，君士坦丁产生了一种强烈的执行神圣使命的感觉。在他的晚年，这种感觉愈发强烈并掌控了他，而且在生命末期回顾自己一生中的那些大事件时，他给记忆添枝加叶，实在是再自然不过了。在他的时代，绝大多数人都相信神迹以及上天指引的存在，而他本人回忆称，在一个应当看到神迹的时候看到了神迹，他人自然很容易相信神迹确实出现过，而尤西比乌斯更是最不会在这一问题上质疑他的人了。

君士坦丁的基督信仰（312）

然而仍有一个问题需要解答：君士坦丁在多大程度上皈依了基督教？毋庸置疑，皇帝在 312 年之后把自己当成基督教教会的最高庇护者，为教会带来繁荣与幸福；另一方面他发行的货币，至少直到 324 年，仍然声称君士坦丁是"不败的太阳"的同伴，但更重要的是他依然在自己受洗的问题上逡巡犹豫，并一直将此事推迟到二十多年后的弥留之际。这种不情愿在某种意义上应当是出于政治考虑，他不敢

43 激怒那些依然崇拜旧神的臣民。但他依然毫不迟疑地做出了一些冒犯之举，比如他在罗马停留时拒绝参与向主神朱庇特献祭的典礼。

事实情况可能更为复杂：虽然君士坦丁真诚地同情基督教，并确信基督徒的神指引他（无论以何种方式）在米尔维安桥之战取胜，但他依然没有准备好完全接受基督教。基本可以确定的是，尽管此时的他接受了"Summus Deus"，即"至高的神"的理念，但他也认为这一至高的神可能以其他形式出现，比如阿波罗、"不败的太阳"，或者密特拉（对密特拉的崇拜依然流行，在军中格外盛行），又或是基督徒们的上帝。在所有形式之中他可能最支持最后一种，但作为帝国的统治者，自以为超越了所有教派与宗教体系的他自认为不需要公开自己的观点。

而罗马的元老院同意他这一观点。为了庆贺他战胜马克森提乌斯并重新恢复法统、秩序以及都城的帝国管理体系，他们为他建立起巨大的凯旋门，至今依然矗立在斗兽场西南不远处。上面的许多装饰都是重新使用了献给图密善、图拉真、哈德良和马可·奥勒留纪念碑的材料，减少了很大一笔花销，吉本称这一建筑为"艺术衰颓的忧郁证明，仅仅展现了最吝啬的虚荣"。然而上面的铭文确实出自君士坦丁的时代，译文如下：

> 拥有对神灵的本能直觉的英白拉多恺撒弗拉维乌斯·君士坦丁，以他伟大的灵魂代表国家，向暴君僭主和他的党羽发动正义的复仇。

"对神灵的本能直觉"（Instinctu divinitatis）是个奇特的说法，而这必然是刻意选择的含糊叙述。其中没有提到基督，也没有提到十字架，甚至没有指出他所说的是哪一位神灵。然而石匠在刻下这段话之前必然要经过君士坦丁的批准。因为拟稿的无疑是元老院，无论君士坦丁自己态度如何，他自然也要谨慎对待。然而难免令人怀疑的是，他很可能并非被迫接受这段话，毕竟他本人也没有最终表示皈依哪一个神。"对神灵的本能直觉"，用来描述他自己再好不过了。

宁静原野之战（313）

除了凯旋门，还有给皇帝的巨大坐像，这尊为真人尺寸 44 七倍的雕像放置在改建（并匆匆改名）的马克森提乌斯君主大堂之中，这一雕像九吨重的巨大头部如今存于卡比托利欧博物馆。除此之外，罗马元老院还在 312 年的最后两个月给了君士坦丁另一个荣誉，宣称他为"至高奥古斯都"。他带着这个封号于 313 年 1 月初动身前往米兰，准备与李锡尼在那里会面。

两位奥古斯都要讨论三个主要问题。第一个问题是意大利的未来。理论上帝国的这一部分应当归属李锡尼统治，但君士坦丁收复这一地区时，李锡尼没有出一兵一卒援助，而他也不太可能期待自己的这位同僚会将这里拱手让与他。第二个问题是宗教宽容问题，特别是基督徒此后在帝国中的地位。帝国应当实施同一种政策，但更年长的李锡尼不太可能和君士坦丁一样支持基督教，双方应当达成了一定的谅解。

最后一个问题则是讨论第三位依然在世的奥古斯都——马克西敏·代亚。

这个令人厌恶的年轻人确切的出生日期未见记载，但此时的他应当刚刚三十出头，在担任了五年的恺撒之后，310年他开始惹是生非，要求奥古斯都头衔。他的叔叔伽列里乌斯清楚君士坦丁、马克西米安和马克森提乌斯都已经索取过这一头衔，他担心这一头衔严重贬值，就拒绝了他的要求，只给他一个"奥古斯都之子"（Filius Augusti）的头衔。但马克西敏·代亚愤怒地回绝了这一具有贬低性质的封号，并自称奥古斯都。在伽列里乌斯逝世后，他夺去了帝国东部直到赫勒斯滂海峡的广阔土地，在优势最大时他不断对色雷斯的李锡尼发难，直到311年的冬季或次年年初，在博斯普鲁斯海峡中的一艘船上，两人艰难地签订了和约。此外他还厌恶基督教，公然无视他叔叔在311年颁布的"容忍敕令"，依然在迫害基督徒，甚至曾经派士兵越境进入亚美尼亚追击基督徒，而亚美尼亚国王随后也对他宣战。

两位皇帝的谈判友善地结束了。李锡尼似乎颇有风度地接受了君士坦丁控制其征服地域的要求，并适时和君士坦提娅成婚，尽管这一婚礼使用何种仪式不幸未被记载下来。基督徒们关心的是，结了姻亲的两人最终拟定了一条新敕令，确认伽列里乌斯承认基督教在帝国全境内的法律地位。然而在敕令颁布之前，来自米兰的消息让这场会议仓促地无果而终：马克西敏·代亚撕毁了去年冬季签订的条约，率领大军——拉克坦提乌斯估计其规模为七万人——渡过海峡并夺取了欧洲一侧的小镇拜占庭。李锡尼迅速行动起来。他带着

45

自己在米兰的少量部队立即向东进军，一路上在伊利里亚和色雷斯征召援军并筛选精锐。4 月末，他已经距离普罗彭提斯海滨赫拉克利亚（Heraclea）仅几英里，而这个马尔马拉海边的小城正在遭受马克西敏的围攻。两军于 4 月的最后一天，在城外约十八英里处的所谓"宁静原野"① 开战。

李锡尼尽管在部队数量上处于劣势，而且他本人早已不复年轻，部下也因为长途行军而疲惫不堪，他却是比对手更出色的军事指挥官。马克西敏的部下被可耻地击溃了，他本人伪装成奴隶从战场上逃走。他最终抵达了奇里乞亚（Cilicia），并于次年在那里撒手人寰。拉克坦提乌斯欣然描述了这个迫害过他的人的结局，留下一段令人不快的记载：

> 他服下毒药……毒药使他的内脏如火烧一般，疼痛得不能自己，在长达四天的疯狂之中，他用手抓起大把泥土，贪婪地吃下去。在经历了各种痛苦折磨之后，他用头撞墙，直到眼珠从眼眶中冒出……最后他承认了自己的罪行，向基督祈求宽恕。尔后，在如同受火刑者的哀鸣一般的呻吟声中，他罪恶的灵魂咽下了一口气，以最可怕的方式死去。②

与此同时，李锡尼则胜利进入东方的都城尼科米底亚，在拖延了一段时间之后，于 6 月 13 日颁布了他和君士坦丁

---

① 作者将 "Campus Serenus" 直译为 "Serene Fields"。——译者注
② *De Mortibus Persecutorum*, Chap. xlix.

在米兰达成一致的敕令：

46

> 奥古斯都君士坦丁，以及我，奥古斯都李锡尼，在欢乐之中来到米兰，共同商讨与公共利益福祉有关的各种事务……我们决定发布如下法令，保证尊重崇敬神，即赐予基督徒和所有其他信徒自由选择自己崇拜的神灵的权利，让所有天国的神灵都能庇护我们，以及我们统治之下的所有臣民。①

此处的语句再度以谨慎的方式拟定。文中依然没有提及耶稣基督，只是提及了教派之一的"基督徒"。尽管基督教是唯一一个被明确指出的宗教，但"所有其他信徒"（比如摩尼教教徒）明显意味着这一敕令是对宗教的整体容忍。至于"所有天国的神灵"（quo quicquid est divinitatis）可能是在支持多神教的李锡尼的坚持下加上的，但与凯旋门上的铭文相比，这可能与君士坦丁自己的想法也相差不多。这一法令仅在一个方面格外偏袒基督徒：仅有他们可以拿回在大迫害期间被没收的财产，包括土地、教堂和动产。但必须提及的是，其他的教派在大迫害期间都没有遭受过可与基督教相比的损失。

与李锡尼对立（320）

除掉马克西敏·代亚之后，帝国开始两极化。帝国再度

---

① *De Mortibus Persecutorum*, Chap, xlviii.

只剩下两位奥古斯都，即西部奥古斯都君士坦丁和东部奥古斯都李锡尼，而李锡尼在东部立即开始了恐怖统治。他前任的主要官员全部被处决，而马克西敏庞大的家族也被斩草除根——由于此前的奥古斯都与恺撒们联姻，戴克里先和伽列里乌斯的家族也被牵连其中。甚至伽列里乌斯在弥留之际托付给李锡尼的、伽列里乌斯的妻子瓦勒里娅（Valeria）和伽列里乌斯的岳母、戴克里先的遗孀普利斯卡（Prisca）也未能幸免，她们都在帖撒罗尼迦（Thessalonica）的家中被逮捕并被斩首。

如此的屠杀不只是为报复，也不只是无情，而是因为李锡尼认为帝国只能留下一个家族来统治，也就是君士坦丁的家族，而他与君士坦提娅的婚姻使他成为其中一员。然而这一想法并没有使他和另一位奥古斯都关系更为紧密，事实上，米兰会议开辟的"蜜月期"持续的时间相当短。两位皇帝离开该城六个月之后，李锡尼已经参与谋害君士坦丁的密谋，而幸运的是这一密谋在造成任何伤害之前就被揭露了。不久之后，在 314 年夏初，他下令将存于意大利行省边境城镇埃莫纳（Aemona）——今卢布尔雅那（Ljubljana）——的所有君士坦丁的雕像和画像撤除。 47

事实上这就是宣战。已经返回高卢的君士坦丁立即率约三万人的部队向东南方向进军，进入潘诺尼亚平原，在萨瓦河河谷的西巴莱［Cibalae，今温科夫齐（Vinkovci）］遭遇对手。两军在 10 月 8 日凌晨展开激战，李锡尼作战坚决勇敢，但最终被迫撤退，他的部队在君士坦丁的追击下一路穿越巴尔干半岛抵达拜占庭。在那里，两位皇帝最终达成了一致：李锡尼同意放弃他在东欧的所有领土，包括潘诺尼亚和今巴尔干地区，但不包括色雷斯；君士坦丁则承认他对亚洲领土、利比亚和埃及的主权。

两位皇帝再度成为朋友，但他们这一次的"友谊"依旧没有持续多久。事实上接下来的十年间两人的关系不断恶化。317 年，君士坦丁指定他的两个儿子，即与前妻米内尔维娜所生的时年十四岁的克里斯普斯，和与皇后福斯塔所生的、尚在摇篮之中的君士坦丁（Constantine）为西部的共治恺撒。与此同时，尼科米底亚的李锡尼也将自己的儿子李锡尼安努斯（Licinianus）推举为恺撒。但这些举措无疑在此前都经过商议，并不能反映出任何特殊的对立行动。然而次年，君士坦丁将宫廷从西尔米乌姆搬到了塞尔迪卡（Serdica），即今索菲亚（Sofia）。对一个领土远达直布罗陀海峡之外的君主而言，这是个可疑的迁都行动，而对其动机唯一合乎逻辑的推测是，他认为接下来的问题将来自东帝国，而非高卢人、法兰克人或者北非的多纳图斯派（Donatists）。

事实上这在相当程度上是君士坦丁在自找麻烦。他的鼓吹者们竭力将罪责推到李锡尼身上，指责他虚伪且不忠，对基督教的态度也愈发敌对：自约 320 年起，他下令禁止所有基督教宗教会议，将大批主教和牧师（尽管绝非所有人）驱逐，并将自己家中那些不肯向多神教神灵献祭的家务人员赶了出去。然而此时君士坦丁已经明显决意终结戴克里先那灾难性的分治政策并独自统治帝国。自 320 年起，他蔑视近期定下的传统，甚至没有提名任何帝国东部的人作为每年选

48

24

举的两名执政官候选人，而是推举了他自己和他的次子，321 年他推举了自己的两个儿子。① 同年他还开始集结大规模的舰队，并在帖撒罗尼迦拓宽深挖港口以供这支舰队使用。

李锡尼也在准备战争，而两位奥古斯都选择静观其变，等待对方行动。然而在 322 年秋，在反击萨尔马提亚人（Sarmatians）——通常居住于多瑙河下游以北的蛮族游牧部族——的进攻时，君士坦丁出于无意或者刻意为之，率部进入色雷斯。李锡尼对此强烈抗议，宣称这是蓄意侵入他的领土进行侦察，明显是全面入侵的预备行动，他随后率约十七万人的大军抵达亚得里亚堡（Adrianople），即今埃迪尔内（Edirne）。当君士坦丁开始进军时，李锡尼做好了迎击的准备。

李锡尼兵败身死（323）

在 323 年 6 月最后一周，帝国西部的部队越过色雷斯边境；7 月 3 日，在亚得里亚堡城外倾斜的宽大平原上，东部的军队前来迎战。君士坦丁的部队数量稍少，但主要由久经沙场的老兵组成，他们轻易地拖垮了经验相对不足的对手们。李锡尼再度以出众的勇气坚持抵抗，在约三万四千人的

---

① 双执政官制是罗马共和国时代留下的最古老也最庄重的制度之一，两位执政官在一年的任期内在帝国拥有民事与军事的最高权力。在罗马帝国晚期，这一头衔成为纯粹的荣誉头衔，执政官由当权者随意选择。吉本对此有一段难忘的评价："（成为执政官）只为安然徜徉于自己的崇高伟大之中。"然而每年都要推举被任命为执政官的人选，而这一头衔地位依然极高，只有地位最高的显赫人物才能担任，皇帝自己还屡屡担任这一职务。君士坦丁于 320 年担任执政官时，已经是第六次了。

部队阵亡之后才下令撤退。尔后他和九年前一样退到拜占庭。这一次他却不打算谈判，而是宣称废除君士坦丁的皇帝之位，推举他麾下的政务大臣①马库斯·马尔提安努斯（Marcus Martianus）接替他成为奥古斯都，并停驻在此准备抵御围攻。

君士坦丁则狡猾地按兵不动——再度说明了这个小镇处于易守难攻的绝佳战略位置之上——等待他的舰队前来。他将舰队交给自己的儿子克里斯普斯指挥，这个二十岁的年轻人已婚，并已经和他的父亲一同征战五年。舰队包括约二百艘配三十支桨的桨帆战舰，此外据说还有两千艘运输船随行。为了防守赫勒斯滂海峡，李锡尼集结了数量更多的舰队，他的舰队指挥官阿班图斯（Abantus）麾下拥有约三百

49 五十艘舰船。难以理解的是，阿班图斯没有在海峡的爱琴海一侧展开战斗以有效利用其数量优势，却在海峡通往马尔马拉海的东北角迎敌。当对方舰队抵达时，他立即发动了进攻。随之而来的海战进行了整整两天，最终克里斯普斯轻快且更灵活的战舰击沉了一百五十艘守军的舰船，并突破海峡驶向拜占庭。

李锡尼得知君士坦丁突破的消息之后立即溜出城去，渡过博斯普鲁斯海峡前往亚洲，但君士坦丁做好了准备。他迅

---

① 政务大臣，即"Magister officiorum"，在罗马帝国时代各部大臣（Magister）之中地位最高。此后随着帝国疆界萎缩，各部门的行政任务大减，各部的最高官员被地位较低的"部长"（logothete）代替。"Magister"在九世纪晚期时已经成为官阶，而非实际职务（为区分，下文作为官阶的"Magister"全部译为"朝政大臣"）。——译者注

速率部登上刚刚抵达的运输船并立即出发追击，9 月 18 日在克里索波利斯［Chrysopolis，今称于斯屈达尔（Üsküdar），英语常用称呼为斯库塔里（Scutari）］再度取得大胜。李锡尼仓促返回他的都城尼科米底亚，尽管损失极大，他依然没有丧失信心，并决心进行最后的抵抗。但他的妻子说服了他。她指出如果现在投降，他也许还能免于一死。次日她本人亲自出城来到自己异母兄弟的军营中，请求他饶恕自己的丈夫。

君士坦丁同意了她的请求。他召来李锡尼，热诚地接待了他并邀请他共进晚餐。尔后他将李锡尼流放到帖撒罗尼迦，派人严密监视，但让他享受与他地位相当的舒适生活。他对李锡尼的继承者马尔提安努斯也以类似的宽大方式处理，将他驱逐到了卡帕多西亚（Cappadocia）。在李锡尼管理的东部帝国，这样的宽大为怀确实值得记载，只可惜并未持续很久。几个月之后两人都被处决了。

皇帝突然改变想法的原因不得而知。尽管写于一个世纪之后，基督徒史学家索克拉特斯（Socrates）的断言依然有可能属实：李锡尼故技重施，与某个蛮族部族（应该是指萨尔马提亚人）合谋准备谋害君士坦丁并借机复位。这确有可能，但可能性不大。对这一问题的一个可能性更大的答案见于君士坦丁大约在这一时期写下的祷文，他以通谕的方式将其传遍帝国。在开头对此前的大迫害进行长篇描述与哀叹之后，他写道："我的愿望是，为了世界与众人之整体利益，汝等应尽享安乐和睦。"

情况确实如此，在与李锡尼的战争结束后，以及他的余

27

生之中，他反复地说这些话，并一直在竭力避免战争或其他可能导致战争的事情。然而此时他心中无疑认为，如果罗马帝国要维持和平，它必须在同一个人的管理之下统一起来，而他必然强烈怀疑李锡尼不肯长期退隐。简而言之，帝国即使如此广阔，也容不下他们两个人，如果除掉仅有的另外两个宣称为奥古斯都的人就能保证和平，那么这个代价并不算大。

第二章　皈依基督（323~326）

就我而言，我认为上帝教会之中的任何骚乱都与战 ⁵¹
争一样艰难，甚至比战争还难以结束。因此，这是我最
为反对的事。

——君士坦丁大帝，尼西亚大公会议开场致辞，

325 年

在内战的年代，君士坦丁一直都带着拉布兰旗前往战
场，这旗帜也一直在带给他胜利——至少在他看来如此。君
士坦丁越来越倾向于基督徒的神。如前文所述，数年来他的
相关立法都对他们有利。被没收的财产被归还，神职人员可
以免于市政义务，主教的宗教法庭有权处理民事纠纷。其他
的法律也在一定程度上显示了基督教的影响，例如 319 年无
论奴隶有何种冒犯之举都禁止杀死奴隶的法令，以及 320 年
禁止监狱管理者虐待囚徒的法令，而其中最知名的则是 321
年 3 月 7 日颁布的，宣布"受尊敬的日曜之日"为休息日
的法令。[这对太阳神的崇拜可能被看作一种倒退。事实上
自圣保罗的时代起，基督教教会中周日便逐渐取代周六成为

29

安息日，这在十五年前在西班牙的埃尔维拉（Elvira）召开的教会会议中就已经得到确认。] 但即使那时，这些法令之中也没有出现基督的名字，也没有公开宣称基督教信仰。

现在，当帝国终于安稳地在他一人统治之下重新统一之后，君士坦丁终于可以将信仰公开了。在上一章末尾引述的祈祷文中，他清晰地表达了自己的信念：

> 人类虽堕落已深，亦受诸多错谬诱惑，但汝令汝子揭示至纯之光辉（以免邪恶最终取胜）并向世人证实汝之真实。

另外，不能使用强迫手段，多神教教徒可以凭自己的意愿保持他们的既有信仰。祷文提到：

> 因此，仍为错谬蒙蔽者纵使保持信仰，依然应安然平静……无人可就此骚扰他人，而人人皆可追随内心之偏好……毕竟为自身不朽而自愿尽心竭力，与为自身不朽而威逼他人，断不可将二者等同。

阿里乌斯派异端（324）

尽管可以容忍异教信仰，却不能容忍异端。如果教会要成为一个不可分割的帝国的精神武器，教会自身又怎能分裂呢？不幸的是教会确实出现了分裂。君士坦丁多年以来都在徒劳地与两个引发分裂的派系斗争，即北非的多纳图斯派和埃及的梅勒提乌斯派（Meletians）。这些顽固的基督徒拒绝接受任何在大迫害期间叛离教会，又在此后返回教会的主教或者牧师的权威，这就此否决了正统观点之中，认为牧师本人——如圣奥古斯丁指出，他们仅仅是基督的代理人——的道德品行并不会影响他们圣礼的有效性。（多纳图斯派的观点甚至更为激进，坚称所有与叛教者联络的人都是受玷污的，由于教会唯一而神圣，这意味着教会只剩下了多纳图斯派。）此时另外一个派系又悄然产生，而这一派系在教会内外吸引的支持者（根据教徒人数判断），以及其支持与反对所引发的纷争喧扰，给教会带来的混乱比另外两个派系加起来都多。

这一派系的领袖名叫阿里乌斯（Arius），他是亚历山大的长老，是在大迫害期间殉道的安条克的圣卢西恩（St Lucian）的弟子，学识渊博且气度不凡。他的理念颇为简单：不承认耶稣基督的不朽及其与圣父的本质统一，而认为耶稣是上帝创造出来，在某个特定时间将成为世界救赎的工具。也就是说，尽管圣子是个完美的人，却永远要臣属于圣父，他身上拥有的是人性而非神性。在阿里乌斯所在地的大主教亚历山大（Alexander）看来，这是个危险的信条，于是他立即着手平息这一异端论调。320 年，阿里乌斯在埃及、利比亚和的黎波里塔尼亚（Tripolitania）的近百名主教面前被视为异端并被革除教籍。

然而覆水难收，这一教义如同野火燎原一般发展起来。必须提及的是，那是一个人们积极参与神学争论的时代，不仅教士和学者们参与其中，整个希腊语世界都加入进来。人 53

们张贴大幅纸张，在市集中发表煽动性的演讲，在墙上涂写标语。所有人的想法是一致的：或者支持阿里乌斯，或者反对阿里乌斯。阿里乌斯本人和大多数神学家不同，他极为擅长公共活动，为了更好地宣扬自己的观点，他事实上写了几首流行歌曲以及顺口溜，让水手、旅行者、木匠和其他职业的人在街头巷尾唱诵。[①]

然而在他被革除教籍之后，他无法再在亚历山大居住。他匆忙离开，首先赶往凯撒利亚，那里的主教尤西比乌斯热情支持他的观点，而后他又前往尼科米底亚，受到了李锡尼与君士坦提娅的欢迎，而同样名为尤西比乌斯的当地主教召开的本地宗教会议也一致对他表示支持。另一场由凯撒利亚主教尤西比乌斯召开的叙利亚高级教士宗教会议也做出了相同的姿态。此时阿里乌斯的地位大为巩固，他返回埃及要求复职，亚历山大拒绝了这一要求，一场严重的暴乱随即爆发。

323 年秋，当君士坦丁完全掌控了他的帝国时，这个起初由微妙的神学问题引发的争议已经发展成危险的轰动性事件，不仅影响了埃及，还蔓延到整个黎凡特。看来为了防止形势恶化，必须使用强硬手段，皇帝为此把科尔多瓦（Cordova）主教霍希乌斯（Hosius）——此前的十年间他一直是君士坦丁在基督教问题上的主要参谋——派到了埃及，命令他全权处理这一争议并将其彻底解决。这位主教自然没能完成这一任务。次

---

① "我们若在教堂的乐声中，以致敬圣父的方式向他致敬，他获得的荣耀就过多了。"（*Dictionnaire de Théologie Catholique*, article on "Arianism".）我们确实如此。

年他又进行了一次尝试，这次他接到指示，送去君士坦丁本人写给双方的一封公平的信：

> 胜利者君士坦丁、最高权威奥古斯都，致亚历山大与阿里乌斯：
>
> 　　在如实调查了事件起因以及你们观点的不同之处后，我认为这一事件的起因实际上意义不大，不值得进行如此激烈的辩论……你们自此必须以同样的宽容对待对方，接受你们的同伴们有权提出的建议。
>
> 　　建议是什么？提出这样的问题就是错误，回答这样的问题同样是错误的。这类没有任何法律授权的讨论更多是源自辩论时的好胜心，是人们滥用闲暇时间的结果，因此我们应当保留意见，既不应该仓促地在公共集会中表达，也不应该冒失地向大众传播。毕竟，无论是能准确地理解如此庄严而高深的问题的人，还是有足够能力阐释的人，都少之又少。①

这确实是个明智的劝诫，而如果人们都能接受这一劝诫，那么在这么多世纪之中，世界必将免遭不可计数的苦难与杀戮。然而无人听从这一劝诫，阿里乌斯和亚历山大各自来到尼科米底亚，分别向皇帝申诉。

此时，在 324 年年末，君士坦丁决定最终解决这一问题。他不再召集当地的主教召开宗教会议，而是举行一次世

54

---

① *De Vita Constantini*，Ⅱ，64～72.

界范围内的教会会议——这一会议的权威性与等级足以让辩论的双方接受其决议。最初提议在安凯拉（Ancyra），即今安卡拉（Ankara）召开会议，而后集会地点改为尼西亚[Nicaea，今伊兹尼克（Iznik）]。这座城市不但交通更为便利，距离尼科米底亚也更近——但这一点意义索然，因为很快皇帝就明确表示要亲自出席这一会议。

尼西亚大公会议（325）

尼西亚很快就修造起了一座宫殿，会议于 325 年 5 月 20 日至 6 月 19 日在那里进行。尽管皇帝希望西帝国的教会能够积极参与，但前来的代表很少，他们对这一争议不感兴趣。除了主教霍希乌斯，前来与会的只有卡拉布里亚（Calabria）主教、迦太基主教、来自高卢和伊利里亚的主教以及教皇西尔维斯特（Sylvester）从罗马派去的一批神父——他们仅仅是旁听者。而东部的代表团规模则大得多，至少有二百七十名主教抵达，但事实上可能超过三百人，其中许多人都曾因坚持信仰而遭迫害与囚禁。会议在君士坦丁亲自主持之下召开。

> 所有与会人员依等级就座之后，便在一片肃静之中等待皇帝抵达。首先，他的三名直系亲属按官阶先后入场，之后是他的随从——并非通常跟随他的士兵或卫队，而是与他信仰相同的朋友——入场，宣示他本人的到来。众人听到皇帝到来的信号之后全体起立，皇帝本人最后到场，他身上光芒璀璨的外衣与用金子和奢华宝

55

石装饰着的紫袍相辉映，如同上帝派到凡间的天使一般穿过集会的人群。走到最高阶的位置时，他先肃立在那里，侍从搬来金椅之后，他等待主教们示意他入座之后才就座。而后全体与会者也随之就座。①

从君士坦丁给争议双方代表的信件上可以明显看出，他对争论的教条问题并不关心。他尽管并不算在帝国西部出生，但无疑是在帝国西部长大，虽然天生笃信宗教，但以军人的方式思考的他对神学细节的争论缺乏耐心。然而他决心要结束这场争议。因此他积极参与随后的辩论，据理力争，时而鼓励，时而安抚，并不断强调团结统一的重要性，呼吁践行折中的美德，甚至一度不使用拉丁语，而是用勉强的希腊语来试图说服听众。

也正是在他的提议之下草拟了一段有关信仰的宣言，而其中的关键词决定了——至少暂时如此——阿里乌斯和他的信条的命运。那个关键词正是用于描述圣父和圣子关系的"一体"（homoousios），而原词的意思是"本体同一"，也可以说是"同一实质"。这个词的出现几乎等同于谴责阿里乌斯教派，而君士坦丁也凭借自己的说服能力——很可能也依靠了胁迫——得以保证它最终被接受。许多支持阿里乌斯的主教自然而然地提出抗议，然而他还是逐渐将他们争取了过来，指出这个词只能"以圣洁而神秘的方式"阐释，也就是说其意义全然取决于他们所定下来的解释。在他完成这

① *De Vita Constantini*，Ⅲ，10.

一切时，几乎所有支持阿里乌斯的人，包括两位尤西比乌斯主教，即使可能仍不情愿，却也都同意签署大会的最后决议书。只有十七人坚持己见，而在遭到流放和开除教籍的威胁之后就只剩两个人了。① 大公会议随即发布了裁决：阿里乌斯和余下的支持者遭到正式谴责，他的所有著述都被清除出教会并收缴焚烧。他也被禁止返回亚历山大。然而他并未在伊利里库姆（Illyricum）被流放太久，由于阿里乌斯派的主教不断上书请愿，他很快得以返回尼科米底亚，但之后的事情证明，他人生之中的大起大落还没有就此结束。

56

可以想见，大公会议的与会者们对阿里乌斯教派的处理颇为满意，他们转而开始处理其他事务，包括选定复活节的日期。东部的绝大多数教区依然使用犹太历法推算，不在意那一天是星期几，而亚历山大和帝国西部则将盛宴定在春分之后、第一次满月后的星期日举行。在尼西亚，也许是皇帝对犹太人的极大厌恶决定了这个议题的解决办法，大公会议之后，皇帝本人在一封送交各教区的信中明确表示，将基督复活的节日定在逾越节当天会让他恐惧。② 无论实际情况如何，大公会议最终决定所有基督徒以西帝国的方式确定复活节，每年在亚历山大推算其正确日期，而后送交罗马，再转交给各个教区。③

---

① 按照此后出现的一个传说，一些支持阿里乌斯的主教私自改动了他们签署的那份决议的副本，在那个存在争议的词中加上了一个希腊字母"i"，将其变为"homoiousios"，即"本质近似"。然而这一举动相当危险，而且没有确实的证据存世。

② *De Vita Constantini*，Ⅲ，18.

③ 这一决议执行了十二个半世纪，而在教皇格里高利十三世（Gregory ⅩⅢ）于1582年重定历法之后，东部与西部的历法才再度出现差异。

第二章 皈依基督 (323～326)

基督教教会的第一次大公会议在进行了差一天一个月之后，就这样结束了。对君士坦丁而言这是一场胜利，他成功地以自己期望的方式解决了所有主要问题，而在他看来更重要的是，这次投票表决时，与会者的意见几乎完全一致。他不仅在东部与西部的教会建立起了一个巨大的联盟，还占据了道德的制高点，实现了政教统一——千余年不曾割裂。简而言之，他有理由欣喜，主教们也是一样。他坚持要求他们待在比提尼亚几周，参与"二十周年庆典"（vicennalia），即庆祝他在位二十周年的庆典，并打算以一场盛宴款待他们。凯撒利亚的尤西比乌斯——和他在尼科米底亚的同名者一样，在阿里乌斯派问题上选择了妥协——当然出席了盛宴，并兴高采烈地描述了这一盛景：

> 没有任何一位主教缺席皇帝的盛宴，那辉煌的景象无法用言语描述。皇帝的私人卫队和其他士兵手持长剑在宫殿的入口肃立，而神选之人就在他们之中毫无畏惧地步入皇宫的最深处。皇帝的亲友与他同桌共饮，其他人则在两旁的长椅上就座进餐。人们脑海中基督的国度也许就是如此，而这一切仿佛超脱现实，如同梦境一般。①

57

在主教们最终起程返回之前，每一位主教都得到了皇帝亲手赠送的礼物。尤西比乌斯记载称他们每一个人都深受触动，而这也正是君士坦丁所希望的。

---

① *De Vita Constantini*，Ⅲ，15.

家庭不和（326）

326年1月初，君士坦丁起程前往罗马。此时的罗马人大为不满，因为君士坦丁决议在尼西亚举行"二十周年庆典"，而不是依照传统在他们的城市举行，因此他同意在罗马城再度举行一次仪式，以安抚他们的情绪，也向他们表明自己没有完全忽视他们。与他同行的包括他的家人：母亲海伦娜，妻子福斯塔皇后，异母妹妹君士坦提娅及其继子李锡尼安努斯，以及他自己的长子——恺撒克里斯普斯。这次聚会却不欢而散，毕竟他们之间的关系可谓恶劣至极。

海伦娜从未忘记福斯塔是皇帝马克西米安的女儿，而马克西米安的养女狄奥多拉在四十年前从她身边抢走了"苍白者"君士坦提乌斯；福斯塔则因为君士坦丁在前一年的"二十周年庆典"上，将他的母亲封为"奥古斯塔"，与自己同一等级而怀恨在心。君士坦提娅的丈夫李锡尼已经在两年前被杀，尽管他的妻舅曾经向他许诺要留他一命；而她的继子的心情也基本相同，他已经不可能掌握权力，却要看着年轻的对手克里斯普斯享受那些他本该享受的荣耀。至于克里斯普斯本人，他在某种程度上意识到了他父亲日益增长的嫉妒心——嫉妒自己在赫勒斯滂的大胜（他对此仅受到勉强承认），更嫉妒军队与平民对自己的支持此时已经超过皇帝本人。在前一年，他在高卢的指挥权被免除，交给了自己的异母兄弟、仍远未成年的君士坦丁二世（Constantine Ⅱ），而326年的执政官职务更是给了他年龄更小的兄弟君士坦提乌斯。

58

　　然而这些因素中的任何一个都不足以独力引起接下来发生的重大事件。就现存资料来看，在皇帝一家人于 2 月的某一天抵达塞尔迪卡，或者西尔米乌姆时，克里斯普斯和李锡尼安努斯毫无预兆地被突然逮捕，并在几天之后在波拉［Pola，今普拉（Pula）］被处死。不久之后另一位地位更高的人被杀：皇后福斯塔在热水浴室（calidarium）①被杀。至于是被勒死、刺死还是窒息而死则不得而知。

　　按照几乎同时代的欧特罗庇厄斯（Eutropius）的记载，随后君士坦丁的许多朋友也牵连被杀。问题在于，他为何突然之间进行如此疯狂的杀戮？现存的记载远不足以得出确定的答案。一种可能是克里斯普斯意识到他父亲心怀不满，为自己的未来而担忧，就孤注一掷，和李锡尼安努斯——他自然乐于参与这样的阴谋——同谋推翻皇帝。但这一阴谋被及时发现，君士坦丁也一如既往地来了一次快刀斩乱麻。此后被处决的则可能是他亲随之中牵涉其中的人。

　　这样的解释确实可谓清晰，但尚不能解释福斯塔的结局。也许她也牵涉到谋害自己丈夫的阴谋，毕竟她的父亲马克西米安就是被君士坦丁处死的。但那是十六年前的事了，而且他遭处决也可谓咎由自取；另外，她此后为自己的丈夫生下了五个孩子这一事实，意味着至少在一定程度上她与丈夫的关系缓和了。因此，这一事件应当存在其他的解读可能。

———————

　　①　传统罗马浴室分为"热水浴室""温水浴室""冷水浴室"三个部分。——译者注

至少有四名古时的史学家将福斯塔的死在某种程度上与她的继子联系在一起，而这无疑有损她的名声。奥勒留·维克多（Aurelius Victor）坚称她劝君士坦丁除掉克里斯普斯；菲罗斯托尔古斯（Philostorgus）也持这一观点，还提及她造谣诋毁年轻的恺撒，她自己则和马戏团中的人偷情。佐西姆斯则在接下来的世纪里提到了一个完全不同的说法。他记载称："有人怀疑克里斯普斯与他的继母通奸，因此被处决。"① 读者也许会将这个几乎不可能的说法归因于这位编59 年史家公开的对君士坦丁大帝和他家人的敌意，然而事实上另一位五世纪的记述者，奥弗涅（Auvergne）主教圣阿波里纳里斯·西多尼乌斯（St Apollinaris Sidonius）的记载在一定程度上支持了这一说法，他欣然记述了一段粗野的俏皮话，据称是在皇帝一家来到罗马时被张贴在帕拉丁山的宫殿门口的：

何人尚在追忆黄金般的农神节？如今我等身处钻石般的尼禄时节。②

如果这一说法属实，那么可能的情况有三种。第一种是克里斯普斯和福斯塔确有私情，但若确实如此，为何不将他们一同处死？另一种是克里斯普斯试图勾引福斯塔，但福斯

① *Historia*，Ⅱ，29.
② 传说中，罗马人所谓农神节（Saturnalia）是可以纵欲滥交的节日。尼禄与他母亲阿格里皮娜（Agrippina）偷情的传闻也早已广为人知。解释至此，意义不言自明。

塔愤怒地拒绝并告知了自己的丈夫，但若确实如此，又为何要处决她？这样只剩下第三种可能：无意如此的克里斯普斯遭到了福斯塔的诬告——诬告的原因很可能如吉本的猜测，是他拒绝了她的勾引——而被杀，君士坦丁则直到儿子被杀之后才发现受骗，于是决意让她偿命。按奥勒留·维克多的说法，是君士坦丁的母亲海伦娜向他告密，毕竟她看到自己的儿媳落得应有的结局时也不会多么惋惜。

罗马人的不满（326）

君士坦丁第二次罗马之行起初便颇为不顺，此后发生的事则可谓更糟。皇帝家中动荡的消息先他一步传到了城中，而这自然无法减少城中人，特别是贵族对他长时间的不信任。他们有数个不信任他的理由：作为罗马人，他们尚不能原谅他在别处举行"二十周年庆典"，而一座新城正在博斯普鲁斯海峡迅速建设的消息也令他们不安；作为公民——至少作为共和国习俗的继承者——他们颇为反感一个穿绸裹缎，身边满是溜须拍马之徒，以他们眼中东方统治者的形象示人的罗马皇帝；而作为传统宗教的坚定支持者，他们哀叹他背弃了古神，接受他们蔑视的基督教信仰，这在他们看来是街头盲流和社会渣滓的信仰。简而言之，他们眼中的皇帝是个叛徒，不但背弃了他的信仰，也背弃了他的阶级——后者在他们看来几乎与前者同等重要。当他新建造的君主大堂高度仅次于既有的拉特兰宫时，他们只能无力地旁观。而在326年1月3日，他抵达该城几个月之前，他们阴沉地默认了他任命的阿基里乌斯·塞维鲁斯（Acilius Severus）成为

60

罗马城的第一位基督徒管理者。

而现在，十三年之后，他再度返回他们中间。他们以合宜的典礼迎接了他，但他也能清晰地看出他们的真实想法。至于他，则把自己的想法藏在心里。他尽责地出席了"二十周年庆典"的各个场合，和他前一次来到罗马时一样。然而，他明确拒绝参与前往朱庇特神庙的卡比托利欧游行，并且是在游行队列集结完毕时宣布了这一决议。不论怎么看，这都是一个危险的举措，是对罗马人和城中士兵颇不必要的冒犯，他们之中的大多数仍然是多神教教徒。他们确实堪称忠诚，而君士坦丁也确实堪称自信，竟然敢如此践踏他们的情感。也许是此前的家门不幸让他失去了理智？这样残暴蛮横的举措，即使对他而言也是不寻常的，除此之外似乎也找不到什么别的解释。

如果说与米尔维安桥之战后那次入城相比，皇帝对待罗马城中的臣民没有那么机巧与圆滑，他在使罗马变为基督徒的城市一事上却更为勤勉而坚定。他将一座大型君主大堂献给圣保罗，而大堂的选址正在去往奥斯提亚（Ostia）的大路旁的他的坟墓之上——那里距离他的殉道地也不远；[①] 另一座则献给圣使徒，位于阿皮亚大路旁，传说他亲自背了奠

---

① 很可惜，目前的"S. Paolo fuori le Mura"，即圣保罗大教堂，实际是重建的。1823 年的大火将教堂彻底焚毁之后，君士坦丁的继承者们进行了重建，替代了古时的君主大堂结构。加拉·普拉西狄亚（Galla Placidia）留下的凯旋门镶嵌画在很大程度上得到了修复，依然具有可观的研究价值，留存的罗马式回廊也是罗马保留最好的。但君士坦丁时代的建筑均未能留存。

基的十二筐土，分别献给十二位使徒。① 然而他最重要的创 61
建是建于传统所认为的圣彼得的安息之处的君主大堂，位于
梵蒂冈山，尼禄竞技场附近。就我们所知，其建设应当是于
一两年前开始的，于 326 年 11 月 18 日献给教会，而那是在
皇帝到达几个月之前。②

皇帝离开罗马（326）

　　君士坦丁在罗马狂热的建筑工程无疑证明了他认定这座
城市将成为基督教信仰的主要圣城，仅次于耶路撒冷，而且
他决心竭尽所能使这座城市在建筑意义上和财政意义上与这
一地位相称。另一方面，他本人从来都不喜欢这座城市，也
从来没在这里找到家的感觉，每当找到机会，他就立即离开
这里。他心向帝国东部，他也是在那里建功立业的。在将梵
蒂冈的君主大堂献给教会之后，他离开了帝国的旧都并再也
没有返回。在八百多英里外的另一座城市，大批建筑师、技
工与工程师正急切地等待着他的到来。

　　他在拜占庭城还有未完成的事。

---

①　即现在的圣塞巴斯蒂安教堂（S. Sebastiano），现存的教堂已经完全是巴
　　洛克风格，尽管教堂之下，以及邻近的圣卡利斯托教堂（S. Callisto）
　　之下的地下墓穴依然充满神秘和魔力。

②　旧有的传说声称君士坦丁亲手标出这一君主大堂的地基，事实上很难采
　　信，就像他亲手标出君士坦丁堡城墙轮廓的传说一样难以采信。众所周
　　知，旧有的圣彼得修道院于十六世纪初，在教皇尤里乌斯二世（Julius
　　Ⅱ）时代被拆毁，现存的建筑物在原建筑完成的正好一千三百年之后
　　的 1626 年 11 月 18 日被奉献给教会。1940~1949 年，对梵蒂冈墓穴发
　　掘时发现了一座纪念碑的残片，也许标出了圣彼得墓的确切所在地。

第三章　君士坦丁堡（326～337）

　　当君士坦丁堡现身世间，又有几座城市能不相形见绌？

　　　　　　　　　　　　　——圣哲罗姆（St Jerome）

　　当君士坦丁首次着眼拜占庭城时，这座城市已经有近一千年的历史，无论我们是否接受拜扎斯建城的传说，确定无疑的是这个小型定居点在公元前 600 年前后繁盛起来，其城堡位于今天圣索菲亚大教堂和托普卡帕宫（Topkapi）所在的山丘上。公元 73 年，维斯帕先（Vespasian）将其纳入罗马帝国，不幸的是在一百二十年后，塞普蒂米乌斯·塞维鲁（Septimius Severus）试图夺取帝国大权，这座城的居民错误地支持了他的对手，因此遭到三年的围攻。而最终破城的塞维鲁也毫不留情地将该城劫掠一空，该城原有的巨型城防——据称建筑精巧，如从一整块石头雕刻出来一般——此时则被夷平。然而不久之后，这位皇帝意识到这一地点的战略意义，就在这里进行了重建，而君士坦丁继承的正是塞维鲁重建的城市。

　　他似乎是在 324 年年末决定对该城进行改建的，那是尼西亚大公会议召开六个月之前。当他的君士坦丁堡成为罗马帝国晚期的中心，以及人类世界前所未有的壮丽都市时，一些与建城有关的超自然传说也在所难免地传开了——而皇帝很可能在推动这些传言的传播。传言包括皇帝原本打算在特洛伊平原上建立新都城，但上帝在夜晚来到他的身边，引领他来到拜占庭城；[①] 他在卡尔西顿驻足犹豫时，一群鹰从山间飞下，抓走了建城者的工具并将它们带到了博斯普鲁斯海峡的出口处；马姆斯伯里的威廉（William of Malmesbury）还记载称君士坦丁梦到一个满脸皱纹的老妇突然之间变成一个年轻貌美的少女，又在几天后的晚上梦到故去的教皇西尔维斯特向他解释这老妇正是拜占庭城，他注定要让这座城焕发青春；最后就是他亲自手持长枪画出城墙的基线，当他的同伴们为其基线的长度感到惊讶时，他回答道："为我指引方向的他停下时我才会停下。"[②] 然而事实上，这一切不太可能有超自然力量指引，那时的皇帝仅仅是打算以亚得里亚堡或者凯撒利亚为模板建造一座纪念城市，以他的名字命名，并靠着这座城的壮丽向子孙后代永远宣示他的伟大与光辉。这座城市足够壮丽，但仅此而已。

迁都（326）

　　让他决定以这座城市作为帝国都城的，基本可以肯定

---

① Sozomen, *Ecclesiastical History*, Ⅱ, 3.
② 君士坦丁城墙在狄奥多西城墙内侧一英里多，这些城墙今已无存。

是他第二次来到罗马时的遭遇。他现在完全对这座城市失去了信心，罗马城中共和国时代和多神教遗留的习俗，都不是他正在谨慎地创建的基督教帝国应该留存的。那里在精神层面与文化层面上已经趋于固化，与希腊世界的新思想与进步观点愈发脱节。罗马在学院和图书馆方面已经无法与亚历山大、安条克和帕加马（Pergamum）相比。经济层面上的类似趋势同样明显。不仅是在罗马，而且在亚平宁半岛的大部分地域，疟疾肆虐，人口开始减少；在整个帝国因财政危机而濒于崩溃的一个世纪之中，东部行政区（pars orientalis）那无与伦比的经济资源，是任何政府都不敢忽视的。

旧都在战略意义上的不利因素则更为严重，也是旧有的问题。比如，戴克里先的共治四帝之中没有任何一人想在那里居住。在近一个世纪之中，帝国的主要威胁都来自东部边境，包括多瑙河下游的萨尔马提亚人、黑海北岸的东哥特人（Ostrogoths），以及最为危险的波斯人，他们巨大的萨珊帝国此时已经从罗马原本的亚美尼亚和美索不达米亚行省一路延伸到兴都库什山脉。不到七十年前，罗马皇帝瓦莱里安（Valerian）于 260 年被波斯国王沙普尔一世（Shapur I）俘虏，余生都在监禁中度过，遭受最深重的屈辱，还时常被国王当成上马石踩踏。一般认为在 298 年，伽列里乌斯完成了一场具有决定性意义的大胜，他击败了波斯国王纳尔西斯（Narses），借此缔结了四十年的和平协议。然而这一和约此时仅剩十几年的时间，一旦和约过期，基本可以肯定双方将重开战端。在这样的情况下，人们难免会问，罗马还能起什么作用呢？事实再明显不过了，帝国的重心，乃至整个文明世界的重心，都已向帝国东部转移。意大利已成一潭死水。

此外也有一些其他的、不那么物质的考虑，包括一个广为人知的认知：罗马的日子所剩无几了。西比拉神谕已经用一个惊人的双关语——古人对此颇为热衷——预言，"罗马大路"终将沦为"骡马小道"①，而许多人担心这座城市的终结也代表着世界末日。这一想法在一些文学作品之中得到了发展，拉克坦提乌斯的《神学要义》（Divine Institutes）也是其中之一，身为恺撒克里斯普斯的家庭教师，他有不计其数的机会可以和皇帝讨论这一问题。君士坦丁即使在同时代人看来也可谓格外迷信，而他很可能相信如果以救世主基督的名义建造一座"新罗马"，将旧时代的精神保留其中，他也许能够让整个世界重新焕发活力。

君士坦丁堡的建造计划（328）

这种迷信的痕迹在这座城市开工仪式之时愈发明显。在与占卜者和占星者讨论许久之后，皇帝才最终选定了最吉利的日子，即328年11月4日，"第276个奥林匹亚纪年的第一年，太阳运行于射手宫，处于巨蟹宫的时分"举行这一典礼。而后仪式进行，但并非完全按基督教仪式进行，多神教高阶祭司普莱特斯图斯（Praetextus）和新柏拉图学派的

---

① 原词为"Roma"和"rhumē"。——译者注

哲学家索帕特（Sopater）在其中起了重要作用。同时代的记载明确表明君士坦丁再度下注，从各种可能的来源寻求庇护，希望给以自己名字命名的城市施加无限制的庇护。这与前文引述的那句名言甚至也暗相契合，"为我指引方向的他停下时我才会停下"。吉本在这个问题上的评论仍是无法反驳的，人们难免要问：这位"超凡的指引者"究竟是谁？就现存资料来看，君士坦丁从未明言，而他自己也许也无法确定。

65 　　皇帝随从们的问题得到了一个精辟的回答，他们的忧虑也应当得到宽慰，因为皇帝自信地标出的城墙——长度约两英里半，为中央略凸的弧形，其起止点大约位于金角湾的今东正教牧首驻地和马尔马拉海岸的萨马提亚门——所囊括的地域是该城原本面积的五倍多。这样规模的城市必然需要许多年才能建造完成，罗马不是一天建成的，旧罗马如此，新罗马也是如此。但君士坦丁已经颁布敕令，正式竣工典礼要在330年夏初，他即位二十五周年时举行，即只给了他们一年半的时间。建筑工程就此近乎疯狂地展开，建筑工匠们全部聚集到了这个半岛的东端，在旧城内外劳动。

　　建筑的焦点是"Milion"，即"第一块里程碑"。这一建筑由四个凯旋拱门构成，它们围成一个方形并支撑起一个圆顶，上面是基督教最珍贵的圣物——真十字架，这是皇太后海伦娜在一两年前从耶路撒冷带回的。从那里去往帝国各地的里程均有度量，事实上，那里被视作世界的中心。在其东面，在原本的阿弗洛狄忒神庙之上，建起了新都城的第一座基督教教堂，它并未被献给圣人或者殉道者，而是献给上帝所赐予的神圣和平（Holy Peace of God）。几年后这座教堂旁边又建立起了一座在某种意义上令它相形见绌的新教堂，这座更大也更华丽的教堂被献给了上帝赐予的神圣智慧（Holy Wisdom），即圣索菲亚大教堂（St Sophia）。① 但此时的它仍无与伦比。向马尔马拉海方向四五百米之外是君士坦丁建造的大竞技场，赛场的中线（spina）上矗立着该城最古老的古典遗迹之一，即君士坦丁从德尔斐（Delphi）带来的所谓"蛇柱"，它原本是三十一个希腊城邦合力建造并竖立在阿波罗神庙之中，以纪念公元前479年在普拉提亚之战大败波斯。② 在竞技场东侧的中央，皇帝的包厢配有螺旋形阶梯，直通由一系列接待室、官员办公处、政府各部门、浴室、兵营和阅兵场组成的皇宫。

　　大里程碑以西是一条宽阔的大路，始建于塞维鲁在位时，称主街（Mesē），而在主街穿过塞维鲁建造的城墙的位置，皇帝建立了一个巨大的新集会所，完全由大理石铺成，其形状为椭圆形——可能是受了阿拉伯的杰拉什（Jerash）66 的类似集会影响。在中央则是从埃及的赫利奥波利斯（Heliopolis，意为"太阳城"）搬来的一百英尺高的巨大的

---

① 若按照"圣索菲亚大教堂"的译法，"神圣和平教堂"（St Eirere）应当翻译为"圣伊琳妮教堂"。——译者注
② 雕像上三条互相交缠的青铜蛇的头部据说是在1700年，被出访奥斯曼的波兰使节团在醉酒之后砍掉的，1847年修复了其中一条铜蛇的一部分。雕像现存于考古博物馆。

斑岩石柱，竖立在二十英尺高的大理石底座上。底座上还存放了大量非凡的遗物，包括诺亚建造方舟的手斧、耶稣喂饱众人后余下的面饼和篮子、抹大拉的玛丽亚的油膏罐和埃涅阿斯（Aeneas）从特洛伊带回的雅典娜神像。在柱顶有一座雕像，其身体是菲狄亚斯（Phidias）雕刻的阿波罗像，雕像的头部则是君士坦丁本人，还围绕着金属制成的辐射状光环，象征太阳的光辉。雕像右手持权杖，左手则持宝球，其中放有真十字架的碎片。①

　　基督教与多神教的元素再度结合了起来，但阿波罗、太阳神和耶稣基督似乎都臣服于同一个最高权威——皇帝君士坦丁。我们或许无法确知，但现存的资料显示在皇帝人生之中的最后十年里，他开始在宗教问题上妄自尊大了。作为神选之人，他距离归纳一切神明与宗教的"至高的神"，只有一步之遥。

　　在集会所之外尚无太多建筑。主街折向西北方向，而后在开阔地延伸约一英里之后分为两路，左手边一路向帖撒罗尼迦延伸，右手边一路向亚得里亚堡延伸。在皇宫、教堂和大竞技场周边，数以万计的建筑工人和工匠则在夜以继日地工作，靠着将欧洲与亚洲各城市之中最精美的雕塑、纪念碑和艺术品洗劫一空，这座城市已经成为一座优美高贵的城

---

① 君士坦丁石柱依然存留至今，但已仅剩石柱。416年的一次事故之后使用铁箍加固石柱（苏丹穆斯塔法三世在1701年再度加固）。1106年皇帝的雕像被狂风吹倒，而后在这个世纪之中柱顶的雕像换成了曼努埃尔·科穆宁（曼努埃尔一世）。这座纪念碑也曾经几度遭受严重火灾，英语中也因此通称之为"焚毁之柱"，土耳其人则称之为"铁箍之柱"。这两个名字都堪称悲凉。

市——尽管还不算太大——并在君士坦丁要求的那一天竣工，其典礼成为二十五周年庆典的高潮。

献城（330）

典礼持续了四十个日夜，也许其间也首次进行了尊崇皇帝的炫耀仪式，而此后，这一仪式在每年庆贺该城落成的典礼时都要进行。在仪式上城中所有人都要前往大竞技场观看一场奢华的巡游，队列的中央是另一尊君士坦丁巨像，这尊雕像为木质包金，左手持一个小"堤喀"（Tychē）像，代表城市的好运。这尊巨像被庄严地放置在巡游车之上，巡游车绕大竞技场一周，随同的士兵全部身穿典礼盛装，手持点燃的蜡烛。在巨像经过时，所有人都要鞠躬致敬，而当巨像来到皇帝包厢的对面时，皇帝本人则要起立深施一礼。

君士坦丁本人是否喜欢这种方式，我们不得而知，从现存的少量事实来看，整体上城市的献城典礼的基督教元素比十八个月之前的开工典礼明显要多得多。至少在这四十天的典礼步入高潮之时，皇帝在神圣和平教堂参与弥撒，多神教教徒则在君士坦丁允许他们使用的神庙之中为这座城市的繁荣祈祷。[①] 在弥撒之上，城市正式被奉献给了基督教的上帝，而君士坦丁堡的历史就此开始，拜占庭的历史也随之开始。

---

① 据说君士坦丁授权建造了两座神庙，其一献给堤喀，另一则是大竞技场附近的狄俄斯库里兄弟（Dioscuri）神庙，即献给卡斯托耳（Castor）和波鲁克斯（Pollux）。也许在旧城遗存的神庙之外，另有其他的多神教神庙在这一时期建成。

那是 330 年 5 月 11 日，资料也明确地记载当天为星期一。

仅在六年前，拜占庭城还不过是个普通的希腊小城镇，除了绝佳的地理位置之外，与欧洲各地数以千计的类似城镇相比再无突出之处，但现在它重生并被重新命名，以"新罗马"为官方名称（尽管这一名称从未成为通用名），这个名称还被雕刻在近期竣工的法庭的一根石柱上。此时，君士坦丁更是以充分的行动表明，这个新名称绝非虚名。旧罗马确实并未被降格到次要地位，那里的居民也依然保持他们自古以来的特权，依然能够领取免费面包和其他供应品。城中的商业也依然照常进行，奥斯提亚港依然繁忙。但一些罗马城
68 的元老院世家在博斯普鲁斯海峡边的豪华住宅，以及更诱人的色雷斯、比提尼亚与本都（Pontus）的庞大地产的引诱之下，悄然开始向君士坦丁堡搬迁，而君士坦丁堡也建立起了一座更大也更华丽的元老院，称为"clari"，与罗马的"clarissimi"并用。

与此同时，帝国其他城市之中的艺术品被洗劫一空，以装点这座日益扩大的城市。通常受青睐的是古神庙之中的雕像，对君士坦丁而言，将雕像从原本的神庙搬到神庙之外的非神圣的公共区域，作为装饰而非宗教用途，是对旧有的多神教的有效打击。强行挪走的雕像之中，最重要的雕像包括多多那（Dodona）的宙斯像、林多斯（Lindos）的雅典娜像——尽管这座雕像可能是狄奥多西大帝（Theodosisu the Great）在半个世纪后挪走的——和德尔斐的阿波罗像。在

此之外还有数以千计的其他雕像被运来，它们描绘的形象不得而知，它们的来源也未见记载。新城市的变化对城中的居民，无论是原住民还是外来移民而言，都如同奇迹一般。[①]更令人惊奇的是，皇帝还同时在努米底亚（Numidia）的希尔塔（Cirte）大兴土木以记功（新城市也被命名为君士坦丁），并完全重建了马尔马拉海亚洲一侧的小镇德雷帕纳姆（Drepanum），并为了纪念他的母亲，将其改名为海伦诺波利斯（Helenopolis）。

巴勒斯坦的馈赠（330）

327年，已经七十二岁的海伦娜在皈依基督后的狂热之中，出发前往圣地，耶路撒冷主教马卡里乌斯（Macarius）带她参观了那里的主要神庙，据称她在某个阿弗洛狄忒神庙之下的蓄水池中发现了真十字架。为了区别另外两个盗贼的十字架，她把真十字架放在一个濒死的女人身上，而她也奇迹般地恢复了健康。颇为可疑的是，尤西比乌斯尽管描述了皇太后的这次旅行，以及她向各个教堂捐赠的事，却没有提及这个重大事件，而马卡里乌斯的第二个继任者西里尔主教——基本可以肯定，当时尚年轻的他正在耶路撒冷城中——直到二十八年后才提及此事，口气仿佛此事尽人皆 69

---

① "一份写于建城一个世纪之后的记载之中，列举了一个学院（capitol），一个马戏团，两个剧院，八个公共浴室和一百五十三个私人浴室，五十二个门廊，五个谷仓，八个高架引水渠或蓄水池，以及四个用于元老院会议或用作法庭的大厅，十四座教堂，十四座宫殿，以及四千三百八十八间民宅。这些住宅的规模与精美程度，与平民的住宅截然不同。"（吉本，第十七章）

知。另一个证据来自君士坦丁本人的一个举措：在真十字架抵达新都城之后，他将一片真十字架的碎片送去罗马，放置于他母亲在罗马时居住的西索里安宫（Sessorian）中，那里奉他之命被改建为一座教堂。这座建筑物此后便与海伦娜紧密地联系在一起了，至今依然被称作耶路撒冷圣十字架教堂（S. Croce in Gerusalemme）。[①]

尤西比乌斯称皇太后得到了她儿子的授权，可以"按照她的意愿与判断使用内帑的钱财"，而她也充分利用了这一权力。她给伯利恒（Bethlehem）的基督降生教堂和橄榄山上的基督升天教堂大笔捐赠，还给了马姆里（Mamre，希伯伦附近献给亚伯拉罕的教堂）、提尔（Tyre）和安条克的其他教堂捐赠，然而最重要的捐赠给予了耶路撒冷的圣墓教堂，这是海伦娜推动她儿子在325年，为庆祝尼西亚大公会议落幕而订下的宏伟建筑计划。作为这一计划的结果，圣墓附近所有不平整的岩石被铲平，以形成一个广阔的庭院，一面配门廊，另外三面则配柱廊。圣墓位于其中一侧，建造在一座圆顶建筑（aedicule）之中，即所谓的"复活之地"（Anastasis）；东面则是君士坦丁建立的新大堂，两侧各配有一条通道，另有横跨两条通道的长中庭。外侧的院墙均由精细打磨的石料砌成，内侧的墙壁则用多彩的大理石铺成，支撑起镀金并镶嵌装饰板的屋顶。

这壮丽的建筑如今已无多少遗迹留存。火灾与地震造成

---

① 教堂地下室的圣海伦娜礼拜堂以及与之相通的圣格里高利礼拜堂是古宫殿的一部分。传说那里曾经是皇太后的寝宫，而此后那里就可能被用作她的私人礼拜室了。

了严重破坏，而十六个半世纪的时光则将其彻底摧毁。必须承认的是，在所有建筑工地的优秀建筑师和工匠数量都有限的情况下，皇室主持建造的许多建筑都是仓促草率完工的，墙壁太薄，地基太浅。然而建筑的外表依然光鲜，也昭示着其中蕴含的能量，以及保护、维持并装饰基督教大圣殿的决心。即使这些圣殿中如今已经几乎找不到任何一块可确信来自君士坦丁时代的石材，至少许多建筑物的存在本身，在很大程度上也是他的功劳。 70

当然，也有他母亲的功劳。此时年事已高的她多年以来在帝国各地都颇受欢迎，而她热情接受的宗教狂热也推动了不计其数的人改信基督教。她前往圣地的旅途存留在所有基督徒的想象之中。即使她发现真十字架的事迹存有疑点，但无可置疑的是她所到之处的大量教堂、修道院、救济院和孤儿院，都得到了她慷慨的馈赠。我们并不清楚她在黎凡特停留了多久，也不清楚她逝世时的情况，没有证据显示她此后曾返回君士坦丁堡，而她似乎也没有出席城中的任何献城典礼。因此也许她就是在圣地逝世的，这也很可能是她的意愿。她就此成为首位见于记载的朝圣者，也开创了朝圣的习俗，并从她的时代延续至今。

阿里乌斯与阿塔纳修斯（330）

君士坦丁为庆贺自己的新都落成，在城中进行了各种各样的胜利庆典，他也相信这意味着罗马帝国的新时代就此开始。然而他清楚，在某一个重要方面他已经失败，因此而不悦。尽管尼西亚大公会议已经落幕，尽管他竭力希望统一基督教教会，但教会一如既往地分裂。在某种程度上，这是他自己犯下的错误——尽管他不太可能承认，甚至可能根本不这么认为。他本人对于更好地分辨神学信条并不关心，最大的目标是在教会与国家之中达成统一，因而在对立的双方之间摇摆不定，随时都可能因他刚听到的话而改变心意。但基督教的主要领袖们更应当为此承担责任。显然，他们相信自己讨论的问题至关重要——而且他们也早已证明，自己甘愿为此被流放乃至殉道。无论如何，他们的争执、辩论、怨恨、顽固、偏狭与怀恨在心，可谓你来我往，无休无止，而且他们都为达目的不择手段，编造谎言。他们就此开了恶例，而这一切更将在此后代代相传，为不计其数的后继者效仿。

大主教亚历山大于 328 年去世，他此前的教堂牧师阿塔纳修斯（Athanasius）随即接替他，担任亚历山大牧首。两71 人共同出席了尼西亚大公会议，其间阿塔纳修斯展现出比他上司更熟练也更机敏的辩论能力。在此后的岁月之中他将获得更多的成就：成为同时代教会的领导者，成为基督教历史上最杰出的人物之一，也最终被封为圣人。（长期以来，人们错误地认为，使用他名字的《阿塔纳修斯信条》是他的作品。）他也将成为阿里乌斯和他的追随者们最可畏的对手。

然而此时的他们再度交上了好运。即使在尼西亚大公会议之后，阿里乌斯也没有失去皇帝家人们的支持，特别是皇帝母亲和他的异母妹妹君士坦提娅的支持，而亚洲的主教们（与欧洲和北非的主教相反）则是同情阿里乌斯派的压倒性力量，他们还利用自己距离皇宫更近的优势来进一步推动他们的教条传播。327年，他们已经说服君士坦丁，将阿里乌斯从流放地召回并接见他，而他的才学与明显的真挚都让皇帝印象深刻，在他保证接受尼西亚大公会议批准的所有教义之后，皇帝甚至给大主教亚历山大写下了至少两封信，请求大主教（尽管他特意表示并非命令）允许阿里乌斯返回埃及。他似乎对大主教不肯同意一事相当惊讶——次年，在新当选的煽动者阿塔纳修斯的引领下，亚历山大的追随者们表示了同样的顽固态度时，他可能会更为惊讶。

当时的阿塔纳修斯，即使在家乡也称不上广受欢迎，而煽动者很少如此。出于某些内部原因——与阿里乌斯派的争议无关——当地的梅勒提乌斯教会在主教约翰·阿尔卡夫（John Arkaph）的带领下，想要彻底毁灭他，并在接下来的几年间对他大加攻击，接连指控他欺诈、受贿，乃至渎神。这三个指控都没能成功，于是他们还指控他犯下谋杀罪，声称一个梅勒提乌斯派的主教在他的煽动之下被鞭笞至死，而后被碎尸。按照某一个版本的记载，阿塔纳修斯把那位失踪的主教安然无恙地带到了审讯的法官那里。无论情况如何，他都轻易地证明了那位据称被杀的人依然在世而且安然无恙，指控也就不攻自破了。阿尔卡夫和他的追随者们谋划了最后一个指控：强奸。他们找到了一个年轻女子，在威逼利诱之下让她宣称曾被这位大主教玷污，而且她还宣称自己曾经发誓要终身守贞，因此这样的冒犯更加可悲。不幸的是，她在法庭上直接认错了所谓的强奸者，阿塔纳修斯再度不需要辩驳就自证清白了。 72

君士坦丁究竟因为这些没完没了的指控——而且无一例

外都是毫无根据的指控——而大为困扰，还是只受了身边阿里乌斯的支持者的进一步影响，我们不得而知，但他似乎开始认定，他竭力想要实现的教会统一的主要阻碍是阿塔纳修斯，而不是阿里乌斯。与此同时，他也在准备庆祝他在335年统治三十周年的庆典，决定在重建后的耶路撒冷圣墓教堂举行祝圣仪式。他提出从帝国各地召集大批主教集会，并决心要在他们中间确立教条上的和谐。他为此下令，主教们在前往耶路撒冷之前要先在提尔进行一次宗教会议，一名帝国高级官员也出席会议，用他一句消除疑虑的话说，就是为了"使教会免于亵渎神明，也减轻我的负担"。

宗教会议于7月召开。很快与会者就发现，参会的绝大多数都是阿里乌斯派，结果这场会议，与其说是显赫教士的集会，倒不如说是对阿塔纳修斯的审判，而这位大主教似乎也清楚这一点。一年前，当类似的提案在凯撒利亚被提出时，他断然拒绝参加，他们的计划也就此被放弃了。然而此时的他决心面对敌人，并按时来到了审判者面前。他很快就会为自己的决定后悔。所有旧日的指控再度被翻了出来，又加上了新的指控；大批新的"目击证人"前来作证，每个人都发誓称大主教打破了所有的戒律，违犯了所有的教规。他本人以惯有的活力回击，毫不犹豫地以彼之道还施彼身，宗教会议也迅速沦为谎言与驳斥谎言的辩论，满是诽谤、诅咒、冒犯与辱骂。最终会议指定了一个调查委员会，由阿塔纳修斯的最顽固的六名死敌组成，他们奉命前往埃及寻找更多的证据。此时大主教相信自己有生命危险——而且很可能是正确的——于是悄然溜走，来到了君士坦丁堡。缺席的他被宣布罢黜，宗教会议也随之结束，与会者继续前往耶路撒冷。

抵达都城之后，阿塔纳修斯径直赶往皇宫，但皇帝拒绝接见他。君士坦丁本人声称，在他某天于城中骑马时，大主教突然拦住了他的去路，跪倒在他的马前。皇帝写道："他和他的同伴似乎因遭受困苦而忧虑不堪。发现面前的人是阿塔纳修斯时，我心中有种说不出的怜悯，这个人身上的光辉曾经让异教徒也拜倒在上帝的面前。"我们可以确定，整件事都是阿塔纳修斯精心策划的，尽管起初效果很好，之后却没能成功。六名主教，包括那两位尤西比乌斯，匆忙赶往君士坦丁堡面见皇帝，并带来了一个极度危险的新指控：大主教正在计划让亚历山大港的所有工人罢工。如果他不能立即官复原职，工人们就拒绝把谷物装上船，而那是君士坦丁堡居民生存的必需品，都城就会因饥饿向他屈服。阿塔纳修斯徒劳地否认指控，但当君士坦丁考虑到自己珍爱的城市时，就听不得理性的辩解了。他在盛怒之下把依然在争辩的大主教流放到了奥古斯塔－特列维罗拉姆（Augusta Treverorum），即今特里尔（Trier），而后继续开始此前中断的任务，让阿里乌斯返回亚历山大。

阿里乌斯之死（336）

然而这次，要轮到皇帝失败了。阿里乌斯每一次返回的尝试都在城中引发新的暴乱，而暴乱的领导者正是伟大的圣安东尼（St Anthony），此时已八十六岁的他离开了他在沙漠之中的隐居处，以协助正统派，他也为阿塔纳修斯给皇帝写了几封亲笔信。尽管安东尼并不会说希腊语，这些信都是用科普特语写成，但是似乎起到了效果，君士坦丁大约在 336 年将阿里乌斯召回了君士坦丁堡，以对他的信仰进行进一步的调查。此后阿塔纳修斯给自己在埃及的支持者们写的信件中，颇为幸灾乐祸地记载了这最后一次调查。支持阿里乌斯的主教们试图劝说君士坦丁堡大牧首允许他参加次日（星期日）的弥撒，

> 而阿里乌斯在追随者的庇护之下胆大了起来，开始参与轻松而愚蠢的谈话，突然之间想去方便，便起身离开；突然之间，记载称他"猛然向前栽倒，粉身碎骨，魂飞魄散……"①

74 　　必须提及的是，这个说法来自阿里乌斯的死敌，尽管这一事件自然而然地存在几个不同的说法，②但同时代的人都一致认定他死去时的情景不佳，难以质疑。此事在所难免地被厌恶他的人解读为上帝的惩罚：大主教的记述与《圣经》之中加略人犹大的结局颇有类似之处。然而这并没有终结这场争议，流放阿塔纳修斯——直到君士坦丁本人在 337 年逝世后才结束——也没能使之终结。大主教在 337 年 11 月 23

---

① Acts, I, 18.

② 比如"博学者"索克拉特斯就记载称，阿里乌斯方便时，正在君士坦丁集会所之中，"高傲地在城中巡游，在所有人的注视之下"。索克拉特斯的记载是五世纪前期完成，但他坚信这一说法，声称"这场灾难的景象在君士坦丁堡依然可见……就在石柱之间的杂物后，而过往的人依然对那里指指点点，这异乎寻常的死亡的记忆也因此代代相传"。

日才得以返回亚历山大，在这个不满的教区之中开始一场新的派系冲突。君士坦丁的梦想，即在整个基督教世界实现精神上的和谐统一，终其一生都不曾实现，事实上，如今的我们也在等待这一天。

君士坦丁病重（337）

读者也许更想了解耶路撒冷"三十周年庆典"（tricennalia）的情况。大为惊奇的尤西比乌斯记载了聚集的主教人数，以及他们所在地的遥远，他提及甚至有"来自波斯的神圣教士，精通神谕"。他的记载随后提及，所有教士都被帝国书记部门接纳，并以盛宴招待，同时给城中的贫穷者分发了大量的食物、服装和钱财。然而他记载的绝大部分篇幅都用于无尽的布道与论述，特别是他自己的一段冗长论述，他准备在皇帝返回君士坦丁堡途中复述给他。对奉献圣墓教堂一事他却完全不曾记载。

而罗马的"三十周年庆典"情况如何，我们所知更少。记载提到基督徒为庆祝这一庆典，将据称是圣彼得和圣保罗的遗骨从圣塞巴斯蒂安的地下墓穴之中取出，移葬到君士坦丁在他们各自的殉道地附近所建立的壮丽大堂。但那些依然支持旧多神教的人蔑视皇帝，认为他是背教者，建造新城市更是暴发户之举，在他们看来罗马永远是帝国的都城，世界的中心，无可挑战，不可更改，他们会怎么看待君士坦丁的庆典呢？他们会像十年前一样邀请他前来 75 吗？他没有出现时，他们是受到冒犯，还是甚感宽慰呢？

我们无从得知。至于皇帝本人，他很可能根本就没有考虑过这件事。

他此时在自己的新都之中，庆典与城市开工和竣工的典礼截然不同，完全以基督教礼仪进行。（他在331～334年发布了一系列的敕令，事实上关闭了帝国的所有多神教神庙。）然而在庆典之中，他借机宣布将两个侄子——他的异母兄弟德尔马提乌斯（Delmatius）的两个儿子——提升到重要位置。兄长，即与父亲同名的德尔马提乌斯被立为恺撒，弟弟汉尼拔里安努斯（Hannibalianus）被任命为本都国王，还和他的堂姐妹、皇帝的女儿君士坦提娜（Constantina）成婚。在额外获得了"万王之王"称号——无耻地抄袭了波斯人的封号——之后，他和自己的新婚妻子一同管理本都这块在黑海南岸延伸开来、多雨多山的荒芜土地。

两位年轻人的提升让执政的恺撒多达五人，君士坦丁与福斯塔所生的三个儿子早已被提升为恺撒，其中幼子君士坦斯（Constans）在两年前被立为恺撒，而那时的他只有十岁。皇帝似乎是有意如此，想要通过增加恺撒的数量来削弱恺撒的权威。随着年龄增长，他也愈发自以为是，认为自己是神授的权威，超越其他所有人，乃至他自己的家人。恺撒在其分管的帝国各行省有治权，然而他决意要表明，这一头衔以及随之而来的荣耀是他授予的。他一生之中从未想过任命另一位奥古斯都，而这是戴克里先的本意。

但不愿分配权力也给君士坦丁带来了巨额的工作量，近

乎赫拉克勒斯的任务一般。337 年年初，他似乎意识到自己
病了。他整个冬季都在小亚细亚整训军队，因为波斯的年
轻国王沙普尔二世（Shapur Ⅱ）公开了他夺取领土的野
心，显然，战争将在不久之后开始。君士坦丁在整训时展
现出的精力、体力和忍耐力在他的部下看来近乎传奇。尔
后，在复活节之前不久，他返回了君士坦丁堡，准备参与
圣使徒教堂的竣工仪式，这座教堂几年前于城中的第四座
山丘的山脊动工。① 也许他已经意识到自己病情严重，因此 76
下令在那座教堂之中安排自己的陵墓；但过了复活节之后，
他的健康状况才迅速而明显地恶化了。都城浴室的治疗效果
不好，于是他迁到了海伦诺波利斯（为了向他母亲致敬而
重建的城市），而在那里，尤西比乌斯记载称"他跪在教堂
的过道上，首次在祈祷时接受了摩顶礼"②，也就是正式成
为一名新信徒。尔后他起程返回都城，但抵达尼科米底亚郊
区时，他已经无法前进，他考虑已久的事也不能再拖延下去
了。他召集当地的主教，告知他们：

> 当我向神祈祷，乞求救赎时，等待已久的时刻终于
> 到来了……我现在也可以获得永恒的祝福，获得救赎
> 了。我本想在约旦河受洗礼……但上帝清楚我们应得的
> 一切，让我在这里受洗。就在此地，不必拖延，接受主

---

① 为了证明君士坦丁堡是罗马的继承者，这座城市也应当在"七座山丘"
之上建造，尽管把这些山丘与罗马城中的山丘——对应起来，不仅要轻
信这些解释，还要有相当的想象力。

② *De Vita Constantini*, Ⅳ, 60～71.

管生死的天主的意志，我的存在也将在此延续……我会
就此接受这种生活方式，为他奉献。

君士坦丁之死（337）

君士坦丁大帝，在以自封的基督教主教身份行事多年之
后，终于在尼科米底亚主教尤西比乌斯的主持之下受洗，结
束之后，"他身着白色的皇帝礼服，光辉四射，躺在纯白的
长椅之上，拒绝再度穿上紫袍"。

为什么君士坦丁要把受洗仪式拖延到临终才进行？在历
史上有许多人问过这个问题，而最显而易见也最有可能的解
释来自吉本：

> 受洗的圣礼将完全彻底地赎罪，让灵魂立即恢复原
> 有的纯洁，可以获得永恒的救赎。在改信基督的人中，
> 很多人觉得仓促进行这个有利而又不可重复的仪式是过
> 于鲁莽的，这意味着放弃一个永远无法再获得的无价
> 特权。

在基督教发展的早期，把受洗仪式留到人生的最后时
刻，并非不寻常的举措。四十三年之后，我们会发现虔诚的
狄奥多西大帝也基本上是这么做的。君士坦丁本人那段话的
最后一句，似乎也与这一解释相符——不过，尤西比乌斯记
载的这些话究竟是君士坦丁原本所说，还是这位主教认为这
是君士坦丁应该说的话，则是另一个问题了。近年一位历史

学家提出，皇帝第一句话可能更具启发意义：如果他为某件渴求已久的事等待了如此之久，那么唯一的原因就是有某些事情在阻挠他如此。① 这一解释也是可能的，但似乎可能性较小。君士坦丁毕竟犯下了许多罪行，包括杀死了自己的妻儿，但受洗能够解除他的罪；尽管他的装束，特别是在正式场合时，足以让他思想传统的臣民们时而战栗，但年逾古稀的他，身边还有什么能阻碍他受洗的因素，这并没有得到同时代记载的证实。② （后世声称他愈发倾向于同性恋，基本可以肯定是无稽之谈。）无论如何，也没有哪位教士敢拒绝皇帝提出的受洗请求。

君士坦丁统治了三十一年，是自奥古斯都之后统治时间最长的罗马帝国皇帝。他于 337 年 5 月 22 日五旬节的星期日中午逝世。安放于外盖紫布的金棺之中的遗体被运回了君士坦丁堡，而后被放置在宫中大堂的高台上，笼罩在周围高脚烛台的烛光之中，用尤西比乌斯的话说，"自创世至此，尚无任何凡人曾在如此的绝美奇观之中受人瞻仰"。而他也似乎不曾逝去，甚至约三个半月之后，宫廷典礼也依然以君士坦丁之名进行，仿佛他尚在人世一般。还没有人能确定五位年轻的恺撒之中谁应该继承皇位，人们也清楚，让皇位不 78

---

① John Holland Smith, *Constantine the Great*.
② "戴克里先所炫耀的亚洲式奢华，给君士坦丁的人格带来了平和与柔弱。他头上戴着同时代的工匠费了一番艰辛才制成的多彩假发，以及更为昂贵的新型皇冠，配有大量的珍珠宝石、衣领饰品和手镯，多彩的丝绸长袍，还极为怪异地装饰了金花，"吉本轻蔑地评论道，"这样的装扮，绝非埃拉伽巴路斯（Elagabalus）式的年少轻佻所能开脱的，我们实在是看不出这位年迈的君主身上有什么睿智，或者罗马老兵的淳朴。"

必要地虚悬会带来何种风险。

在继承问题上，军方首先表态。尽管依然需要推举奥古斯都，至少在理论上如此，各地的军队却一致宣称他们只支持君士坦丁的儿子们共治。克里斯普斯已死，只剩下福斯塔所生的三个儿子，即高卢的恺撒君士坦丁二世、东方的恺撒君士坦提乌斯和意大利的恺撒君士坦斯。① 君士坦提乌斯自然而然成为军方推举的人选，时年二十岁的他在得知父亲的死讯之后匆匆返回都城并出席葬礼。

这是个超凡的仪式，君士坦丁正希望如此。他亲自计划了葬礼的所有细节，而考虑到他对典礼和游行的热爱，前期工作很可能也是按照他的指示进行的。葬礼的队伍由君士坦提乌斯引领，而后一队士兵结成作战阵列跟随，再之后是金棺之中的皇帝遗体，周围围绕着长枪手和重装步兵。大批人群在后面跟随。队列从圣宫一路前行，绕过大竞技场东北段来到大里程碑，而后沿着主街前进，来到距离君士坦丁城墙约四百米的位置，再向右转往近期建好的圣使徒教堂。尤西比乌斯记载称："这座建筑（在君士坦丁的主持下）建造得极高，自地基到屋顶都以多彩的大理石建造，作为辉煌的装饰。屋顶内侧配有精美的浮雕，上面镶有一层金。外侧的覆盖物使用黄铜而非瓦片，同样配有华美繁复的金饰，阳光照射时，即使在远处望去，光辉也同样炫目。穹顶上满是雕刻精美的花饰窗格，用黄铜与金制成。"

---

① 君士坦丁一世在给儿子起名上堪称缺少想象力，这使过去的许多史学家在研究时产生了不少混淆，对读者而言则更为苦恼。本书的读者们可以宽心的是，这种情况仅仅持续了一代，很快就在历史长河中结束了。

"同使徒"（337）

但这还仅仅是个开始。

　　事实上他特意选择葬在这里，带着格外狂热的信仰，他期望让自己的遗体分享使徒们的名号，而他，即使在死后，也能够分享到人们对他们的尊敬。他为此下令在教堂中建造了十二座石棺，和圣石柱一样，用于纪念十二位使徒。他的石棺则放在正中央，两侧各有六座使徒的石棺。

在人生的最后几年里君士坦丁时常使用"同使徒"（Isapostolos）的称号，即"与使徒地位相当者"，弥留之际的他也实质上宣称了这一称号。在他最早产生这一想法时，他就派出特派员到东地中海各地寻找十二位使徒留下的圣物并将它们放在各位使徒的石棺之中。而他把自己的石棺放在使徒们的石棺的正中央，两边各有六位使徒的石棺，这强烈地显示了他自认为是比他们更伟大的人，是救世主在人类的象征，是上帝在凡间的辅助统治者。

　　这里确实是一个不错的安息之地，但君士坦丁不会占据这里太久。在他的都城以及帝国的许多城市，他进行的建造任务太多也太快了。这导致熟练技工严重不足，在新建筑的地基、支撑墙和扶壁上的投入也开始整体减少。圣使徒教堂尽管外表壮丽，但实际上徒有其表。在建成二十五年之后，其建筑结构就出现了危机。不久之后教堂的大金顶就濒于坍

79

塌，而不受欢迎的牧首马其顿尼乌斯（Macedonius）下令将皇帝的遗体迁到附近的殉道者圣阿卡修斯教堂。不幸的是，对城中许多人而言这就等同于亵渎，人们拿起武器攻击牧首，爆发了严重的暴乱。按索克拉特斯的记载，暴乱中不少人伤亡，"教堂的庭院染满了血污，井中也溢满鲜血，流到附近的门廊乃至外面的大街上"。

圣使徒教堂并未如牧首所担忧的那样倒塌，它屹立了两个世纪——尽管不算安稳——直到 550 年查士丁尼（Justinian）进行了整体重建。而如今，十二位使徒的石棺以及其中巨大的皇帝陵寝，已荡然无存。

第四章　背教者尤里安（337~363）

尊敬的众神与凡人之母，分享宙斯的王座……赋予 80
生命的女神，智慧与天道的象征，创造我们的灵魂……
赐予人类以欢乐，而至高的欢乐就是了解众神，让罗马
人得以洗清渎神的污秽……

　　——尤里安，《众神之母库伯勒颂歌》（*Hymn to*
　　　　Cybele，*Mother of the Gods*）

在老皇帝逝世后的最初几周，年轻的君士坦提乌斯在君士坦丁堡的表现堪称完美，他在葬礼的举止也让许多显赫的市民深受触动。然而，当他的父亲被安葬在圣使徒教堂的巨大陵墓中，他和他的两位兄弟也在 9 月 9 日共同接受了给奥古斯都的欢呼之后，君士坦提乌斯突然之间撕下了他伪装的举止温和的面具。他蓄意制造谣言，声称君士坦丁死后，有人从他握紧的拳头之中发现了一片羊皮纸，指控他的两个异母兄弟——尤里乌斯·君士坦提乌斯（Julius Constantius）和德尔马提乌斯下毒害他，要求他的三个儿子为父报仇。

这个说法，至少看上去完全不可能，但尼科米底亚主教

担保此事属实，君士坦丁堡的部队也毫不犹豫地接受了这一说法。这带来了恐怖的后果。尤里乌斯·君士坦提乌斯被一路追杀到他居住的宫殿，并和他的长子一同被当场杀死，德尔马提乌斯也落得了同样的结局，他的两个儿子——恺撒德尔马提乌斯和本都国王汉尼拔里安努斯也一同被杀。君士坦丁的好友，弗拉维乌斯·奥普塔图斯（Flavius Optatus）和波皮利乌斯·尼波提安努斯（Popilius Nepotianus）分别与他的异母妹妹阿纳斯塔西亚（Anastasia）和尤特罗皮亚（Eutropia）成婚，两人都是元老院成员，也都担任过执政官，他们在这场杀戮不久之后也以同样的方式被杀。最后被清理的是禁卫军执政官阿布拉维乌斯（Ablavius），此时他的女儿奥林匹亚斯（Olympias）已经和新皇帝的弟弟君士坦斯订婚。当三位执政的奥古斯都于338年夏初，在多瑙河河畔的费米拉孔（Viminacium）会面，以分配巨大的遗产时，皇室仍然幸存的男成员，除了他们之外，就只剩下尤里乌斯·君士坦提乌斯的两个幼子，以及尼波提安努斯与尤特罗皮亚所生的独子——应当是因为他们依然年幼才放过了他们。

君士坦丁的儿子们（340）

三人划分的分界线对帝国的和平与稳定而言极其重要，结果也足够直接。三兄弟继续控制他们此前担任恺撒时控制的地域，仅有少许调整。君士坦提乌斯获取了东方，包括整个小亚细亚和埃及。他因此需要处理与信仰基督教的亚美尼亚之间一向微妙的关系，也要负责很可能到来的与波斯的战争。他的兄长君士坦丁二世，将继续负责管理高卢、不列颠和西班牙；他的幼弟君士坦斯——尽管年仅十五岁——则获得了最广阔的统治地域，包括阿非利加、意大利、多瑙河、马其顿和色雷斯。这样的划分，理论上意味着君士坦斯将获得都城的管辖权，但他和君士坦提乌斯都无法在接下来的一年中在那里久居。339 年，君士坦斯自愿将都城交给兄长，换取他的支持以对付君士坦丁二世，这一问题也就此结束了。

从他们的性格和所受的教育来看，三位奥古斯都此后陷入争执，很可能是不可避免的结局。即使如此，也有人认为，如果他们能够自控的话，也许还能保证更久一些的和平。最初的问题应该来自君士坦丁。三兄弟中年龄最大的他在 317 年出生，刚满月就被任命为恺撒，他无法接受两位共治皇帝与自己地位等同，他不断寻找着向他们宣示权威的方法。正是因为 340 年，君士坦斯拒绝向他臣服，才使得君士坦丁从高卢出兵入侵意大利，企图迫使难驾驭的幼弟屈服。他的幼弟尽管年轻，却比他更聪明，在阿奎莱亚城外对率部亲征的他发起伏击。君士坦丁死于乱军之中，他的尸体随即被扔进了阿尔萨河（Alsa）。自此之后就只剩下两个奥古斯都了，而年仅十七岁的君士坦斯掌控了西部的绝对权威。[1]

不幸的是，君士坦斯的性格并不比他尚在人世的兄长更 82
好。罗马帝国在潘诺尼亚的管理者西斯图斯·奥勒留·维克

---

[1]　君士坦斯于 343 年出访不列颠，而他也是最后一个到过不列颠的罗马皇帝。

多写下了这一时期的主要史料之一——《诸恺撒记》
(*History of the Caesars*)，他称君士坦斯"堕落得不可言状，
对麾下士兵贪婪而轻蔑"。他无疑忽视了莱茵河沿岸和多瑙
河上游的所有军团，它们的任务正是防卫帝国的东部边境免
遭蛮族诸部无休止的侵扰，但他反而与和他同样放荡堕落的
几个金发碧眼的日耳曼俘虏一同纵情享乐。350 年时军队已
经濒于叛乱，同年 1 月 18 日，他麾下重要大臣之一在奥古
斯托杜努姆（Augustodunum）——今欧坦（Autun）——大
摆宴席，此时的君士坦斯正出游打猎。在盛宴之中，一个信
仰多神教的军官，来自不列颠的马格嫩提乌斯
（Magnentius）突然披上了紫袍，同席的客人们也立即欢呼立
他为帝。得知这一消息之后君士坦斯立即逃跑，但很快就被
抓住并处决了。

这个僭位者也没能存续太久。君士坦提乌斯意识到西部
叛乱的潜在危险比波斯人的威胁更大，于是率一支大军出征
讨伐，中途仅仅暂时停驻了一次，将堂兄弟加卢斯
（Gallus）——337 年屠杀的三个幸存者之一——封为东方恺
撒，并让他与没能幸免的汉尼拔里安努斯的寡妻、自己的妹
妹君士坦提娜成婚。351 年 9 月，马格嫩提乌斯在穆尔萨
（Mursa）——今克罗地亚的锡萨克（Sisak）——彻底战败；
两年后，无法再度获取支持也无法重整败兵的他自认无路可
走，挥剑自刎。然而皇帝依然觉得自己的身边存在威胁。到
了 354 年，他怀疑加卢斯密谋推翻他——而这基本可以确定
是子虚乌有——于是他下令将年轻的恺撒斩首，让不幸的君
士坦提娜再度守寡。

第四章　背教者尤里安（337～363）

此时的君士坦提乌斯成了帝国无可置疑的唯一统治者，然而他击败马格嫩提乌斯并不意味着他在高卢的麻烦全部结束。日耳曼人在莱茵河另一侧的联盟，因君士坦斯忽视边防以及此后的叛乱而愈发胆大妄为，制造了更多的事端。在他自己的军中也有一些较小的密谋被揭发出来。另一方面，与波斯人的战争还完全没有结束，他也无法在西部无限期地停留。尽管他极度渴望将权力全部掌握在自己手中，但355年秋，他被迫接受现实，不得不任命一位新的恺撒。

按照惯例，新恺撒要从皇帝的直系亲属中选择，因此只有一个可能的候选人。此时的他是一个哲人与学者，没有任何军事经验乃至任何管理经验，但他机敏、严肃且勤勉，而且从来无人质疑他的忠诚。于是信使匆忙前往雅典把他带来，他正是皇帝的堂兄弟弗拉维乌斯·克劳狄乌斯·尤里安努斯（Flavius Claudius Julianus），时年23岁，即后世所谓的"背教者尤里安"。

尤里安的童年（355）

俗谚有云：三岁看小，七岁看老。此前的十六个世纪中，史学家一直在试图通过研究尤里安的早年经历，来解释他古怪复杂的性格，因此有必要简短地介绍一下他的成长历程。他的父亲，尤里乌斯·君士坦提乌斯，是皇帝"苍白者"君士坦提乌斯与他的第二任妻子狄奥多拉所生的第二个儿子——而这一支皇亲在君士坦丁继位之后被迫低调行事，而且在君士坦丁把君士坦提乌斯的首任妻子，即狄奥多拉的死敌海伦娜立为奥古斯塔时，他们必须更为低调。尤里乌斯·君士坦提乌斯因此被迫把人生的前四十年几乎全部浪费在舒适但意义索然的流放生活之中，直到海伦娜逝世之后不久，君士坦丁邀请他和他的第二任妻子和孩子们，来到新都城居住，而他的第三个儿子尤里安正是于 332 年的 5 月或6 月，在君士坦丁堡出生。孩子的母亲，来自小亚细亚的希腊人巴西丽娜（Basilina）在生产后几周离世，而这个孩子，和两个年长他不少的异母兄长和一个异母姐姐，在父亲的或许有些遥远的慈爱之下，由一群保姆与家庭教师抚养长大。尔后，在他年仅五岁时，尤里乌斯·君士坦提乌斯被杀——他是那一场家族残杀之中的第一个被害者。

那是尤里安无法忘记的一天。他是否目睹了父亲与异母兄长的死，未见记载，我们也不知道那时他离死亡有多近——虽然也不难猜测。但这一经历在他的心中留下了一道伤疤，尽管这个年龄的孩子很难理解为何这一切会发生，是谁做的这一切，但长大后他就很快能明白真相。在长大之后，他此前对堂兄的尊敬化成了至死不变的憎恨。

另一方面，对君士坦提乌斯而言，年轻的尤里安不过是个小麻烦，真正的问题在于如何处置他。皇帝首先把他送去尼科米底亚，让主教尤西比乌斯做他的教师，因此他得到了认真但也许有些狭隘的基督教教育，而后在尤里安十一岁时，他和兄长加卢斯被事实上流放到了马塞鲁（Macellum），古时卡帕多西亚国王的王宫。他们在那里居住了六年，只有书籍与他们相伴，直到 349 年才得以返回都城。加卢斯被召回宫廷，而尤里安此时对古典文学和基督教文学都有了相当丰富的了解，他则得到了进行学术研究的准许。

第四章　背教者尤里安（337～363）

接下来的六年是他人生中最快乐的时光，他在希腊语世界游荡，从一个哲学院前往另一个哲学院，在同时代最伟大的思想家、学者和雄辩者的身边求学，阅读、辩论、研讨、质疑。起初他在君士坦丁堡，从那里返回尼科米底亚，但没有去尤西比乌斯那里。吸引他前来的人足够著名——利巴尼乌斯（Libanius），著名哲学家，他坚定地反对基督教信仰及其基础，并骄傲地自称为多神教教徒。此时尤里安的神学倾向就值得怀疑了，他此前的基督教导师之一已经让他庄严宣誓绝不去听利巴尼乌斯的演讲，尤里安却自己出钱雇人把他演讲的话抄写了下来。在尼科米底亚逗留了一段时间之后他前往帕加马，而后转往以弗所（Ephesus），最终来到雅典。他似乎是在以弗所决定彻底放弃基督信仰，改信古时的多神教神灵，但这是个逐渐变化的过程，无法说清具体的时间节点。无论如何，众目睽睽之下他别无选择，只能秘密改信，直到十年之后才得以公开宣誓。

尤里安在355年夏初到达雅典。到达雅典不久之后就被一名学生注意到，而他正是纳西盎（Nazianzen）的圣格里高利，他此后如此记载：

> 在我看来，这个颈部变形，耸肩驼背，贼眉鼠眼，走路摇晃，连通过尖鼻的呼吸都带着自大，表情荒谬，笑声紧张而失控，没完没了地点头，说话磕磕绊绊的人，绝对不可靠。①

---

① St Gregory Nazianzen, *Orations*, V, 23.

尤里安成为恺撒（355）

作为帝国基督教神学家的领袖之一，圣格里高利的这段叙述无疑存在偏见，而且他的描绘也实在不吸引人。然而即使有明显的夸大，其中也似乎有一定的可信之处，而且至少和其他的描述存在一部分的吻合。尤里安无疑相貌不佳。矮壮的他确实常年以一个奇异的角度歪着头，黑色的双眼和剑眉倒是标致，但大嘴和下陷的下唇毁了这一切。他与人相处时十分笨拙，迟疑而且极度害羞——对于长大时身边没有任何一个同龄人的人而言倒也不算奇怪。简而言之，他完全不是皇帝应有的样子。但那时的他也完全没有当皇帝的想法。他只想留在雅典，和他的老师与书籍共同度日，而召他前往米兰觐见君士坦提乌斯的信使到来之后，他自己的记载称他前往乞求雅典娜，宁肯死去也不愿开始这性命攸关的旅程。

但他的祈祷没有奏效，皇帝的命令也不能违抗。尤里安抵达米兰之后发现事态与他所担忧的完全一致。在苦闷地等待了几天之后，他受到君士坦提乌斯的召见——他们仅于七八年之前，在马塞鲁见过一面——并就此被封为恺撒。他的长发被剪短，学者的胡须被刮去，笨拙的身体被迫塞进一件紧身的军装之中，11 月 6 日他受到聚集起来的部队的正式欢呼承认。当他接受他们确定无疑但有些敷衍的欢呼时，他以及下面的士兵都清楚，不幸的加卢斯在不到五年之前也是如此加冕的，而此时他已经入土一年。皇帝在向军团们介绍新恺撒时，说的话还算亲切，但尤里安清楚，如果想要避免他异母兄长的结局，他必须谨慎小心，而从他在这一时期给君士坦提乌斯写下的无休止的颂词来看，我们也清楚他的意图何在。

有一个传说——事实上就是尤里安本人编造的——声称355年秋末他被派到高卢担任恺撒时，这个职位与傀儡相差无几。利巴尼乌斯此后在他的葬礼演讲上说道："他只要还想保住这身衣服，就无权管理任何事。"甚至有说法称他是被君士坦提乌斯有意送到这里，以除掉他。这些当然是一派胡言。皇帝已经杀死一系列的亲属，如果他真想除掉尤里安——一个对他的安全不可能有什么威胁的游学者——他必然有更迅速也更万无一失的方式。［他也不可能让尤里安和自己的妹妹海伦娜（Helena）成婚，此事就发生在这一时期。］此外，西部需要一位恺撒也是确定无疑的。真相应当是，当尤里安自以为能够获得高卢部队的全权指挥权时，却郁闷地发现禁卫军执政官和骑兵大臣（magister equitum），即当地的最高行政长官与军事长官，都直接效忠于君士坦提乌斯。他确信，这是皇帝蓄意要削弱他权力的手段之一，却没有意识到那时的他还没满二十四岁，而且完全没有军事经验。

但他学得很快。是他，而不是他麾下谨慎的将军们，率领部队于356年如旋风一般从维也纳进军欧坦、特鲁瓦（Troyes）和兰斯（Rheims），而后转往梅斯（Metz），穿越孚日山脉来到科布伦茨（Coblenz），最终来到科隆，而那里在十个月之前被法兰克人占据，如今又被帝国收复。次年他在斯特拉斯堡（Strasbourg）附近斩获了更大的胜利，一万三千人的军团彻底击溃了超过三万人的法兰克人大军，击杀约六千人，而己方仅有二百四十七人阵亡。接下来的两年他又获得了更多的胜利。在这十年即将结束时，帝国已经在边境地区重建统治体系，而此时在巴黎定居下来的尤里安也最终毫无争议地获取了全权指挥权。

另一方面，东部的情况却远没有这么好。君士坦提乌斯在短暂拜访了一次罗马之后就再也没有离开过东部。359年，皇帝收到了波斯国王的一封信。

> 沙普尔、万王之王、日月的兄弟，向您致敬……
>
> 您治下的文学家们清楚，斯特李蒙河（Strymon）[1]内侧以及马其顿地区的边境曾经由我们的祖先统治，如果我向您要求归还这所有土地，也不算是过分……但由于我乐于适可而止，只要获取美索不达米亚和亚美尼亚就满意了，而这些土地是靠着欺诈从我的祖父手中抢走的。
>
> 我向您发出警告，如果我的使节空手而归，在冬季结束之后，我就会亲率所有军队，在战场上与您交锋。

君士坦提乌斯完全无意把任何一块存在争议的土地割让给沙普尔，然而他也清楚自己面临着继位之后的最大危机。87　360年1月，他派一名保民官（tribune）前往巴黎，要求派一支大军前去支援东方的部队，四个由高卢人或法兰克人组成的、忠于帝国的辅助部队必须立即起程前往美索不达米

---

[1]　即现在的斯特鲁马河（Struma）。

亚，其他部队也必须各提供三百人。恺撒和他麾下的部队都对皇帝的这一命令深感惊恐。尤里安可能要因此失去其麾下的一半部队，他此前更是向高卢的部队许诺称他们绝不会被派去东部。他们清楚，如果同意出征，就很可能再也无法看到自己的妻儿老小了。这些人将会陷入贫困，而当蛮族大军发现边界几乎无人守卫，再度大举侵入帝国边境时，他们将被轻易掳走。

巴黎兵变（360）

在那个决定命运的春季，巴黎究竟发生了什么事，我们无从得知。按尤里安自己的记述——出自一年后他给雅典人送去的一封信——他决定执行皇帝的命令，即使他本人并不支持。他将所有涉及的部队召集到巴黎，告诉他们这一消息并劝他们接受既成事实，强调在胜利之后就有前所未有的机遇与丰厚的回报。为使他们顺从，他还许诺公费把他们的家人与他们一同运到东部。但军团士兵们的愤怒已经被一份无名氏所写、在他们之间传播的小册子煽动起来，上面辱骂君士坦提乌斯，声称他不配当皇帝，因而士兵们拒绝出征。到傍晚时，尤里安发现士兵们的不满情绪已经发展为要公开兵变，即使那时——他还请求所有的神灵见证——他也不清楚麾下士兵心中究竟在想什么，是立自己为奥古斯都，还是把自己剁成肉酱？

在日落时分，当急需休息的尤里安来到宫中一个高处的寝宫准备就寝时，一个战栗不已的总管前来报告，称大军已经往宫中开进。尤里安如此写道：

尔后，我望向窗外，向宙斯祈祷。随着外面的喊叫声越来越大，喧嚣传入了宫殿，我祈求神灵指引，而他也指引了我，要我屈服于军队的要求，不要反对他们。但即使那时我也并不情愿，而是尽我所能坚持己见，拒绝接受帝号与冠冕。但鉴于我一人无法控制众人，神灵更是以他们的意愿瓦解了我的决心，于是大约在第三个小时，有士兵或者什么人给了我一件衣领饰物，[①] 我就把它戴在了头上，随后返回宫中。神知道，我的心中是哀怨的。

尤里安的抗议是不是有点过分？没有证据显示他曾密谋试图推翻君士坦提乌斯，也没有迹象显示他的忠诚有过动摇，直到那个致命的增援命令让他根本无法保持忠诚。但在高卢这四年半的时光之中，他学到了勇气与自信，也第一次产生了政治野心。此时，他似乎开始相信，他本人是神选之人，以恢复帝国的传统宗教信仰，而他在得到了——至少自以为得到了——宙斯的指引之后，他也不太可能继续拒绝接受冠冕了。

唯一的问题是那时根本没有冠冕。基本可以肯定身为皇帝卫兵的阿米安努斯·马塞林努斯（Ammianus Marcellinus）那时身在巴黎，也许亲眼见证了许多事情。他此后记载称士兵们本来打算用尤里安妻子的项链为他加冕，但他拒绝了，声称妇女的饰品不合适，于是他们建议拿马的额饰当冠冕，

---

① 详见下文。

而他也拒绝了。最后一名旗手把自己的大金链——他所任职务的象征——拿了下来，戴到了尤里安的头上。

挑战书，无论是否自愿，都已经发出。落子无悔，覆水难收。

尤里安东进（361）

尤里安并不急于向东进军。东方距离太远，而且他完全无法确定这一路上驻守的帝国驻军有多少人会保持忠诚。如果他们继续效忠君士坦提乌斯，他的前路就会被封锁，而且很可能会被断后路。他决定等待机会，给他的堂兄送去一封信，告知他这里发生的一切，并提出双方进行某种妥协。

使节在卡帕多西亚的凯撒利亚［今开塞利（Kaiseri）］发现了君士坦提乌斯，讽刺的是，此时的他正在软禁少年时的尤里安六年之久的马塞鲁宫中。收到信后的他陷入狂怒，使节们开始为自己的性命担忧。此时的他在东方分身乏术，公开举措只能是对尤里安发布一份措辞严厉的警告；然而他的秘密手段则是鼓动蛮族各部继续在莱茵河沿岸发动侵袭。他至少可以借此困住他的对手，阻止他率兵东进。这一计划短期比较成功，而在这一年余下的大部分时间里尤里安都必须在边境主持防务。10月末他向南转往维也纳，在11月6日他庆祝自己就任恺撒五周年，阿米安努斯称他戴着"华贵的冠冕，上面镶满了宝石，尽管他掌权之初戴着的不过是微不足道的王冠，仿佛公共竞赛的主持者一般"。

次年春季，莱茵河河畔的袭扰愈发严重，而后阿勒曼尼人的首领受当地的罗马指挥官邀请前来赴宴，而后——基本

89

可以确定奉尤里安的命令——在他刚刚跨入东道主的门槛时就被逮捕，这个背信弃义的插曲就此终结了袭扰。但在那时，两位皇帝之间的谈判已经明显破裂，君士坦提乌斯趁与波斯的战争暂时平息，准备对他的堂弟发动一次大规模的进攻。记载称尤里安此时依然完全不清楚自己的最佳应对手段是什么：是尽可能寻求多瑙河沿岸驻防部队的支持，在半路上迎击他；还是在自己的腹地高卢以逸待劳，在能保证得到部队支持的地方等待他前来。他再度向神灵祈祷寻求指引，据称他再度得到了神灵的允诺。他停下来向战争女神贝罗娜献了一头公牛，而后在维也纳集结大军向东进军。

现在的莱茵河不可能完全无人防守。更重要的是，如果说高卢军队拒绝离开家乡的事并非完全捏造的话，必然有一些部队不愿跟随皇帝出征。尤里安因此只有约两万三千人的作战部队，相比君士坦提乌斯能够动用的部队，实在是少得可怜。为了隐藏这一差距，夸大自己的部队规模，他就此兵分三路。一万人穿越阿尔卑斯山进入北意大利，而后沿今天的克罗地亚进军；一支规模相当的部队则同时穿过莱提亚（Raetia）和诺里库姆（Noricum），这一地区大约是今天的瑞士和蒂罗尔（Tyrol）。最终，一支三千人的精锐部队在尤里安本人的率领之下穿越黑森林南部，来到乌尔姆（Ulm）附近的多瑙河上游，在那里登船并顺流而下。三支部队将在萨瓦河河畔的西尔米乌姆会合，那里位于贝尔格莱德以西约二十英里处。

90　　尤里安的分遣队理所当然先抵达了。缺乏耐心的皇帝不肯静候，率军南进抵达内索斯，并决定在这里驻军越冬并巩固力量。他在那里停留了三四周之后，突然有信使从君士坦丁堡前来报告：君士坦提乌斯逝世了。尤里安已经被东部的大军立为皇帝。争夺大权的战争几乎还未开始就结束了。

信使声称，君士坦提乌斯是在赫拉波利斯［Hierapolis，今曼比季（Mambij），位于叙利亚北部］极不情愿地决定进军与他的对手决战。他返回安条克，而后准备走完前往君士坦丁堡的七百英里路途时，在路旁发现了一具无头尸，他立即认定这是凶兆。当他抵达塔苏斯（Tarsus）时他开始发低烧，但他拒绝停止进军，又进军了一两英里，来到了一个名叫莫普苏克伦内（Mopsucrenae）的小村庄。之后他就无法再继续进军了，361 年 11 月 3 日，他就在那里病逝，享年四十四岁。在这场致命的疾病之前他一直很健康。

对尤里安而言，这是神在指引他的又一个证据。然而无论那时还是此后，他都没有显露出解脱或欢喜的情绪。他仓促赶往君士坦丁堡，以便在他前任的遗体返回都城时出席。在遗体返回当天，他要求全城更衣哀悼，本人则来到码头亲自监管棺材运送。此后他亲自引领送葬队伍前往圣使徒教堂，厚颜无耻地流着泪——不过在我们看来，也很可能是真心的——送谋杀他父亲的人、他一生的死敌下葬。典礼结束之后，他才开始继续管理帝国。

而他再未进入任何基督教教堂。

尤里安改革（361）

在尤里安继承皇位几天之后，君士坦丁堡的所有人就意识到新君主的统治与旧君主截然不同。他在博斯普鲁斯海峡对岸的卡尔西顿设立了一个军事法庭，新皇帝以滥用职权的

罪名，审判君士坦提乌斯的主要大臣和顾问。一些人无罪开
释，其他人则被限期流放或者被软禁，但有几人被处死，包
括君士坦提乌斯令人厌恶的情报网的两名主管——绰号就很
险恶的"铁链"保罗（Paul the Chain）和他的同僚阿珀德
米乌斯（Apodemius），两人被活埋。更值得同情的是乌尔
苏鲁斯（Ursulus），他是尤里安麾下的显赫官员，担任财政
大臣，尽管此后被调往东部，他仍然没有表露出对尤里安的
不忠。然而几年之前，在上美索不达米亚围攻阿米达
（Amida）时，他不明智地诽谤了帝国的军事效率，致使东
部的将军们无法原谅他。尤里安本人竭力避免出席法庭，但
身为皇帝的他如果出面干涉，就能够解救自己的老朋友。令
他的许多仰慕者失望的是，他没有这么做。

在宫中，肃清行动似乎更为明显。从戴克里先时代开
始，皇帝就与臣民越来越疏远，身边的卫队规模倒是每年在
不断增大。皇帝在远离平民的宫殿中居住，宫中充斥着越来
越多死板的礼仪，只有高阶官僚才能面见他——还要没完没
了地跪拜。利巴尼乌斯此后在尤里安的葬礼上如此说道：

> （皇宫中）有数以千计的厨师，数量相当的理发师，
> 以及更多的管家。那里有大批的听差，宦官比春天羊群
> 中的苍蝇还多，各种各样的声响没完没了。对懒散的暴
> 食者而言这里是最好的庇护所，只要他们能够成为皇宫中
> 的随从。递上一个金币就能迅速保证他们被征募了。①

---

① Oration XⅧ, 130.

　　尤里安抵达之后的肃清行动迅速而彻底。数以千计的总管、马夫、理发师和护卫被全部解散，不给他们任何的遣散费，最终皇帝只留下了足以满足他一个人的需求的人员骨干（他的妻子海伦娜已经离世）。他对食物与饮品兴趣索然，过着清心寡欲的生活，完全不在意生活舒适与否。

　　类似的激进改革也在政府与管理机构之中进行，通常是在恢复共和国时代的习俗。比如，元老院的权力大为增加，尤里安时常亲自出席元老院，并为表示尊敬而步行前往。税收体制也得到了合理的改革，帝国内部的交通联络手段也得到了改善，特别是公共驿站（cursus publicus），保证有充足的马、骡和牛用于政府官员的公务出行和官方货物运输。这个曾经高效运转的运输系统，在君士坦提乌斯时代落入了目无法纪的管理者手中，他们的牲畜劳累不堪且营养不良，利巴尼乌斯记载称："绝大多数的牲畜刚一被解开挽具就倒地死去了，甚至连缰绳都没解开就已经死去。"①

尤里安的宗教观点（362）

　　但任何一个强势的领导者，在继承了一个虚弱而腐败的国家之后，都可能使用这些手段。尤里安与拜占庭城中的所有皇帝不同的是，他坚信多神教并为此奉献了一生。在他担任恺撒的时候，他必须在口头上坚持基督教信仰，至少在361年4月，还有记载提到他在维也纳出席复活节的弥撒。但他内心对基督教信仰的抵触也一直是公开的秘密。他在内

---

　　①　Oration XVIII, 143.

索斯得知君士坦提乌斯的死讯之后，便撕下了伪装。他以公开的多神教教徒身份，来到圣使徒教堂出席前任皇帝的葬礼。他在与神灵进行了一番商讨之后，发布法令，坚信能够彻底消除基督教，并在整个罗马帝国重新建立起对古神的崇拜。

在他看来，没有必要进行迫害。迫害会产生殉道者，殉道者反而会促进基督教教会的扩张。他首先废止了关闭多神教神庙、查抄其财产并禁止进行献祭的法令。在随之而来的宗教宽容风气之中，他赦免了所有因支持阿里乌斯派而被君士坦提乌斯流放的、正统派的基督教教士。正统派和阿里乌斯派再度开始对抗，而他确信，正如阿米安努斯所说："他从自身的经历中发现，没有任何一种野兽对人类的凶狠，可以与基督教教派对其他教派的凶狠相比。"① 而后基督徒发现他们自己信仰的谬误，并再度信仰他们本不该背弃的古神，就只是时间问题了。

这样的想法确实过于简单，在现代人看来自然是颇为幼稚且不可行的。然而尤里安是罗马皇帝、希腊哲学家与神秘主义者的独特结合。身为皇帝，他清楚帝国问题重重。帝国已经无法和两个世纪以前，即安东尼的黄金时代那样运作。军队已经丧失当年战无不胜之名，只能勉强保证边境大多数时间的和平。政府苦于多元主义和腐败，效率低下。古罗马人的美德——理智、责任、荣誉与正直都已经不复存在。皇帝们，特别是他之前的那几位，都沉湎于酒色、骄奢、淫

① Ammianus Marcellinus, XXII, v, 4.

逸，生活在幻想与放纵之中，与真实世界脱节。尽管他们在绝对必要时，或许仍能够率部出征，但他们更愿意瘫倒在宫中，在宫女宦官的簇拥之下生活。

这一切明显都是道德沦丧的结果，而作为哲学家的尤里安不会听之任之，他决心寻找衰败的真正原因。在笃信宗教的他所生活的时代，人们会凭着本能为世间的问题寻求精神上的解释，因此他认定这一系列的重要问题都源自同一个事物：基督教。在他看来，这一信仰与旧日的美德相悖，强调一系列无能柔弱的品质，比如温柔、恭顺和"把另一面也转向他人"。最恶劣的是，它鼓吹灾难性的教条，宣称人们能自由而轻易地赦免罪恶。在 362 年 12 月为农神时节写下的古怪小作《恺撒论》（*The Caesars*）中，尤里安清晰地表达了他的观点，他声称耶稣（和那些不能自制者在一起时）所说的是："让所有通奸者，所有谋杀犯，所有渎神者，所有无赖都来到我的身边，不要害怕，因为我能用这水把他立刻洗净。即使他再度犯罪，只要拍拍胸脯打打头，我就能再洗净他一次。"

简而言之，基督教阉割了帝国，夺取了帝国的力量与雄风，以无能的道德代替，而造成的后果在各地都很明显。和其他地点和时代的比较往往存在危险，然而尤里安对四世纪基督教的态度，和保守的老顽固们看待二十世纪六十年代的嬉皮士与"权力归花"运动①支持者时的态度，应当相差无几。

---

①　"Flower Power"，美国的反越战运动。——译者注

但保守的老顽固们大多不是神秘主义者，尤里安却是。他热爱哲学与神学辩论，对宗教的态度往往停留于情感而非思辨。他在自己短暂的统治时期从来不肯放过公开发表自己观点的机会，到市集进行公开演讲，凭一时热血写下长篇大论，散发传单攻击他认为思维错误的同时代思想家。这些事让他的许多臣民，无论是多神教教徒还是基督徒，都深感惊讶。拿起笔时，他便愤怒而疯狂地工作，速度近乎难以置信。他写下的《众神之母库伯勒颂歌》总共有一万七千词，据称是一夜之间写成的。不幸的是，这篇文章的质量也确实不怎么样。尤里安文风散漫，不受拘束而且诡异放纵——这些都是他谴责的错误，他在日常生活中绝不会犯这些错误。这种风格可能是从他所仰慕的一些思维糊涂的新柏拉图主义者那里学来的，而他们的作品完全无法与苏格拉底或亚里士多德的作品相比。但这无关紧要。他坚信他写作时是受神灵指引的。神永远与他同在，驱动着他的唇舌，指引着他的笔触，永远都会给他鼓励或者警告，让他走上正道并寻找到真理。也许，他从来不会认为自己的想法可能是错的，哪怕只是一个闪念，而他也不会认为旧日的宗教已经不可能再盛行。

然而他似乎并不急于这么做。362 年夏季，尤里安迁都安条克，为次年对波斯的远征进行准备。当他率军穿越小亚细亚腹地，不到六周即走过七百英里的路途时，他注意到基督徒们已经克服起初因担心皇帝可能再度开始迫害而产生的畏惧，再度安居下来，完全没有打个你死我活的意思；而多神教教徒们——他们信仰的多样性一直以来都是无边无际的，从农民们原始的泛灵论到新柏拉图主义学者发展出来的

94

神秘主义学派均在其列——也没有变得比君士坦丁时代更为强大，或者更具凝聚力。（他们之中的大多数可能完全不参与宗教活动，或者说更多是出于对传统的尊重而保留信仰，而非在精神上笃信神灵。）尤里安徒劳地从一座神庙来到另一座神庙，亲自主持一次又一次献祭，直到他的臣民给他起了"屠户"的绰号。他徒劳地想要以基督教为蓝本建立一套组织体系，将多神教教徒们组织起来，要求他们建造救济院和孤儿院，甚至是修道院和修女院，以击败基督徒们。他得到的回应是坚定而压倒性的冷淡。在悔恨之中，尤里安给当地的居民讲述了他前往达夫内（Daphne）——安条克富裕的郊区——参加一年一度的阿波罗庆典时的故事。

> 我从宙斯卡索斯（Kasios）的神庙匆匆赶去那里，相信在达夫内我应乐于看到你们的富裕与公共精神。而那时的我，就和看到梦中景象的人一样，出现在庆典之中，观看以牲畜献祭，为神奠酒，合唱赞颂神的歌曲，处于熏香之中，观看你们城中的年轻人聚集在神所辖的地域，他们的灵魂怀有敬意，他们的身体穿着白衣。但当我进入神庙时，我既没有看到熏香，也没有看到大麦点心，更没有献祭的牲畜……当我询问城中人为一年一度的献祭提供了什么祭品时，祭司回答道："我从家中带来了一只鹅，但城中人直到现在也没有做任何准备。"①

95

---

① *Misopogon*, 361～362.

反基督教的立法（362）

如果无法激励多神教教徒，那么唯一的选择就是向基督徒施压。362 年 6 月 17 日，尤里安发布了一条敕令，尽管第一眼看上去无害，但实质上是对基督教信仰的根本打击。法令宣布，对所有学院的教师而言最重要的品质无疑是道德品质。这意味着，所有的教师在教授他人之前必须获得城市议会的批准，皇帝本人因此可以影响批准的结果。在一段阐释性的通知中，尤里安明确表示，在他看来基督徒不可以教授古典作家的作品——而这一时期的各学院中，所有的课程都有基督徒教师——因为他们没有达到所需的道德标准，因为他们教授的内容自己都不相信。他们必须在职业与信仰之中放弃其一。

这份敕令在同时代的基督徒作家看来，是尤里安对教会犯下的最凶残的罪行。即使在他的时代，同为多神教教徒的阿米安努斯·马塞林努斯也认为它"应当被抛弃于永久的沉默之中"。敕令的影响也远超学术界。基督徒们聚集起来进行抗议。此后，尤里安发现达夫内的阿波罗神庙辖区被基督教殉道者玷污（讽刺的是，这正是尤里安的兄长加卢斯下的命令），他下令将遗骨发掘出来并迁走，而这引起了暴乱，一些示威者在之后的示威中被逮捕。他们此后被释放了，但其中至少有一人受了刑。10 月 26 日，整座神庙都被暴动者焚毁。尤里安立即进行报复，关闭了安条克的基督教大教堂，没收了其中所有的金器。

紧张情绪迅速升温。新的事件接踵而来，随着事态升

级，不止一个热血的年轻基督徒寻求殉道，也最终成功。此 96
时确实没有德西乌斯（Decius）或戴克里先时代的全面迫
害，但尤里安在情感上的稳定性都不如这两人，他完全能够
在认为有必要时开始这样的迫害。363 年 3 月 5 日，他率领
约九万人向东出征，对基督徒们而言这确实是个神佑的日
子，因为他再也没能活着回来。

泰西封之战（363）

与波斯的战争完全不算新鲜事了。此前两个半世纪中的
绝大部分时间，这两个大帝国在它们的共同边界上战争不
断，时而还侵入对方领土腹地攻击。298 年，伽列里乌斯战
胜纳尔西斯国王，理论上保证了四十年的和平；但在 363
年，纳尔西斯的第二个继承者沙普尔二世决定出兵复仇。沙
普尔此时五十四岁，一生都占据着波斯的王位——在医学意
义上其实还更久一些，毕竟他很可能是历史上唯一一位还未
出生即被加冕的君主。吉本有一段无可辩驳的论述。

> 霍尔木兹（Hormouz）的妻子在她丈夫逝世时依然
> 怀有身孕，而孩子性别尚不能确定，当时的形势激起了
> 野心勃勃的萨珊家族王公们的希望。内战的危险最终被
> 贤者们（Magi）的许诺解除，他们声称霍尔木兹的寡
> 妻腹中的孩子是男孩，她也能够顺利生产。顺从于这一
> 迷信的波斯人便毫不迟疑地进行了他的加冕典礼。太后
> 躺在放置在王宫中央的床上，冠冕被放置在了阿尔塔薛
> 西斯（Artaxerxes）未来的继承人可能所在的位置之上，

人们也随即向他们看不到也摸不着的新君主俯首称臣。

对君士坦提乌斯而言，幸运的是在四世纪五十年代的大部分时间之中，当他在高卢忙于平息马格嫩提乌斯的叛乱，并进行后续的军事行动时，沙普尔也忙于处理其他地方的事务。然而在他其余的统治时期，无论是四世纪五十年代之前还是之后，这位波斯国王都在不断加重他的紧张情绪。紧张情绪在 359 年达到了高潮，沙普尔在漫长的围攻之后夺取了阿米达的重要堡垒，即今土耳其的迪亚巴克尔（Diyarbekir），那里控制着底格里斯河的源头与从东方进入小亚细亚的道路，沙普尔随即在上美索不达米亚建立起一个极具威胁性的强大军事基地。因此，罗马帝国必须发动一场大规模进攻，以免事态严重失控。而尤里安自以为在追随庞培、图拉真、塞维鲁的脚步，甚至有可能自以为他正是亚历山大大帝的化身，他急于获取同样的荣耀。

他首先率部向东，抵达贝罗亚（Beroea），即今阿勒颇（Aleppo），在这里的卫城向宙斯献祭了一头白牛。在赫拉波利斯他稍转向北，渡过幼发拉底河，穿越今土耳其 – 叙利亚的边境——可能是为了在卡莱（Carrhae），即今哈兰（Harran）的大月神庙再度献祭。随后他顺流进军，首先沿布利克河（Belikh）进军，抵达拉卡（Raqqa），而后沿幼发拉底河进军，一路抵达巴格达以南，那里距离底格里斯河仅有三十英里，部队也控制了两者之间相通的几条水路之一。就此，在进行了几次小规模的围攻战和袭扰战，没有遭遇任何真正的困难后，尤里安已经抵达底格里斯河的西岸，可以看到波斯都城泰西封（Ctesiphon）的城墙了。①

然而在河对岸，在城墙与河流之间，一支波斯大军已经集结起来并做好战斗准备，而罗马军官提及其中除普通的骑兵之外，还有一批大象——大象一向是有力的武器，不仅因为罗马人没有与它们作战的经验，也因为它们的气味会惊吓马匹使其恐慌。即使如此，尤里安依然下令率军渡河。第一次尝试登陆被击退了，但第二次全军尝试登陆取得了成功，双方随即开战。令双方都大为惊讶的是，罗马人最终取得了压倒性的胜利。据在场并参战的阿米安努斯的记载，有两千五百名波斯人被杀，而罗马人仅有七十人阵亡。

那一天是 5 月 29 日。但仅仅一天之后，形势就毫无预兆地急转直下。怀疑与忧虑在罗马人的军营之中传播开来。在不到一周的时间里，对泰西封的围攻就终止了——即使那时还几乎没开始——军队只想要撤退。到底发生了什么事？为尤里安辩护的人往往宣称这是波斯人的诡计，欺骗他焚毁了自己规模可观的内河舰队——尽管在他溯河而上撤军时此举究竟有无帮助还是个问题。但是最可能的解释——来自阿米安努斯的说法，他应当知道内情——是皇帝最终认清了现实的军事形势：泰西封根本无法攻破，沙普尔的主力军正在迅速赶来，而且其规模比他刚刚击败的那支部队要大得多。此外还有另一个问题：尽管刚刚获胜，罗马军队的士气却是颇危险的低落。波斯人在周边地区实行了焦土政策，导致军中食物短缺；河流严重涨水，军队所到之处泥泞不堪；暑热

98

---

① 位于巴格达东南方向约二十英里处，如今只剩下壮观的废墟。

严酷，足以致命；苍蝇更是极多，以阿米安努斯的说法，堪称遮天蔽日。尤里安依然想要向波斯腹地进军，但他的将军们拒绝听命。即使他们同意，他们也无法说服麾下的士兵。6月16日，他们开始撤军。

在波斯骑兵持续不断、无休止的袭扰之下，大军沿底格里斯河左岸向西北方向跋涉。尔后，在6月26日，当他们从萨迈拉（Samarra）到达河流下游不远处时，突然遭到了大规模的进攻。可怕的战象再度出战，天空之中再度密布箭矢与长枪。尤里安来不及穿好胸甲就匆忙投入战争，高喊着鼓励他的部下。但正当战局开始逆转，波斯人开始撤退时，一支长枪突然从侧面击中了他。他试图把它拔出来，反而割伤了右手的肌腱。与此同时，他身边的人把他救起，带到了营帐之中。长枪最终从他的肝部取出，但已经造成无可挽回的伤害。他在午夜之前不治逝世。[①]

尤里安的悲剧（363）

尤里安享年三十一岁，仅仅当了一年零七个半月的皇帝。作为皇帝，他是失败的。他根本没能制定任何延续下来的法令，将时间与精力浪费在恢复阐释拙劣而濒于消亡的旧宗教上，为此进行无望且不切实际的尝试，并破坏为帝国提

---

① 传说中，尤里安掬起一捧从自己的伤口处流出的鲜血，轻声说道："汝胜了，加利利人！"（Vicisti Galilaee!）据说他是被他处决的基督徒军官圣墨丘利乌斯（St Mercurius）杀的，圣母为此将他暂时复活——同时代的圣巴西尔（St Basil）证实了这一神迹，他在梦中拜访这位殉道者的坟墓时发现了染血的长枪。

供长达千年的凝聚力的新宗教。他在臣民之中完全不受欢 9

迎，无论是基督徒还是多神教教徒均如此，他们厌恶他清教徒式的生活方式与无休止的布道。他也在那次远征中几乎让帝国的全部军队和他一同陷于毁灭，即使这场远征组织出色，却因为缺少清晰的计划以及足够明确的目标，以近乎灾难的方式结束。

然而，在拜占庭帝国历史上的八十八位皇帝之中，尤里安是引起后世最多想象的一位，从四世纪纳西盎的格里高利到二十世纪的戈尔·维达尔（Gore Vidal）都在讨论他，即使君士坦丁大帝也不能与他相比。中世纪的记述者们将他描绘为恶魔、蛇蝎，乃至敌基督；到了文艺复兴时代，他又被描绘为悲情的英雄；到了十八世纪，他又被当作"哲学王"的范例，是理智与启蒙的使徒；而在浪漫主义者们眼中，尤里安是他们最喜欢的角色：门外汉、叛逆者，高贵勇敢而终要失败。浪漫主义者们给他添加了一系列的情史，在史籍中却可疑地未见记述，他们的阐释也许才最接近事实。

尤里安真正的悲剧并不在于他错误的政策或者过早死亡，而是他以丝毫之差没能成为在许多意义上都应当成为的伟大君主。几乎没有哪位君主和他一样拥有如此多的杰出品质：才华横溢，学识渊博深厚，精力充沛且勤奋，在作战时无一例外展现出的勇敢与领导能力，公共生活中与私人生活中的正直与清廉，不受任何物欲的腐蚀，愿意为帝国以及他的神灵们奉献一切。可悲的是，他也存在两个缺陷，使他无法完成任何持久的成就。第一个缺陷是宗教上的狂热，这影响了他的决断，并夺走了他对轻重缓急的本能认识，而这对任何成功的统治者而言都是必不可少的；第二个缺陷是判断不够敏锐，思维不够清晰。后一个特质在他的文学作品中表现得极为明显，也最终妨碍了他对波斯的远征。这一特质很可能是前一个特质的产物：尤里安时常古怪地犹豫不决。我们看到的记载中他一次又一次向神灵寻求指引，而那时的他本应该自行决断。另一方面，在他决定开始行动之后，这一弱点又给了他颇不寻常的自信，即使其中的错误已经尽人皆知，他也依然勇往直前。

100　　如果他能活得久一些，尤里安也许能克服这两个缺陷，成为罗马帝国最伟大的皇帝之一。但他没能活下来。他以最典型的方式，勇敢而不应时地离开了人世，只给世界留下一段无法消除的回忆：一个杰出却误入歧途的理想主义青年，想要改变世界，却以失败告终。他的天资、品行与宏图大志，统统付诸流水了。

第五章 绝境之中 (363~395)

一个人若是能尝到泉中的活水，又会渴求什么呢？
王国？权势？财富？若是清楚在这世上，即使国王的情
况也是如此困窘，帝国纷乱动荡，人生短促，还要遭受
奴役，就会明白，自己无法依照自己的意志生活，而要
受他人的摆布。

——圣安布罗斯（St Ambrose），《使徒书信》
（*Epistles*），XXIX，18

在尤里安死后，罗马军队发现他们不但没有了皇帝，
也没有了指挥官——而在如此关键的时刻后者更为危险，
于是他们于次日清晨聚集起来推举其继承人。他们首先推
举了东方禁卫军执政官萨勒斯提乌斯·塞昆都斯
（Sallustius Secundus），但他坚决推辞，声称自己年龄太大、
身体虚弱。尔后一小批士兵开始高喊约维安（Jovian）的
名字，他是皇帝卫队的指挥官。约维安时年三十二岁，是
直率亲和的军人，很受部下欢迎，而另一个可能很重要的
因素是，他是个基督徒，尽管他的信仰没有改变他广为人

知的对酒色的贪恋。但他称不上显赫，显然不是能当上皇帝的人。为什么会有人推举他依然是个谜团，但更令人惊讶的是全军都开始高呼他的名字，阿米安努斯对此也颇为惊讶（基本可以肯定他也是此事的亲历者），他坚称这一切是误会，绝大多数在场的人认为他们是在喊"尤里安"而不是"约维安"，以为他们的皇帝出人意料地恢复了健康并要重新执掌大权。直到高大而微驼背的约维安来到他们面前接受欢呼时，"他们才意识到发生了什么，只得流泪哀悼"。

就这样，在一个全无气度的新领袖的率领下，悲哀而疲惫的罗马人再度开始沿底格里斯河东岸撤退。波斯人依然在持续不断地袭扰，他们从一个逃兵那里得知了尤里安的死讯，企图趁罗马军队陷入混乱时突袭。但几天之后，他们发现罗马人在竭力避免正面交战。7月初，当罗马军队在沙普尔的竭力阻挠之下强渡了该河之后，沙普尔决定和谈。和约的条款极其羞辱，但约维安还是接受了。随后的和约定下了三十年的和平，并将戴克里先时代征服的五个边界行省和十八个重要的堡垒割让给波斯，包括两个要塞尼斯比斯［Nisibis，今努赛宾（Nusaybin）］和森加拉［Singara，今辛贾尔（Sinjar）］。罗马人更许诺不会协助亚美尼亚的国王阿尔沙克（Arsaces）反抗波斯人的进攻，而这等同于放弃他们对该国的全部权利要求。

约维安的统治以灾难开始。阿米安努斯愤怒地评论道："我们宁肯进行十场大战，也不肯不战即割让任何一座堡垒。"军中必然有不少人热切地与他持相同的意见。他还指出，既然和谈的地点距离罗马帝国的领土仅有一百英里，大军应当可以轻易返回安全地域，不必屈膝投降，但约维安只想尽快安全返回家中，以巩固他刚刚获得的皇位。这一指责无论正确与否——必须提及，一支在荒原之中面对敌军频繁的袭击，而且食物已经严重短缺的部队，走完一百英里也并不容易——有一点是不容否认的，约维安在割让了这一切之后，也许至少能够要求波斯国王提供足够的补给品，以保证他的部下安然返回帝国领土。但这一要求，无论是否提出过，都没能实现。在接下来的行军之中，大军要从底格里斯河穿越哈特拉（Hatra）来到尼斯比斯，他们必须穿越七十英里长的严酷沙漠，其间他们被迫杀掉骆驼和驮运的骡子求生，即使如此他们也只能勉强存活。抵达尼斯比斯后，皇帝拒绝进入他刚刚献出的城市，宁愿率部在城外扎营。第二天，当沙普尔的代表抵达，准备升起波斯人的旗帜时，他下令全城人口立即离开，不允许任何一个罗马公民留下来迎接征服者。居民们徒劳地乞求留下来，愿意自行防守他们的城市，但约维安不肯撕毁条约。阿米安努斯声情并茂地描绘了当时的情景。

　　全城都陷入了哀鸣与号哭，城中的所有位置都只能听见哭声。妇女们被扯着头发强行拖出她们出生、成长的家，母亲找不到孩子，妻子找不到丈夫，她们抱着门柱，抓着门槛，泪流成河，不愿被赶出她们生活至今的地方。

　　所有道路都挤满了人，所有人都在勉强前行，许多

103

人带着他们能带得走的细软，大量昂贵的家具则因为无法搬动而被迫抛弃。

约维安暴毙（364）

在尼斯比斯，用香料保存的尤里安遗体——士兵们将遗体从他阵亡的地方一路运到了此地——被交给了他的老朋友也是远亲的普罗柯比乌斯（Procopius），据说此人被尤里安秘密任命为自己的继任者。普罗柯比乌斯主持在塔苏斯安葬遗体的仪式，而那里是尤里安本打算在凯旋之后修建宫廷的地方。约维安则率领大军抵达安条克，神圣的拉布兰旗再度和君士坦丁及其儿子们在位时一样飘扬起来。抵达之后，他立即发布法令宣布宗教宽容，完全恢复基督徒在帝国各地的权利和特权。他本人支持正统的尼西亚派，而非此前君士坦提乌斯支持的阿里乌斯派，他对亚历山大年迈的阿塔纳修斯——此前被尤里安解职的他返回了自己的治所——展现的尊敬清晰地表明了这一点，阿塔纳修斯也在新皇帝加冕之后立即前往安条克祝贺。得到了杰出的老牧首的保证，约维安无疑大受鼓舞，自以为重新恢复正信就能保证持久且和平的统治。约维安在10月中旬离开安条克，率军轻松穿过了安纳托利亚（Anatolia），他得到了其所到之处各个城镇的居民（大多为基督徒）的热情欢呼，直到安凯拉。364年1月1日，他任命自己尚在襁褓之中的儿子瓦罗尼安努斯（Varronianus）为执政官。而这个孩子在就职典礼之上震耳欲聋的号哭，尽管阿塔纳修斯下了保证，依然让在场的迷信者们担忧这是凶兆。

他们的担忧也不算多此一举。一些天后，364 年 2 月 16
日，在他率军走到约在安凯拉与尼西亚中间的位置，来到小
镇达达斯塔纳（Dadastana）时，人们发现他死在了自己的
卧室里。吉本写道："在一些人看来，他是死于消化不良，
或者是因为他当晚喝的酒过多，或者是因为他当晚吃的蘑菇
有问题。按其他人的说法，他是在睡梦之中因木炭的烟窒息
而死的，因为新涂抹的石灰墙上留下了明显的痕迹。"然而
令人惊讶的是，没有人怀疑是谋杀。

瓦伦提尼安与瓦伦斯（373）

选择约维安为皇帝意味着基督教重新成为帝国的官方信
仰，但这也标志着其他的事情：一个统治了半个多世纪的王
朝的终结。"苍白者"君士坦提乌斯的男性后代此时已经全
部去世，皇冠再度成了人人都可能获得的最高奖赏。而事态
改变的最清晰象征正是在约维安逝世约十天之后，军方一致
推举瓦伦提尼安（Valentinian）为继承者。这位新皇帝乍一
看似乎更不适合穿上紫袍。他举止笨拙，近乎文盲而且脾气
火爆，难以自控。他是潘诺尼亚一名制绳匠人的儿子，而后
从行伍之中一路被提升至阿非利加和不列颠的最高指挥官。
和他的父亲一样，瓦伦提尼安不想掩盖自己的农民出身，但
时年四十二岁的他依然体格健壮、外表威严，甚至可以说是
冷峻。他是个虔诚的基督徒，也是出色的军人，尽管在发怒
时会展露出难以言喻的残忍。在他即位之后，人们向他施压，
要他推举共治皇帝，他拒绝仓促决定，直到大军最终在 3 月
28 日返回君士坦丁堡时，他才任命他的弟弟瓦伦斯（Valens）

104

为共治皇帝——而这令许多人不满。

这是个古怪的选择。瓦伦斯是阿里乌斯派的信徒，外表也近乎怪诞：罗圈腿、大肚子并且严重斜视。他比他的兄长年轻七岁，完全没有兄长的勇气或坚韧，也基本没什么军事能力，只有残忍这一点与他相差无几。然而他正是瓦伦提尼安想要的共治者：一个忠实的副手，承认其兄长的优势地位，不会引发任何麻烦或争议。皇帝颇令人惊讶地宣称，让瓦伦斯管理东部，瓦伦提尼安本人则到米兰管理帝国西部。

人们难免怀疑，如果他预见到了他兄弟在一年之后要面对的巨大危机，他会不会互换两人的治所，自己来到君士坦丁堡呢？365 年初春，瓦伦斯出发前往叙利亚，因为虽然两年前签订了和约，与波斯帝国的边境上却又有麻烦出现了。然而几天之后瓦伦斯就被召回了君士坦丁堡，他得知皇帝尤里安的同辈远亲、负责安葬他遗体的普罗柯比乌斯发动了叛乱。他企图激起人们对君士坦丁家族的忠诚，并宣称自己是家族的一员——尽管这一说法并不怎么令人信服。普罗柯比乌斯借此迅速获得了都城部队的支持，比提尼亚和色雷斯的驻军也随之倒戈。瓦伦斯陷入恐慌，他逃到了安凯拉，而当得知他的兄长与高卢的蛮族诸部正在作战，无法派遣援军时，更是陷入了绝望。瓦伦提尼安对请求援军一事给出了一段颇符合他性格的回复："普罗柯比乌斯仅仅是我兄弟和我本人的敌人，而阿勒曼尼人是整个罗马世界的敌人。"

对两位皇帝而言，幸运的是，这个叛乱者很快就做了过火的事，激怒了几位颇具影响力的人物，尽管他们此前宣称支持他，如今却转而支持瓦伦斯。他们的倒戈引发了更大范

105

围的倒戈，叛乱在 5 月末结束了。普罗柯比乌斯在色雷斯的
菲利普波利斯（Philippopolis），即今普罗夫迪夫（Plovdiv）
被逮捕，而后被斩首，他的首级作为战利品被送去高卢的瓦
伦提尼安处。与此同时，瓦伦斯则对那些不忠的人，即使是
暂时动摇的人进行了骇人听闻的报复，下令在叛乱波及的各
地实施大范围的酷刑、流放，乃至死刑和火刑。而这在他的
臣民之中激起的恐惧与怨恨，是他在第二年靠免除四分之一
的税收也无法消除的。

　　接下来的十年间，两位皇帝几乎完全忙于处理各自的难
题：瓦伦斯起初在多瑙河沿岸前线与哥特诸部作战，建造堡
垒并安排驻军，在 371 年终于得以率部东进，而此时的沙普
尔已经俘虏阿尔沙克国王，逼他自杀，并使亚美尼亚沦为波
斯的附庸国；瓦伦提尼安则在应对蛮族对高卢的反复侵袭，
367 年之后还要面对不列颠的剧变，即皮克特人与苏格兰人
的入侵。忙于欧陆事务的他把后一个危机交给麾下最优秀的
将军之一狄奥多西（Theodosius）处理，而他也取得一系列
的胜利，于 370 年让该岛恢复宁静祥和，给岛上一代多人带
来了更多和平。直到三年后，皇帝才平定了高卢，然而新的
问题几乎立即出现。原本遵纪守法、相安无事的夸迪
（Quadi）部族，他们来自潘诺尼亚，住在多瑙河的对岸，106
他们不满帝国在他们一侧的河岸边修建堡垒，更重要的是，
他们还相信罗马人是近期谋杀他们国王的凶手。他们出于愤
怒侵入帝国领土，在边境地区造成了不小的破坏，而后派出
使节觐见瓦伦提尼安，解释他们如此做的原因，并声称罗马
人是真正的侵略者。

103

表面上，夸迪人的说法似乎有些道理，但在瓦伦提尼安看来这是不可饶恕的放肆之举，是对罗马的冒犯。在使节发言时他的愤怒就难以遏制，他一向红润的脸颊颜色越来越深，乃至发紫，直到突然之间他向前摔倒在地，中风发作。他于 375 年 11 月 17 日在瓦莱里亚（Valeria）的布雷戈提奥（Bregetio）逝世。在他十一年的统治生涯里，他尽心竭力为帝国的利益奋斗，更为帝国的完整而劳心劳力，他在这一点上胜过了大多数的皇帝。身为正统派基督徒，他对那些和自己坚信的尼西亚派信仰相悖的人保持了宽容，比如，他拒绝替换那些依然在职的阿里乌斯派主教们。身为统治者，他建造了学校、医院，在法律问题上保持公平而不偏袒。尽管他的刑罚往往过重，乃至可谓残酷，但至少也都是施加于罪犯而非无辜者身上。即使如此，他的冷酷苛刻没有为他带来多少臣民的爱戴，也没有多少人因他逝世而心痛。

蛮族进攻（378）

早在 367 年，一场重病使瓦伦提尼安开始为继承人问题而担忧，他说服了部下，立他七岁大的儿子格拉提安（Gratian）为共治皇帝。但弥留之际的他清楚格拉提安在特里尔，瓦伦斯则在更远的安条克，便把自己在第二次婚姻中生下的儿子——四岁的瓦伦提尼安（Valentinian）叫来，立他为皇帝，与异母兄长共治。而他逝世之后，帝国理论上有三个统治者管理帝国，一个是全然缺少智慧与判断力的、畸形的中年虐待狂；一个是快乐的少年，时年十六岁；还有一个刚离开摇篮不久的孩子。帝国的未来如今被交到了他们三人手中，而那时的帝国正面临史上最大的危机之一。瓦伦提尼安死后仅一年，帝国就要迎战一支比帝国此前遭遇的所有敌人都要强大的新的入侵者：匈人（Huns）。

如今我们通常会认为所有这些在四世纪至五世纪，向107南、向西侵入欧洲的蛮族都是大同小异的，但这种想法是错误的：在我们目前讨论的这个时期，哥特人已经是相对文明的部族，大多数族人是基督教阿里乌斯派的信徒。尽管他们的西支，即西哥特人，依然由各部族的首领统治，但东哥特人已经将其部落发展为统一且兴盛的王国。另一方面，匈人则更为野蛮，他们是来自蒙古高原的大规模异教徒游牧部族，无法无天，从中亚草原一路席卷到欧洲，毁灭了他们所遇到的一切。376年，他们以前所未有的愤怒对哥特人发起突袭。东哥特国王伊尔马纳里克（Ermanaric）几次勇敢地迎战，但最终阵亡了，他的继承者不久之后也在一场同样无望的战斗中战死。东哥特人的抵抗就此终结。尽管西哥特人中一位受族人尊敬的年长首领阿塔纳里克（Athanaric）尽可能集结起同族，悄然撤退到特兰西瓦尼亚（Transylvania）的群山之中，但大多数的哥特人还是向瓦伦斯请求进入帝国境内躲避，到色雷斯的平原居住。

他们的请求被批准了，皇帝对当地的官员下达明确指示，为来到新土地上定居的难民提供食物和庇护所。可悲的是，他的指示被无视了。在色雷斯卫队长①卢皮西努斯

---

① 原文将罗马帝国的官职"Comes"写作"Count"，实际上这一武官官职既不世袭也无封地。由于这一官职源自皇帝的卫士，因此译为"卫队长"，下同。——译者注

（Lupicinus）的带领下，当地的主管官员把这些移民的到来视作中饱私囊的机会，夺走了他们的全部财产，任他们陷入饥饿。377 年夏季，这些绝望的移民决定发起反抗，他们集体前往帝国的下默西亚行省首府马尔西安堡（Marcianople），那里位于今保加利亚的港口城市瓦尔纳（Varna）内陆方向约二十英里处。他们要求面见卢皮西努斯，而他拒绝接见他们。一两天之后他集结起部队准备教训他们，结果被彻底击败，仅以身免。几天之后，色雷斯地区的全部哥特人拿起了武器，与西哥特人，乃至匈人联合起来，全力对罗马帝国发起攻击。

　　战争持续了整整一个冬季，即使东部与西部的皇帝都派来了大批支援部队，也未能取胜。最终，在 378 年春，格拉提安将尽快率军前来支援的许诺传来，深受鼓舞的瓦伦斯也亲率大军进入巴尔干。他在亚得里亚堡西北方向的马里查河（Maritsa）击败了一支规模可观的哥特人部队，随即向菲利普波利斯进军，准备迎接他的侄子，但敌军试图切断他返回都城道路的消息迫使他率军返回。回到亚得里亚堡之后，他收到了格拉提安的信，要他暂缓正面决战，等待援军抵达。但援军距离遥远，而哥特人的部队规模很小——按照最可信的记载，仅有约一万人。他麾下的将军塞巴斯蒂安（Sebastian）建议立即进攻，瓦伦斯听从了他的建议。这是他一生中最大的错误，也是最后一个错误。随后在 378 年 8 月 9 日展开的一战，罗马人一败涂地。皇帝本人中箭身亡，塞巴斯蒂安和他的副手图拉真（Trajan）也一同被杀，参战的罗马军队有三分之二的人被歼灭。

现在只能靠只有十九岁的格拉提安挽救局面了。尽管他此前于 2 月在阿尔萨斯（Alsace）的阿根塔里亚（Argentaria）与另一个蛮族部族，即兰提恩斯部（Lentienses）作战时取得了大胜，但他本人仍然无法离开帝国西部，于是他派狄奥多西率军支援，而他正是十年前在不列颠大获全胜的狄奥多西的儿子。不幸的是，376 年，他的父亲牵涉到某一次宫廷阴谋而被瓦伦斯处决，他的儿子也就此返回了西班牙加利西亚（Galicia）的私宅中隐居。此时的他欣然遵从皇帝的征召，并在几个月的时间里展现了自己的领导能力，而格拉提安也在379 年 1 月将他立为共治皇帝。在帖撒罗尼迦部署了指挥部之后，他在接下来的两年中全力恢复色雷斯的秩序，获取哥特人的信任，大批哥特人也被征召进了罗马军团。

然而必须提及，这一切的实现都是付出了代价的。哥特人获取了完全的自治权，完全免税，而且服兵役时，无论他们是作为签订契约的仆从军，即"契约军团"（foederati），还是直接效忠于皇帝，都能获取格外高的薪水。这随即增加了财政压力，而不能免税的普通公民则要为此分摊更多的税收。这也引发了对所有蛮族的持续怨恨，以及对军中强大而危险的日耳曼人力量的畏惧。另一方面，如果付出这些代价之后就能维持东帝国，狄奥多西还是愿意如此的。380 年夏季，靠着他平静且耐心的外交手段，哥特人欣然安居，色雷斯也再度处于和平之中。11 月 24 日，他正式进入君士坦丁堡，并在 381 年 1 月 11 日欢迎年迈的阿塔纳里克来到都城，他亲自来到城外迎接，并陪同他到供他居住的宫殿。来到这座壮丽城市后的兴奋以及供他享受的奢华娱乐，并不是这位

109

107

老人的身体所能承受的，他在两周之后亡故，但依然获得了风光大葬，皇帝本人也亲自随送葬的队伍直至墓地。皇帝对他们的老首领如此体贴，哥特人因此大为满意，决定和他长期和解。罗马人也对新协议颇为满意。宫廷演说家提米斯提乌斯（Themistius）说道："现在冲突产生的伤口已经愈合，罗马最勇敢的敌人就此成为他们最可信也最忠诚的朋友。"

反对格拉提安的叛乱（383）

格拉提安将狄奥多西立为皇帝也许是因为他为帝国带来了最长期的利益。然而，讽刺的是，他的生命也终结在383年，即与哥特人最终签订和约的那一年。很少有比他更有希望的皇帝，在他短暂的一生中，他的心一直保持着虔诚与纯洁。作为虔诚的尼西亚派信徒，他是第一位拒绝大祭司（Pontifex Maximus）称号与徽号的皇帝。在罗马，他清除了尤里安重新放置在元老院之中的祭坛与胜利女神雕像，并把维斯塔（Vesta）神庙的大笔财富没收充公，赶走了贞女祭司。但他对宗教之外的事也有兴趣。他的家庭教师奥索尼乌斯（Ausonius）自豪地称他拥有"黄金头脑"（mens aurea）；他阅读甚广，也粗通诗文——如果记载属实的话。他还是个杰出的运动员和出色的骑手，他的狩猎技巧——同样来自奥索尼乌斯的记载——神乎其神，能够一箭射死一头狮子。最后，他在战场上总是鼓舞人心的领袖。然而，在二十四岁时，他已经愈发懒惰，打猎时的追逐、观看竞技时的兴奋，占去了他越来越多的时间。更危险的是，他不再隐匿自己对军中蛮族部队的偏爱（特别是他的私人卫队，高大的金发阿兰人），他公开挪用本该给罗马人战友的钱财来供养他们，而这增加了罗马士兵的怨恨。当帝国在不列颠的将军之一，马格努斯·克莱门斯·马克西姆斯（Magnus Clemens Maximus）突然被士兵立为奥古斯都时，怨恨情绪就此变为公开对立。几天之后他率部在高卢登陆，与格拉提安的部队在巴黎城外交锋。在几次无法决定战局的小规模战斗之后，皇帝本可以战胜，但他的摩尔骑兵突然出乎预料地叛变到了马克西姆斯麾下。他逃离了战场，但不久之后就在里昂被俘虏，而在那里，得到了保证安全许诺的他，依然在 8 月 25 日与俘虏他的人饮宴时被谋害了。 110

在君士坦丁堡收到这一消息的狄奥多西惊恐不已。然而此时的他无能为力。波斯国王阿尔达希尔二世（Ardashir II）在四年前继承了自己兄长沙普尔的王位，近期又被他的侄子沙普尔三世（Shapur III）推翻，必须谨慎应对这一充满未知可能性的事件；与此同时，匈人依然在北方边境制造事端。皇帝没有时间对马克西姆斯发动长时间的惩戒远征，只得不情愿地承认了这位僭位者，西部的大多数行省也是如此。

唯一例外的是意大利。那里格拉提安的共治皇帝，时年十二岁的瓦伦提尼安二世仓促地把宫廷从西尔米乌姆迁出，在米兰维持着不那么稳固的权威——主要由他来自西西里的母亲、可畏的查士提娜（Justina）管理，[①] 指引他们的则是

---

① 佐西姆斯（iv，19，43）声称查士提娜是篡位者马格嫩提乌斯的妻子，而后嫁给了瓦伦提尼安。这确实可能，但可能性极小。

能力更强的主教安布罗斯，他曾在 383～384 年的冬季亲自来到特里尔，试图与马克西姆斯达成和解。小皇帝的生活不可能充满欢乐，他处于狂热信仰阿里乌斯派的母亲的阴影之下，她因主教对自己儿子的影响日益增加而担忧，并不断密谋陷害他。安布罗斯——他毫不迟疑地在记述中把她比作妖妇耶洗别（Jezebel）和希罗底（Herodias）——则全力应对，挫败了她的每一次阴谋。他唯一的失败之处是，没能让这个孩子戒除来自他母亲的异端信仰，而在查士提娜死后，他再试图劝说瓦伦提尼安接受尼西亚派的信仰，就为时已晚了，马克西姆斯也就此得到了他所需要的出兵借口。

387 年，这位僭位者以为帝国消除异端污染的名义，率军翻越阿尔卑斯山进入意大利。查士提娜和瓦伦提尼安逃走了，他们首先逃到阿奎莱亚，而后转往帖撒罗尼迦，狄奥多西也在那里加入他们。此前一年，东部皇帝的日子相当艰难。1 月时他就必须处理安条克的严重骚乱，当地居民反对为进行他的"十周年庆典"而征收的特别税收，他们发动暴乱，摧毁公共浴室，并砸烂了他本人和他家人的雕像。当地的管理者反应过激，随之而来的大屠杀导致许多妇孺伤亡，而当时在场的"金口"约翰（Chrysostom）生动地记述了这次灾难。当皇帝派出的特使最终成功恢复秩序时，已是复活节了；这座亚洲最荣耀的城市之一也得到了皇帝的宽恕，恢复了旧有的特权。之后就要处理与波斯人的老问题了。新国王派出使节带着大量礼品——还包括大象——觐见皇帝，宣告自己即位的消息，但在接下来的外交谈判中他提出了和他父亲一样的强硬诉求。在 387 年最终分割了亚美尼亚之后，帝国仅仅控制了亚美尼亚的五分之一的土地，余下的土地则被沙普尔吞并。

马克西姆斯战败（389）

然而这至少能够保证和平。对马克西姆斯计划已久的远征终于可能实现了。狄奥多西与瓦伦提尼安和查士提娜在帖撒罗尼迦越冬，积极备战。查士提娜的女儿加拉（Galla）也在近期成了狄奥多西的第二任妻子，查士提娜就此成了他的岳母。① 直到 388 年 6 月他才准备完毕，与瓦伦提尼安一同进军；开拔之后他迅速行动，穿越马其顿和波斯尼亚的山地（其间还挫败了一起刺杀他的阴谋），最终与马克西姆斯在萨瓦河河畔的西西亚（Siscia），即今锡萨克遭遇。尽管在漫长的行军之后疲惫不堪，他的部队依然全副武装跳进河中，涉水抵达对岸击退了叛军。随后又进行了几次战斗；此后的征战就基本上是追击战了，马克西姆斯最终被迫在阿奎莱亚宣布投降。被带到狄奥多西面前时，他声称他在夺取皇位之时得到了狄奥多西的支持。皇帝似乎一度想要饶恕他的这位旧同僚。但士兵们在他说话之前就把囚犯拖走了，他们清楚狄奥多西宽厚仁慈，不想让他借机逃脱。

任命法兰克军官阿尔博加斯特（Arbogast）为高卢的卫队长，即高卢的实际管理者之后，狄奥多西和瓦伦提尼安在米兰

---

① 佐西姆斯（iv，44）认定狄奥多西起初不愿与马克西姆斯作战，然而查士提娜清楚他妻子近期去世，而他又无法抗拒美女，就派加拉去恳求他。他记载称皇帝不但被说服，还迷恋上了她，结果加拉不但保证了皇帝出兵，也安排了自己的婚姻。

越冬；次年和狄奥多西四岁大的儿子霍诺里乌斯（Honorius）一同前往罗马，389 年 6 月 13 日伴着庄严的仪式正式入城。年长皇帝的许多削弱多神教的举措使他不受城中老派人士的欢迎，但他的平易近人与非凡气度仍使他得到了这一个多世纪的皇帝们都不曾有过的支持。两位奥古斯都之后返回米兰，在那里停留了一年。那一年狄奥多西和安布罗斯进行了著名的对决，这也成了他们一生中最著名的事——尽管未必应当。

　　两人冲突的起因是一个两人都不在场的事件：帖撒罗尼迦的帝国驻军指挥官被谋杀。多年以来，当地居民对士兵居住在民宅之中多有不满，他们认为，之前的罗马人士兵就已经足够麻烦，如今新来的蛮族则更是恶劣得多。事件的导火索是当地的驻军指挥官，名叫波特里克（Botheric）的哥特人，无视了他们的抗议，将城中最受欢迎的驾战车者逮捕，指控他行为不端。突然之间，暴民不约而同地对驻军指挥部发起了攻击，一路冲进去将波特里克当场砍死。当消息传到米兰的狄奥多西那里时，他大发雷霆。安布罗斯恳求他不要因为少数人的犯罪而对大众施加报复，却徒劳无功。他下令城中驻军毫不留情地使用任何手段自行恢复合宜的秩序。不久之后他后悔并要撤销这一命令，但为时已晚。士兵们已经接到命令，并且迫不及待地遵从。他们故意等待城中人到城中的竞技场观看比赛，而后他们发出信号，以失控的暴戾对他们发起进攻，入夜时已造成七千人死亡。

　　帖撒罗尼迦大屠杀的消息迅速在帝国传播开来，而我们可以确定各地的人都深信不疑。三年前安条克发生的类似动乱远没有此事恶劣。而且无论如何，安条克事件的责任在于

112

当地的管理者，但这场屠杀的责任则在皇帝身上。身为皇帝的他因仁慈公正闻名，这样的罪责不可能被忽视，安布罗斯显然更不会忽视。

必须强调的是，此时的安布罗斯是基督教教会之中最具影响力的教士，他的影响力甚至比罗马教皇都要大，这不仅因为米兰作为政治之都意义重大，也因为他本人背景特殊。他出身于罗马贵族中最早皈依基督教的家族之一，是高卢的禁卫军执政官的儿子，他本人也曾经在利古里亚（Liguria）和埃米利亚（Aemilia）担任行政官（consularis），此前从未打算就任神职。然而前一任主教，阿里乌斯派的奥克森提乌斯（Auxentius）于374年亡故，城中的正统派和阿里乌斯派就继任人选问题产生了尖锐矛盾，而身为该城管理者的他必须进行仲裁。直到事态的发展证明，只有他一人能够同样为双方所接受，他才不情愿地同意提名自己。在一周之内他完成了从俗世人、低阶僧侣、神父一直到主教的转变。

113

就任之后，安布罗斯打算继续工作下去，他将私人财产全部分给穷人并开始严格的禁欲生活。最初得知波特里克被杀时，他竭力请求狄奥多西以调和手段处理，劝说失败后他没有去面见皇帝，而是离开了这座城市，给皇帝送去一封亲笔信，告诉他，尽管他此前一直受人尊敬，但他在公开认罪之前，必须停止出席圣餐礼。

狄奥多西悔过（391）

狄奥多西最终臣服了，可以确定的是他确实是真心悔过，而不只是把它当作政治上的权宜之计。他对这一事件的处理不恰当，也很不符合他的性格。基本可以肯定的是，他是被身边的随从武官们说服了。当他摘掉皇冠身着粗衣来到米兰大教堂，承认自己的罪恶并谦卑地祈求宽恕时，在所有人看来，这都是他灵魂的极大解脱。但除此之外也有其他影响。这是基督教世界的转折点，管理福音书的人第一次宣称对世俗事务拥有管辖权，而基督教的统治者也是第一次公开臣服于教会的判决、谴责与处罚，认定其权威高于自己。

两位皇帝在 391 年年初离开米兰，狄奥多西返回了君士坦丁堡，瓦伦提尼安则前往高卢接受权力转移，那里由法兰克人阿尔博加斯特以卫队长之职暂时管理。然而在他抵达维也纳时，情况很快明朗起来，阿尔博加斯特无意履行职责，不肯把大权交出。他反而继续以自己的方式统治，完全无视了皇帝，甚至在重要问题上都不象征性地进行请示。决心履行权威的瓦伦提尼安给了这个法兰克人一份书面命令，要他立即辞职。阿尔博加斯特看了一小会儿，然后缓慢而轻蔑地将命令撕成了碎片。双方就此宣战，几天之后，392 年 5 月 15 日，年仅二十一岁的皇帝死在了自己的住所。虽然难以令人信服，但同时代人依然宣称他是自杀，没有证明这一记载属于伪造的结论性证据。瓦伦提尼安可能是在绝望之中自杀的，他明白即使自己不自行了断，也一定会被人杀死。安布罗斯随后在葬礼演讲中也没有暗示谋杀的可能性，唯一可疑之处是大主教向悲伤不已的公主们保证，他们兄长的灵魂能够立即升入天堂，而依据基督教教义，自杀的人是不可

114

能升入天堂的。①

阿尔博加斯特不是罗马人，而且应提及，他是个多神教教徒。他清楚自己不能自立为帝，但他乐于成为掌控皇权的人。他随即任命他的亲信欧根尼乌斯（Eugenius）为奥古斯都。他是中年的基督徒语法学家，曾经担任帝国财政部主管。欧根尼乌斯不太可能对这样的荣誉感兴趣，但他也无力拒绝。他们随即派出使节觐见狄奥多西，告知他妻舅不幸身亡，同时告知他们一致推举欧根尼乌斯为继承者。但狄奥多西不会接受。指定新的共治皇帝的权力属于他，也只属于他一个人。九年前接见马克西姆斯派来的类似使团时，他是迫于无奈才虚与委蛇的（而且之后他还是出兵讨伐了马克西姆斯）。而此时他实力更强，清楚至少从目前来看，东方和北方的边境都是安定的。他给出了言辞闪烁的答复，而后开始准备出兵。

整个393年，准备工作都在继续，尽管安布罗斯全力反对，阿尔博加斯特还是迫使他们承认了他在意大利扶植的傀儡。他主要的支持者是罗马和其他古城的多神教教徒，他们虽然知道欧根尼乌斯是基督徒，但愿意接受一个宣称广泛宗教容忍，并许诺重建古圣坛的皇帝。同年年中，罗马经历了整体的多神教复兴，新建立的神庙笼罩在献祭的烟云之中，而年迈的占卜师焦急地观看着依然在蠕动的祭品的内脏。花环庆典的游行队列再度穿越大街，妇人、少女与老人被那些花神节（Floralia）、牧神节（Lupercalia）和农神节的狂热 115

---

① Ambrose, *De Obitu Valentiniani*; *Opera*, Vol. Ⅶ.

参与者吓得不轻。于是，在 394 年初夏，狄奥多西再度进军讨伐僭位者时，他清楚自己不但在宣示主权，也在为信仰而战。他有充足的实力取胜，除了罗马军团，他的部队中还有两万名哥特人，他们大多由自己的首领率领，包括一位杰出的年轻领袖——阿拉里克（Alaric）。他任命汪达尔人（Vandal）斯提里科（Stilicho）担任副指挥官，此人近期已与他的侄女塞琳娜（Serena）成婚。虽然他对这一战的结果可能充满信心，他的心中却颇为沉重：他心爱的第二任妻子加拉在他出征前夜撒手人寰，死因可能是难产。她是他一生的挚爱，在他们共同度过的几年之中，他如同田园诗所描写的那般快乐。幸运的是，他们已经生下一个女儿，他们为她取名为加拉·普拉西狄亚。他对这个女儿颇为溺爱。她的故事将在此后具体讨论。

弗里吉杜斯之战（393）

阿尔博加斯特和欧根尼乌斯的部队在 7 月下旬离开伦巴第（Lombardy）时，其规模与皇帝的军队基本相当。欧根尼乌斯有特别的烦扰，因为在伪帝抵达之前已经离开米兰的安布罗斯公开谴责他为背弃信仰者，要求当地的教士拒绝为他和他的基督徒追随者们分发圣餐。当他们离开该城市，阿尔博加斯特发誓在凯旋后将把马拴到大堂之中，而另一个同样意为反抗的举动是大军出征时没有使用基督徒皇帝应当使用的拉布兰旗，而是使用了"不败的赫拉克勒斯"的粗糙画像。

两军在 9 月 5 日于的里雅斯特以北伊松佐河（Isonzo）的

支流遭遇，那条小河当时名叫弗里吉杜斯河（Frigidus），如今则被称为维帕瓦河（Wipbach）或维帕科河（Vipacco）。第一天的战斗以惨败告终，哥特人至少半数被杀，余下的部队仓促撤走。但次日上午开战之初情况则有利得多，阿尔博加斯特派出一支规模可观的部队，本打算切断皇帝的退路，此时这支部队却在收取贿赂之后倒戈了。战斗随即在有利于皇帝的情况下展开，上帝的庇佑也再度在战场上展现出来。一阵暴风雨突然从东方袭来，带来如飓风一般的狂风，狄奥多西与他的部下背对着这股风，阿尔博加斯特和欧根尼乌斯的部下则在烟尘之中睁不开眼，甚至难以站立，根本无法投枪放箭。上帝仿佛完全与他们对立。疲惫不堪且士气低落的他们很快投降了。欧根尼乌斯趴在皇帝的脚下乞求怜悯，但仍被斩首；阿尔博加斯特逃出了战场，在山中游荡了几天之后，他最终决定以古罗马的方式了断，拔剑自刎。

116

　　胜利的狄奥多西继续向米兰前进，抵达之后他立即宽恕欧根尼乌斯所有在世的支持者。他开始考虑继承人问题。瓦伦提尼安没有成婚，没有子女，帝国只能由狄奥多西的两个儿子分享，兄长阿卡狄乌斯（Arcadius）管理西部，幼弟霍诺里乌斯管理东部。此时两人都在君士坦丁堡，但霍诺里乌斯接到了立即前往米兰的命令。当皇帝的信使把信件送达时，已是隆冬时节，在1月中旬，这位十岁的皇子才在他的堂姐，即斯提里科的妻子塞琳娜的护送之下穿越积雪来到米兰。抵达之后，他惊恐地发现自己的父亲已经身患重病。看到儿子时，狄奥多西打起了精神，他甚至出席了在竞技场上为庆贺这个孩子安全到达而举行的比赛的开幕式。然而比

117

赛还未结束，他就病倒了。在次日即 395 年 1 月 17 日夜间，
五十岁的他逝世。用香料保存的遗体，在宫中主殿的紫色棺
材中停放了四十天，而后于 2 月 25 日被运往大教堂，在那
里为他举行弥撒，主教安布罗斯亲自在他的葬礼上演讲，演
讲文稿存世至今。而后，送葬队伍才在严密的护送之下走上
返回君士坦丁堡的漫长旅途。

狄奥多西的伟大（395）

狄奥多西的统治，从表面上看并不引人注目。他没有完
成任何大规模的征服行动，没有进行任何激进或造成深远影
响的改革。在他掌控大权的那些年，他从未动用自己的支配
权，给帝国打上任何烙印——而尤里安在短暂的执政时期就
做到了这一点。恰恰相反，他保持着平静，谨慎得几乎有些
过分，而且完全不炫耀。阅读这段对他一生的简短总结的读
者们，也许会感到奇怪，他究竟是否应当得到"大帝"这
个称号，他又为什么被称为"大帝"。然而，在回答这两个
问题之前，也许需要先自问另一个问题：如果在亚得里亚堡
之战之后，那个攸关生死的时刻，年轻的格拉提安没有把狄
奥多西从西班牙的家中征召出来，没有把东方交给他，帝国
的命运又会如何呢？

当然，这样的问题不可能得到令人满意的回答。设想之
中，会有其他的领袖人物出现，拥有同样出色的军事能力与
外交能力，能够解决哥特人的问题，并在两年多一点的时间
里，让哥特人从死敌变为和平乃至可贵的帝国公民。但这可
能性不大，而如此平稳、顺利且切实地完成这一任务，可能

117

118

性就更小了。如果这样的领袖没能出现，整个帝国东部很可能全部沦丧，被一个复活的哥特王国吞并，这一变化对历史带来的影响则是无法推测的。至少，哥特人能够在东部成为类似阿勒曼尼人之于西部的势力，成为帝国安全的长期威胁，不断消耗帝国的人力，阻挠帝国的进步，阻碍皇帝和他的军队前往其他地方处理事务——而哥特人很快将兴起如此风浪。

这是狄奥多西为帝国留下的最重要的遗产，但这并不是他唯一的遗产。在前文的叙述之中，我们仅仅讨论了他率军出征，以及拜访米兰与罗马。很容易被遗忘的是，他在执政的十六年中有一半以上的时间是在君士坦丁堡度过的，他无休止地为保证政府效率与维持宗教正统这两个问题而奋斗。在民法方面，他一次次展现了对最卑贱的臣民的考虑，而这在四世纪的统治者之中实属罕见。其他的王公，又有谁会给被判死刑、囚禁或流放的罪犯三十天的时间安排他们身边的事情呢？又有谁规定，无论父亲犯了什么罪，他俗世之中的财产也都要留给孩子呢？又有谁会保证国家收购农夫的收获时定价不得低于市场价格呢？

在宗教问题上，早在 380 年 2 月，狄奥多西在即位十三个月之后即表示了自己的态度，而那时的他仍在帖撒罗尼迦。记载提及他当时生了重病，自以为即将死去，接受了洗礼。也许是此事激励了他，他在身体还没完全恢复时就在该月的最后一天颁布敕令，宣称只有那些坚信三位一体的人（即《尼西亚信经》的内容）才能够被认定为"公教徒"（Catholic Christians）——"Catholic"这个定义首次出现。118 敕令还提及："我们都认定其他所有人是疯狂与愚蠢的，我们认定他们要背上不光彩的异端之名，而不得擅自称他们的非法宗教聚会为教会。他们将先受到上帝的报复，之后受到我们权威的打击，我们遵从神意。"次年，这一敕令得到了进一步的落实，第一次君士坦丁堡大公会议召开，约一百五十名来自色雷斯、埃及和小亚细亚的主教在圣伊琳妮教堂集会，正式谴责阿里乌斯派及其支持者为异端，此外还宣称君士坦丁堡牧首的地位将升格为第二位，仅次于罗马。此时，阿里乌斯派被明确禁止在城市中集会，他们所有的教堂建筑要交给正统派。至于多神教教徒，他们也发现皇帝对他们的态度开始强硬。385 年，他加强了反对献祭的现有法律；391 年，他禁止了罗马与埃及的所有非基督教庆典；392 年，他禁止了整个帝国所有的多神教崇拜，无论是公开崇拜还是私下信仰。

对其他宗教和教派的愈发排斥，在这些年中并没有为狄奥多西赢得美名。但我们必须意识到，他在自己的统治之中，时时刻刻都在竭力保证帝国强大且统一，以应对蛮族的威胁。而在那些焦虑的岁月之中，当宗教对人们生活的影响犹如今天的政治一般重要时，这股强大的力量足以决定国家的统一或分裂。即使如此，狄奥多西也并未打算改变他臣民的信仰：他们从未被要求改变或放弃信仰。他也没有进行迫害。他的主要错误在于他时而极度暴戾，尽管他试图控制情绪，但也时常无法自控，说出令他后悔不已的话，做出让他遗憾终身的事。但在他怒气消散之后，他会立刻道歉，免除或减轻惩罚，尽快进行补救，必要时甚至还会公开认罪。

他应当得到这个头衔吗？按照君士坦丁或查士丁尼的标准而言他或许确实称不上伟大。即使他称不上伟大，至少也极接近于伟大了；如果他的执政时间能和他们一样长，他的功绩也能够和他们等同了。他甚至可能拯救西帝国。唯一一件可以确定的事是：罗马帝国下一位可与他相提并论的统治者，要等到一个半世纪之后才会出现。

第六章 罗马陷落（395～410）

从西方传来了恐怖的流言。罗马被占领了，城中的公民们被迫用金钱赎买自己的性命，但他们失去了全部的财产之后就立即被再度围攻，已经失去财产的他们此时又要失去生命。我口述这些时依然抽泣不止。曾经征服世界的城市，如今被征服了……这座城在倒在剑下之前，先倒在饥饿之中，几乎没有什么人能够活到被俘虏的时刻。饥荒迅速沦为我不忍讲述的境况，他们开始自相残杀，母亲甚至连怀抱中的婴儿都不放过……

——圣哲罗姆（Letter cxxvii, 12）

狄奥多西大帝是在帝国西部瓦解之前，最后一个统治统一的罗马帝国的皇帝。在他死后西帝国便陷入了八十年的持续衰退，遭受日耳曼人和其他部族的侵袭。他们步步紧逼，直到那位讽刺地被称为"小奥古斯都"罗慕路斯（Romulus Augustulus）最终臣服于一位蛮族国王。在帝国的废墟之上，诞生了混合条顿文化与拉丁文化的国家，其中的征服者与被征服者，与旧日的秩序关系甚微：他们的法律、语言和机构，是在北方与东方传来的新影响之下成形的。曾经将他们聚集在一起的凝聚力消失了，他们四散进军，各谋生路。但东帝国的情况与西帝国截然相反，得以存活。起初，出于各种原因——五世纪的东帝国出了许多无能的统治者至少是重要的原因之一——其发展较慢，然而东方的势头逐渐胜过了西方，也就此发展出独立的东方性格。拉丁语不断让位给希腊语，知识世界不断地让位给宗教世界，然而古典的传统没有断绝。拜占庭帝国与其说是继承了古典时代的遗产，倒不如说是古典时代的延续。然而时代已经不同了，在不止一位近年的史学家看来，中世纪就开始于 395 年 1 月 17 日，那个决定命运的夜晚。

120

当狄奥多西逝世时，他的长子阿卡狄乌斯还没满十八岁，而霍诺里乌斯，前文已经提及，年仅十岁。因此照顾两人的任务就落在了狄奥多西的侄女婿斯提里科身上，他是皇帝家族之中最可信赖的男性成员。斯提里科的机会也就此到来。有关他的早年生涯记载极少，仅有的记载是他是一名汪达尔人首领的儿子，在瓦伦斯麾下忠实战斗，但地位并不显赫。他曾经作为外交使团的一员，前往波斯与沙普尔三世谈判。他应当是在那时得到了狄奥多西的注意，几个月之后便得以和皇帝的侄女塞琳娜成婚。塞琳娜不但被皇帝收为养女，也格外受皇帝宠爱，据说只有她能在皇帝暴怒之下、无人敢接近时上前安抚。

诗人克劳迪安（Claudian）近乎偶像崇拜般地仰慕斯提里科，他称这位高大英俊的汪达尔青年过早地发色灰白，不怒自威，街上的人会本能地为他让路。尽管拥有这些优势，还刚刚与皇室联姻，但他依然没有受到同时代史学家的太多关注，直到弗里吉杜斯之战。在这一战中，他展现出的英勇使他得以成为意大利的军务大臣（magister militum）。担任这一职务的他，尽管理论上要协助两位年轻的皇帝，但实际上他主要负责协助西帝国皇帝霍诺里乌斯；远在君士坦丁堡的阿卡狄乌斯身边的权臣则远没有这么理想，这个人是最强势也最危险的禁卫军执政官鲁菲努斯（Rufinus）。

　　几乎可以肯定，五年前在米兰，鲁菲努斯挑唆了狄奥多西在帖撒罗尼迦的屠杀。他原本是来自阿基坦（Aquitaine）的法学家，相貌英俊过人，然而他与斯提里科不同，刚刚步入中年就被提升到此时的显赫职位。他步入如此高位，与其说是靠军事或外交才能，倒不如说是靠极度机敏与不择手段的投机。他的贪婪与腐败在君士坦丁堡尽人皆知，他自然也获取了大笔财富，而且在不断增加。他最大的特点是野心勃勃，他的最终目标只有一个：皇位。

121　　即使对精力充沛且有主见的年轻皇帝而言，鲁菲努斯这样的人也依然危险，而悲哀的是，阿卡狄乌斯这两个特质都不具备。矮小黝黑的他说话与行动均颇为缓慢，眼皮下垂，仿佛随时都会睡着一般。事实上，他比外表所展露的还要愚蠢，他的个性也和他的智力一样弱。第一眼看到他时，人们根本无法相信他就是狄奥多西的儿子。仅靠着一个因素，他才得以免于成为鲁菲努斯手下的无脑傀儡：寝宫总管（Praepositus Sacri Cubiculi）① 施加的影响。这位总管名叫尤

---

① "管理君主的仪服、金盘，安排皇室的饮食，安排卧榻，管理大批衣着华丽的侍从，以及三十名穿盔披甲站在第二道帷幕前的肃静官，守卫君主寝室的安全，这一切都是罗马帝国宫廷大臣所要负责的重要工作。"（T. Hodgkin, *Italy and her Invaders*, Book I, Chap. 3）

特罗皮乌斯（Eutropius），是一位年迈的宦官。这个光头黄面又满是皱纹的老人，外貌比他的君主还不讨喜。他在此前的生涯中，虽然堪称杰出，却也不讨喜，起初是娈童，而后为妓院拉客。这些经历，对于在皇室内廷之中担任要职的人而言，理论上算是长处。但他和鲁菲努斯——他自然厌恶此人——有着同样的机敏、不择手段与野心，他也想控制皇帝，为此他决意竭尽所能阻挠他的敌人。

阿卡狄乌斯成婚（395）

他清楚，鲁菲努斯想把自己的女儿嫁给阿卡狄乌斯。当他成为皇室家族的一员之后，他距离皇位就不远了，而尤特罗皮乌斯也将很难幸存。这位宦官的唯一希望在于找到另一个让皇帝喜爱的人选。因而他不顾皇帝后代的问题，找来了一个年轻美貌的法兰克人女孩。她在君士坦丁堡成长，久经世故之后将她古怪的蛮族名改为更合宜的希腊名欧多西亚（Eudoxia）。利用鲁菲努斯短暂离开，前往安条克监督处决一位显赫官员的时间，他把她引进了宫中，在这方面经验纯熟的她很快激起了皇帝的兴趣。当禁卫军执政官返回都城时，阿卡狄乌斯和欧多西亚已经订婚。然而一向狡猾的尤特罗皮乌斯没有公开新娘的身份。佐西姆斯欣然记载了一个丰富多彩但未必可信的故事。在婚礼的上午，一批朝廷的官员穿过街巷前去迎接她。急于目睹新皇后的人群聚集在鲁菲努斯的住宅之外，但他们惊讶地发现迎亲队伍根本没有在他的家门前停下，而是在欧多西亚那朴素得多的住宅门前停下。不久之后，穿上婚礼盛装的她便被带到宫中，面见她的新郎。 122

阿拉里克在希腊（396）

婚礼于 395 年 4 月 27 日进行，几乎与此同时，帝国境内的哥特人再度叛乱。此时他们推举二十五岁的首领阿拉里克为领袖，他意识到东帝国的部队大多陪同狄奥多西进入西部，而且此时依然停留在米兰，因此东帝国几乎毫无防备。这个机会实在是不容错过，于是他假装因任命斯提里科，而不是在弗里吉杜斯之战中功劳更大的自己担任军务大臣而愤怒，几周之后便和他的追随者在默西亚（Moesia）和色雷斯大肆破坏，并进军到距离君士坦丁堡城墙不远的地方。他在那里调转方向——可能是收了鲁菲努斯的贿赂，记载提及鲁菲努斯曾化装成哥特人几次来到阿拉里克的军营之中，而且他在邻近地区的地产也可疑地安然无恙——向西前往马其顿和塞萨利（Thessaly）。尽管都城的居民得以暂时安稳，但情况无疑仍十分艰难。阿卡狄乌斯向米兰的斯提里科送去了一封加急信，要求他率领东帝国的军队尽快返回。

斯提里科尽可能迅速地率部出发，并用一些西部的部队补充了东帝国军队的力量。然而他没有率军赶往君士坦丁堡，而是进入塞萨利与阿拉里克对决。抵达之后，他恼怒地发现哥特人已经退入防御工事。他正试图说服他们出来决战时，收到了皇帝的另一道命令，要求军队立即返回都城，但他本人不能继续率领部队，而是要立即返回他管辖的西部。这一命令可能对斯提里科而言是一个打击，因为他也对东帝国有所图谋，但他还是遵命行事了。东帝国的军队在哥特军官盖纳斯（Gainas）的指挥下返回君士坦丁堡，斯提里科则带着西帝国的部队返回了西部。

在帝国军队离开之后，阿拉里克和他的追随者们再度无阻碍地进军。他们向南穿越塞萨利，轻易穿过著名的险峻之地温泉关（Thermopylae），进入维奥蒂亚（Boeotia）和阿提卡（Attica）。他们所到之处的城镇村落几乎无一幸免，比雷埃夫斯（Piraeus）的港口被彻底摧毁，雅典则因为城墙更为坚固而幸免于难。佐西姆斯记载称，阿拉里克看到了女神雅典娜全副武装地站在城墙之上，阿喀琉斯则带着可畏的怒容在城垛上巡逻，就此失去了勇气。无论实际情况如何，他确实出席了该城驻军指挥官举办的奢华宴席，也同意进行谈判。在放火焚毁了埃莱夫西斯（Eleusis）的大型德墨忒尔神庙之后，他率军穿越科林斯（Corinth）地峡进入伯罗奔尼撒半岛，在阿戈里德（Argolid）大肆破坏，而后向南到斯巴达和平原中部的富裕城市掠夺。396 年春，他们向西进攻，在皮洛斯（Pylos）附近抵达海岸，沿海岸北上抵达埃利斯（Elis）。但在那里，他们遇到了意料之外的对手：斯提里科率领一支新军，从意大利经海路赶来。突然在离奥林匹亚不远处，阿尔费尤斯河（Alphaeus）河畔的弗罗埃（Pholoe），哥特人发现自己已经被包围，他们似乎要任由军务大臣处置了。然而一个出乎意料的转折发生了——早年的历史记载中满是这种令人气恼的转折，特别是同时代史料质量太差或数量不足的时候。斯提里科在即将获胜，将要完成对哥特人的最后一击时，却故意放他们离开了。

为何如此？佐西姆斯称他"沉溺于美色逸乐而错失良机"，实在是荒诞不经，克劳迪安则声称他是接到了阿卡狄

127

乌斯的命令，因为阿卡狄乌斯已经与阿拉里克达成秘密协议。但这一说法又与事实不符：如果确有这一协议，哥特人根本不可能继续穿越科林斯湾，前往北达伊庇鲁斯（Epirus）山脉的广阔地域纵兵抢掠。次年，他们才最终与帝国签订了和约。阿拉里克通过和约获取了伊利里库姆军务大臣之衔。带来如此浩劫的他竟能获取这个头衔，实在是咄咄怪事。很明显他在弗罗埃达成了某种协议，但缔约的另一方是斯提里科，不是阿卡狄乌斯。本章接下来将就这一协议进行推断——尽管我们只能推断而已；此处还是暂且不表，继续讲述。

另一个问题是：为何阿卡狄乌斯皇帝要如此仓促地召回
124 东帝国的大军？新人指挥官盖纳斯奉命率部沿伊格纳提亚大路（Via Egnatia）① 前往君士坦丁堡，在金门之外的战神广场停止进军；皇帝依照传统，出城迎接归来的军队。11 月27 日，阿卡狄乌斯如期前来，鲁菲努斯也一同到来，他正期待着在这一天被立为共治皇帝，因此格外傲慢无礼。在检阅了部队之后，他似乎有些松懈，来到了部队中，想要暗中获取他们对接下来称帝的支持。然而他没有发现士兵们正在逐渐贴近，当他发现形势不妙时为时已晚。寒光一闪，宝剑出鞘，士兵们纷纷扑了上去，转瞬之间鲁菲努斯就栽倒在地，气绝身亡。他的尸体被剁成了肉酱，原本英俊的头颅如今被挑在长枪上游街示众。一批格外热衷恐怖气氛的士兵甚

---

① 这条帝国大路从亚得里亚海开始，穿过巴尔干半岛，经色雷斯抵达君士坦丁堡。

至砍下了他的右手，挨家挨户敲门，一边把那手的指节拉得咔咔作响，一边高喊着："把钱交给财迷！"

克劳迪安的记载称一名刺客曾高喊，自己是受了斯提里科的命令，但除此之外再无迹象表明这场谋杀是西部的军务大臣教唆的。这也有可能是尤特罗皮乌斯挑唆，或者是盖纳斯在率部返回都城时教唆，再或者是他们合谋如此。事实上，无论谁是主谋，鲁菲努斯的死都对事态影响不大。此时皇帝身边的权臣只剩下尤特罗皮乌斯一人；随之而来的贪污腐败和公开卖官鬻爵，更是前所未有地增加了。克劳迪安如此哀叹：

> 一个人用自己的乡村别墅换来了亚细亚管理者的职位，另一个人用妻子的首饰换来了叙利亚，还有个人花了不小的代价，用祖宅换来了比提尼亚。在尤特罗皮乌斯的办公地点前厅张贴着一份清单，各行省的职务均有明码标价……这个宦官自身受辱，因而想让所有人蒙羞；他出卖了自己，现在就想要出卖一切了。[1]

尤特罗皮乌斯逃亡 (399)

399 年，尤特罗皮乌斯成功让自己被提名为执政官，但此举也加速了他的倒台。尽管这一头衔早已是纯粹的荣誉头

---

[1] *Eutropium*，ⅰ，199～207. 然而伯里（Bury）教授指出："但是我们必须清楚，大众对尤特罗皮乌斯这样身体存在缺陷的人，是怀有相当偏见的。"

衔，但它依然是帝国之中最为显赫的头衔，皇帝在位时获得这一头衔是颇为荣耀的——因此他们往往多次获取。如果这一头衔被授予皇室之外的人，就无一例外地要授予出身高贵、功勋卓著的罗马人。而现在这一头衔要被授予一个曾是奴隶，还当过男妓的阉人，这是君士坦丁堡的罗马自由民不能忍受的。讽刺的是，率先发难的并不是元老院成员或者罗马贵族，而是一个哥特人盖纳斯，他正是那个四年前接收了斯提里科移交的东帝国军队、麾下士兵杀死了鲁菲努斯的盖纳斯。抵达都城之后，他便被任命为东方军务大臣。399 年春，弗里吉亚（Phrygia）定居的哥特人再度发动叛乱时，盖纳斯虽然身为哥特人，但他依然成了负责率军平定叛乱的两位指挥官之一。然而他在抵达战场之后就悄然倒戈，在接下来的战斗之中叛军迅速消灭了军中的罗马人，掌握战场的主动权。之后，他依然做出皇帝的忠实仆人的姿态，给阿卡狄乌斯送去一封信，告知他叛乱者人数太多无法用武力镇压，需要与他们谈判。幸运的是，他们仅仅提出了一些完全合理的要求，他建议应当立即接受这些要求。要求的第一条就是交出尤特罗皮乌斯。阿卡狄乌斯犹豫了，他需要这个老总管，也依靠他处理政务。但现在宫中又出现了新的争权者，而她正是皇后欧多西亚。

欧多西亚是一长串拜占庭皇后中的第一位，美貌、世故而野心勃勃，她们的名字将成为奢侈与放荡的代名词。据称她有一系列的奸夫，尽人皆知的流言中提及了一个名叫约翰的贵族，他可能才是她的儿子狄奥多西（Theodosius）的生父。据说她为自己的堕落扬扬自得，与宫女们一起留着遮住额头的长刘海，这正是娼妓的标志发型。她获得如此的地位完全是靠尤特罗皮乌斯的帮助，他却愚蠢地不断在她的面前提及此事，因而她愈发妒忌他对自己丈夫的影响力。从四年前成婚到此时，她与阿卡狄乌斯的关系已经严重恶化，以至于两人都已不再掩饰他们厌恶对方的事实。

皇帝不情愿地同意了，尤特罗皮乌斯在惊恐之中逃到圣索菲亚大教堂寻求庇护，抱住了主教"金口"约翰的脚。他呜咽着指出，主教是完全靠他才得以担任这一职务 126 的。这位主教闷闷不乐，他本不想担任这一职务，却在一年前被骗到了都城，对自己的"恩人"的感情也不比欧多西亚多。但他不能否认庇护的权利。当士兵们不久之后抵达，并要求他交出避难者时，战栗不已的老太监蜷缩在高高的圣坛之下；主教坚定地挡在他们面前，让他们无功而返。

在圣索菲亚大教堂，尤特罗皮乌斯是安全的，但他也清楚，自己已经被困在那里。次日，一个星期日，在寒冷之中熬过了一夜之后，尤特罗皮乌斯还要继续受辱，倾听一段表面上是对那一大群聚集的教徒所说，实际上是说给自己听的布道，讨论"虚而又虚，万事皆虚"。[1] 这段布道的言辞之犀利，证明了这位主教的绰号绝非虚名。[2] 这无疑让尤特罗皮乌斯前所未有地感到沮丧，也许正是这段说教说服了他，让他在得到饶恕性命的保证之后离开。他被流放到了塞浦

---

① St John Chrysostom, *Homily to Eutropius*; *Oeuvres*, Vol. I, p. 353.

② 金口即"Chrysostom"的直译。

路斯，但在盖纳斯的坚持之下，不久之后便再度被逮捕——靠着一个明显似是而非的论调，声称他的豁免权仅在君士坦丁堡有效。他们在卡尔西顿进行了审判，认定他有罪并将他处决。

盖纳斯胜了，但他没有什么时间享受自己的胜利。400年年初他返回了君士坦丁堡，试图获取鲁菲努斯和尤特罗皮乌斯此前所拥有的权臣地位，但城中的敌对势力阻止了他，使他完全无法获取同样的权势。而他夺取皇位的密谋——也许是想谋杀皇帝后篡位——几乎还未开始就已经失败。由于缺乏同时代的史料记载，我们无法完全叙述其全过程。然而在夏末，在愈发动荡的六个月之后，盖纳斯突然命令他的哥特人大军准备出发。城中焦急的居民们担心一场新的政变即将到来，聚集到了街上。随着紧张情绪不断发酵，城中人和正在离开的蛮族之间爆发了冲突。大部分的哥特部队已经出城，余下的哥特人在数量上处于绝对劣势，成了城中发展多年的反哥特人情绪的牺牲品。人们封闭了城门以阻止他们逃走，至次日清晨，总共有七千人被杀，其中有不少人是在皇宫附近的教堂避难时被活活烧死的。

127　　盖纳斯本人和他余下的部队在色雷斯无望地游荡，而后试图穿越赫勒斯滂海峡进入亚细亚，但忠于皇帝的部队早已在对岸等候，给他造成了更大的损失。他率残部勉强北上，向多瑙河进军，最终被匈人王乌尔丁（Uldin）俘虏。他砍下盖纳斯的头，当作礼物送给了阿卡狄乌斯。又一个搅乱帝国、想要浑水摸鱼的投机者为他的鲁莽付出了代价。

阿拉里克入侵意大利（401）

对罗马帝国而言，四世纪诚然意义重大。在这个世纪中，博斯普鲁斯海峡旁建立了一座新都，尽管这里尚没有成为一个政治统一的国家的唯一焦点，其规模和重要性却在不断扩大和增长，那时的西地中海则愈发混乱。同样在这个世纪之中，基督教成为皇帝和他的臣民们的国教。然而这个世纪行将终结时，事态急转直下，西帝国在蛮族的威吓之下，沉默不语，无动于衷；东帝国在低声呜咽——这是唯一合宜的描述，君士坦丁堡的皇位之上，最无能的皇帝静观一个又一个权臣横死暴亡，他恶毒专横的妻子则公开冒犯他，羞辱他，嘲弄他的愚蠢、无能与被戴绿帽。新世纪以一种爆发性方式开始了。401年夏初，哥特人阿拉里克入侵意大利。

阿拉里克是最伟大的哥特人领袖，也是唯一一位在历史殿堂之中名号响当当的哥特人领袖。他轻而易举地掌控了五世纪初的事态。当世纪的序幕拉开时，他只有三十岁左右，自二十五岁起他就一直是西哥特人的首领。身为首领，无论是他的朋友还是敌人，都清楚他的斗志，他也把恐慌从君士坦丁堡城墙之内，一路散播到了伯罗奔尼撒半岛的南端。然而，他接受军务大臣一职时显然是乐于如此的，这还说明了其他问题：他不是根本上要与罗马帝国为敌的。真实的情况恰恰相反，阿拉里克与帝国作战并非为推翻帝国统治，而是想要为他的同族安排一个永久的居住地并享受自治权；他作为哥特人的首领，则将获得帝国的高阶头衔。如果西帝国和罗马元老院能够意识到这一简单的事实，他们也许就能够避免最终的灾难，但对缺乏理解能力的他们而言，这最终成了不可避免的结局。

128　　在任何明眼人看来，阿拉里克发动入侵的唯一奇怪之处在于，他竟然直到现在才发动。毕竟他已经率部进入伊利里库姆四年了，他也根本没打算留在那里。在这四年间帝国也许能够采取一些避免他发动进攻的手段，霍诺里乌斯一如既往地对此毫不关心——此时他唯一的爱好似乎就是养家禽。因此当入侵的消息传开时，盲目的恐慌情绪也随之散播开来。克劳迪安列举了一系列的凶兆与预言，比如大冰雹、月食、彗星，以及皇帝在检阅骑兵时，两只狼突然出现在他的马前，此后发现它们的腹中还有人手。大批的哥特人缓慢却又似乎无可阻挡地从伊松佐河河谷倾泻而下，他们的妻儿老小在后方跟随——蛮族入侵时经常如此，来的不只是军队，而是整个部族。他没有停下来围攻意大利东北部最大的两座城市——阿奎莱亚和拉文纳（此时的威尼斯依然只是潟湖之中的荒芜沙洲），而是直接向西进军米兰。小皇帝在他们到来之前逃往皮埃蒙特（Piedmont）的阿斯蒂（Asti）。他们抵达该城城下几英里处时，发现一支罗马大军正在迎战，指挥官正是熟悉的斯提里科。

402 年复活节周日，这一战在波伦提亚（Pollentia）——如今的波伦佐（Pollenzo）的一座小村庄，但在罗马帝国时代是重要的手工业城市——展开。同时代编年史家留下的记载相去甚远。它似乎是一场最恶劣的战斗：漫长、血腥、未能决出胜负。无论如何，哥特人没有继续进军，而是向东撤退。撤退途中，阿拉里克突袭了维罗纳，在那里，按克劳迪安的记载，他惨败于斯提里科。这个汪达尔人军官却再度允许他向伊利里库姆撤退，他的部队基本得以留存。

斯提里科已经两次将阿拉里克逼入绝境——如果算上395年在塞萨利的那次奇怪事件，就是三次了——但这一次斯提里科再度放走了他。此时我们应当更明确地研究他如此做的动机。从一开始，他对这位哥特人领袖的态度就格外诡异而含糊。伯里教授在他的著作《罗马帝国晚期史》（*History of the Later Roman Empire*）中，就弗里吉杜斯之战结束后斯提里科在米兰指挥东帝国部队故意耽搁，首先提出了怀疑。他提出，也许他已经接到阿拉里克将要发动叛乱的警告，这样当他出手干预时，来迟的他将更加重要。之后是塞萨利封锁事件，人们难免怀疑，这件事的记载属实吗？阿拉里克真的不愿意作战？或者说斯提里科真的不愿意削弱他的势力？最奇怪的事还是哥特人在弗罗埃死里逃生。也许我们应当把这件事与斯提里科众所周知的野心联系起来：他想把伊利里库姆和巴尔干半岛从东帝国控制下夺走，转交给西帝国——这一地区很可能被交给他的儿子尤克里乌斯（Eucherius）管理，并让他成为共治皇帝。所以，也许阿拉里克以参与他的阴谋为条件换取了自由。随后发生的一系列事件至少都与这一假说相符。我们非常清楚斯提里科愈发想要开创自己的王朝，毕竟他在398年把自己的女儿玛丽亚（Maria）嫁给了霍诺里乌斯，已经是皇帝的岳父。① 无论真

129

---

① 克劳迪安为这场婚礼写下了五百句的长诗，文风格外浮夸。这段新婚喜歌的结尾描绘了尚在襁褓之中的儿子坐在父母膝盖上的祥和景象。然而据称玛丽亚至死都是处女。

实情况如何，可以确定的是，他认为哥特人是潜在的盟友，可以利用他们在未来对付东帝国，他既不想彻底摧毁他们的军力，也不想和他们彻底决裂。

"金口" 约翰 （403）

然而直到此时，斯提里科依然在隐瞒他的长期计划，五年之后他才公之于众。与此同时东帝国和西帝国的关系迅速恶化，这在很大程度上是因为君士坦丁堡主教"金口"约翰的个性与苦难。这位高级教士虽然高尚，却也令人难以忍受，他强烈斥责皇后和她的生活方式，因而在宫廷不受欢迎，置自己于险地。403 年，他和亚历山大主教狄奥菲鲁斯（Theophilus）的激烈辩论，给了欧多西亚期待已久的机会。约翰就此被罢黜并流放到比提尼亚。他尽管在宫中有许多敌人，却深受平民的支持。暴乱随即开始，本地的市民与前来君士坦丁堡支持大主教的亚历山大人开始激烈斗殴。在那一夜，还发生了一场地震，迷信的皇后惊恐不已（据说她因惊吓过度而当场流产），立即召回了被流放的约翰并恢复了他的职务。

约翰赢了第一局，如果他的态度缓和一些，事情很可能就到此为止了。不幸的是，他根本没这么做。几个星期之后，当欧多西亚的银像——她在三年前自称奥古斯塔——在圣索菲亚大教堂之外的奥古斯都殿堂（Augusteum）竖立起来时，他提出强烈抗议，宣称揭幕仪式的喧闹干扰了他的工作。这位主教与皇室就此彻底决裂，欧多西亚绝不允许她的丈夫与这位帝国最高级的教士有任何接触。次年初春，在解决与亚历山大的争端而召开的另一场宗教会议上，"金口"约翰再度被谴责。他在前不久的布道中说过："希罗底再度发怒……要把约翰的头颅装在盘上端来。"而这对他辩白毫无帮助。此时，阿卡狄乌斯无疑想起了前一年发生的事，满意地把主教赶出了他的教堂。然而复活节时出现了一个问题。两千名慕道者等待受洗，聚集到了君士坦丁浴池。原本的仪式很快变为示威，士兵们奉命前来维持秩序，用于施洗的水池，据称因此染上了血污。6月24日，执拗的主教被再度流放，灾难再度在君士坦丁堡爆发。当天晚上，圣索菲亚大教堂燃起大火，尽管存在纵火的嫌疑，却没有任何证据。大火随即在强烈的北风的吹动之下蔓延到了相邻的元老院。次日清晨，两座建筑均只剩下焦黑的空壳，城中最重要的古圣物也随之焚毁。不到四个月之后，10月6日，最后一个展现神意的灾难出现了：皇后再度流产，她也因这次流产死亡。

在离开不久之前，约翰向罗马的教皇英诺森一世（Innocent I）上书，抗议他所受的不公正裁决，并要求在一场正式审判中与指控他的人对质。教皇随即召开了拉丁主教的宗教会议，他们一致同意宣称此前的宗教会议无效，并通过英诺森和霍诺里乌斯向阿卡狄乌斯提出要求，恢复约翰的职务。他们提出在帖撒罗尼迦进行一次希腊主教与拉丁主教的大集会，将这一问题彻底解决。与此同时，霍诺里乌斯给自己的兄长送去了一封措辞强硬的信件，谴责他的错误举措在都城造成各种纷乱，并指责他草率流放约翰而不事先请示教皇。阿卡狄乌斯收到这封信件之后大为恼怒，没有回复，双方暂停沟通，各自考虑对策。最终，在406年，霍诺里乌

斯与英诺森派出联合代表团前往君士坦丁堡。代表团之中有
至少四名高级主教，不能被轻易忽视，但阿卡狄乌斯再度表
明了态度。他甚至拒绝使团进城，还把他们关进一座色雷斯
的城堡，在那里审讯他们，还抢走了他们送来的信。经过一
番冒犯羞辱之后，他们才得以返回意大利。

因此，当"金口"约翰于 407 年 9 月在偏远的本都逝世
时——有可能死于看押者的虐待——他已经给罗马帝国留下
深深的裂痕；斯提里科在那时决定执行他心中隐藏已久的计
划，进攻伊利里库姆。他清楚，只要自己一声令下，阿拉里
克便会出手相助。他首先下令封锁东帝国，不允许阿卡狄乌
斯的舰船进入意大利的任何港口。事实上这就是在宣战。但
当斯提里科还在拉文纳备战时，身在罗马的霍诺里乌斯派来
了信使，带来了阻止他执行计划的消息。据说阿拉里克死了。
同时，不列颠的罗马帝国管理者君士坦提努斯（Constantinus）
自立为奥古斯都，率部渡海进入高卢并高举反旗。伊利里库姆
之事明显只能延后了，斯提里科有更紧急的事情需要处理。他
把部队留在拉文纳，匆匆赶往罗马与霍诺里乌斯会谈。

抵达之后他才发现，信中的前半部分是子虚乌有，安然
无恙的阿拉里克仍在伊利里库姆，但因为他和斯提里科合谋
的计划再一次推迟而大为不满。他指出，整兵备战花费了他
不少时间与资金，他需要得到补偿，补偿数额为一次性付清
四千磅黄金。罗马元老院的成员收到这一要求之后惊恐不已，
但斯提里科清楚这笔钱必须尽快筹集。靠着他身为皇帝岳父
的特殊地位，他最终成功说服了他们。只有一名元老院成员
鼓起勇气提出抗议，他高喊道："这不是和平，是卖身契。"

但他似乎也为他所说的这句话后悔了，记载提及在会议结束之后，担心斯提里科报复的他立即躲进了基督教教堂之中。

阿卡狄乌斯之死（408）

408 年 5 月初，三十一岁的皇帝阿卡狄乌斯逝世，留下一个七岁的儿子，为纪念他的祖父而被命名为狄奥多西。对斯提里科而言，这个消息再好不过了。如果手段得当，他就可以兵不血刃，乃至不费吹灰之力夺取他想要的一切，不需要阿拉里克和他麾下的哥特人协助，他们只要去对付高卢的僭位者君士坦提努斯即可。他轻易地哄骗霍诺里乌斯打消了亲自前往君士坦丁堡的打算，他声称西帝国的皇帝来到东帝国的都城是得不偿失，弊大于利。他应当继续留在拉文纳，六年前波伦提亚之战结束后他已经在那里建造皇宫。身为军务大臣，他轻易地为自己的女婿安排好了一切。

然而在两年时间里，他的计划两次无果而终。也许是他的野心过于明显了，女儿玛丽亚于同年年初去世，尸骨未寒之时，他就劝霍诺里乌斯与她的妹妹塞曼提亚（Thermantia）成婚，许多基督徒对此惊讶不已。也许是他坚持给阿拉里克支付巨额补偿，从而引发了超乎他预料的不满。也有可能是旧有的妒忌再度浮现：他毕竟不是罗马人，是汪达尔人，而汪达尔人的地位不可能太高。更重要的是，他对士兵长期过于严苛，他的军中出现了严重的不满情绪：前一年，博洛尼亚（Bologna）和帕维亚（Pavia）先后爆发了小规模的哗变。简而言之，他处境危险，不受欢迎。在拉文纳的宫廷之中，对他有敌意的标志人物是一个名叫奥林匹乌斯（Olympius）

132

的大臣，也正是他，在斯提里科离开、他和霍诺里乌斯一同留在意大利时，试图让皇帝相信，他的岳父正在图谋不轨。

这一指控的准确情况不得而知，我们也不知道是否确有此事。唯一可以确定的是，斯提里科被指责、控告、审讯、定罪，并于408年8月23日在拉文纳被处决。他的儿子尤克里乌斯逃到了罗马，勉强苟延了仅仅几个月；尤克里乌斯的妹妹塞曼提亚被赶出皇宫——据说那时的她和玛丽亚一样，仍是处女——返回自己母亲塞琳娜那里。塞琳娜被饶恕了，但几个月之后又遭到渎神的指控，被元老院下令绞死。[几年前，在和她叔父狄奥多西一同来到罗马时，她拜访了众神之母瑞亚（Rhea）的神庙，从女神像身上拿走了一条项链并戏谑地戴在了自己的脖子上。此事从未被遗忘。]①

133　斯提里科被处决之后，罗马人对蛮族压抑已久的恨意随之突然爆发。帝国各地的驻军之中，一批又一批罗马军团拿起武器攻击哥特人、匈人或汪达尔人组成的辅助部队，将他们和他们的家人一并杀死。屠杀本身极度恶劣，但后果同样恶劣。那些免于一死的蛮族为自保集结成了部队，在乡间游荡，四处劫掠，最终成为阿拉里克的麾下，让他的部队增加了三万人。此前对帝国尚属忠诚的他们，如今成了帝国的死敌，决意为他们的父兄妻儿报仇。罗马人接下来的两年之中要承受的苦难，在很大程度上是咎由自取。

他们也发现，在历史上最危险的时刻之一，他们却没有

---

① 吉本轻蔑地评论道："我们也能借此看出这个时代的恶劣品位，给神像戴上这么尴尬的饰品。"

指挥官。尽管斯提里科可能对东帝国有各种各样的阴谋，他对西帝国却一直保持着忠诚，若非如此，他早在多年以前就可以把愚蠢的霍诺里乌斯解决了。这样的话他与皇室的紧密关系也许可能盖过他蛮族出身的劣势，让他借机获取紫袍。即使做不到，他也能够安排一个适合且可信的继承者。然而情况是，他的忠诚从未动摇过——除非我们认定奥林匹乌斯的指控属实（佐西姆斯对奥林匹乌斯的评价是："在虔诚基督徒的外表之下，高超地隐藏了自己的极度邪恶。"）。斯提里科是忠于帝国的蛮族之一，尽管苛刻且时而狡猾，但至少是个合适的领袖。在他死去之后，罗马人才意识到他是多么不可替代。

阿拉里克兵临罗马城下（408）

阿拉里克也忠于帝国，但是仅仅忠于帝国本身，而不打算忠于霍诺里乌斯。他更不信任罗马的元老院，之前他们就不愿支付他索取的补偿款，现在又打算仅仅支付一部分来搪塞他。他们应该也能意识到，这么做等同于要他发动入侵，但即使此时他们仍没准备集结部队——部队在斯提里科死后即被遣散了——也没有整备防务。阿拉里克就此入侵，408 年 9 月，他率领哥特大军来到了罗马城下。现在罗马人终于明白自己招来了何等的灾难。他们从不相信一群披着兽皮、依然野蛮原始的乌合之众能给文明世界中最伟大的城市带来任何值得一提的威胁。即使此时也有人宣称，哥特人缺少耐心和忍耐力，根本无法成功围攻城市，几天之后就会把目标转向别处了。

然而几天之后，阿拉里克就完成了对罗马的封锁。所有的道路、桥梁、小路，乃至每一寸的城墙，都有专人夜以继

134

日地轮流监视，而他们在台伯河沿岸的巡逻队也保证了补给品无法从水路偷运进城。城中实行了严格的配给制，配给量很快减半，而后又减到三分之一。此时已经出现几起食人事件。随着冬季日益迫近，温度不断下降，严寒和营养不足在所难免地引发了疾病。东北方向的瞭望台依然有人坚守，城中人期盼着拉文纳的救兵能及时解救这座城市，但很快情况就明朗了：霍诺里乌斯不会为解救古都动一根指头。

随着圣诞节的到来，守城者清楚他们无法继续坚持了。他们派信使面见阿拉里克，确定了赎金：五千磅金、三万磅银、四千件丝绸衣、三千张染成绯红色的牛皮，以及三千磅胡椒。金银是靠剥去教堂和多神教神庙雕像上的衣物和饰品，以及销毁不计其数的艺术品再熔铸获取的。此时，再没有人反悔，再没有人打折扣。罗马人吸取了这个教训，支付了全额的赎金。

霍诺里乌斯拒绝条件（409）

但未来仍存在变数，阿拉里克依然在为他的族人寻找定居的地方。从罗马向北返回时，他在里米尼（Rimini）暂时停驻，与禁卫军执政官约维乌斯（Jovius）会面，提出新的条件。霍诺里乌斯要把威尼斯、达尔马提亚（Dalmatia）和诺里库姆①交给哥特人，这些地区仍归属帝国，但同时要作

---

① 诺里库姆大致包括多瑙河以南的奥地利东部，以及今属南斯拉夫社会主义联邦共和国的斯洛文尼亚（即今斯洛文尼亚共和国。本书初稿完成时南斯拉夫尚未解体。——译者注）。阿拉里克索取的这三个省份的总面积约为三万平方英里，其边界位于帕绍（Passau）、维也纳、杜布罗夫尼克（Dubrovnik）和威尼斯一线。

为哥特人的永久居留地；还要每年补助他们资金与粮食，以保证阿拉里克的部队不动武。作为回报，阿拉里克将庄严宣誓，成为帝国的战士和守卫者，保卫罗马与帝国，与帝国的任何敌人作战。对许多罗马人而言，这个要求并非不合理，约维乌斯本人自然没有立即拒绝，而是把他的要求转呈皇帝，同时还提出，如果把斯提里科此前的"两军大臣"（magister utriusque militiae）——"两军"指步兵与骑兵——的头衔授予阿拉里克，他可能会做出让步。

然而霍诺里乌斯不肯接受，他断然拒绝赏赐土地且没有说明理由；至于头衔，他认为（对约维乌斯说）"这样的荣誉绝对不是阿拉里克，或者他同族的任何一人应当获得的"。就我们所知，这是他第一次表达自己的志气，或自己的意志之类，但他选择的时机实在是太不合时宜了。他的军队士气低落，无人指挥，如果哥特人再度进攻，他们完全没有抵御阿拉里克的可能；而他的进攻，无论何时到来，已是无可避免。他虽然向东帝国请求了援助，却根本无法得到支援，那里的继承者是一个七岁的孩子，此时东帝国依然处于骚动不安之中。在西面，高卢、不列颠和西班牙落入了一位僭位者的手中，之前对他的一次心不在焉的远征失败了，因而僭位者随时都可能率部进攻意大利。如果他决意如此，阿拉里克和他的哥特大军将为他提供极大的支援。

即使此时的霍诺里乌斯事实上毫无防御之力，他却依然选择了蔑视；阿拉里克虽能够轻易让他粉身碎骨，却依然寻求和平。约维乌斯一时疏忽——我们只能希望这是疏忽——对哥特人高声朗读了皇帝的信件，然而这并没有激怒哥特人的首领，他反而更急于达成协议。几周之后他派出由主教组成的使团前往拉文纳，以期通过他们对霍诺里乌斯的影响力来说服他，还极大地减少了自己的要求。他同意放弃威尼斯和达尔马提亚，他只要求多瑙河河畔的诺里库姆给自己的部族居住——那里在蛮族的频繁侵袭之下近乎荒芜——同时索取足以保证他部下口粮的补助。

就此时的形势而言，这一条件慷慨得堪称惊人，皇帝几乎不可能意识不到再度拒绝可能带来的后果。然而他再度拒绝和哥特人订立任何协议。阿拉里克的耐心就此耗光了。他在一年之内第二次向罗马进军，并立即开始封锁。但这一次他改变了战术。他告诉罗马人，他的目的不是要焚毁这座城市，不是要屠杀城中人，而只是要推翻霍诺里乌斯，因为他是现在意大利重归和平的唯一阻碍。如果他们同意，他们就必须宣称废黜皇帝，并推举一位更理智的继承者，到时他将撤围离开。

罗马元老院举行了紧急会议，很快做出了决定。没有人打算再经历一次围攻，以及随之而来的恐怖。此外，态势也足够明朗了，霍诺里乌斯根本不在意他的臣民，现在不在意，前一年也不在意，只要他能在拉文纳的深沟高垒之中安然躲避，他就对其他任何人的命运漠不关心。简而言之，他背弃了他们的忠诚。他们已经对他失望。于是他们打开城门，阿拉里克安然进城。霍诺里乌斯被废黜，而继任奥古斯都的将是来自爱奥尼亚（Ionia）的希腊人——时任罗马市长的普利斯库斯·阿塔鲁斯（Priscus Attalus）。

表面上这是个不错的选择。阿塔鲁斯是个机敏的人，对

136

艺术颇具鉴赏力，他本人是基督徒，但宽容多神教而且热爱古典文学与文化，在多神教教徒看来也是可以接受的。幸运的是，他是在阿里乌斯派的哥特人主教主持之下受洗的，就此得到了全部为阿里乌斯派的哥特人的支持。任命阿拉里克为军务大臣之后，他立即出兵前往拉文纳，但他在离开之前，必须解决另一个重大问题。阿非利加，这个小而重要的行省（其范围大概是今突尼斯北部）供应了罗马城的全部谷物，那时的管理者是赫拉克利安（Heraclian），此前他负责处决斯提里科，理论上他会对霍诺里乌斯保持忠诚。对阿拉里克而言，只有一个解决手段：立即派兵前往该省首府迦太基，罢免赫拉克利安，保证补给的输送。阿塔鲁斯更想使用外交手段，他派出一个名叫君士坦斯（Constans）的年轻人，以他的名义前去和平接管该省。这件事解决之后，阿塔鲁斯便和自己的军务大臣一同出发，前往拉文纳。

得知罗马发生的事情，以及大批敌军即将到来的消息之后，霍诺里乌斯终于不复镇定，近乎陷入恐慌。他给阿塔鲁斯送信，同意他掌控罗马，条件是让他依然在拉文纳任奥古斯都。与此同时他下令在邻近的港口克拉西斯（Classis）准备舰船，以便让他和他的随从安然逃往君士坦丁堡。在他们准备起航时，东帝国的六个军团突然抵达了该港口，佐西姆斯记载称其规模约为四万人。这支部队是狄奥多西二世派来的，他收到了自己叔父的求援信，立即进行了回应。如此规模的援军让皇帝重新鼓起了勇气，他宣称要在拉文纳坚守，至少要坚守到阿非利加的消息传来。如果赫拉克利安能坚持下来，事态就不会彻底失控。

137

情况也确实如此。几天之后一个正如霍诺里乌斯所愿的消息传来：赫拉克利安已经解决那个不幸的君士坦斯，手段和他两年前解决斯提里科的手段相差无几。对阿拉里克而言，这无疑是沉重的打击。首先，这意味着他无法将皇帝赶出拉文纳；更危险的是，这可能意味着阿塔鲁斯全然没有政治嗅觉。他再度要求以武力解除这个阿非利加管理者的职务，但阿塔鲁斯态度坚决，他坚称作为奥古斯都，他不会派哥特人进攻罗马人的省份。元老院也同意他的观点。此外，他必须尽快解决一个问题：赫拉克利安已经切断粮食供应，饥荒已是迫在眉睫。据称有一天，当阿塔鲁斯来到竞技场时，最高处的阶梯传来一声高喊："给人肉定个价吧!"（Pretium pone carni humanae!）

哥特人洗劫罗马（410）

阿拉里克受够了。410 年夏初，他把阿塔鲁斯召到了里米尼，在城墙外的开阔地上公开夺走了他的皇冠和紫袍。之后，在又一次尝试与霍诺里乌斯达成协议失败之后，他率兵返回罗马，开始了第三次围攻。恼人的是，关于这次围攻的细节的记载极少。佐西姆斯，这位同时代最让人恼火的编年史家，完全没有记述这一重大事件，而其他存留下来的资料都粗略得可悲。城中的食物依然匮乏，守军不可能长期坚守。大约在 8 月末，哥特人在宾西亚山（Pincian）山脚下，从北侧城墙的萨拉里亚门冲进城中。

这一次破城之后，哥特人依惯例进行了三天劫掠。但这次对罗马的劫掠，应当远没有学校的历史书上所写那么野

蛮，事实上可谓颇为克制，至少和 1084 年的诺曼人，以及
1527 年的查理五世（Charles V）所带来的浩劫有所不同。
阿拉里克本人是个虔诚的基督徒，他下令不得劫掠教堂或其
他的宗教建筑，避难的权利也在各地得到了尊重。然而劫
掠，无论多么克制，也依然是劫掠。哥特人绝非圣人，尽管
偶有夸张，但吉本对暴行的描述很可能基本属实：宏伟的建
筑被焚毁，大批无辜者遭屠戮，妇女和少女则被玷污。① 138

　　三天后，阿拉里克率部向南，打算渡海前往阿非利加，
彻底解决赫拉克利安，解救意大利于饥荒之中。但他抵达科
森扎（Cosenza）时突然发烧，几天之后即病故了，年仅四
十岁。他的追随者把他的遗体带到了布森托河（Busento），
在河上筑起堤坝迫使河流临时改道。在干涸的河床上埋葬了
首领之后，他们拆毁了堤坝，用流水掩盖了他的安息之地。

----

　　① 《罗马帝国衰亡史》，第三十一章。

第七章　异端与匈人（410～453）

　　　　如果你向人索要零钱，会得到一段"神亲子"与"非神亲子"的哲学论述；如果你打听面包的价格，得到的回答是"圣父地位更高，圣子地位次之"；如果你询问浴池的水放好了没有，答复则是圣子源于无。

　　　　　　　　　　　　——尼萨（Nyssa）的圣格里高利

　　在理想情况下，君士坦丁堡可以通过水路到达——这几乎是句废话。正因如此，这座城市的地理位置的独特之处才可被人恰如其分地认可，更不用说那著名的穹顶与尖塔，对我们而言那是神秘东方的象征。我们不能轻易否认这样的观点，但对我们之中那些对拜占庭的印象比对伊斯兰世界印象更深的人而言，还有一个同样值得一看也几乎同样壮观的景象。每一个从埃迪尔内出发走陆路抵达的人，都不可能忘记第一次看到那陆地城墙时的感受。它在周边的平原之中若隐若现，巨大的黄褐色塔楼或开裂或坍塌，这已经耸立近十六个世纪的城墙，震撼着每一个亲眼看见的人——此前的攻城部队，以及如今往来的土耳其人。这道城墙从马尔马拉海延伸四英里直到金角湾的上游，围住了比君士坦丁大帝时代建造的工事更远的范围，从陆地上完全封闭了这座城市。一千多年来，这道城墙仅仅打开了一次缺口，而这道缺口也宣告了拜占庭帝国的灭亡。

但那是五百年前的事了，这道城墙依然耸立，因始建于狄奥多西二世执政时而被称为狄奥多西城墙。尽管这巨大的工程是执政四十二年的狄奥多西唯一众所周知的纪念物，但一个悲伤的事实是这道城墙的建造很难归功于他。这一城墙体系之中的第一道——而非存留至今的三重防护体系——始建于 413 年，那时的皇帝年仅十二岁。建造这道城墙的构想与工程完成并非出自他手，而是由禁卫军执政官安特米乌斯（Anthemius）负责，此人在狄奥多西最初的六年执政时期担任他的庇护者与东帝国的实际摄政者。

自狄奥多西大帝的时代起，安特米乌斯便是高阶的俗世中人中第一个既有能力又坚持原则的人。除了城墙以外，他还保证帝国与波斯订下新的和约；在遭受匈人王乌尔丁一次破坏力甚大但未能成功的入侵之后，他也在很大程度上加强了多瑙河舰队的力量；他还改善了自亚历山大的谷物运输体系，并恢复了自阿卡狄乌斯死后就不曾有过的与西帝国的良好关系。但他并没能久留。414 年，他从公众视野之中消失了，皇帝的姐姐普尔科莉亚（Pulcheria）公主代替他执掌大权，这个略微可畏的人改变了接下来的三十六年——他弟弟余下全部的统治时期，在这一时期帝国几乎所有重大问题都由一个女人决策。

普尔科莉亚比狄奥多西仅仅大两岁，在她称奥古斯塔并

140

掌控帝国时仅有十五岁。此时人们都明白，她的兄弟不会比阿卡狄乌斯更好：他孱弱、踌躇而易于操纵。而她恰好相反，强硬且坚定，并热衷权力，但她也过于虔诚并为此挥霍无度，因重修已成废墟的圣索菲亚大教堂而格外愉快。在她的影响之下，她的妹妹阿卡狄亚（Arcadia）和玛丽娜（Marina）也出现了同样的倾向，据说宫中的风气更类似于修道院而非朝堂，牧师与僧侣夜以继日地挤在宫中；公主们全部发誓要终身守贞，在赞美诗、圣歌与低声祈祷之中缝制圣坛盖布与祭服。对如今阅读这段历史的人而言，欧多西亚时代的此般种种实在是太遥远了。

狄奥多西受自己姐姐的虔诚影响有多大则只能推测。身为紫衣贵胄（Porphyrogenitus），① 他出生时就被立为共治皇帝，事实上刚刚受洗的他批准了身为皇帝的第一次请愿[请愿者是加沙（Gaza）主教普罗菲利乌斯（Porphyrius），他请求摧毁他教区境内的所有多神教神庙]，而那时的他才刚出生几天。② 童年的他被迫忍受与同龄人分隔的沉闷，只因为这是教育上帝在人间的辅助统治者的合宜方式。尽管接

---

① 即"在紫色之中出生者"，这一称号仅用于皇帝在位时生下的皇子，也就是至少在理论上可以出生在圣宫的紫色卧室的皇子。

② 主教的助祭马库斯（Marcus）记载他和主教站在教堂外，当施洗礼的队伍经过时，他们高声喊出："虔诚的君主，我们向您请愿。"之后交上了请愿书。"抱着孩子的人……停了下来，下令身边人肃静，而后展开纸卷开始阅读……并把手放在这个孩子的头上，高声喊出，'陛下下令批准请愿书上的请求。'"之后在宫中，"皇帝下令朗读这份请愿书，并说道，'这一请愿不易，但拒绝这一请愿更难，这毕竟是我儿子下的第一条命令。'"——出自藏于柏林学院的论文集，1879（引用自伯里的前述著作）。

受了如此的抚育，性格上又继承了祖辈的缺陷，但他似乎依然拥有可观的魅力。教士史学家索克拉特斯记载称："他得到了元老院和臣民的一致爱戴。"而他也绝非愚人。五世纪时宗教是日常生活的重要一部分，他难免对此保持一定的兴趣，但他更关心俗世的知识与文化。他阅读拉丁语与希腊语的经典著作，学习数学与自然科学，最感兴趣的是绘画与书法，他的技艺让他获得了"书法家"的称号。然而他不仅对知识和艺术感兴趣，他还热衷打猎，有证据显示他把波斯的"祖坎"（tsukan），即今天所谓的马球，引入君士坦丁堡——但必须承认这并非同时代人的记载。沉浸于这些爱好之中，他对把国事交给姐姐处理一事并无异议，即使那时的他已经到了执掌大权的年纪。直到 420 年，当时年十九岁的他把注意力转向了别处，他才向普尔科莉亚提出了一个影响国家的要求。他要她为自己选一位皇后。

狄奥多西成婚（420）

必须提及，下面这件事出自后世的史料记载——可我们又哪有能够反驳的资料呢？此时，恰好有一位美貌惊人的希腊少女来到了宫中，她名叫雅典奈斯（Athenais），是雅典学院的教授利昂提奥斯（Leontius）的女儿。她前去宫中请求皇帝帮助她与自己的两兄弟抗争，因为他们拒绝与她分享他们父亲死后留下的地产，使她陷入贫困。史料记载的一种说法是利昂提奥斯用一百个金币打发了她，他在遗嘱中称："她有胜过世间其他所有女子的好运。"如果事实如此，那他说的还真没错。普尔科莉亚第一眼看到她时就颇为惊异，

142

151

不仅是因为她的美貌，更是因为在请愿时使用希腊语的她谈吐优雅不俗。她直接把雅典奈斯带到了狄奥多西面前，而他立刻陷入了热恋。这个少女的多神教信仰问题可能带来麻烦，但很快被解决了。在主教阿提库斯（Atticus）几周的劝说之后，她同意受洗成为基督徒，并将名字从雅典奈斯改为欧多西亚（Eudocia）。她丈夫的姐姐也自然而然成了她的教母。421 年 6 月 7 日，她和狄奥多西成婚。

在沉闷难忍的皇宫之中，雅典奈斯①仿佛一缕春日的清风。她真诚地信仰宗教——在这样的环境下也不太可能不如此——但她的多神教背景在某种程度上影响了她的基督教信仰。她的父亲使她从小就浸染在希腊习俗之中，她对希腊诗人与哲学家的了解甚至比《圣经》和教父们的著作还多。简而言之，她脑海之中的世界比那三位沉闷的公主要多出一个维度来，而她也让宫中充满了欢乐。在她成婚的第二年，她为丈夫生下了一个女儿，因此愈发闪耀。尽管既不合适也容易混淆，但狄奥多西为了纪念自己的母亲而把女儿命名为欧多西亚（Eudoxia）。也许是感激自己的妻子为自己生下第一个孩子，他在 423 年立雅典奈斯为奥古斯塔。

这一切都是水到渠成，再自然不过了，但皇帝的姐姐对此不那么满意。普尔科莉亚总是把雅典奈斯当作自己的创造物。是普尔科莉亚发现了她，把她介绍给了狄奥多西，安排

---

① 此时的她确实应当被称为欧多西亚，但考虑到她的婆婆和女儿都叫欧多西亚（两种写法似乎也可以互换），为避免混淆，出于叙述的需要，本书依然以她的多神教名称呼她。这个名字也确实更美。

她改信基督教，负责她的受洗仪式并教授她宫廷之中的规矩。这个少女是她的女门徒，她拥有的一切和如今的地位都是拜普尔科莉亚所赐。但突然之间，她就要与普尔科莉亚地位相同了。她相貌更美，更受欢迎，受的教育更好，也比普尔科莉亚更受人喜爱。她与自己丈夫的距离也比普尔科莉亚近得多，在他身上施加的影响也远比他的姐姐多。普尔科莉亚的嫉妒心日益增长，开始认为皇后轻佻、无礼，开始不尊敬自己了——这倒很可能是事实。于是她决定，无论用何种方法，早晚都要削弱她的影响。

加拉·普拉西狄亚（421）

同年夏季，皇帝和皇后迎来了帝国的第三位奥古斯塔：加拉·普拉西狄亚，狄奥多西大帝的女儿，也就是老瓦伦提尼安的外孙女。她带着自己两个年幼的孩子到来。尽管此时刚刚三十出头，普拉西狄亚已经有非凡的经历。她无法忍受自己异母兄长霍诺里乌斯在拉文纳的宫廷，就来到罗马居住，结果在阿拉里克的三次围攻中幸存下来。在第三次围攻之后，她被哥特人当作人质掳走，囚禁了四年，直到414年霍诺里乌斯最终同意她与阿拉里克的妻舅阿塔乌夫斯（Ataulfus）成婚，而他最终成了阿拉里克的继承人。两人在纳博讷（Narbonne）举行了奢华的婚礼，并最终把宫廷设在巴塞罗那。但阿塔乌夫斯在一年多之后死去，普拉西狄亚也就此返回了拉文纳。417年，尽管她不情愿，但在兄长的坚持之下，她与他最亲近的幕僚、皮肤黝黑的伊利里亚人君士坦提乌斯（Constantius）成婚。

143

尽管他外表不讨人喜欢——据称他永远阴沉着脸，双眼不断可疑地左顾右盼——骑术也相当恶劣，君士坦提乌斯的军旅生涯却成就显赫，最大的功绩是 411 年在阿尔勒（Arles）击溃僭位者君士坦提努斯。[①] 君士坦提乌斯似乎也是真心爱上了普拉西狄亚，甚至在她第一次成婚之前就追求过她。他们的两个孩子霍诺里亚（Honoria）和瓦伦提尼安（Valentinian）先后诞生。421 年，君士坦提乌斯被霍诺里乌斯立为共治皇帝，普拉西狄亚成为奥古斯塔。狄奥多西的宫廷对此颇为不满，他拒绝承认新皇帝，也不肯把拉文纳运来的雕像竖立起来。但幸运的是，双方的纠纷并未持续太久，毕竟君士坦提乌斯——他厌恶自己的新地位，身体状况也几乎立即开始恶化——在即位仅六个月后就逝世了。

因此，在拉文纳的宫廷之中，普拉西狄亚再度守寡，这次的守寡生活比上次还要艰难。霍诺里乌斯的思维从来都不太稳定，此时愈发失常。他首先尴尬地对他的异母妹妹展现出爱意，在公开场合湿吻她；但在发现爱意没有得到回复后，他又开始怀疑、嫉妒，最终公开了敌意。很快他的敌意就蔓延到了他的随从乃至卫兵中间，卫兵们甚至在拉文纳当街殴打她的侍从。普拉西狄亚忍无可忍，在 423 年年初带着两个孩子，来到君士坦丁堡投奔自己的侄子。

①　他保证饶恕君士坦提努斯的性命，使他投降，而后在严密的看押之下把他和他的儿子尤里安（Julian）送回了拉文纳。但在离城二十英里的里程碑处，皇帝出手干预，下令处决了两人。同时代的史学家奥林匹奥多努斯（Olympiodorus）声称他们的首级被挑在长枪上，在迦太基城外示众——在此地示众颇为奇怪，但他也没有解释原因。

　　这两家人的关系似乎颇为和谐，甚至同意让时年四岁的小瓦伦提尼安与仍是婴儿的欧多西亚成婚，准备等两个孩子长大之后再办婚礼。普拉西狄亚的家庭本可能在博斯普鲁斯海峡畔继续居住，但在同年夏末，传来了一个令她和她的收留者都颇为宽慰的消息：8月26日，霍诺里乌斯发水肿逝世，享年四十岁。不幸的是，另一个坏消息接踵而至：皇位被一个名叫约安内斯（Johannes）的人占据，而此前他的职务并不显赫，仅仅是书记主官（primicerius notariorum）。

　　可以肯定的是，在普尔科莉亚乃至雅典奈斯的催促下，狄奥多西迅速行动。即使西帝国已经风雨飘摇，他也不想让那里的皇位被一个次要官员夺走。他在那里立普拉西狄亚为奥古斯塔，立瓦伦提尼安为恺撒，下令立即整备部队护送他们返回意大利，使其获取他们应得的皇位。

　　远征军于次年出发，皇帝本人随军来到帖撒罗尼迦，随后的远征大获全胜。那时拉文纳的周边情况与现在的情况大不相同，在这一千五百多年之中，海岸线后退了几英里，如今的低矮草地曾经是威尼斯式的遍布小岛的潟湖。拉文纳因此号称坚不可摧——惊恐的霍诺里乌斯也正因如此，才会在二十几年前的波伦提亚之战之后把宫廷迁至此处，但他依然建造了一系列的防御工事，加固了附近的一系列堤道。拜占庭军队明智地无视了这些堤道，成功涉水穿过一段潟湖——索克拉特斯声称他们在扮成牧羊人的天使的指引下穿越——就此避开了守军。425年年初，他们几乎兵不血刃地突袭夺取了拉文纳。

　　在位十八个月的约安内斯被俘虏并被押送到阿奎莱亚，　145

普拉西狄亚和她的孩子们正在那里等待着。在竞技场中，他被砍掉了右手，而后骑在驴上示众，遭受城中人的嘲弄，之后再被处决。与此同时，胜利一方的军队以惩罚支持僭位者的居民为由，在拉文纳进行三天的劫掠，时年六岁的瓦伦提尼安则被带到罗马加冕。

君士坦丁堡大学（429）

在君士坦丁堡，雅典奈斯带来的希腊文化的影响已经传播到皇宫之外。多年以来，都城的拉丁元素正在逐渐被希腊元素取代，在她的影响下，这一过程被大大加快。与她同一派系的、担任都城禁卫军执政官多年的潘诺波利斯的居鲁士（Cyrus of Panopolis）也在大力推动。身为诗人、哲学家，并完全是希腊人的居鲁士，热爱艺术，是第一个以希腊语颁布命令的长官。他在城中开展了一系列的建筑活动，建造的公共建筑在建城者之后尚无人可比。他也与皇帝和皇后一同出力，将君士坦丁建造的、相对较小的教育机构改建为一个巨大且显赫的大学。建造大学背后的想法是，建造一座基督徒的大学，可与本质上支持多神教的雅典学院——尽管已有几次将其关闭的尝试，但至此尚未成功——相媲美。但这座新大学的建成表明，虽然多神教教徒的大学使用希腊语，基督徒的大学却未必要使用拉丁语；尽管希腊语学院和拉丁语学院各有十名语法学家，希腊语学院却有五名修辞学家，而拉丁语学院仅有三名。

这座大学的副产品是一本汇编文集，即所谓的《狄奥多西法典》。编纂工作于429年开始，交给九名学者组成的委员会负责，本质上是将自君士坦丁的时代起，东帝国与西帝国推行的法令集合成书。许多法令已经失效，其他一些法令也已被修订，还有不少互相矛盾的法令，如此而来的混乱导致工作无法继续，直到九年后，一个重组的编纂工作组才得以完成这一任务。438 年 2 月 15 日，法典最终颁布，为强调帝国的统一，由东西帝国皇帝联合颁布。几个月之后，许诺已久的婚姻正式履行，瓦伦提尼安迎娶时年十五岁的欧多西亚。

146

　　然而这种统一不过是表面文章。帝国的法律在东帝国与西帝国发展至此，终于有了一个坚实的根基，但东帝国与西帝国之后立刻再度背离，一方推行的法令很少乃至完全不会在另一方那里推行。君士坦丁堡和拉文纳的两个宫廷可能依然保持着友好，但实际上它们已经分道扬镳，渐行渐远。

　　此时，拜占庭又出现了一个新的裂痕，而要完全理解这个裂痕的重要意义，必须首先意识到东帝国的社会各阶层之中，都弥漫着极为强烈的宗教思辨。在前一个世纪末，尼萨的圣格里高利已经写下了本章开头引述的那段话；而他描述的希腊语世界对神学思辨的热衷，至少在他的时代之后愈发强烈，出现了"金口"约翰和亚历山大主教狄奥菲鲁斯这样的领袖人物。他们的争执，正如前文所述，可以轻易挑动民众的情绪，引发示威、骚乱乃至街头斗殴。所有这些问题之中，最可能引发严重异议，点燃怒火的争论点，也最为持久的问题是：耶稣基督与圣父的关系。

　　这个无从谈起——对我们绝大多数人而言——也显然无法回答的问题是阿里乌斯派异端产生的根源，而这个异端论调，给东帝国与西帝国的基督教世界带来了长达百年乃至更久的困扰。阿里乌斯派在 325 年的尼西亚大公会议上受到了谴责，但依然阴魂不散，以各种形式在四世纪存续，有时甚至直接影响皇帝。比如君士坦提乌斯就倾向于调和主义，认定圣子与圣父不是本质同一（homoousion）而是本质近似（homoiousion）;[①] 瓦伦斯则是彻头彻尾的阿里乌斯派。无可挑剔的正统者狄奥多西大帝在 381 年的君士坦丁堡大公会议上，确认了尼西亚大公会议的决议，随后发布了一系列的敕令，以在臣民之中推行他所谓的"公教"（Catholicism），但没能成功。这一问题，尽管本该下定论，也早该下定论，却总是难以平息。

聂斯脱里（431）

147　　现在，在狄奥多西大帝的孙子与同名者的治下，这一问题以新的方式出现，支持尼西亚正统派的两个学派提出了两极分化的观点。首先挑起问题的是其中一个学派的聂斯脱里（Nestorius），他在 427 年被任命为君士坦丁堡大主教，他所处的位置对推动他的理论极为有利。这位冲动的狂信者在就职仅仅五天之时，就焚毁了附近的一座教堂，因为他听说那里有阿里乌斯派秘密活动。聂斯脱里布道声称基督并不既是神也是人——这是尼西亚派的信条——而是认定他存在人性与神性。他写道："我不能说神只有两三个月大。"也就是说，他拒绝把人性之中在所难免的脆弱归于三位一体之一的

---

① 尼西亚大公会议的一些代表就持这一想法。

基督身上。这一理论的推论很快在大众之中引起了翻天覆地的影响：这意味着贞女玛丽亚不能被称为"神之母"（Theotokos），即常说的"圣母"，因为这一称号意味着神灵是由凡人妇女生产的。聂斯脱里宣称，她是基督之母，仅此而已。

在这位主教的高水平演讲的推动下，他的教义很快在都城以及东部的主要城市中获取了大量支持。然而这一教义也遭遇了旗鼓相当的对手——西里尔（Cyril），亚历山大主教狄奥菲鲁斯的侄子与继任者。西里尔决心继续他叔父与"金口"约翰的争论——在教条争论之外，可能更重要的因素在于他私人的嫉妒，以及一个久存于心中的野心，即将古来有之的亚历山大牧首地位提高到暴发户般的君士坦丁堡牧首之前。分歧和矛盾在双方及其追随者之间愈发激烈，皇帝则一如既往地相信他身边的人，因此支持聂斯脱里派，并决定在430年召开一场新的大公会议，明确支持他都城的主教。然而他严重低估了亚历山大教会的力量。西里尔动用了他拥有的所有武器——甚至利用了他所知的两位奥古斯塔之间的对立情绪。他清楚雅典奈斯和她丈夫一样支持聂斯脱里，但把普尔科莉亚拉到自己一边则容易得多。不久之后狄奥多西发现了他的阴谋并提出指控，但于事无补，木已成舟。

大公会议于431年6月22日在以弗所的神之母教堂——这是个重要的奉献之地——召开，而西里尔早已把教区搜刮一空，带着这些钱财准备贿赂官员与教士。他轻而易举地获取了大公会议的主席职务，而后召聂斯脱里前来回应

148

159

对他提出的异端指控。聂斯脱里自然进行了抗辩。他指出，他来到以弗所是与会的，不是受审的，只有当署名同意前来参加会议的主教们全部抵达之后，他才会来到教堂之中。但西里尔不肯等待，他高声朗读了他们之间往来的信件——旁人难免怀疑他动了手脚——与会者随即集体高呼将聂斯脱里革除教籍。聂斯脱里就此被解除了主教职务，不得参与所有圣餐礼。此时有一百九十八名与会代表，此后聂斯脱里将其评价为"西里尔的会议"，事实也与之相差无几。他随即隐退，但厄运仍未结束。435年，皇帝——此时已经彻底宣称放弃聂斯脱里派——下令将他驱逐，首先流放到阿拉伯的佩特拉（Petra），而后又流放到利比亚或上埃及的某个遥远的绿洲，他在那里离世。[①]

苹果风波（440）

多年之前——也许在加拉·普拉西狄亚和她的孩子仍在君士坦丁堡时，雅典奈斯曾经发誓，如果她的女儿能够和瓦伦提尼安成婚并成为西帝国皇后，她本人将前往耶路撒冷朝圣以示感恩。这场婚姻在437年夏季到来，次年她出发前往圣地。然而她首先来到了安条克，她在那里成长时，多神教影响胜过了她皈依不久的基督教。尽管安条克的居民已经多

---

① 尽管就此失势，聂斯脱里遗留的影响却远比他自己想象的大。他的一些追随者向东游荡，来到波斯与美索不达米亚，他们在那里建立起了独立的聂斯脱里教会。在一段时间的繁盛之后，他们最终在帖木儿（Tamburlaine）的压迫之下逃离，来到库尔德斯坦（Kurdistan）的群山之中寻求庇护，当代依然有一些聂斯脱里派信徒。

是基督徒，但那里依然是整个小亚细亚之中古希腊精神最为充足的城市。皇后熟悉古典时代的文学与文化传统，而且希腊语纯熟无瑕，她给城中人留下的印象远胜于在君士坦丁堡时。在当地的元老院举行大型典礼时，他们的支持达到了高潮，她临场发挥，发表了一段出色的演讲，赞扬这座城市及其历史，并引述《奥德赛》的一句话作为结束。

> 我荣耀地宣称，我与你们是血脉相同的亲属同宗。[1] 149

耶路撒冷的情况却全然不同，它是罗马人的领土，但不属于希腊世界。那里的一些老人也许还能从父祖那里得知皇太后海伦娜在一百一十一年前前来朝圣时的盛况，而雅典奈斯无疑以她为榜样。她在城中停留了一年，作为谦卑的朝拜者拜访所有圣地，出席教堂的奉献仪式，创立新的慈善机构，创办新的修女院与救济院。当她最终返回君士坦丁堡时，她一如既往带上了大量的圣物——据说耶路撒冷主教就此经营了一桩有利可图的生意——这些圣物包括圣斯蒂芬（St Stephen）的遗骨，圣彼得被希律王（Herod）囚禁时使用的锁链。[2] 她的

---

[1] 这样的宣称往往能够打动听众的心，比如艾森豪威尔将军在1945年接受"伦敦自由人"称号时的演讲宣称："我和在座的各位同样有发牢骚的权利了——我也是个伦敦人。"又如美国总统肯尼迪在1963年的那句"Ich bin ein Berliner"（我是一个柏林人）。

[2] 她把一段锁链送给了自己的女儿欧多西亚，欧多西亚立即为此在罗马建造了教堂，即所谓的"圣彼得锁链教堂"（S. Pietro in Vincoli）。此后教堂还收纳了类似的锁链，据说是圣彼得此后在罗马囚禁时所用。

丈夫热情地欢迎她回来，一切恢复了往日的宁静。哀哉，这宁静却是在暴风雨前。

雅典奈斯失势的真实原因，我们或许永远无从得知，但六世纪的史学家约翰·马拉拉斯（John Malalas）记载了一个故事，尽管未必可信，但也值得在此处转述。他提及，有一天皇帝前往教堂时，一个穷人拿着一个来自弗里吉亚的格外硕大的苹果献给皇帝。狄奥多西也为这个大苹果而惊讶，于是下令给这穷人一百五十个诺米斯玛塔（nomismata）金币①，并立即将苹果送给了雅典奈斯。然而她没有吃掉苹果，而是将它送给行政大臣保林努斯（Paulinus），此人因脚伤而被迫留在家中。保林努斯不知道皇后如何获得了这个苹果，就以个人名义把苹果送给了狄奥多西。皇帝收到苹果时颇为吃惊。困惑不解且心生狐疑的他最终藏起苹果，把妻子召来，询问她苹果的下落。

可悲的雅典奈斯若是给出诚实的回答，一切也许都会安然无恙，但那时她做出了错误的决定，回答道："我吃掉了。"脸色铁青的皇帝立即拿出了苹果。他声称，她说谎是在掩盖自己与保林努斯的私情，此人将被立即处决。雅典奈斯随即还击，她指出如果处决保林努斯，就意味着公开指控她通奸，但她一口咬定绝无此事。在这样的冒犯之后，她无法再留在丈夫身边了，只得请求返回耶路撒冷，就此在那里终老。

许多学者，如伯里教授指出，古时以苹果象征贞操，因

---

① 一磅黄金可铸造七十二个诺米斯玛塔金币。——译者注

而这个奇怪的故事应当是一个譬喻，表示雅典奈斯曾经献身于保林努斯。① 情况也许如此，但这样的解答，确实与我们了解的她的性格不符。在各种记载中行政大臣都是个可敬的人，他是她丈夫的密友和童年玩伴。雅典奈斯在她与皇帝成婚之前就与他相识，行政大臣也促成了这场婚姻，并在婚姻时担任伴郎（paranymphos）。大约二十年后，弥留之际的皇后再度发誓宣称自己清白，而此时一切对她已毫无利益可言。最后一个对她有利的证据是，保林努斯在 440 年被处决，而她大概在三年之后才起程前往耶路撒冷，之后就长时间留在了这个令她蒙羞的城市。

因而，看上去保林努斯的结局——他先被流放到了卡帕多西亚的凯撒利亚，不久之后在皇帝的命令下被刺杀——与皇后被迫离开都城之间没有联系，弗里吉亚的苹果应该也仅仅是个传说而已。更可能的解释是，这一切源自普尔科莉亚的无情阴谋，她的弟妹前往耶路撒冷，声望大增，这无疑让她极为愤怒，也愈发坚定要密谋陷害雅典奈斯。但无论原因如何，雅典奈斯似乎已经失去自己丈夫的宠爱——否则她根本不会离开他。即使她离开之后，他对她的恶意也不曾消除。在她抵达耶路撒冷几个月之后，皇帝卫队的卫队长萨顿尼努斯（Saturninus）也来到这里，杀死了她身边的两个主要随从——从君士坦丁堡带来的一个牧师和一个助祭。她随后设法谋害了萨顿尼努斯作为报复，并（或许是下意识地）

① Op cit. , Vol. I, p. 133, fn.

热切地接受了基督一性论的异端信仰，① 直到她生命的最后
151　几年，教皇利奥一世（Leo Ⅰ）成功说服她回归正道。曾让
年轻的皇帝倾慕不已的天资出众的少女，十五年后也曾令安
条克的居民为之着迷，此时她却早已不复当年，只余下悲哀
的阴影。她悲哀、孤独而抑郁地生活着，直到 460 年离世。
她被安葬于她建立的圣斯蒂芬教堂——这位圣人在君士坦丁
堡被遗忘已久，而在耶路撒冷，也许人们对他更多是畏惧，
而非爱戴。

霍诺里亚公主（443）

我们此前提及了西帝国皇帝瓦伦提尼安三世，他在拉文
纳和君士坦丁堡度过了童年生活，后来在罗马加冕，十二年
后与欧多西亚公主成婚——记述虽然粗略，但对这本论述拜
占庭帝国的书而言也足够了。他是个柔弱无能的人，完全受
他强势的母亲普拉西狄亚控制。普提西狄亚即使在儿子成年
已久时，依然以他的名义掌控着帝国，直到 450 年撒手人
寰。② 本书对他的讨论也到此为止。至于瓦伦提尼安的姐姐
霍诺里亚，如果不是发生了一件事，她也不会引起本书的关
注。但正是这件事让她在所处时代的史书上留下至少一个脚

---

① 见下文。
② 她在拉文纳的陵墓是同时代的杰出纪念建筑。在巨型镶嵌画之下有三座
石棺，左侧的石棺安葬着她第二任丈夫君士坦提乌斯的遗骸，以及他们
的儿子瓦伦提尼安三世，右侧的石棺安葬了霍诺里乌斯，中央最大的石
棺则安葬着皇太后本人。据说她的遗体坐在棺材之中，身披紫袍，参观
者可以从后方的一个小孔看到棺木之中的情景。石棺留存了十一个世
纪，在 1577 年，据说一群孩童把燃烧的纸卷扔进了石棺里，而在刹那
的火光之后，皇太后、紫袍和皇座都化为灰烬了。

注。毕竟在整个历史长河中，无论她们年龄大小，当时形势如何，愿意主动嫁给匈人王阿提拉（Attila）的公主，实在是少之又少。

任何自重的史学家都要尽可能组织语言，自行讲述这个故事。如果能为叙述增色的话，他们可以引述一些一手资料；整体上应当避免引述二手资料，除非有难以拒绝的理由。那么现在就出现了一个艰难的抉择：在描述霍诺里亚公主时，爱德华·吉本在著作之中留下了一段最为出色且典型的叙述，我实在无法不把全文引述给读者。

瓦伦提尼安的姐姐在拉文纳的宫廷中接受教育，由于她的婚姻可能给国家带来危机，她带着奥古斯塔的头衔成长，让每一个放肆的臣民望而却步。美貌的霍诺里亚年满十六岁时，对那如影随形的高位烦扰不已，因为它阻止了她追求真爱。在虚妄和无法满足她的奢华之中，霍诺里亚暗自叹息。在天性的驱动下她投入了总管欧根尼乌斯的怀抱。她的罪行与耻辱（这个专横的人就是用如此荒谬的语言评论的）很快随她怀孕的迹象而暴露。皇室的家丑因为皇太后普拉西狄亚的草率而外扬，在一段严格而可耻的禁闭之后，她赶走了自己的女儿，把她流放到遥远的君士坦丁堡。失落的公主在狄奥多西令人厌烦的姐妹们和她们的侍女中间生活了十二或十四年，她们的权力霍诺里亚无法企及，而她们僧侣式的禁欲生活，祈祷、斋戒和守夜，她只能不情愿地效法。她对漫长而绝望的单身生活失去了耐心，渴望一个

152

新奇，乃至铤而走险的解决手段。阿提拉的名字早已在君士坦丁堡尽人皆知，他的使团也频繁在他的营地与皇宫之间往来。为了追寻真爱，或者说，追求复仇，普拉西狄亚的女儿抛弃了所有的责任与偏见，决心让自己投入蛮族的怀抱，即使他的语言她无法理解，他的外形近乎鬼魅，他的宗教与习俗令她厌恶。在一个忠实宦官的协助之下，她送给阿提拉一枚戒指作为定情的信物，并急切地恳求他结束这种秘密订婚，与自己正式成婚。这一不得体的提议遭到了蔑视与冷遇，匈人的国王依然在增加自己的侍妾，直到野心与贪婪最终激发了他的爱意。

匈人王阿提拉（447）

阿提拉在 434 年与他的兄长布雷达（Bleda）共同继承了匈人的王位。自 376 年匈人首次从中亚的草原冲进欧洲时，这个蛮族中最为凶悍的部族给帝国带来的麻烦却微乎其微。他们在 395 年入侵亚美尼亚与卡帕多西亚——可能是受鲁菲努斯挑唆——十三年后又在国王乌尔丁的率领下入侵保加利亚，但都没有带来任何后续影响。为了进一步保障安全，狄奥多西大约从 430 年开始每年支付一笔三百五十磅金的补助——也有人称之为岁贡——促使他们保持和平。

然而绰号"上帝之鞭"的阿提拉的出现，使这种相对平静的共存情况发生改变。在与罗马人订立了长达半个多世纪的协议之后，他的部族相比刚抵达时可能没有那么残忍暴戾了，但大部分人依然风餐露宿，蔑视农耕和煮熟的食

物——他们通常会把生肉夹在胯下与马身体之间，在骑马时
能够软化肉片。颇为奇怪的是，他们偏好用田鼠皮粗糙缝制
成的上衣，常年穿着从不换下，直到彻底损坏。他们一直与
马匹相伴，吃喝时、交易时乃至开会时也都不离马匹，甚至
睡在马鞍之上。阿提拉本人则有其部族典型的形象：矮小，
黝黑，塌鼻，眼小而黑亮，头大得不成比例，胡须稀疏零
散。他并不是伟大的统治者，甚至不是格外出色的指挥官，
但正如吉本所说，他的野心与贪欲——更不用说他对自己和
本族的自豪感，以及对权力的渴望——在几年之后使他成了
欧洲从南到北、从东到西最令人畏惧的人，前无古人，后无
来者，恐怕只有拿破仑一人能够与他相比。

　　他早期的征战细节极少。在即位七年之后，他创建了一
个庞大的蛮族国家，控制的土地从巴尔干延伸到高加索之
外。他于 441 年首次进攻东帝国，接下来的六年间，潘诺尼
亚和多瑙河沿岸不断爆发零星冲突。但直到 447 年，狄奥多
西和他的下属官员才真正警觉起来。当时，他的兄弟布雷达
已死——此后的记载宣称是阿提拉谋杀了他，然而没有同时
代的记载佐证——阿提拉就此成了这个几千人部族的唯一指
挥者。他的军队随即向两个方向同时进军：一路向南进入塞
萨利，进军到温泉关；另一路向东，直扑君士坦丁堡。狄奥
多西城墙看上去建得正是时候，匈人缺乏围城战所需的耐
心，也没有进行漫长攻城战的技术与纪律，很快就转而进行
更容易的掠夺。但他们在加利波利（Gallipoli）大败拜占庭
军队，直到皇帝同意支付三倍的岁贡，同时交出此前拖欠的
大笔岁贡——阿提拉宣称他从未获取过，而且这很可能是真

的——才率军撤走。

自此之后，在阿提拉的营帐与狄奥多西的宫廷之间，使节往来不断。大多数使节是匈人派出的，这是因为阿提拉看到他的使节从君士坦丁堡返回时都获取了厚礼，因而就把这 154 当成了不费自己开销，又能赏赐他人的手段。他相信皇帝已经被他吓破胆，事实也的确如此。狄奥多西早年存留的那点精气神早已不复存在。他的手段只剩下懦夫般的息事宁人，为此不但愿意耗干国库，也愿榨干臣民。若是雅典奈斯乃至普尔科莉亚仍留在他的身边，也许她们能够说服他坚定抵抗，但前者远在耶路撒冷，后者早已无法说动自己的弟弟。当时宫廷中影响力最大的是一个名叫齐萨福斯（Chrysaphus）的宦官，他在 448 年收买了阿提拉的一名使节艾德科（Edeco），并许诺大笔回报，怂恿他谋划刺杀匈人王。

为完成这一阴谋，一个显赫的拜占庭使团于同年出发。其领导者是出身高贵的高级官员（对阿提拉而言这意味着承认他的重要性）马克西敏（Maximin），以及他的朋友普利斯库斯（Priscus）——然而两人都不清楚他们随从之中有人奉齐萨福斯之命准备刺杀阿提拉。但这一切事实上意义索然。艾德科——可能自始至终他都是挑唆者——返回后立即把这一阴谋报告了阿提拉，阿提拉格外机敏地化解了危机。使团在经历了起初的尴尬之后，最终还是得到了阿提拉的热情接待。

然而这一事件的重大意义并不在于其中的险恶，或者是取得的成果——毕竟几乎没有——而是普利斯库斯留下的令人难以置信的详尽记载。多亏了他，我们有了一幅描绘匈人宫廷的难忘画卷：描述匈人国王的饮宴、狂欢、执法，派他的族人娱乐罗马使节，时而展露令人惊骇的暴怒，时而平静下来以礼相待，乃至展现些许魅力。他们也惊讶地发现在宴会上他向他们致敬时的淳朴。

> 给其他蛮族和我们的奢华菜品用银盘端上，阿提拉本人则只有用木盘装的肉……其他饮宴者使用金银制成的高脚杯，他却使用木杯。他的服装颇为朴素，与周围的族人几乎毫无差异，只是更干净。他腰间的佩剑，以及他蛮族靴子的系带，还有他马匹的缰绳，不像其他的斯基泰人（Scythians）首领一样，没有任何黄金或宝石之类的昂贵装饰。①

普利斯库斯留下了对阿提拉的清晰描绘。他尽管残忍暴戾，但事实上也是格外机敏的外交家；如果狄奥多西没有在 155 450 年 7 月 28 日打猎时坠马逝世，很难说他究竟还会在东帝国榨取多少财富。狄奥多西和雅典奈斯没有留下男性继承人，但普尔科莉亚解决了继承人问题。尽管她发誓守贞，她还是与色雷斯的元老院成员、曾任武官的马尔西安（Marcian）结成形式婚姻，随后立他为奥古斯都，与她一同执掌皇位，宣称狄奥多西在弥留之际指定他为继承人（至于真假则不得而知）。

新皇帝的首要举措之一就是拒绝向匈人王支付岁贡。这

---

① R. C. 布洛克利（R. C. Blockley）译。

是个颇有魄力的举措，尽管可能没有看上去那么勇敢。基本可以肯定，当时的马尔西安已经意识到，阿提拉打算对西帝国发动大规模的军事行动，无疑认定他不愿推迟这次进攻而改对东帝国发动惩戒打击。无论如何，这确实是一场豪赌，而匈人大军向高卢与意大利进军的消息传来时，君士坦丁堡必然是充满了欢乐。

马尔西安与基督一性论（450）

但欢乐往往无法持久，欣喜散去之后，日常生活中的难题就要再度浮现了。随着匈人的威胁慢慢减退，马尔西安就不得不处理一个新的威胁，一个来自内部而非外部，来自精神而非物质的威胁，但依然迫切：拜占庭社会因基督一性论异端而产生的愈发深化的分裂。

问题源自那个古老的谜团：三位一体中圣父与圣子的准确关系。前文已经提及聂斯脱里派的故事，那些坚信耶稣存在两个不同的格——人格与神格——的信徒也将遭受谴责。这一错误在431年的以弗所已经遭到强制修正，然而天平就此转向了另一个极端。448年，年长的修道院院长尤提克斯（Eutyches）被指控宣扬具有同样破坏性的教条，宣称化成肉身的基督只有神格。尤提克斯被判有罪并遭到降级，他随即向教皇利奥一世、皇帝狄奥多西和君士坦丁堡的僧侣上书请愿，就此引发了一场近乎难以想象的猛烈风暴。教会陷入了三年的骚动，召开会议之后又推翻会议，罢免主教之后又令其复职；阴谋、诡计、暴力、辱骂、诅咒和革除教籍，在罗马、君士坦丁堡、以弗所与亚历山大之间无休无止。最终

156

在 451 年 10 月，第四次大公会议①在卡尔西顿的圣尤菲米亚教堂（St Euphemia）召开，以终结这场混乱。与会者包括五六百名主教，他们近乎代表了整个基督教学界的所有观点，这次大公会议能达成任何决议已属不易。事实上，它解决了旨在解决的一切问题，还达成了其他的成就。② 尤提克斯尽管在 449 年被解除流放后复职，但此时再度被谴责。新的信条就此被起草，即所谓的《卡尔西顿信经》（Chalcedonian Definition）。根据该信经，聂斯脱里与尤提克斯的信条被同时驳斥。基督被定义为同时拥有两种品格，它们"不可混淆，不可更改，不可割裂也不可分离"地统一：完美的神格与完美的人格。

尽管卡尔西顿大公会议在短期上可谓成功，却为未来积累了巨大而不曾预料到的问题。之后的事件表明基督一性论并没有消亡。此后在埃及，以及曾经是聂斯脱里派据点的叙利亚，一个又一个主教公开拒绝承认大公会议的决议。在这些省份寻求摆脱拜占庭帝国的统治时，"基督一性"将成为凝聚它们的口号。③ 在西部，混乱的种子也已经被种下，最值得注意的是会议主要任务结束之后颁布的三十个命令之一。

① 此前的三次大公会议分别是 325 年的尼西亚大公会议、381 年的君士坦丁堡大公会议和 431 年的以弗所大公会议。
② 按照某个"佚名英格兰人"在 1190 年写下的说法，对立的双方，即正统派与基督一性论派，决定把他们的信条放到圣尤菲米亚——当地于 303 年殉道的处女——的棺木之中，让她决定胜负。当他们在一周之后打开棺木时，发现正统信条在她的心脏处，而基督一性论的信条在她的脚边。争论就此结束。
③ 今天的科普特人、埃塞俄比亚人、叙利亚的雅各派和亚美尼亚人依然坚持基督一性论。

这个命令，即所谓的第二十八条教规（Canon Twenty-Eight），授予君士坦丁堡主教牧首头衔，并重申狄奥多西在381年的决议，认定君士坦丁堡牧首的地位仅次于罗马教皇。教皇的代表对以上的宣称并无异议，但他们无法接受其中清楚表明的问题：这意味着教皇的权威自此之后将变得有名无实，而在其他方面，罗马与君士坦丁堡的地位将完全等同。特别是东方的省份——色雷斯、本都和亚细亚——只要向君士坦丁堡牧首报告，他们的都主教也将由牧首任命。旧罗马与新罗马的教士之间的对立情绪就此开始，在接下来的几个世纪之中他们的矛盾愈发升级，直到仅仅六百年之后以大分裂告终。

阿提拉渡过莱茵河（451）

六世纪的叙利亚编年史家约翰·马拉拉斯记载了许多逸事，尽管或为伪托，却也堪称精妙。他声称在狄奥多西二世逝世后不久，匈人王派使节觐见东帝国与西帝国的皇帝，送上一封信："阿提拉，汝等与我等之主，命汝准备宫殿迎接主人。"尽管缺乏同时代记载佐证，这个故事也确实没有什么不可能的地方。阿提拉对东帝国与西帝国均有索求，也极度热衷恐吓他的敌人。直到此时，他依然主要对东部作战；但近期西帝国各行省中的蛮族部族的活动，给了他不少绝佳的干预借口。在他看来更为幸运的是，不幸的公主霍诺里亚给了他一个意料之外的机遇，他决定，接受她送来的戒指，并就此提出一个一如既往的专横要求：让瓦伦提尼安归还从霍诺里亚那里侵占的权力，交出部分帝国领土归她管辖。

阿提拉在西帝国的征战不必在本书中详述，然而必须提及的是，在451年夏与452年，整个西方文明世界都命悬一线。如果匈人大军的这两次进军没有停下，如果匈人的首领把瓦伦提尼安赶下皇位，并在拉文纳或罗马定都，那么高卢与意大利无疑将沦为精神与文化的荒漠，就像一千年后奥斯曼帝国在巴尔干半岛所做的那样。451年，阿提拉渡过莱茵河，摧毁边境重镇梅斯和数个重要的驻军城镇，一路侵入奥尔良（Orleans）城下。然而在破城之前，他被迫退兵，罗马将军埃提乌斯（Aetius）——他是高卢的实际管理者——从东面率军前来，并得到了西哥特人、勃艮第人、布列塔尼人和法兰克人的部队支援，他们首次组成联军与共同的敌人决战。尽管随后的血战——卡塔劳尼亚（Catalaunian）之战，或称莫里亚克（Mauriac）或莫里提安（Mauritian）平原之战①——没有决出胜负，双方都损失惨重也没有控制战场，但事实上阻止了匈人的进军。次日清晨阿提拉下令撤退，返回了自己位于今匈牙利的腹地，休养生息，巩固防务，直到新一年春天让他的部下重新鼓起勇气。

158

452年年初他挥军进入意大利。新远征之初战况不利，阿奎莱亚在匈人的侵袭之下坚守了三个月。阿提拉本打算放弃围攻，但据约达尼斯（Jordanes）记载，他发现一群鹳带着幼鸟飞入城中，尽管在如今不算稀奇，但当时的他颇有远

---

① 古时的编年史家对这一战的地点和称呼均有分歧。霍奇金（Hodgkin）在审慎考证所有现存资料之后，认为这一战发生在塞纳河河畔梅里（Méry-sur-Seine），那里位于特鲁瓦西北方向约二十英里处。按照他的考据，这一战最可能发生在梅里以南，与埃斯蒂萨克（Estissac）之间的宽阔平原上（这一说法很可能是正确的）。

见地意识到，这意味着城中暴发了鼠害。他随即向部下指出了这一点，保证该城已无望坚持。大受鼓舞的匈人再度发起猛攻，罗马帝国的第九大城市就此被洗劫一空。康科迪亚（Concordia）、阿尔蒂诺（Altino）和帕多瓦（Padua）也先后陷落。维琴察（Vicenza）、维罗纳、布雷西亚和贝加莫（Bergamo）立即开城投降而免于毁灭，帕维亚和米兰也开城投降，阿提拉就此把宫廷安在了皇宫之中。后面提到的这些城市没有像威内托地区（Veneto）的城市那样被付之一炬，但依然遭到了无情掠夺，许多显赫的市民沦为俘虏。

此时匈人王已经势不可挡。埃提乌斯尽管接管了意大利的指挥权，却没有可以依靠的蛮族部族，无法像前一年在高卢时那样集结军队。单靠帝国军队根本无法与这支大军对抗，似乎也没有什么力量能阻止阿提拉进入罗马——让他进入罗马的后果，无疑要比那位相对文明的基督徒阿拉里克可怕得多。然而在出兵沿半岛南下时，他突然停止了进军，史学家们自此便在推测，他究竟为何这么做。

通常，历史学家把这一功劳归于教皇利奥一世，他在帝国最显赫的两个权贵的陪同下离开罗马会见阿提拉，在明乔河（Mincio）河畔——可能在佩斯基耶拉（Peschiera）附近，该河从此处流出加尔达湖（Garda）——成功说服他停止进军。但不信基督教的匈人不会因为尊敬他的地位而遵从他的劝告，那么，他到底用什么条件打动了阿提拉呢？最可能的条件是缴纳岁贡，可能还要奉上霍诺里亚和可观的嫁妆。但还有一种可能：阿提拉和他的族人一样迷信已久，教皇可以提及阿拉里克在劫掠罗马之后不久即暴死，认定这是攻击这座神圣城市必将遭到的报应。也有可能是匈人在劝说他们的首领退兵。有证据显示，在破坏了周边所有乡村之后，食物开始出现短缺，军中疫病横行。最后值得一提的可能性是马尔西安从君士坦丁堡派来的援军已经抵达，加强了西帝国的军力。向罗马进军，没有看上去那么容易。

阿提拉下葬（453）

在以上某些或所有因素的影响之下——至于真实情况我们无从得知，这一时期的一手资料少得可怜——阿提拉决定撤军。一年后，在纳新侍妾的当晚，他突然因大出血而暴死。当他的血流干时，整个欧洲才终于得以喘息。在葬礼上，一批特意挑选的俘虏负责准备他的坟墓，他的遗体被放在分别由金、银、铁制成的三重棺椁之中。在棺椁被放下，墓中堆满战利品，再用土填平后，所有参与葬礼的人被全部处死，以保证伟大国王的安息之地永不会被发现，也永不会被打扰。

至今亦然。

第八章　西帝国陷落（455～493）

> 罗马人的西帝国……与年幼的奥古斯都一同灭亡了……哥特国王此后占据了罗马。

> ——卫队长马塞林努斯（Marcellinus）

455年3月中旬——可能是在月中日①当天或其前后不久，逃离拉文纳来到罗马居住的瓦伦提尼安三世出城到马尔提乌斯原野（Campus Martius），趁着大好春光来练习射箭，并观看运动员操练。在经过某个月桂树丛时，两个蛮族出身的士兵突然从树丛中窜出，手持长剑追杀他，但他的随从与卫士们无一人出手相助——至少我们只能做如此推测。在相当程度上，瓦伦提尼安是自作自受。仅仅几个月前，他以完全相同的方式杀死了军务大臣埃提乌斯。这位近三十年间成功管理西帝国的将军之所以被杀，仅仅是因为他打算让他的儿子与皇帝的女儿成婚。在他被杀之后，他的朋友与支持者

---

① 此处指3月15日。罗马历法以"月中日"称某些月份的15日，3月15日因为恺撒大帝遇刺而具有特殊意义。——译者注

立即决心复仇。

　　瓦伦提尼安没有儿子，军方因此推举一位年长的元老院成员佩特罗尼乌斯·马克西姆斯（Petronius Maximus）担任皇帝，一般认为他是发动反叛而被狄奥多西大帝镇压的马克西姆斯的孙子。他年轻时表现出众，三十八岁时就成了执政官，并在六年后出任意大利的禁卫军执政官，但此时他已经不复当年；如果他真如传说所言，是靠着贿赂才登上皇位的话，那么他很快就会后悔了。他登基之后几乎立即发现正在迅速瓦解的西帝国不是他能控制的。他也可悲地展示了自己在政治决断与敏锐性上的无能，先是拒绝处罚谋害前一位皇 161 帝的凶手，反而把他们纳入自己的朋友圈，① 之后又坚持迎娶刚刚守寡的皇后欧多西亚。三十七岁的欧多西亚和她的母亲一样，是同时代最为美貌的女人之一，此时她依然在为死去的丈夫哀恸，尽管他屡有不忠的行为，但她真心爱着他。当得知一个年龄近乎是自己两倍大的衰朽老头要强行与自己结婚时，她不禁大惊失色。她清楚向君士坦丁堡求援几乎不可能得到回应，于是决定和几年前她绝望的小姑霍诺里亚一样，向蛮族国王求援。

汪达尔人（455）

　　至少传统的记载如此。然而这一记载并不能完全令人信

---

① 按普罗柯比（*History of the Wars*，Ⅲ，ⅳ）的说法，正是马克西姆斯谋杀了瓦伦提尼安，因为皇帝此前刚刚侵犯了他的妻子。但至少在吉本看来，大约出生于公元500年的普罗柯比"相当擅长记述他记忆之外的事情"。

服，记载此事的只有两名编年史家，其中安条克的约翰还认
为这只是道听途说。一个没有那么浪漫却更可能的情况是，
欧多西亚能够照料自己并愤怒地回绝了新皇帝的要求。这样
的话她就没有理由请求汪达尔国王盖萨里克（Gaiseric）出
手相助，而他入侵意大利也确实不需要这类理由。阿拉里克
和阿提拉都没有为自己的入侵寻求借口，罗马的名气足以吸
引任何一个蛮族首领起兵前来掠夺。但这无关紧要，无论原
因为何，这座城市再度处于危机之中。这一次危机来自曾在
五世纪给欧洲造成大规模破坏的三个民族中的最后一个：汪
达尔人。

　　与哥特人和匈人相比，汪达尔人对拜占庭帝国造成的直
接冲击相当微弱，因此他们不会在本书占据太大篇幅。只需
要说明他们是日耳曼人，笃信阿里乌斯派，在上个世纪末，
向西迁徙躲避匈人，而后在入侵并破坏高卢大片土地之后，
于 409 年在西班牙定居下来，直到新即位的国王盖萨里克于
428 年率领他的所有臣民，包括妇女儿童在内约有十六万
人，渡海来到北非海岸。（必须提及的是汪达尔人有一支舰
队，也是唯一保有舰队的蛮族。）瓦伦提尼安与汪达尔人签
162　订的承认帝国宗主权的和约未能持续多久。439 年，盖萨里
克撕毁和约宣称独立自治，而这是所有其他蛮族统治者不曾
做过的事。此后他还夺取西西里作为自己的属地。此时，定
都迦太基的他成了整个西地中海不容置疑的掌控者。

　　因此，无论他是否得到了欧多西亚的请求，他有能力
也有意愿出兵；瓦伦提尼安死后不到三个月，汪达尔人的
舰队就已经下水。在罗马，对这一消息的反应则是一片恐

慌。皇帝躲在宫中发布了一条声明，他并没有把所有身强力壮者集结起来保卫帝国，而是宣布所有想要离开的人都可以自由离开。他其实不必多此一举，惊恐不已的罗马人早已把自己的妻女送去避难了。许多人赶着马车，带着不想被汪达尔人夺走的财物涌出城去，堵塞了向东与向北的道路。

本该用于对付入侵者的仇恨情绪却被用到了佩特罗尼乌斯·马克西姆斯身上。他也想要逃跑，但他的臣民们认为他要为他们所有的苦难负责，决心不让他离开。5月31日，当汪达尔人的舰队靠近意大利海岸时，宫廷卫队哗变并扑上去杀死了他们无助的君主，将他肢解后扔进台伯河。他仅仅执政了七十天，而在他死去三天之后，盖萨里克国王就在奥斯提亚上岸了。在不到半个世纪的时间里，这已经是第四支来到罗马城下的蛮族部队。

如果教皇利奥一世没有在三年前于明乔河河畔的会谈中劝说阿提拉撤走，他们就是第五支了；这位教皇此时再度前往蛮族的军营，恳求饶恕这座城市。这一次他的底气远没有上一次足了：盖萨里克的目标近在咫尺，他的部下健康，军队补给良好，也没有后顾之忧。另外，他至少是个基督徒，虽然是阿里乌斯派，而这也许意味着他会对教皇的权威存有一定敬意。教皇的任务虽没能完全成功——毕竟不能期望太高——却也并非完全失败。这个汪达尔人决意掠夺，不肯离去，但他许诺不进行杀戮，不为寻找隐匿的财宝而拷问或折磨他人，也不摧毁公共或私人的建筑物。这带来不了多少宽慰，但也聊胜于无。

汪达尔人洗劫罗马（457）

163 　　城门就此打开，蛮族进入了这座不抵抗的城市。他们在此后的十四天中平静而有条理地将城中的财富洗劫一空。教堂的金银器、宫殿中的雕像、犹太教会堂的圣器，乃至主神朱庇特神庙的镀铜屋顶都被拿走（至少拆走了一半）。它们全被运到奥斯提亚，装上在此等待的舰船并运往迦太基。掠夺完毕的盖萨里克和他的部下有序地撤走，并迫使欧多西亚和她的两个女儿与他们一同离开，① 留下颓败屈辱的城市。然而他们兑现了诺言，没有伤害居民和破坏建筑物。他们确实是"匪"，但这一次，他们并不"蛮"。②

　　瓦伦提尼安死后不到两年，在 457 年 1 月末或 2 月初，东帝国皇帝马尔西安也撒手人寰，狄奥多西——与普尔科莉亚成婚的他被视作这个家族的男性继承人——家族就此绝嗣。王朝绝嗣的时刻往往都会在罗马帝国引起危机。理论上，奥古斯都依然由军方选择；而之所以出现如此多父死子继的情况，只是因为许多皇帝在世时就提名自己的儿子担任奥古斯都，并让他们得到正式承认。马尔西安没有男性后代，也没有推举继承人。普尔科莉亚如果在世的话肯定能挽

---

① 欧多西亚在迦太基居住了七年。462 年，在利奥几次要求之后，她才获准带着自己的女儿普拉西狄亚（Placidia）返回君士坦丁堡。普拉西狄亚嫁给了罗马元老院成员奥利布里乌斯（Olybrius，此后短暂地成为皇帝），她的另一个女儿欧多西亚（Eudocia）则被盖萨里克嫁给了他的儿子亨尼里克（Huneric）。

② 因为汪达尔人洗劫罗马的传说，英语中"vandal"一词的意思就是"破坏者"。——译者注

救事态，但早在 453 年，在阿提拉逝世几个月之后，她也离
开了人世。① 她的两个妹妹（此前从未参与管理国事）都先
她离世了。简而言之，皇位虚悬、无人继承的情况甚于尤里
安战死之时；君士坦丁堡的居民寻求军方或军方的领袖来填
补空缺，而这位领袖正是东方军务大臣阿斯帕（Aspar）。

阿斯帕早在 424 年即崭露头角，参与了推翻约安内斯、
扶持年轻的瓦伦提尼安担任皇帝的拉文纳远征。八年后的
432 年，他奉狄奥多西之命率部前往北非以支援当地军团，
并试图抵御入侵的汪达尔人。尽管他未能成功，但他的领导
能力与英勇之名并未受损。自此之后他成了执政官，他的
儿子们也于此后接任；他此时成了"首席显贵"，并很可
能在狄奥多西逝世后即位，而不是马尔西安即位。马尔西
安第一次身无分文地从色雷斯来到君士坦丁堡后，曾作为
阿斯帕麾下的一员工作了近二十年。但阿斯帕有两个问题：
首先，他是阿兰人，这个曾为游牧族、热衷田园生活的日
耳曼人部族在 370 年被匈奴人赶出了黑海远方的家乡；其
次，他和几乎所有皈依基督教的蛮族一样，是阿里乌斯派
的信徒。

因此阿斯帕本人是不可能继承皇位的。然而和六十四年
前，地位与此时的他惊人一致的法兰克将军阿尔博加斯特一
样，他乐于成为推举皇帝的人。值得一提的是，他选择了他
的另一个下属——他的私人地产的财务总管利奥（Leo），

164

----

① 她把自己庞大的财富全部捐赠给了穷人，马尔西安也忠实地执行了她的
遗愿，在史书上留下值得记载的一页。

此人是来自达契亚省的正统基督徒。军团的士兵们顺从地向他们的新皇帝欢呼并依照习俗用盾牌把他托举起来；但此时，另一个典礼第一次举行。457 年 2 月 7 日，在圣索菲亚大教堂庄严的弥撒中，利奥由牧首安纳托利乌斯（Anatolius）正式加冕，这明显反映了牧首的重要性在卡尔西顿大公会议后被强化，也意味着旧秩序要改变了。帝国开始从其创立之初可敬的军事习俗向宗教与神秘学概念的君主制转移，这一特性随着时间的推移变得愈发明显。①

利奥几乎没有接受过正式教育，然而他拥有足够的生活常识，并同样拥有自主思想。如果阿斯帕是想要在拜占庭的皇位上安放一个傀儡，那他就大错特错了。在利奥即位几周之后，两人就爆发了激烈争吵，可能是因为利奥拒绝任命阿斯帕的一个儿子担任薪酬更高的职务。此后矛盾再度升级，因为皇帝决心约束国内那些权势甚高而且愈发危险的日耳曼人，阿斯帕正是其代表人物。在推动这一政策期间，他试图清除军中的日耳曼人，以伊苏里亚人（Isaurians）为核心重建一支新军。这些坚韧的山民来自以哥念（Iconium）与路司得（Lystra）以南的托罗斯山脉（Taurus），位于卡利卡德努斯河（Calycadnus）的盆地附近。阿斯帕坚决想要维持现状，他开始反击，皇帝与将军的对立很快成了利奥执政时期的主题。

----

① 罗马帝国所说的皇帝，即"英白拉多"（Emperor），其原意类似于"最高统帅"，这也可谓帝国旧习俗的直观表达。——译者注

远征汪达尔人（468）

　　这种对立不可避免地要在政府之中催生两个对立的派系。在皇帝这边，派系领袖是一名伊苏里亚人的首领，他原名塔拉西斯科迪萨·罗索姆布拉德奥特斯（Tarasicodissa Rousoumbladeotes），之后他颇为明智地改名为芝诺（Zeno），并与利奥的女儿阿里阿德涅（Ariadne）成婚。阿斯帕在宫中也有自己的支持者，领袖是巴西利斯库斯（Basiliscus），即皇帝的妻子沃里娜（Verina）的兄弟。两人的差异实在是太大了。阿斯帕是个几乎没有受过教育，乃至目不识丁的蛮族，按普利斯库斯的记载，他的闲暇时光"都在演员、杂耍艺人之类的各种表演中度过"。作为阿里乌斯派的信徒，他几乎否认基督是神；作为领袖，他确实是同时代最优秀的将军之一。相反，巴西利斯库斯是个希腊化的罗马人，受过良好教育，是个狂热的基督一性论者，也就是说他认为基督只是神而不是人。他渴望获取皇冠一事在君士坦丁堡已经是街头巷尾的笑料，其实他也没打算隐藏。很快他就证明了自己完全不适合担负任何指挥任务。尽管他们存在如此多的差异，对伊苏里亚人的厌恶却使他们团结在一起。当皇帝在468年决定对盖萨里克和他的汪达尔王国发动大规模海路进攻时，他的妻子和阿斯帕共同说服了他，任命巴西利斯库斯担任这支部队的指挥官。

　　对许多罗马人而言，这场远征来得有些晚了。此时已经是盖萨里克劫掠罗马十三年后，其间帝国完全没有与他交战。西帝国已经处于瓦解的边缘，确实无法为这一冒犯做出任何报复了，但东部的冷淡更难开脱。一些人为马尔西安的无动于衷辩护，声称他年轻时于 432 年与阿斯帕一同远征汪达尔人并遭惨败，他本人被俘，和一大群俘虏被押送到迦太基，并在烈日之下暴晒了几个小时。他很快昏睡过去，而盖萨里克从窗户望去，惊异地发现一只巨大的鹰在他的头上盘旋，用羽翼为他遮挡太阳。他立即明白这是上帝的神迹，这个年轻人必然会在未来有极大的成就。盖萨里克把他召到自己面前，提出释放他，只要他许诺无论今后他的际遇如何，他都不能和汪达尔王国开战。马尔西安同意了，余生也信守了这个诺言。

166　　这个故事不错，但是相信的人不可能太多。马尔西安是个直白且实际的人，完全不是那种靠奇迹生存的人。另一方面，他开启了一个幸运的时代，保证了和平、繁荣与政府的良好运行，利奥在他逝世之后延续了这个美好时代。在十八年的和平之后，再没有放任汪达尔人的借口了。此外，他还有另外一个更好的干预理由：笃信阿里乌斯派的盖萨里克对正统派的基督徒大肆迫害。一大批教堂与修道院被焚毁；许多可敬的教士，就算没有被他们杀死，也被没收了财产，赶出了家乡，一些人还要受刑。利奥等待已久的远征计划因此得到了宽慰与满意的回应，准备也随即开始。构想的远征规模相当庞大，据说从东地中海总共征集了超过一千艘舰船，集结了十万人员。如果这些数据可信的话，那么这支陆海军力量应该足以把汪达尔人从非洲大地上抹去，而且随便换哪一个指挥官都可以做到这一点。

　　但在巴西利斯库斯的指挥下是做不到的。按照普罗柯比提供的对这场远征的唯一记载，① 远征之初进展顺利，两场辅助攻击都取得了胜利，达尔马提亚的管理者马塞林努斯将汪达尔人赶出了撒丁岛，而拜占庭将军希拉克略（Heraclius）率少量支援部队从的黎波里塔尼亚登陆，并开始自东南向迦太基进军。巴西利斯库斯同时在邦海岬（Cape Bon）附近一个叫墨丘利昂（Mercurion）的地方登陆，但他没有趁汪达尔人准备不足之机迅速向其都城进军，而是停驻在那里，完全不打算前进。这给了盖萨里克期待已久的机会。他派使节前往墨丘利昂，声称他愿意做皇帝要求的任何事，只希望停战五天，以便进行必要的准备。巴西利斯库斯正为自己兵不血刃的胜利而扬扬得意，他欣然允诺。

这是他一生中最大的错误。盖萨里克在这五天时间内整备了自己的舰队，并准备了大量空船用于火攻。风向随即如他所预料的那样改变了。第五天，在起大风之前，他的舰队拖着这些空船出航前往墨丘利昂。在他们入港时，水手点燃了这些小船，让燃烧着的船体冲向密集停泊着的拜占庭舰队。巴西利斯库斯和他的部下无力抵挡，也无法阻止火势瞬间从一艘舰船向另一艘舰船蔓延，普罗柯比如此写道：

> 随着火势蔓延，罗马舰队陷入混乱，风声、爆裂声与士兵和水手们的叫喊声混在一起，他们高声呼叫，使

167

---

① *History of the Wars*，Ⅲ，vi. 尽管吉本谴责普罗柯比编造内容过多，但他此处的记载颇为可信。在他生活的时代，这一事件的真实情况应当是众所周知的，此外他还亲身参与了553年对迦太基的远征，而贝利撒留（Belisarius）在巴西利斯库斯战败的地方取得了胜利。

用长杆推开火船与燃烧起来的战舰……汪达尔人也加入了这场混战，冲撞并击沉他们的舰船，俘虏那些试图逃走的士兵并大肆掠夺。

几个小时之后一切都结束了。恶棍巴西利斯库斯早在开战之初就逃跑了，他返回君士坦丁堡之后，恼怒、失望与羞愧迫使他前往圣索菲亚大教堂寻求庇护。在他的姐妹，即皇后苦苦哀求之后，利奥才最终饶了他一命。

对利奥而言幸运的是，北非这场灾难的罪责全部落在了指挥官身上。除此之外受指责的就只有阿斯帕，人们怀疑他与同为阿里乌斯派的盖萨里克密谋，并贿赂巴西利斯库斯，使其背叛。基本可以肯定这个传言是没有根据的，但这反映了阿斯帕极不得人心。两年后，当他劝说，或者说威逼皇帝同意让公主利昂提亚（Leontia）与他的次子帕特里库斯（Patricius）订婚，并立帕特里库斯为恺撒时，这种厌恶必然有增无减。他给利奥施加了何等压力逼迫他同意此事，我们只能猜测；但考虑到皇帝是坚定的正统派，而且极度反对让阿里乌斯派信徒成为继承人，压力无疑是相当大的。

刺杀阿斯帕（471）

在其他方面，阿斯帕及其儿子们的活动也引起了不安。早在469年，他们就试图刺杀芝诺，而且几乎取得了成功。471年年末，他的长子阿尔达布尔（Ardabur）试图将伊苏里亚人拉拢到他父亲这一边的密谋也被揭发。对利奥而言，这是压垮骆驼的最后一根稻草。一天上午，他的宫廷卫队突然拔剑砍杀了阿斯帕和阿尔达布尔，帕特里库斯受了重伤，但最终应当恢复了健康。

可以推测的是，正因为这些谋杀，同时代的史学家马尔库斯（Malchus）才会称利奥为"屠夫"（Makelles），厌恶利奥的他也把他描述成"各种恶行的集合"，并斥责他的巧取豪夺与贪得无厌。但即使是马尔库斯也必须承认，利奥比此前的皇帝都要"幸运"，或者说"成功"（eutuchesteros）。他未必受臣民爱戴，但无疑受大多数臣民尊敬。如果说，他不配拥有加于他身上的"大帝"头衔——应当是因为他在宗教上坚持正统而非性格坚定或者领导能力出色——但他整体上可谓公正且仁慈。当他在474年2月3日逝世时，他手上沾染的血相当少——至少以那个时代的标准来看如此。

五个月前利奥指定了自己的继承人，这一人选与他人预料的不同，并不是他的女婿芝诺，而是他女婿七岁的儿子，这个孩子和他的外祖父一样名叫利奥（Leo）。皇帝之所以这样决定，或是因为他个人厌恶芝诺，或是因为他认为伊苏里亚人并不配当皇帝，抑或是他只想把皇位传给自己的骨肉至亲。我们无法准确判断。然而此后的事态发展使这个问题变为纯粹的学术问题，因为阿里阿德涅授意她的儿子，当父亲在大竞技场中向他正式行礼时，要当场加冕他为共治皇帝。情况也如她安排那样发展了。九个月后，年幼的利奥不幸早夭。

芝诺即位之后的首要举措之一就是终结与汪达尔王国的

战争。他任命显赫的元老院成员塞尔维乌斯（Severus）担任和谈使节，并将他提升为"显贵"（Patrician）以彰显这一任务的重要性，他的这一选择可谓再好不过了。塞尔维乌斯拒绝接受盖萨里克给他个人的礼物，他声称释放罗马俘虏比任何礼物都要好，这让国王印象深刻。汪达尔国王立即将所有身为他自己和他家人私人奴隶的俘虏释放，并允许塞尔维乌斯尽可能多地救赎其他俘虏。① 当年年末双方签订了和约，汪达尔人此后再未令帝国担忧。

这是个不错的开始，但乌云已经聚集起来。此时的伊苏里亚人已经彻底不受欢迎。和日耳曼人不同，他们是帝国的臣民，理论上并不算蛮族，但他们的行为令人厌恶，远比日耳曼人恶劣。他们从利奥那里获得的特权已经冲昏他们的头脑，他们傲慢且喧闹，而且不幸地热衷暴力。他们激起的敌意不可避免地在相当程度上集中到了他们最显赫的代表人，即皇帝的身上。此外，皇帝还必须面对自己家族中两个强大敌人的怨恨，即皇后的母亲沃里娜（即利奥一世的妻子）和她的兄弟巴西利斯库斯。

芝诺逃亡（475）

两人的目的并不相同。巴西利斯库斯在八年前的迦太基远征之后理所当然地保持低调，在利奥死后他依然想要为自己夺取皇位；皇太后则想要拥立自己的新情人，即政务大臣

---

① 很大一部分赎金是塞尔维乌斯返回之后以私人财富填补的，他为此出售了那些为让汪达尔人感受帝国的雄伟而准备的华贵长袍以及金银器。

帕特里库斯（Patricius）① 为皇帝。然而两人为了共同的首要目标，即除掉芝诺而联合起来，在一名伊苏里亚将军伊鲁斯（Illus）——此人出于某种不明原因反戈，对付自己的恩人——的协助下聚集起一群位高权重的支持者。在 475 年 11 月皇帝主持大竞技场的比赛时，他接到了他岳母传来的紧急消息：元老院和城中居民团结起来要推翻他，他必须立即逃离这座城市。他似乎完全没打算抵抗，也完全不认为沃里娜可能是在说谎，当晚他就带着自己的妻子和母亲逃离了君士坦丁堡，到老家伊苏里亚的山中避难。

　　芝诺离开之后，帕特里库斯只有沃里娜一个支持者，巴西利斯库斯因此得以称帝——这也见证了野心的力量。他开始下令——或者说默许——对都城的伊苏里亚人进行大屠杀，但如果他肃清敌对派系是为了巩固自己的皇位，那么他没能达到目的。巴西利斯库斯没能长时间保住皇位，他刺杀了他姐妹的情人，因此失去了她的支持；他向臣民横征暴敛，失掉了民心；他还引起了教会持续的仇视，他首先公开表示自己支持基督一性论，而后拙劣地试图将其强加于整个帝国。他的这些举动得到了曾任亚历山大牧首的基督一性论者、绰号"黄鼠狼"的提摩西（Timothy）的支持。此人在卡尔西顿大公会议之后被赶出了他管理的教区，巴西利斯库斯认为此时让他复位很合适。在这个恶毒的教士的坚持下，他不仅废止了卡尔西顿大公会议的决议，还试图取消君士坦丁堡牧首这一职位，大牧首阿卡修斯（Acacius）被迫将圣 170

---

① 没有证据显示他与阿斯帕的儿子有什么关系，也不太可能有什么关系。

索菲亚大教堂的圣坛盖上黑布，他属下所有的牧师为此哀恸不已。同时，城中著名的柱顶苦修者丹尼尔（Daniel）[1] 十五年来第一次从石柱上下来，向居民发表长篇演说。大惊的巴西利斯库斯被迫撤除了他的敕令。上天也展现了自己对这个篡位者的厌恶。476 年，一场恐怖的大火在铜器工匠市集爆发，随即蔓延到了君主图书馆（Basilike），这个由尤里安建立的公共图书馆据称有十二万本藏书，包括在一百二十英尺长的蛇肠上用金字写的《伊利亚特》和《奥德赛》。另一个悲剧性的损失是劳修斯宫（Lausus），其中收藏的著名古雕像全部被毁，包括萨摩斯岛（Samos）的赫拉像、林多斯的雅典娜像和尼多斯（Cnidus）的阿弗洛狄忒像。在这一系列事件之后，伊鲁斯理所当然地对由自己推上皇位的这个统治者大为厌恶，他再度倒戈与山中的芝诺会合，开始筹划他的复位。

然而对巴西利斯库斯垮台贡献最大的既不是芝诺，也不是伊鲁斯，而是他自己的侄辈哈尔马提乌斯（Harmatius）。这个不可理喻的年轻人是君士坦丁堡尽人皆知的浪荡子弟，尽管此前他与巴西利斯库斯的妻子、他自己的婶娘芝诺尼斯（Zenonis）偷情一事早已闹得满城风雨，但他仍被自己的叔

---

[1] 柱顶苦修者丹尼尔拜访过在安条克附近柱顶苦修的圣西米恩（St Simeon），而在西米恩逝世后他决定追随他的道路。在相对朴素的柱上苦修了一段时间后，他转移到了利奥一世为他竖立的华贵双柱上，石柱之间用厚木板搭成的临时桥连接起来。他在 493 年 12 月 11 日逝世，在柱顶苦修了三十三年零三个月。他的传记作者声称这是他唯一一次从柱上下来，劝说巴西利斯库斯意识到自己的错误并在圣索菲亚大教堂正式改信。但这一说法很可能只是一厢情愿的臆测。

叔提拔为军务大臣。大喜过望的他在就任之后立即扮成阿喀琉斯在大竞技场之外游行。他率部前去征讨芝诺与伊鲁斯，他们邀请他前来谈判。而他在得到了担任禁卫军执政官，他的儿子被提升为恺撒的许诺之后欣然倒戈，支持芝诺与伊鲁斯。于是在477年7月，无人阻挡的芝诺返回了都城。僭称奥古斯都的巴西利斯库斯再度躲进圣索菲亚大教堂，在得到不会被处刑的许诺之后最终同意投降。皇帝履行了他的诺言，将他和他的家人流放到卡帕多西亚的荒原之上。次年冬天，他们中的许多人在饥寒交迫中死去。

在二十个月的流亡生涯之后，芝诺终于得以再度管理国务。在他离开期间，几件事情的发展需要他着手处理，其中一件就是西罗马帝国的最终崩溃。

尤里乌斯·尼波斯（466~467）

在埃提乌斯和瓦伦提尼安逝世十七年后，西帝国由苏维汇人（Suevian）① 卫队长里西梅尔（Ricimer）实际控制，他是那个时代典型的推举皇帝的蛮族人。他至此已经立了至少五个傀儡皇帝，其中阿维图斯（Avitus）在他的逼迫下逊位［但允许他担任皮亚琴察（Piacenza）主教］，马吉奥利安（Marjorian）和安特米乌斯（Anthemius）被他谋杀。只有两人得以保住皇位，即利比乌斯·塞维鲁斯（Libius Severus）和奥利布里乌斯，后者在里西梅尔亡故两个月之

---

① 原本居住在易北河谷地的苏维汇人和数个日耳曼部落一同为躲避匈人而离开家乡。此时大部分苏维汇人定居在今西班牙与葡萄牙境内。

后，也于 472 年 10 月因某种水肿病而病殁。在四个月的无君主时期之后，里西梅尔的儿子和继承者冈多巴德（Gundobad）推举了一个新的无能之辈——格利凯里乌斯（Glycerius），但君士坦丁堡的利奥一世拒绝承认他，并推举他妻子侄女的丈夫尤里乌斯·尼波斯（Julius Nepos）即位。尼波斯在 474 年年初在意大利登陆，而后轻而易举地推翻了他的对手并在罗马加冕。也许人们会认为混乱的时代将就此结束。里西梅尔死了，冈多巴德和格利凯里乌斯不复掌权，尤里乌斯·尼波斯拥有君士坦丁堡皇帝的支持——此时芝诺已经继承利奥的皇位，但他对西部的态度并未改变。在东帝国的帮助下，也许他可以重新树立起罗马对这些蛮族冒险者的最高权威。

但这样的希望很快就破灭了。475 年 8 月，军队的总指挥官奥里斯特斯（Orestes）发动叛乱，意图推翻新皇帝。此人的职业生涯颇为怪异。出生在潘诺尼亚的他在年轻时进入阿提拉的宫中，担任这位匈人国王的私人秘书，并在挫败普利斯库斯使团的谋杀阴谋时起了至关重要的作用。阿提拉死后他开始在帝国任职，并担任过短命皇帝安特米乌斯的私人部队指挥官。在尼波斯即位之后，他被提升为总指挥官，而后奉命前往高卢，按照元老院的指示安排割让奥弗涅地区给西哥特国王尤里克（Euric）的事宜。然而奥里斯特斯没有奉命行事，而是起兵对抗自己的君主，率部向罗马进军。

在这样的情况下，尤里乌斯·尼波斯别无选择只得逃走。他首先逃到拉文纳，由于奥里斯特斯紧追不舍，他只得渡过亚得里亚海抵达萨隆纳——在那里他遇到前任皇帝格利

172

凯里乌斯时必然颇为尴尬；也是在那里，在那至关重要的一年结束之前，他得知同为皇帝的芝诺几乎同时被迫流亡。很明显他不可能指望东帝国的援助了。尼波斯随即宣称退位，静等事态发展。

　　与此同时，奥里斯特斯返回了罗马，在 10 月 31 日立自己的儿子罗慕路斯为皇帝，他的绰号是颇具轻视意味的"小奥古斯都"——尽管这个绰号很可能是后世所加。他出生的年份不得而知，但即位时他仍是个孩子，他的父亲明显打算由自己掌权。在大约一年的时间里奥里斯特斯的确掌握了权力。但军队随后再度反叛，正如他背叛了尤里乌斯·尼波斯。一个多世纪以来，西帝国的军队主要由蛮族雇佣军组成，阿提拉死后，这些雇佣军的同宗同族穿越帝国边境涌入帝国，一路无人拦阻、无人管辖，因而他们的数量以前所未有的速度增加。此时他们开始为自己考虑那个帝国境内的蛮族都在考虑的问题：寻找一块属于自己的土地。他们有许多人已经找到自己的土地。他们随后要求奥里斯特斯将意大利三分之一的土地割让给他们，让罗马的所有土地拥有者将三分之一的土地交给日耳曼移民。

　　也许这个提议没有听上去的那么无法容忍。418 年，君士坦提乌斯三世自愿将高卢西南部三分之二的土地割让给了西哥特人。那一次割让是自愿放弃帝国一个偏远地区以保护其他地域；但这一次相反，是在白刃之下索取帝国腹地的主权。奥里斯特斯应当认为这可以通过谈判解决，于是他愤然拒绝了。但他误判了自己部下的脾气，他们立即以哗变回应，其领袖是奥里斯特斯自己的掌旗官——西里人奥多亚塞（Odoacer）。① 476 年 8 月 23 日，他被托举在士兵们的盾牌之上，战争就此开始。奥里斯特斯首先逃往提西努姆（Ticinum，即今帕维亚），在崇高的主教伊皮法尼乌斯（Epiphanius）处避难。几天后，在奥多亚塞突袭并夺取了该城之后，他向普拉森提亚（Placentia，即今皮亚琴察）逃亡。这次他没能逃走，哗变的士兵抓住了他并将他杀死。

"小奥古斯都"罗慕路斯逊位（476）

173　　那时没有什么人在意可怜的"小奥古斯都"罗慕路斯的死活，惊恐的他正孤身一人留在拉文纳的宫中。但当奥多亚塞抵达该城并召这个可怜的男孩来见他时，他心软了。罗慕路斯很年轻，很可怜，记载也一致称他外貌出众。这个蛮族并没有将他杀死，只是让他逊位，并慷慨地赐给他一大笔生活费，让他平静地和亲属们隐居在卡帕尼亚（Campania）。尔后，当他得知芝诺复位的消息之后——他从来都没有承认过巴西利斯库斯——他立即派使节前往君士坦丁堡，使节向他报告事态的发展，并将西帝国皇帝的仪仗徽号全部交给他。奥多亚塞不想自立为君主，他想要的只是显贵之阶，并带着这一官阶以皇帝的名义管理意大利。

　　"小奥古斯都"罗慕路斯在 476 年 9 月 4 日的逊位通常被认定为西罗马帝国灭亡的标志。然而史学家在相当程度上

---

① 奥多亚塞或称奥多瓦卡（Odovacar）。他的父亲艾德科有可能就是第七章提及的阿提拉的使节。西里人（Scyrian）是另一个日耳曼部族，在本书中重要性不大。

给出了相反的说法。他们指出帝国是唯一且不可分割的，无论帝国是由一个奥古斯都统治，还是由两个甚至三四个奥古斯都统治，这都是纯粹的管理问题。此外，他们指出奥多亚塞一直都在竭力强调帝国依然保持对意大利的主权。帝国只是回归了由一个统治者统治的时代，正如君士坦提乌斯二世以及此后的尤里安执政时的情况。

这些都完全属实。同时不可否认的是，这一时期大多数的意大利居民，虽然见证了小皇帝退位后来到卡帕尼亚舒适的别墅中隐居，却完全想不到他们经历了欧洲历史上最重要的分水岭之一。他们在近一个世纪中已经习惯蛮族将军掌权，最早是法兰克人阿尔博加斯特，而后是汪达尔人斯提里科，再之后是埃提乌斯——尽管他是个罗马人，但他的父亲基本可以肯定是日耳曼裔——和苏维汇人里西梅尔。那他们会问，西里人奥多亚塞又与他们有什么不同呢？

他确实有不同之处，尽管只在一点上不同。他拒绝成为西帝国皇帝。此前这些西帝国皇帝与傀儡相差无几，但他们依然拥有奥古斯都头衔，因此成为帝国主权的象征与标志。没有他们，这所谓的主权就很快会被遗忘。奥多亚塞索要了显贵之阶，但他自称为"王"（Rex）。在不到六十年的时间中，意大利被视作沦陷的领土，查士丁尼为此发动了大规模的军事行动将其收复。再过两个多世纪之后才会有一个皇帝重新出现在西方，那时他的都城将位于德意志而非意大利，他本人也将作为对手而非同伴出现——他是法兰克人而非罗马人。

奥多亚塞的决定产生了另一个同样重要的影响。意大利

174

没有任何帝国的代表人物，古都中出现了政治真空。人们本能地寻找另一个父亲式的人物，一个拥有一定威望，并且他的职务能够持续得比最乐观的蛮族冒险者所幻想的时间更久的人。于是他们公推已经是基督教世界大主教的罗马主教，在宗教权力之外还授予他暂时的权威，为他举行原本给皇帝举行的许多盛大典礼和有神秘学影响的仪式。中世纪的教皇统治就此开始。

反对芝诺的暴动（488）

皇帝芝诺对近期在西部发生的事件的评估不可能比他的大多数臣民更为清楚。无论如何，他不能接受他自己推举的奥古斯都，即尤里乌斯·尼波斯被废黜。返回君士坦丁堡之后不久，他就接到了在达尔马提亚的尼波斯的信，信中恭喜他结束了流亡生涯并请求他协助自己以类似的方式复位。这封信无疑对不久之后芝诺接见奥多亚塞的使节一事带来了影响。他指出，尼波斯是西帝国的皇帝，因此如果他们的领袖想要成为显贵，他必须向尼波斯提出请求。这无疑是此时最合适的回答，但在芝诺让使节转送奥多亚塞的长信之中，其效果却在一定程度上变质了——信中已经称他为显贵。这究竟是文书工作失误，还是微妙的外交策略，我们就不得而知了。

无论如何，目前的内部事务无疑压力更大。除掉巴西利斯库斯对恢复帝国内部的和睦效果索然。芝诺起初怀疑哈尔马提乌斯，此人的自大与自恋已经达到让他人怀疑他是否疯癫的程度。为了获得禁卫军执政官的头衔，并让自己的儿子成为恺撒，他已经背叛他的叔父和情人，而当年轻的恺撒成人之后，他怎么可能对他的皇帝保持忠诚呢？编年史家都着重记载了芝诺内心的挣扎，但其结果早已注定：哈尔马提乌斯必须被除掉。一名刺客从他众多的敌人之中脱颖而出，很快杀死了他。皇帝对此人的儿子巴西利斯库斯（Basiliscus）的态度则更为仁慈，仅仅是解除了他的所有职务并逼迫他成为僧侣。几年之后的记载提及他在布拉赫内宫（Blachernae）中的祈祷室中担任诵经教士，最终成为库齐库斯（Cyzicus）主教。人们难免怀疑，也许他自己也乐于摆脱管理帝国的各种责任，而这是不必苛责的。

此后的芝诺必然希望自己能够摆脱这一切烦扰。479年，在他复位仅两年后，他必须面对一次新的暴动，这一次暴动由马尔西安挑起，他是皇帝马尔西安的孙子、西帝国皇帝安特米乌斯的儿子、利奥一世的幼女利昂提亚的丈夫。（她与帕特里库斯的订婚在阿斯帕倒台之后自然也取消了。）这次叛乱在一定程度上是因为他的岳母沃里娜近期意图刺杀伊鲁斯而被囚禁，而马尔西安本人宣称他的妻子是紫衣贵胄，地位应当高于芝诺的妻子，即并非紫衣贵胄的阿里阿德涅。马尔西安和他的追随者冲进宫中，本可以再度赶走芝诺，但伊鲁斯迅速出手干预，他率领一批伊苏里亚部队在夜色之中悄然渡过博斯普鲁斯海峡，突袭叛乱者。他们的领袖最终被迫成为僧侣，流放到卡帕多西亚的凯撒利亚。他逃走并又参与了一次政变，但再度失败。即使如此芝诺也展现了仁慈——可能因为马尔西安是皇帝的亲属——马尔西安奉命成为一名长老，他的妻子利昂提亚则进入无眠者修女院。① 两人再未留下任何史料记载。

马尔西安的两次暴乱尽管危险，且无疑代表了帝国内部的整体不满情绪，却依然被迅速平息了。更严重、时间也更长的一次暴乱在 483 年开始，其领导者正是伊鲁斯本人。必须提及，他是在一定的刺激之下才开始叛乱的。在六年前，芝诺重新掌权不久时，皇帝的一个奴隶就已经试图持剑刺杀他。没有人直接指控皇帝，皇帝也立即将这个奴隶交给伊鲁斯处置，但这仍然引起了怀疑。尔后在 478 年，宫廷卫队再度发现了一个意图行刺的人，这个阿兰人此后承认他是在都城执政官伊皮尼库斯（Epinicus）和皇太后沃里娜的指示下行动的。意识到自己留在君士坦丁堡性命堪忧，伊鲁斯以自己兄弟近期去世为由请求离职返回家乡伊苏里亚。然而在 479 年 9 月，一场大地震使都城的城墙受损严重，芝诺因为担心哥特人借机进攻，将他召回了都城，并一路骑马到卡尔西顿城外来迎接他，但这位将军拒绝进城，除非皇帝把沃里娜交给他处置。芝诺对自己的岳母没有任何感情，欣然应允。守寡的皇太后首先被送去塔苏斯并被迫戴面纱生活，而后被囚禁在伊苏里亚的一座堡垒之中。

此后气氛暂时缓和，伊鲁斯被任命为行政大臣，这是相当高的职位。但在 482 年的一天，他在登上大竞技场的台阶

---

① 无眠者（Akoimētai）修道院约在 400 年由院长亚历山大创立。他们奉行的规则包括在赤贫中生活，不进行劳动，唱诗班轮换进行持续而无休止的祈祷（这也是它的名称的由来）。他们很快发展并兴盛起来，由于经常公开表达对皇帝举措的不满，所以并不受政府欢迎。聂斯脱里将他们赶出了君士坦丁堡，但他们很快在博斯普鲁斯海峡的亚洲一侧建立起了修道院和修女院。

准备前往自己的包厢时，突然遭到一名皇帝护卫的袭击。为
他拿盔甲的侍从挡开了一剑，尽管这一剑没能砍掉他的
头，却砍掉了他的右耳，因此他在余生里被迫戴上便帽。
这一次犯罪的主使者更难对付：正是皇后阿里阿德涅本
人。她因为伊鲁斯囚禁了自己的母亲而报复，也可能是在
为她的妹妹报仇。

　　此后发生的事情并不清晰，对伊鲁斯叛乱的记载事实上
极其零碎，时而自相矛盾，许多证据需要进一步的推敲与猜
测。行政大臣似乎再度谨慎地辞职返回安纳托利亚，然而在
他离开之后，一场叛乱立即在叙利亚爆发，其领袖利昂提乌
斯（Leontius）决定进行最后的抵抗，以恢复旧日的多神
教。伊鲁斯接到了命令，率东部部队前去征讨并恢复帝国的
统治。得到君主重用机会的他可能对此颇为感激，他匆忙赶
往叙利亚，但抵达之后才发现当地的指挥官是皇帝无能而挥
霍无度的兄弟朗基努斯（Longinus），此人因他将要夺走自
己的权力而大为不满。随后双方爆发了激烈争吵，最终伊鲁 177
斯将朗基努斯逮捕并囚禁。

　　擅自囚禁如此位高权重的反对者，无论从什么角度来看都
可谓专横不法，但消息传到君士坦丁堡时，皇帝的回应更是失
当的。他命令伊鲁斯立即释放他的兄弟，称伊鲁斯为公敌并下
令查抄并出售他所有的财产。这些举措从根本上将他赶到了反
叛者一方。伊鲁斯和叛军达成了和解，他们共同释放了老太后
沃里娜，她欣喜地在塔苏斯为利昂提乌斯加冕，并陪伴他前往
安条克，在484年6月27日建立起一个敌对的朝廷。

　　他和伊鲁斯此时似乎对保持这一状态颇为满意，显然没

有打算率军前往君士坦丁堡。这给了芝诺充足的时间以寻找新的盟友。他的新盟友中有一个出身蛮族的年轻人——东哥特王公狄奥多里克（Theodoric）。此前十年间他一直是拜占庭帝国的眼中钉，但现在他同意率部以皇帝的名义进军平息叛乱。叛军很快被赶出了安条克，躲进伊苏里亚腹地，他们的领袖逃进一座名为帕皮里乌斯（Papirius）的城堡避难。沃里娜在此死去，无人为她哀悼。在四年的围攻之后，伊鲁斯——颇有教养的他长期热衷学术，据说在围攻期间和他的朋友，即埃及诡辩学家与新柏拉图派哲学家潘普利皮乌斯（Pamprepius）共同研讨哲学——和利昂提乌斯被他妻子的姐妹出卖；她在 488 年骗开了城堡大门（可能是靠诈称皇帝宽恕），让围城者进入城堡。在进行了漫长的抵抗之后，守城者不可能再乞求怜悯了。他们的头被砍下送往君士坦丁堡。这次叛乱就此结束。

东哥特人狄奥多里克（488）

东哥特人狄奥多里克尽管参与了击退伊鲁斯及其盟友，逼迫其退回伊苏里亚的堡垒的军事行动，但没有参与接下来的最后围攻战。他在别的地方有更重要的任务。大约出生于 454 年的他是东哥特人首领狄奥德米（Theodemir）的儿子，他童年时在君士坦丁堡当了十年的人质，尽管其间他并没有受什么教育——据称他一生都需要用金印来代替签名——他仍然得以直觉性地理解拜占庭帝国以及帝国的行动方式。当他的父亲于 471 年逝世，他继位成为东哥特人的最高领袖时，这些了解给了他相当大的帮助。他并不是唯一的领袖地位宣

178

称者，一个与他同名的人，特里亚琉斯（Triarius）之子狄奥多里克，绰号为"斜眼者"（Strabo），决心与他对峙。若在本文具体记述双方之间以及双方与君士坦丁堡皇帝的复杂多变的关系，未免过于冗长而复杂。简言之，特里亚琉斯之子狄奥多里克在481年死去，他的同名者无可置疑地掌控了大局。

狄奥多里克早年生活的主要任务和此前许多蛮族部落的首领一样，是为他的臣民寻找一个永久的居留地。为了这一目的，他在二十年中的大部分时间里征战不休，时而帮助帝国，时而对抗帝国，不断争论、还价、威逼利诱。他协助芝诺镇压了他在位时的两场主要叛乱，即巴西利斯库斯的叛乱和伊鲁斯的叛乱。此后他先后成为显贵、军务大臣，甚至在484年成为执政官；他也曾在479年愤怒地破坏马其顿，在482年劫掠色雷斯，并在487年向君士坦丁堡进军。在盟友还是敌人的问题上优柔寡断，就长期利益而言对双方都是不利的，而在做出决定之后，芝诺和狄奥多里克都松了一口气，这个决定将改变整个东欧与西欧的未来——尽管他们两人那时都不可能想到这一点。我们无从得知究竟是哪个统治者做的这一决定。约达尼斯无疑引述了狄奥多里克朝中政务大臣卡西奥多鲁斯（Cassiodorus）的说法，认为是东哥特人下的决定；普罗柯比则断定这一想法源自皇帝。可以确定的是，在487年或488年年初双方达成协议，狄奥多里克率部进入意大利推翻奥多亚塞的统治，并在意大利建立起东哥特人的王国，以帝国的名义统治。

这一计划对双方都有利：狄奥多里克可以完成他一生的

梦想，为自己和同族获得一块富饶肥沃的土地；芝诺则借此机会得以彻底摆脱哥特人。两人必然是毫无悲痛与懊悔地分别了，488 年年初大迁移开始了，男女老少赶着驮畜与牛羊缓慢地穿越中欧的平原，寻找更青翠、和平的牧场。

狄奥多里克掌控意大利（493）

然而这一切必须在激烈的斗争之后才能获得。奥多亚塞在五年之中得以成功反击，在 490 年将他的敌人包围在帕维亚，几乎将其彻底歼灭，千钧一发之际西哥特人的援军解救了狄奥多里克。几个月后他扭转了战局，将奥多亚塞封锁在拉文纳城中，直到 493 年 2 月当地主教安排停战。然而此时，由于教会全力支持狄奥多里克，并在很大程度上给予了协助——尽管狄奥多里克和奥多亚塞一样是阿里乌斯派——狄奥多里克得以完全征服意大利，征服者也同意了一份看上去颇为慷慨的协议：意大利将由他和奥多亚塞共同统治，由两人分享拉文纳的宫殿。

慷慨背后的意图很快真相大白：狄奥多里克完全没打算遵守这一协议，只是想欺骗他的敌人，让他误以为自己安全。3 月 15 日，在正式进入拉文纳仅仅十天之后，他邀请奥多亚塞及其兄弟、儿子和主要官员来到他的宫中赴宴。当西里人在贵宾席就座之后，狄奥多里克抢步向前，一剑劈断奥多亚塞的锁骨，直劈到他的大腿。即使他本人也对这一袭击的效果颇为吃惊，据称他大笑着说道："这个混蛋肯定一根骨头都没有。"

随奥多亚塞来的人们很快被周围的警卫解决，他的兄弟在试图穿越宫中花园时被警卫乱箭射死。他的妻子苏尼吉尔

179

达（Sunigilda）被投入监狱，此后饥饿而死；他的儿子狄拉内（Thelane）原本已向狄奥多里克投降，成了人质，此时则被送去高卢，而后又奉国王之命被处决。简而言之，西里人就此绝嗣，东哥特人狄奥多里克终于实现了自己的野心，脱下他们民族传统的毡衣皮袍，穿上紫袍——奥多亚塞从未这么做过——并在意大利定居统治。尽管他在宫廷中布置了奢华的庆典，他依然记得自己与芝诺的约定。至少在帝国看来，他的身份依然是哥特人的国王、显贵与军务大臣，但仅此而已，他和他所有的臣民都是帝国封臣并宣誓效忠于皇帝。他颁布的法律称为条令（edicta），而非皇帝使用的法律（leges）；尽管他的钱币上使用自己名字组成的花押字，却只使用罗马皇帝的肖像。狄奥多里克本人自然对这一安排毫无异议。在意大利的罗马公民比哥特人多出许多，他们更希望被帝国的封臣统治，而不愿在异族压迫下生活。他绝不想与他们对立，因而允许他们保持原来的生活方式并保留所有的地产，唯一的例外是他们不得参与军事活动。与之相反的是，行政管理完全由罗马人负责。

180

　　狄奥多里克的统治以背叛与血腥开始，结束时同样笼罩着阴云，他在 524 年囚禁并用酷刑（缓慢绞死）处决了哲学家波爱修斯（Boethius）①，在史书上留下一个污点——当

---

　　①　波爱修斯在他的朋友、曾经是执政官的阿尔比努斯（Albinus）被错误地指控为叛国时积极辩护，也仅因此事冒犯了狄奥多里克。他和他的岳父叙马库斯（Symmachus）因此遭受了同样的指控。在狱中他写下了《哲学的慰藉》（The Consolations of Philosophy），这一作品此后流传甚广，阿尔弗雷德大帝（Alfred the Great）也曾主持将其译为盎格鲁-撒克逊语（古英语）。

然也必须提及他此后承认了错误，至死都为此事懊悔。除此之外，他在王位上的三十三年是繁荣和平的，他壮丽的陵墓至今依然存在于拉文纳的东北郊区，陵墓半古典半蛮族的建筑风格成为完美的象征，象征着狄奥多里克本人——横跨两个文明并竭力增进本民族与罗马公民之间的和谐。① 在西帝国的废墟之上称王的日耳曼人统治者中，没有一人的领导能力与政治眼光能与他相提并论。当他于 526 年 8 月 30 日逝世时，意大利人也失去了他们在中世纪早期最优秀的统治者。下一个伟大的统治者出现，则要等到查理曼 （Charlemagne）时代了。

---

① 将二百吨的一体化穹顶竖立起来无疑是中世纪最惊人的工程之一。

第九章　查士丁尼登基（493～532）

上帝以神权授予我们统治帝国的权利，我们清楚战胜后的凯旋与和平时的修饰，我们承担帝国机构运转的责任，并为此谨慎听从全能天主的支持，不依靠手中的武器，不依靠我们的士兵，不依靠战争中的指挥者，也不依靠我们自己的武艺，而是把我们的希望寄托于至高的三位一体的指引，寄托于创造宇宙万物与世间法则的神。

——查士丁尼，出自《法学摘要》引言

491 年春，当东哥特人狄奥多里克正在拉文纳忙于封锁西里人奥多亚塞时，皇帝芝诺在君士坦丁堡逝世。他统治的最后三年最为出色，至少在国家安全方面如此：伊鲁斯及其盟友煽动的叛乱已经结束，领导者均被消灭；更重要的是帝国——至少是都城仍能控制的部分——在狄奥多里克离开之后终于得以免于哥特人的侵扰。芝诺唯一未能解决的问题是宗教问题。虽然卡尔西顿大公会议已经结束，基督一性论的异端却依然存在，特别是在东方各省之中，这带来了危险的反叛后果。皇帝于 482 年和牧首阿卡修斯试图靠一封被称为

《合一通谕》（*Henoticon*）的公开信修复这一裂痕，却远没能达成目标。他们试图掩盖这一分歧，宣称基督既是神也是人，而避免使用"人性""神性"的说法。但和所有此类的妥协尝试一样，双方产生了无法和解的敌意。最愤怒的是罗马教皇辛卜力乌斯（Simplicius）和他的继任者菲利克斯三世（Felix Ⅲ），获得芝诺和阿卡修斯任命的新任亚历山大牧首"口吃者"彼得①清楚表明了自己是基督一性论的坚定支持者，这更是让教皇们愤怒不已。在 484 年于罗马举行的一次宗教会议上，教皇菲利克斯甚至将君士坦丁堡牧首革除教籍②——所有正统派教会的教士都不敢宣读这一裁决，只好在圣索菲亚大教堂将裁决写到羊皮纸上，趁阿卡修斯不注意钉在了他的长袍上。阿卡修斯发现之后，也立即开除了罗马教皇的教籍。这不仅将君士坦丁堡牧首的地位升格到与罗马教皇平级，也确立了两个教会接下来三十五年间的公开决裂。

五世纪八十年代末，皇帝的体力与思维均开始衰退。他的儿子也名为芝诺（Zeno），年轻时交友不慎，纵欲过度而死，据称他是因与同性性交染上性病而死的。继承者因此成了他自甘堕落的兄弟朗基努斯，他随着自己的敌人伊鲁斯的失败而得势，在 490 年再度被任命为执政官，事实上已经掌控帝国。然而芝诺坚信一个著名占卜者的预言，认为他的皇位将不会被朗基努斯继承，而是会传给"一个曾担任肃静

---

① 原书此处误作"保罗"。——译者注
② 颇讽刺的是，菲利克斯三世是现存记载中第一位向皇帝正式通告自己继位的教皇。

官（silentiary）的人"。此时的肃静官是从皇帝的随从中精选的一批官员，这一官职的名字源自他们的特殊职责，即负责管理皇帝的私宅并保证皇帝休息时不受打扰，[1] 然而事实上他们的地位远比这个名字所体现的高。担任者大多博学，地位与元老们相当，并担负许多重要且机密的任务，包括完成宫廷的历史记载。其人数定为三十人，但对老迈的芝诺而言这一预言所指的只有一人：曾经担任武官的佩拉吉乌斯（Pelagius）。他此时是个显赫的官员，官阶为显贵。这个不幸的人根本来不及为自己辩护。他的财产被仓促查抄，他本人也被逮捕并于不久之后被绞死。

阿纳斯塔修斯即位（491）

佩拉吉乌斯广受好评与尊敬，芝诺则不然。年轻时的芝诺是著名的运动员——《瓦勒西阿努斯匿名著作》（Anonymus Valesii）颇不可信地声称他没有膝盖骨所以才能飞速奔跑——但在其他方面很失败。虽然在他执政期间，帝国境内几乎从未断绝的骚动不能全部归罪于他，但不可避免地他因此被视作庸才，失去西帝国也给他的名声带来了不可消除的污点——无论是否应当归罪于他。芝诺毫无理由地谋杀佩拉吉乌斯，因此失去了臣民对他所剩无几的敬意；当他于491年4月9日因癫痫发作死去时，几乎没有人为他哀悼。据说人们向刚守寡的皇后阿里阿德涅高喊："让一个正

183

---

[1] 也有说法称肃静官源自由皇帝列席的肃静会议，肃静官负责安排这一会议，其"肃静"职责是在开会之前宣告全场肃静。——译者注

统的皇帝统治帝国吧！让一个罗马皇帝执掌帝国吧！"他们这些话的意思很明确：新皇帝不能是异端，也不能是伊苏里亚人。朗基努斯就此被排除在外，占卜者的预言得到了证实。新皇帝是担任过肃静官的弗拉维乌斯·阿纳斯塔修斯（Flavius Anastasius）——他登基在很大程度上是因为皇后的影响力，她在约六个星期之后嫁给了他。此时六十出头的他来自底拉西乌姆①，一只眼睛为蓝色，另一只眼睛为黑色。然而这一特质不曾减损他出众的英俊相貌，也不曾减损他正直诚实的名声。4月11日，当他第一次身着紫袍出现在公众面前时，人们高喊着："执政吧，阿纳斯塔修斯！终身执政吧！"

阿纳斯塔修斯这么做了，如果他的臣民觉得这位新皇帝执政早期的生活比他们预想的更令他们厌烦，那只能怪他们自己。他机智且颇有修养，从不凶暴待人，也不像他许多先辈那样因无法自控怒火而被载入史册。他的主要缺陷是节俭得近乎病态，再加上他强烈的禁欲倾向，君士坦丁堡居民的生活一下子变得前所未有地沉闷无聊。整个帝国的斗兽活动都被禁止了；为了强化对大众的道德约束，居民不得举行夜宴，理由是这种夜宴往往以纵情淫乐收场——必须承认，确实经常如此。与此同时，皇帝大刀阔斧地处理不必要的公共开支，结果在

184 他二十七年执政生涯结束之后，他给国库额外留下了三十

---

① 底拉西乌姆（Dyrrachium）又称都拉佐（Durazzo），即今阿尔巴尼亚港口都拉斯（Durrës），位于伊格纳提亚大路的最西端。

二万磅黄金①，而且他废除了所谓的"金银税"（chrysargyron）——一种所得税，其主要负担者是贫民，也是帝国中最不受欢迎的税赋之一。考虑到这一点，他的成就无疑是非凡的。

在宗教政策方面，阿纳斯塔修斯没有那么成功。即使在那个时代他也算得上格外虔诚的基督徒。在未当上皇帝时，他曾经在圣索菲亚大教堂举行神学研讨会，并在都城各地的教堂中布道——尽管并非教士的他理论上没有这么做的资格。他甚至一度成为空缺的安条克主教的三位候选人之一。然而此后他逐渐开始倾向于基督一性论，以至于牧首尤菲米乌斯（Euphemius）被迫禁止他传道，在他继位之后也拒绝为他加冕，除非他签署一份书面材料承认正统教义。

阿纳斯塔修斯毫不迟疑地签了字。他绝非精于世故，此时的他似乎坚定地与卡尔西顿派站在了一起，无论正确与否。但一些人不那么相信，他们很快把他的举措解释为投机行为，认为他随时准备为政治牺牲原则。这样的人也会竭力夸大任何表现他倾向于基督一性论的行为，将其当成攻击他的武器。他们本质上代表着伊苏里亚人一派，领导者是芝诺心怀不满的兄弟朗基努斯，他因为阿纳斯塔修斯抢走了他自以为本该属于他的皇位而无法原谅他。不久之后他在自己身边集结起了一群令人生厌的市井无赖，基

---

① 事实上以今日的相对价值来估量这些资产是不可能准确完成的，但普罗柯比记载（Antcdota，xix，7）的这一数额可以与他记载的另一个数额相比较：他记载称利奥一世在 468 年以惨败告终的阿非利加远征中花费了十三万磅金。

本上由伊苏里亚人组成，但不是全部。城市街头的斗殴引发了火灾，使一些重要建筑彻底或部分损毁，大竞技场也因此受损严重。

皇帝发起了反击。492年，朗基努斯本人被逮捕并流放到亚历山大，他在那里被迫成为教士。但都城的冲突仍在继续，而且很快演变成了全面内战。次年的混乱更为严重，皇帝的雕像被推倒并拖到街上。在经历了一番困难之后，秩序才得以恢复。此后颁布的一条敕令将所有伊苏里亚人驱逐出了都城，连芝诺的老母亲拉里斯（Lalis）和其他家人也都被驱逐，他们所有的财产，甚至连芝诺穿过的紫袍都被查抄、变卖。现在至少都城平静了，但在安纳托利亚，这种混战仍持续了三年，直到496年才真正重归和平。

蓝绿党争（501）

伊苏里亚人虽然让人难以忍受，但不应该为君士坦丁堡接连不断的动乱承担全部责任。引起这一对立的另一个重要原因是都城居民分裂成了两个互相敌对的派系，即蓝党和绿党。这一名称源自大竞技场两支主要战车赛队伍队服的颜色，[①] 但这两个派别之间的争端早已蔓延到赛场之外。他们的领导者此时由政府任命，也担负重要的公共管理任务，包括守卫并维护城墙。因此，不仅在都城，在帝国的各个主要

---

① 原本有四支队伍，但此时原本的白队和红队已经分别被蓝队与绿队吸收。

城市中，他们都作为两个独立且带有政治色彩的党派存在，时而还作为当地民兵服役。他们的政治倾向因为当地实际情况的差异与当时事态的变化而存在不同，此时的蓝党倾向于大地产拥有者和旧有的希腊－罗马贵族体系，绿党则代表商业者、手工业者和官员。后者的成员中有许多人来自东部各行省，那里的异端信仰传播得更广。因此蓝党往往与正统教派站在同一战线，绿党则支持基督一性论派。但这些仅仅是一种松散的联系，两边都存在例外情况，居民们整体上不加区别而又坚定热情地支持某一党派。最初阿纳斯塔修斯本人试图保持中立，在 493 年他因为不肯释放几名因闹事被逮捕的绿党成员而被人扔石头。然而不久之后，其有利于手工业者的经济政策，以及他本能的不自知的基督一性论派倾向将他拉至绿党。他最终也公开表示支持绿党。

两党（他们被称为"demes"）之间的敌意在他执政期间不断增加，493 年的动乱仅仅是都城一场新的自相残杀的序幕。更恶劣的麻烦事发生在 501 年的布莱泰节（Brytae），绿党在大竞技场中公然袭击蓝党，连皇帝的私生子也在混乱中丧生。（因此这一节日庆典于次年被禁止。）然而最严重的一次动乱发生在 511 年，阿纳斯塔修斯要为此承担很大一部分责任，他也因此几乎失去皇位。年逾八旬的他日渐衰老，对基督一性论的同情愈发公开直到尽人皆知。牧首尤菲米乌斯此时已经无法抗议，他已被指控秘密支持伊苏里亚人并被流放到安纳托利亚的偏远地区——至于这一指控是否属实则无从得知。他的继任者马其顿努斯（Macedonius）性格极为温和，但他也开始无法与君主相处了。

186

宗教动乱（512）

此时的基督一性论者找到了振臂高呼的理由。他们在所谓的三圣颂（trisagion）——拜占庭圣餐仪式中常用的一段祝文——的原文"神圣的父，神圣而全能，神圣而不朽"之后加上了"并为我们受十字架之苦"，以此作为宣示他们信仰的最坚定声明，也就是说是全能的上帝在十字架上死去，而不是身为人的耶稣。在阿纳斯塔修斯治下的君士坦丁堡，这些话无疑是在宣战。人们听到圣宫之中的大天使礼拜堂中传出这段话时，情绪高涨。但最恶劣的事件还在后面，周日他们再度听到了这句话，有人在圣索菲亚大教堂清晨的弥撒之中公然喊出了这句话。正统派的支持者更加响亮地喊出他们的信条予以回击，斗殴随即开始，圣餐礼变成了一场骚乱。

在随后的调查之中，负责调查的法律人员——可能是在皇帝的授意下——没有归罪于挑起此事的基督一性论者，而是将其归罪于和善的老牧首马其顿努斯。君士坦丁堡的大多数居民坚定支持卡尔西顿大公会议的决议，他们爱戴的牧首所遭遇的不公攻击成了压倒骆驼的最后一根稻草。他们向皇宫冲去，如果不是马其顿努斯对惊慌的阿纳斯塔修斯的请求做出回应并来到他的身边，很难说此后会发生什么事。双方仓促地达成了某些和解，人群也随之散去。

他只是侥幸逃脱，本应当警惕起来，但年迈的皇帝已经无法改正自己的错误。他很快把自己的救命恩人马其顿努斯悄然流放，正如对前任牧首所做的那样。512 年 11 月 4 日，那句"并为我们受十字架之苦"再度在君主大堂之中回响。

第九章　查士丁尼登基（493～532）

这一次引发的暴力事件更加恶劣，恢复秩序时已有相当多的
人员伤亡。次日在圣狄奥多尔教堂中发生了类似的事件，造成了更多人的伤亡。11 月 6 日，正统派的暴民已经准备好
了。他们在大竞技场集会并号召杀死所有的异端分子，而后
冲进城中践行他们的口号。皇帝的雕像再度被推倒在地并砸
烂，许多房屋被焚毁，包括皇帝的侄子、担任禁卫军执政官
的庞培乌斯（Pompeius）的住宅。动乱持续了整整两天，而
后阿纳斯塔修斯才开始行动。他亲自出现在竞技场中两万多
名愤怒的臣民面前，缓缓摘下皇冠并脱下紫袍。他宣称自己
已经准备好卸下帝国的重担，他们此时只需要推举一位继
承人。如果他们愿意的话，他也可以继续执政，并许诺不
再让他们不满。这位白发苍苍的高大老人依然英俊，声音
依然沉稳、坚定、令人信服。骚动渐渐平息，事态再度得
以挽回。

在阿纳斯塔修斯漫长的执政时期，有许多对帝国和平的
威胁。与波斯三年的战争使帝国失去了东部边境上的几座重
要据点，保加尔人（Bulgars）对色雷斯的反复侵袭让他被
迫从马尔马拉海海滨的瑟利姆布里亚［Selymbria，今锡利夫
里（Silivri）］到黑海建造了一道约为三十英里长的城墙。
最大的威胁来自一个哥特人的冒险者维塔利安（Vitalian），
他自称要代表正统派，与基督一性论派的皇帝对抗，并借此
获取了许多人的支持，曾三度率部抵达君士坦丁堡城下。然
而这些威胁都没有产生任何长期的重大影响。宗教动乱似乎
应当比这些事件更值得具体叙述，只为再度强调，拜占庭帝
国的日常生活对生活在二十世纪的人们而言是难以理解的：

213

社会各个阶层热切地参与宗教问题，而在当今的我们看来，这些都是深奥而微妙的神学信条细节。这些问题对极度虔诚且热衷学术的人，比如阿纳斯塔修斯而言显得至关重要，这在那个时代不足为奇。一群暴民因圣父、圣子以及圣灵的问题，而不是政治问题发怒，让我们更难理解。但这的确属实。

188　　在他的统治即将结束时，年迈的阿纳斯塔修斯很好奇他的三个侄子中谁会继承他的皇位。迷信的他请他们三人一同到宫中赴宴，并给他们安排了躺椅休息。在其中一把躺椅的枕头下他藏了一片羊皮纸，上面写着"REGNUM"，选了这把躺椅的侄子在他看来就应当继承皇位。悲哉，结果却令他惊讶而哀伤。其中两个年轻人之间的喜爱似乎超越了家族亲情，他们决定在同一把躺椅上过夜，结果阿纳斯塔修斯做了手脚的那把躺椅无人安歇。他自那时起便相信新皇帝要由他家族之外的人担任了，但他依然想知道究竟是谁。在为此热切祈祷之后，他得知他的继承者将是次日第一个进入他寝宫的人。平常最先进入他寝宫的当然是内宫的大总管，但在那一天清晨，却是巡夜军团的指挥官查士丁（Justin）第一个进入寝宫，向他汇报一些任务的执行情况。阿纳斯塔修斯点了点头，他知道这是上帝的旨意。

查士丁（520~521）

传说就是如此，我们可以猜测这位老人可能觉得天意难测——虽然未必这是他第一次这么觉得。查士丁是色雷斯的农民，此时约六十六岁，是个文盲。据说他和狄奥多里克一样有一个写着"LEGI"（"阅"）的印封——当然他的印是木印而非金印。由于只有他有权使用紫色的墨水，因而其实他并不需要亲自签名。即使此时，按普罗柯比的说法①，皇帝还必须让他人指出在书页的哪里盖印。同一份记载还提及他和他的两个兄弟从位于内索斯以南六十英里处的小村贝德里亚纳（Bederiana）走到君士坦丁堡，"肩上披着斗篷……抵达都城时他们身上只有从家里带来的干粮"。他的妻子卢皮西娜（Lupicina）出身更为低微，是个奴隶，在查士丁把她买来时，她已经是原来拥有者的小妾。

尽管他在伊苏里亚的战争中表现出色，拥有无可置疑的军事能力，但这位新统治者实在没有当皇帝的能力。普罗柯比甚至把他与驴相提并论，说"即使有人拽他的缰绳他也不肯前进，只待在那里摇耳朵"，但这无疑是夸张了。查士丁不论如何也是从士兵一步步升为巡夜军团卫队长，成为最精锐的几支宫廷卫队之一的指挥官。他确实颇为自信、野心勃勃，而且颇有农民的机敏。按另一份记载的说法，当八十七岁的阿纳斯塔修斯终于在518年7月9日撒手人寰时，大宦官阿曼提乌斯（Amantius）有自己想推举的皇帝，并向查士丁透露了自己的计划，给了他一笔可观的钱财让他贿赂他的士兵们。然而查士丁把这笔钱私藏起来，并要求他的部下做好战斗准备。次日清晨，当人们涌入大竞技场，元老院在闭门会议中商议继承人人选时发生了斗殴。巡夜军团的士兵

189

---

① 有关这一段记载以及接下来的记载参见《秘史》（Secret History），Ⅵ~Ⅷ。

们冲进会场中维持秩序，并齐声高呼推举他们的队长担任皇帝。他起初拒绝了，但当元老们在稍做反对之后与士兵们一同开始推举查士丁时，他也就同意了。

据称这支部队随后在其指挥官身边围成一道人墙，让围观群众退后以便所有人看到身着皇权标志的他，这意味着尽管查士丁表示拒绝，但其实他对这次推举并非"一无所知"。即使如此，人们仍会疑惑，这样一个粗鄙而世故的人怎么会获得如此多的支持。首先，关键在于他是个绝不妥协的正统派支持者，与倾向基督一性论的阿纳斯塔修斯一派对立并公开拥护蓝党，反对此时颇不受欢迎的绿党。其次，他在军中颇受敬爱与尊重，如果此时仍在色雷斯游荡的维塔利安再度掀起叛乱，他也完全有能力应对。但他最大的优势是他的外甥——他皇位背后的真实力量与幕后主使者。他的外甥对他的引导准确无误，胜过其他任何一个在他盖印时指明位置的秘书官。很可能正是他的外甥安排了他舅舅登上皇位。他以拜占庭帝国的经典方式解决了维塔利安——请他来到君士坦丁堡，用执政官头衔和军务大臣官职打消他的疑虑，而后悄然刺杀他。也正是他的安排，调解了君士坦丁堡与教皇长达三十五年的对立。还有，正是他在 521 年成为执政官时，在大竞技场以最为奢侈的竞技庆祝，并给君士坦丁堡的观众们献上盛景。至少二十头狮子、三十头豹和未见详细记载的其他猛兽被投入大竞技场互相搏杀——阿纳斯塔修斯的禁令也就此终止；有相当于三千七百磅黄金的资金用于装饰、布置舞台以及赏赐平民；战车赛的质量更是无与伦比，以至于总决赛被迫取消以免观众情绪过激，爆发严重暴

190

216

乱。这与此前简朴、锱铢必较的时代形成了鲜明的对比，传达的信息相当明确：帝国将进入一个新的、光辉的年代，在重新庇佑帝国的上帝的指引下，在高贵且光芒万丈的皇帝的代表下，帝国将收复失去的领土，恢复往日的伟大。

但那个年代的象征以及完成这一切的皇帝并不是查士丁，而是他的外甥查士丁尼。

教会统一（520～521）

查士丁尼在 482 年出生于一个名叫陶雷西纳（Tauresina）的小村，那里离他舅舅的出生地不远。他的母语和查士丁的母语相同，基本可以肯定是色雷斯语，一种于几百年后就会消亡的语言；但整个巴尔干半岛已经完全罗马化，他在儿时可能就已经掌握拉丁语。我们并不清楚他是何时及如何来到君士坦丁堡的。基本可以确定是查士丁的授意，那时的他依然是个孩子。他此后成了一个博学并了解各种文化的人，而只有在都城才可能完成这样的教育。为了完善对他的教育，他的舅舅必然给他安排了军事教育，因为他在阿纳斯塔修斯逝世时正在宫廷禁卫队中的近卫军团担任军官。此时查士丁似乎正式将他收为养子，他放弃了自己的原名彼得鲁斯·萨巴提乌斯（Petrus Sabbatius），为了表达对自己恩人的感激与尊重，改名为查士丁尼。他正是以这个名字名垂青史。

但这些不过是推测而已。查士丁尼不寻常的一生只有518 年之后的记载才有可信的历史依据。他舅舅登基后的首要举措之一就是将他提升为显贵并任命他为近卫军团卫队长，这一职务使他得以直接进入权力中心，自此开始展露自己出色的统治能力。查士丁也许并不是靠他的外甥登基，即使如此，登基之后的他也愿意听取查士丁尼在所有问题上的意见，他在余生里也乐于作为他的传声筒与傀儡统治——仅查士丁尼生重病的 524 年至 525 年除外。

191　　查士丁尼的舅舅在位时期无可争辩的最重要成就要归功于查士丁尼，即自 484 年在牧首阿卡修斯的长袍上被钉上革除教籍的宣判书之后，恢复与罗马教廷的关系。在他看来，这次关系破裂是与他政治哲学之中至关重要的统一性背道而驰的：既然只有一个上帝，就只能有一个帝国与一个教会。查士丁即位还没满一个月，他就给教皇赫尔米斯达（Hormisdas）写信（由外甥拟稿），告知他自己继位的消息——其中他有些虚伪地声称自己是极不情愿地接受了这一荣耀。教皇则友善地回复了他，双方又继续进行了通信。519年 3 月 25 日，教皇的使团来到了君士坦丁堡，查士丁尼亲率代表团出城十英里相迎。两天后在圣索菲亚大教堂，大牧首约翰宣称旧罗马和新罗马的教会是统一且不可分割的，并庄严宣布将一系列的异端革除教籍，包括"黄鼠狼"提摩西、"口吃者"彼得以及他的前任阿卡修斯。他声称"曾任君士坦丁堡主教的他是这些异端的帮凶与追随者，与他们同流合污"。最后提到了芝诺与阿纳斯塔修斯的名字，从未放弃正统信仰并因坚持信仰而被流放的牧首尤菲米乌斯和马其顿努斯也在其列，并仪式性地被从双联饰板上除名。① 教会分裂就

---

① 双联饰板上刻着的人都是忠于正统信仰者，早期基督教教会在圣餐仪式上要朗诵饰板上的名字。

此结束。在拜占庭帝国看来这近乎无条件投降，还牺牲了两位无辜者的声誉。但对查士丁尼而言，为了教会统一，这种牺牲代价不算大。

狄奥多拉（521）

在一两年之后——具体日期不得而知，但应当是520年之后不久——查士丁尼的人生出现了第二个重大转折：他遇到了自己未来的皇后。委婉地说，狄奥多拉（Theodora）并不是一个理想的人选。她的父亲是绿党雇用的大竞技场掌旗手，她的母亲则在马戏团中表演，可能是杂技演员，这些背景已经足以把她排除到体面的社会之外。但情况还不止于此。她尚未成年时就与她的姐姐一同上台表演，表演最低俗的喜剧、闹剧与滑稽戏。美貌活泼的她也是个机巧的模仿者，借此很快吸引了一批狂热的追捧者，不久之后就成了君士坦丁堡最恶名远扬的交际花。然而，即使在她最堕落的时期，普罗柯比对她的描述是否属实，依然值得怀疑，下面这段记载无疑是对历史上所有的皇后与王后中最直白的毁谤。

192

此时的狄奥多拉的年龄依然太小，无法和成年女人一样与男人交媾和同床共寝，但她依然招男妓来满足人性之中的糟粕，这些奴隶跟随主人来到剧场之中，并借机发泄兽欲；而她也在妓院待了很长一段时间，沉迷于这种反常的肉体交易之中……成年之后，她立即开始参与舞台上的表演，成为娼妓，也就是被我们的祖辈称为"步兵"的那种娼妓……这个丫头全然不知廉耻，也从没有任何人见到她羞愧。恰恰相反，她毫不迟疑地接受最无耻的要求……她将所有的衣服脱掉，将本应加以遮挡的私处完全暴露在所有人的眼前。

从没有哪个女人如此沉迷于肉欲。她经常和十多个精力旺盛又想要通奸的年轻男子一同饮宴，愿意和任何一个男伴共度春宵。而当她把他们全部累倒之后，她还要找他们的随从——有时多达三十人——并与他们依次苟合，即使如此也无法满足她的肉欲。

尽管她用上了自己身体的三个孔窍，她依然会哀怨自己的乳头没有天生的大孔，以便创造一种新的性交体位。尽管她屡屡怀孕，她依然能靠各种手段使自己几乎立即堕胎。

在剧场之中，她也经常在所有人面前……袒露身体并躺倒在地，一些奴隶则在她的私处撒上大麦，而后一群受过训练的鹅则要将大麦粒一颗颗啄食掉。再度站起时，她不会脸红，反而为自己的表演感到自豪。①

记载就是如此。这位假正经的老伪君子显然享受着他写下的每一个字。同样明显的是，他的记载真伪难辨。普罗柯比既厌恶狄奥多拉，也厌恶她的丈夫，这并不是他粗野的《秘史》中唯一一段竭力诋毁两人的记载。没有证据表明他曾目睹狄奥多拉如此，因此他的可信度与市井流言无异，而且我们可以确定他没有对流言去伪存真。不过无风不起浪，

① *Secret History*，ix，10~22.

狄奥多拉的真实情况也许如我们祖辈所认为的一样，与她所处环境的其他人相差无几。至于她是否远比同一环境中的人 更为堕落，则无法下定论。

　　无论如何她开始寻找更好的归宿，成了一个比较显赫的官员的情妇，陪他前往北非。抵达后两人大吵了一番，狄奥多拉被赶走，普罗柯比的记载称她以只有她自己知道的方式返回了家中。在返回的路上，她来到了亚历山大，据说那时她与城中显赫的教士搭上了关系，这能够解释她为何在余生都公开地倾向于基督一性论派。她甚至可能受了宗教的影响，因为在返回君士坦丁堡时她已经变成另外一个人。

　　然而依然不变的是，她坚定地支持蓝党并憎恨绿党。一个故事中提到了原因。她父亲在她六岁时死去，母亲立即改嫁，希望新丈夫能够继续担任前夫绿党掌旗者的职务。但她失望了，这个职务给了他人。为免于贫困潦倒，她带着三个头上戴着花环的女儿来到马戏团，去讨好聚集起来的围观者。绿党成员本应对自己过世雇工的孤儿寡母有一定的道德义务，却无视了她们；蓝党人——更可能是为了让对手难堪而非真诚地同情——则怜悯她并雇用了她的丈夫。狄奥多拉自此忠于蓝党，终其一生都不曾动摇。

　　查士丁尼也支持蓝党，在登基之前曾经花了相当长的时间与精力保证他们支持自己。他也许是在进行这类活动时第一次见到狄奥多拉。她此时已经三十多岁，不仅美貌与机敏丝毫没有削减，还拥有了她年轻时严重不足的睿智与成熟。他的心立即被她吸引走了，并很快沦为她的俘虏。他把她当作情人并让她生下了一个早夭的孩子，但这还不够，尽管她出身如此，他依然决定要让她成为自己的妻子。这难免会遭到阻碍。一个阻碍是法律规定元老院成员以及其他高阶官员不得和娼妓成婚；另一个阻碍则更为严峻，皇后本人坚决反对。在丈夫即位之后，她放弃了原名卢皮西娜，改名为更高194 贵——也更缺乏原创性——的尤菲米亚（Euphemia），然而她本性依然是一个农妇。当她得知自己的身边终于有了这么一个比自己还低贱的人时，她决心不择手段地把她赶走。只要尤菲米亚在世，这场婚姻就不可能举行，即使是查士丁尼对此也无可奈何。但对他而言幸运的是，她在 524 年去世。老皇帝没有怎么阻挠，他从来都不愿反对自己外甥的意见。几周之后他批准了一条法令，地位高的人可以自由与任何不再从事娼妓职业的女性结婚。阻碍已经被全部去除，525 年，牧首在圣索菲亚大教堂举行了查士丁尼和狄奥多拉的婚礼。两年后，527 年 4 月 4 日，他们加冕成为共治皇帝与皇后；年老且罹患癌症已久的查士丁于 8 月 1 日逝世，他们成了拜占庭帝国唯一的最高统治者。

多元化是重要的。狄奥多拉可不想只当皇帝的配偶，和随从的宫女安静地住在后宫（gynaeceum）之中，只在重要典礼时与丈夫一同出席。在查士丁尼的坚持下，她在他的身边共同执政，以他的名义决策并行动，为各种国家重大问题出谋划策。她在这五年间经历了人生的重大转变，她未来在公共事务上的影响将与此前截然不同。

卡帕多西亚的约翰（531）

君士坦丁堡居民对查士丁尼与狄奥多拉成婚一事的态度

"金口"约翰，九世纪镶嵌画，位于圣索菲亚大教堂北侧圆室

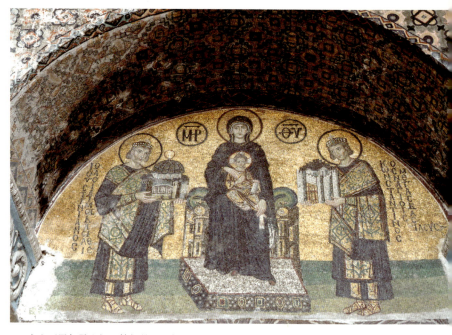

查士丁尼与君士坦丁簇拥的圣母与圣子，十世纪镶嵌画，圣索菲亚大教堂门厅上的半月形画

圣索菲亚大教堂内部

圣伊琳妮教堂，伊斯坦布尔

圣伊琳妮教堂内部

皇帝头像，或为阿卡狄乌斯

带着桂冠的狄奥多西一世，位于大竞技场的方尖碑的底部，伊斯坦布尔

圣索菲亚大教堂的拱廊

以弗所的第三次大公会议，431 年。十六世纪壁画，圣索佐门教堂，加拉塔，塞浦路斯

圣塞尔吉乌斯与圣巴库斯教堂内部，伊斯坦布尔

贞女圣母教堂遗址，以弗所

狄奥多西大帝或瓦伦提尼安一世——四世纪晚期青铜像。位于圣雕像教堂之外，巴列塔

狄奥多西城墙

六世纪的君士坦丁堡圣宫镶嵌画

皇帝阿纳斯塔修斯的双联饰板

钱币，上面的形象分别是君士坦丁大帝、君士坦提乌斯二世、加拉·普拉西狄亚、背教者尤里安和皇太后伊琳妮

查士丁尼的君主蓄水池

克拉斯圣阿伯里奈瑞教堂半圆形后殿，六世纪，拉文纳

巴尔贝里尼象牙雕，或许描绘的是皇帝阿纳斯塔修斯，他在496年接见了印度使节（下方嵌板情节）。右侧的嵌板不知所踪（应当也和另一侧的手持胜利女神雕像的战士形象类似）

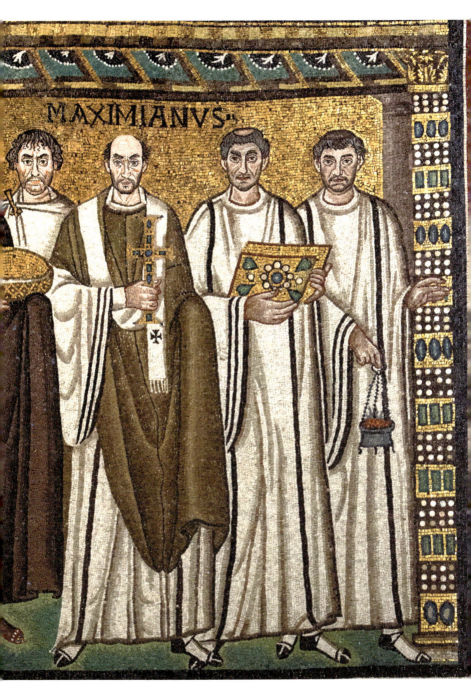

皇帝查士丁尼和他的朝臣，六世纪镶嵌画，拉文纳圣维塔利教堂

皇后狄奥多拉和她的随从，六世纪镶嵌画，拉文纳圣维塔利教堂

查士丁尼头像，镶嵌画细部，拉文纳圣维塔利教堂

瓦伦斯引水渠，伊斯坦布尔

克拉西斯，拉文纳的港口，六世纪镶嵌画，新圣阿伯里奈瑞端教堂，拉文纳

圣约翰·斯托迪奥斯教堂，伊斯坦布尔

圣索菲亚大教堂的拜占庭柱头

未见记载。如果普罗柯比对她年轻时的经历记载属实，必然有许多人认为这是帝国的耻辱。即便如此，也难免会有人对此不那么挑剔。查士丁尼与他未来的臣民一直过于疏远，他常年冷淡地退居幕后。这起码说明了他也是个普通人，和他人无异。

但是成为普通人并不意味着受欢迎。不论大竞技场的比赛有多华丽，不论在即位后第二年庆祝自己再度担任执政官时给出多慷慨的赏赐，不论给遭受地震的城市——528年的地震造成安条克近五千人伤亡，529年的地震则在老底嘉（Laodicea）造成两千多人伤亡——送去多少财政补助，查士丁尼从未被臣民爱戴过。他的铺张奢侈堪称精美，但都是要钱财支持的。与波斯的战争同样如此。在查士丁尼即位几个月后战争就已开始，波斯国王卡瓦德（Kavadh）在世时，双方边境时而发生摩擦；在他于531年逝世后，战争随之终止。要花钱的还有"永久和平"的实现。卡瓦德的继承者库思老（Chosroes）在532年9月签署和约，帝国要为此提供一万一千磅金的岁贡——尽管双方从不如此称呼。大量的纪念碑兴建工程同样开支甚大，查士丁尼在他舅舅在位时就开始在狄奥多西城墙与金角湾相接处的布拉赫内兴建献给圣母玛丽亚的大教堂，而后又在城内外重建了至少七座教堂以纪念基督教早期的殉道者，其中不少是君士坦丁大帝始建。这些工程本身就足够惹人注目，但这仅仅是个开始。即位之初，他继续大兴土木，在他自己的主持下建造一座新教堂以纪念另外两位殉道者——圣塞尔吉乌斯（St Sergius）和圣巴库斯（St Bacchus）；这座教堂在建筑学上的独创性以及奢华的装饰，

195

223

使它在整个君士坦丁堡仅次于圣索菲亚大教堂。①

要支付这些费用以及其他许多开支，就需要更严格、整体更合理的税收系统。这样的举措从来都不受纳税者的欢迎，另外，皇帝任命负责这一任务的官员又引发了大众的不满。此人是卡帕多西亚的约翰。他的背景我们所知甚少，只知道他来自小亚细亚的凯撒利亚，几乎没有受过正式教育。他粗野而庸俗，社交时全无风度，但查士丁尼意识到他是个出色的管理者，在531年任命他为禁卫军执政官。接到任务后，他在军队给养方面收紧银根，坚决打击腐败，并推行新税收。这一时期最重要的资料——吕底亚（Lydia）的约翰的记载中提及了二十六种新税，同时这些税收对富裕强势的土地拥有者和贫穷的农民全部有效——这很可能是史无前例的。此外，他尽可能地集中权力，极大削弱了高级地方官员的权力。这些改革措施中的绝大多数都是早就应该完成的，

196 而约翰接手之后无疑出色地整顿了帝国的财政体系。不幸的是，他在勤奋高效之外，却又腐败堕落，这激起了他人的一致轻蔑。那些在他看来瞒报了资产的人，都要被监禁、鞭笞乃至上酷刑来迫使他们招供。此外，他还暴食、酗酒而且淫荡，按吕底亚的约翰的说法，他不光把吕底亚的财富搜刮一空，还"没有给这些不幸的居民留下哪怕一个杯盏，也没

---

① 这座精美绝伦的建筑，即如今所谓的小圣索菲亚清真寺（Küçük Ayasofya Camii）至今依然位于大竞技场的南端，距离海墙不远。教堂的两位主保圣人是皈依基督教并立即殉道的罗马百夫长，查士丁尼在年轻时就格外敬重他们。据说当他因为参与针对阿纳斯塔修斯的阴谋而被判处死刑时，两位圣人出现在了皇帝的梦中，他因此得以获释。

有让哪怕一个主妇、贞女或者少女免遭玷污"。① 他的恶行不太可能只见于一个省份之中，532 年年初的约翰自然而然地成了帝国之中最受人厌恶的人。

特里波尼安的作品（532）

不过，倒还真有一个恶名可以与他相比的官员——法学家特里波尼安（Tribonian），此人在 529 年成为圣宫检察官（Quaestor），即帝国的最高法官。卡帕多西亚的约翰尽管在许多方面如同梦魇一般，但至少还是个基督徒，不肯受贿；来自西代（Side）的潘菲利亚人特里波尼安却是个多神教教徒，他无耻而且热衷受贿。普罗柯比提及："他愿意为任何利益而出卖正义，在主管司法时的每一天，他都会废除一些法律条款并推行新条令，以满足行贿者的需要。"② 此外，他还有些难以抗拒的魅力，其学识之广博与深刻足以惊讶所有和他谈条件的人——这一点也和卡帕多西亚的约翰不同。应当正是他的学识吸引了同样颇热衷学术的查士丁尼，皇帝多年来苦思冥想，想要完成近乎超人的事业，在他看来特里波尼安可以让这些苦思冥想最终成形。查士丁尼的想法是完全重编罗马法典。狄奥多西二世在 438 年尝试过，但那时距离此时已经有一个世纪，而且查士丁尼的计划更有野心：他

---

① 希罗多托斯（Herodotus，必须提及，他是在九个世纪之后写下的记载）声称吕底亚人有个恶劣的习俗：送未婚的女儿去卖淫。当然，他也提及："除此之外，他们的生活方式与我们也相差无几。"在他的时代，这个陋习应当已经不复存在。

② *History of the Wars*, I , xxiv , 16.

的先辈仅仅是把帝国通行的法令编纂成书，他则打算编修全新的法典，将所有重复或冲突的条令删除，保证在教学时，其中没有与基督教教义不合的地方，保证条理清晰，避免混淆与杂乱。

197　　在特里波尼安的主持之下，靠着他广博的学识，皇帝委任的特别工作组以难以置信的速度工作着。529 年 4 月 8 日，在开始工作不到十四个月之后，新的法典已经编纂完成，并在一周之后推行，成为帝国所有法庭的至高权威。扩充后的法典版本，包括查士丁尼本人添加的法令，在五年后推出。然而早在 530 年，特里波尼安和另一个工作组就已经在进行另一项编纂工作——将古罗马法学家的主要著述编纂成书。这本《法学摘要》或《法学全编》① 是将法学著作也编入法律系统的首次尝试。据说这一任务"将近两千篇论文的智慧浓缩进了五十本书，将旧日写作者的三百万篇'韵文'重写成了十五万篇"。这一庞大的任务仅在三年之内便完成了。最终在 533 年，《法学要义》（*Institutes*）也最终成书，这本手册摘录自这两本主要著作，供帝国的各个法学院教学之用。这些书全部以拉丁语写成——此时拉丁语依然是官方语言，但几乎仅用于官方。帝国自君士坦丁时代至此已经发生不小的变化，君士坦丁的城市的希腊化几近完成。

　　相比特里波尼安为帝国司法做出的巨大贡献，他违法乱

---

① 这部著作的拉丁语名称为"*Digesta seu Pandectae*"，即《（法学）摘要全编》，英语史学界通常简称为"*Digest*"（摘要）或"*Pandects*"（全编）。——译者注

纪的私生活似乎就不那么重要了——而且我们必须意识到，普罗柯比在记述时的夸张写法已近乎癖好。然而查士丁尼执政最初五年之中不断滋生的不满情绪，无疑在很大程度上源自他和卡帕多西亚的约翰。在本该胜诉时败诉，无疑是极为苦涩的回忆。而在不满的诉讼人之外，还有那些失去了职务（无论是实职还是虚衔）的人，以及因税务改革而使精明的获利手段被揭露并停止的人。后者的声音当然不会太大，但这一方的怨恨，无疑得到了另一个巨大的不满情绪来源的补充——蓝党和绿党。在查士丁尼安然登上宝座之后，他自以为不再需要蓝党的支持了，就施行了同时抑制两党的政策，削弱他们的特权，用苛刻乃至野蛮的处罚手段限制他们。因而在532年1月10日，两党在大竞技场比赛结束之后发生斗殴，他毫不犹豫地派军队进入竞技场恢复秩序，至少有七名斗殴的带头者被下令处死。其中五人被轻易处决，两人在行刑之后侥幸未死。他们被一批僧侣救起，带到博斯普鲁斯海峡对岸的圣劳伦斯修道院避难。都城执政官欧戴蒙（Eudaimon）决心让修道院断粮投降，在修道院之外安排了武装人员守卫。他们的追随者则喧闹地抗议，要求立即释放两人。

尼卡暴动（532）

两人恰巧一个是蓝党，一个是绿党，结果这两个派系首次找到了共同的目标。三天后，当查士丁尼再度来到大竞技场，发出比赛开始的信号时，人们以怒吼回应他的出现。起初没有什么异样，但突然之间，他意识到这次示威与他之前经历过的任何一次都不同：绿党和蓝党团结一致，喧闹并非

198

227

针对对方，而是针对他。他们高喊着："尼卡！尼卡！"（Nikā，意为"胜利"）这个词原本是用来鼓励他们的赛车手。此前，他们在这个词后面都会跟上他们支持的队伍，对另一方高喊。现在他们却异口同声高喊着这一个词，一遍又一遍地重复。派系差异被遗忘了，人们众口一词，发出令人不安的声音。

比赛随即开始，但紧张情绪未能减少，很快比赛被终止了。暴民冲出了大竞技场，一路大肆破坏。他们首先进攻都城执政官的官署，杀死了拦路的警卫，而后把所有监狱中的囚犯释放出来，开始放火。他们从那里继续前进到禁卫军执政官的官署，而后冲击元老院、祖西比乌斯（Zeuxippus）浴池和亚历山大浴池，甚至冲进了圣伊琳妮教堂和圣索菲亚大教堂，一路四处放火。在当天日落前，以上建筑以及主街两侧不计其数的其他建筑都成了烟雾笼罩的废墟。

与此同时，城中又不断发生新火灾，烟雾笼罩全城长达五天五夜。次日暴民返回了大竞技场，要求立即解除卡帕多西亚的约翰、特里波尼安和都城执政官欧戴蒙的职务，已经警觉起来的查士丁尼立即满足了这一要求。第三天，他们的愤怒依然没有平息，开始呼唤推举新皇帝——阿纳斯塔修斯的侄子普罗布斯（Probus），而当他们发现他离开了都城之199 后，他们纵火焚毁了他的家宅，继续破坏。最终，在1月18日，查士丁尼稍微恢复了理智，他出现在了大竞技场，将这一切动乱都归罪于自己，并许诺宽恕所有悄然返回家中的人。二十年前他的前辈使用这一手段时大获成功，但此时他面对的情况要比阿纳斯塔修斯的严峻得多。几声有气无力的欢呼很快被嘘声与尖叫声淹没，皇帝只得仓促返回宫中。

暴乱者找到了新人选——前皇帝的另一个侄子希帕提乌斯（Hypatius），他曾在波斯指挥军队，也曾率部在色雷斯与叛乱者维塔利安作战，战功卓著。年事已高的他不想当皇帝，当暴民开始呼唤他时，他还竭力隐藏，但最终他们还是找到了他，并扛着他来到大竞技场。人们从旁观者那里借来了一个金领环充当冠冕，他被加冕并坐在了皇室包厢的皇位之上。与此同时，在皇宫，绝望的查士丁尼正在和他的参谋们讨论。几天前，他已经做好准备，必要时可以和亲随一同逃离都城；现在他认定，逃亡一事不能再拖延了。

突然，狄奥多拉打断了谈话。她说，她并不在意让一个妇女来规劝一群惊恐的男人勇敢起来是否合适。在危急存亡之时，唯一的指引只有理智。在她看来，逃跑，即使能够让他们安全脱身，也是不应被考虑的。她继续说道：

> 每一个人，既于光明之中诞生，终归要在黑暗之中死亡。身为皇帝，又怎么可以逃难呢？我希望，永不脱下我的紫袍，永不放弃我的尊号。我的君主，如果您想苟且偷生，并不难办。我们的财富就在那里，海洋就在那里，我们的战舰就在那里。但首先想想，当您脱离险境之后，您会不会后悔，会不会宁愿选择死亡。至于我，我坚信古人的话：紫袍是最高贵的裹尸布。①

---

① *History of the Wars*, I, xxiv, 33～37.

　　此后再也没有人提过离开了，所有人一致同意用武力来解决这次暴动。幸运的是，帝国最出色的两名军官就在宫中，其一是贝利撒留，此时依然未满三十岁。他和查士丁尼一样是罗马化的色雷斯人，刚刚被从波斯前线召回并提升为总指挥官。其二是伊利里亚人门都斯（Mundus），此时他只是偶然在都城停留，但他麾下正好有一支规模可观的斯堪的纳维亚佣兵。两人随即制订了行动计划。

　　他们悄然溜出宫中，集结起部队，分别绕路行军抵达大竞技场。尔后随着一声令下，他们同时向喧闹的暴民们发起冲击，这完全出乎暴民们的预料。没有任何人被饶恕，绿党成员和蓝党成员都被毫不辨别地屠杀。同时，皇帝卫队的指挥官，一个年长而外表柔弱——这欺骗了许多人——的亚美尼亚人宦官纳尔西斯（Narses），正率部集结在各主要出口之外，奉命杀死所有试图逃走的人。几分钟之内，大竞技场中愤怒的呐喊就被哭号与呻吟淹没，伤者与濒死者很快彻底安静下来，直到寂静笼罩了整个赛场。赛场的沙土已经被鲜血浸透。

　　杀得筋疲力尽的佣兵们穿过这三万多具尸体，寻找并杀死侥幸存活的人，掠走死者的财物。颤抖着的希帕提乌斯被带到了皇帝面前。查士丁尼可能意识到了自己的老朋友并不能控制事态，本打算网开一面，但狄奥多拉制止了他。她指出此人是由城中居民加冕的，虽然头发已经花白，但此后的叛乱者依然会推举他为领袖。她的丈夫一如既往地屈从于她的意志。次日希帕提乌斯和他的兄弟庞培乌斯（Pompeius）被立即处决，尸体被抛入大海。

重建圣索菲亚大教堂（532）

这场此后被称为"尼卡暴动"的事件给查士丁尼上了重要的一课。几周之内，他就自信地让特里波尼安和卡帕多西亚的约翰官复原职了；此后的他更为谨慎，尽管税收依然很高，却再也未达到不理智的程度。他的臣民们遭到了遏制。三万人已经死去，必然还有不计其数的人将自己在那个足以决定命运的下午缺席大竞技场一事归结为上帝的旨意。在他们看来，皇帝不可能如他们所愿被肆意废立了。对阿纳斯塔修斯他们还多少掌控一些，查士丁尼却用行动表明了他是不能任人摆布的。

与此同时，对皇帝和平民而言，都有亟需完成的工作。他们的都城变成了一片废墟，无论代价如何，他们都要将其重建，如果可能的话要重建得更加宏伟壮丽。这首先是都城执政官及其下属官员的职责，但都城重要的中央建筑明显不适宜由附属官员来建设，其中首要的是正是圣索菲亚大教堂。查士丁尼要亲自主持建造，他也立即开始行动。532年2月23日，在原来的教堂被摧毁仅三十九天之后，圣索菲亚大教堂开始了第三次建造，也是最后一次重建。

尽管最初的教堂建造在君士坦丁大帝本人选择的地点上，教堂却是直到360年，他儿子君士坦提乌斯在位时才建造完成的；在不到半个世纪后的404年，教堂在"金口"约翰被流放引发的骚乱之中被焚毁。教堂于十一年后狄奥多西二世在位时修复，与最初的教堂几乎完全一致，依然是按照传统的君主大堂模式建造。查士丁尼的建筑却与这两座大

201

不相同。其规模显著增大，成为同时代基督教世界之中规模最大的宗教建筑。① 其形状也为正方形而非矩形，顶部并非以位于东侧圣堂的半圆顶收尾，而是修建了高耸于中央的穹顶。这一理念具有相当的革命性，查士丁尼很可能在尼卡暴动之前就已经和他选择的两位建筑师——塔勒斯的安特米乌斯（Anthemius of Tralles）和米利都的伊西多尔（Isidore of Miletus）——讨论过，毕竟他们无可置疑的天才设计不太可能是在六周之内完成的急就章。

对这两位建筑师的记载存世极少。安特米乌斯是希腊人，来自小亚细亚的塔勒斯，即今艾登（Aydin），一个位于米安德河（Meander）河谷之中的小镇。他主要是数学家与工程师，在来到君士坦丁堡之前很可能曾在亚历山大学习。来到君士坦丁堡之后他为查士丁尼修建圣塞尔吉乌斯与圣巴库斯教堂，他因为工作出色而得以全权监管都城所有新建筑工程的技术问题。他的同事伊西多尔来自同一地区，也可能去埃及受过教育，他为一世纪著名的数学家——亚历山大的希仑（Heron）所写的讨论拱顶修建的著名文章加了精彩的批注，并因此知名。在被皇帝征召时，他已经是同时代最重要的教师之一。

圣索菲亚大教堂（537）

202　　起初查士丁尼似乎把教堂的设计以及开支全部交给两人

---

① 这一领先地位直到约七百年后才被塞维利亚大教堂（Seville Cathedral）超越。

自由决定，他唯一的要求是，这座教堂的宏伟必须无可比拟，并且尽快建好。此时的他已经五十岁，只想在死去之前见到教堂竣工。普罗柯比记载称他聚集了"全世界"的画师和工匠;① 另一份记载提及他任命了一百名工头，每人指挥一百名工人，五千人在北侧工作，五千人在南侧工作，让两队竭力竞争。与此同时，皇帝命令的副本传到了帝国的所有行省，要求行省的管理者检查本地的古迹，将任何留存，且能够点缀新建筑的古典时代艺术品运往都城。而后据称都城收到了来自罗马的太阳神庙的八十根斑岩柱，以及来自以弗所的八根绿色大理石柱。大量各种颜色与类型的大理石则特意从采石场挖掘出来，运来建造墙壁与道路。

  ……卡里斯托斯（Carystus）运来的鲜绿色大理石，弗里吉亚山脊运来的杂色大理石，玫瑰红色与白色混合，或者与深红色和银色的花朵交映生辉。还有大量的斑岩，上面带有灿烂的光点，从宽阔的尼罗河用船运来。可以看到来自斯巴达的祖母绿，以及来自亚细亚的深山中，带有工具留下的起伏脉络的大理石，上面有倾斜的血红色与铁青色条纹……也有在利比亚金色阳光照射之下孕育、在摩尔群山之中的裂缝里开采的，如同黄金一般闪耀着藏红花色的石料；还有来自凯尔特人居住的峭壁上的大量水晶，如同牛奶洒在光滑的黑色表面上

---

① *Buildings*, i, 1.

一般。还有珍贵的缟玛瑙，其中仿佛有黄金在闪耀。还有埃特拉克斯（Atrax）出产的大理石……一部分是鲜绿色，如同大海或祖母绿一般；一部分则是蓝色，如同草丛之中的矢车菊一般；还有落雪一般的白色斑块，散布在各处……

肃静官保罗留下了这样的记载，他赞美新教堂的长诗——甚至可谓狂想曲——是为 563 年平安夜这座教堂的落成庆典（encaenia）而写，这座教堂在接连两次地震后受损并进行了重建。尽管满是荷马史诗式的藻饰，他还是记录了大量细节，而且精准得令人惊异，人们难免认为他是在这座建筑物之中写下了这篇长诗。他还提及："拱顶由不计其数粘接在一起的金片组成。阳光照射下辉映的金光洒下，光彩夺目，几乎让人无法直视。这光芒仿佛春日正午的太阳一般，足以让所有山峰染上金色。"

有趣的是，肃静官和同时代人都没有提到教堂中的海量镶嵌画。查士丁尼时代的镶嵌画自然很难留存至今，八世纪的破坏圣像运动早应将其毁灭。但如果确有镶嵌画，保罗、普罗柯比以及其他许多记述者却都没有提及，实在是难以置信。然而普罗柯比提及大教堂内部光辉万丈，与肃静官保罗的记述相符，而在大理石护墙之上（据估计有四英亩大），整个教堂内部都布满了镶嵌的装饰块，或者是统一的金色，或者加上红色、蓝色与绿色的嵌石（tesserae）组成装饰图案。最初的装饰中大部分依然留存至今，可惜的是，曾在中央穹顶悬吊着，在背景的群星之中镶满珠宝的十字架，如今已不复存在。[①]

　　但教堂的华丽不只限于表面的装饰，在建筑学意义上，它对最初的参观者而言也如同奇迹一般。对史学家埃瓦格里乌斯（Evagrius）而言，这"伟大且无与伦比的杰作"的壮美"胜过一切言语"；对普罗柯比而言，教堂仿佛高耸入云，超过周围所有的建筑，"如同一艘巨轮停泊其间"。然而对绝大多数的参观者而言，最令人称奇的还是巨大的穹顶，直径为一百零七英尺，离步行道一百六十英尺，其宽度与高度均远胜同时代所有的穹顶，周围一道浅碟状的边际上配有四十扇窗，仿佛"用金链吊在天空"一般。

　　而其中的装饰，如纯银打造的、五十英寸高的圣像立壁，上面挂着天使与使徒们的圣像，圣母则荣耀地居于中央；高阶圣坛以黄金宝石装饰，圣坛之上的天盖为纯银打造，配有四根装饰繁复的立柱；给布道者准备的巨型讲道台在色彩斑斓的大理石与镶嵌画中闪耀着；其中的金质灯具更是不计其数。圣物也是其他任何一座教堂所不能媲美的，其中最重要的，正是皇太后海伦娜从耶路撒冷带来的真十字架。此外还有耶稣受难的各种圣物，包括耶稣的襁褓，以及他和使徒们进行最后晚餐的长桌。同样敬奉于此的还有圣彼

204

----

　　① 穹顶在553年和557年的地震中松动，于558年5月7日坍塌。穹顶在与伊西多尔同名的侄子主持下重建，新穹顶稍陡，比此前的穹顶还高约二十英尺。但第二次建造的穹顶和西侧的拱顶一同于989年坍塌，第三次建造的穹顶则与东侧的拱顶一同于1346年坍塌。目前存留的穹顶是第四次重建的产物，在十九世纪六十年代的大规模重建活动之中，由意大利建筑师加斯帕雷·福萨蒂（Gaspare Fossati）在穹顶内部使用铁链进行加固。

得的锁链、圣尼古拉斯（St Nicholas）的毛毯、圣潘塔莱翁（St Pantaleimon）的头骨，以及圣日耳曼努斯（St Germanus）的武器，这些在新牧首继任时都要在就职仪式上取出。537年12月27日，在奠基石埋下仅仅五年零十个月又四天之后，查士丁尼首次进入完工的教堂，在默然肃立良久之后，人们听到他轻声说了一句话："所罗门，我胜过你了。"

第十章 贝利撒留（532～540）

他出众的体格和威严的面孔与他们期待的英雄形象
恰好吻合……他将宽容与公正结合，得以既受士兵的爱
戴又不失民心。生病或受伤的士兵可以得到医护与补贴
金，还能得到他们指挥官的探视与微笑——而这更为有
效……任何曾经从军的人，都无法吹嘘自己见到他沉溺
于美酒之中；哥特人与汪达尔人中最美丽的俘虏送到他
怀抱之中，他也不会受她们的美貌引诱；他身为安东尼
娜（Antonina）的丈夫，对婚姻的忠贞也从来无人怀
疑。他功绩的见证者与历史学者发现，在危险的战局之
中他勇敢而不鲁莽，谨慎而不胆怯，是缓是急全依当时
的局势来决断。即使在最为绝望的时刻，真实或似然的
希望也能够激励他；而在一生中最风光的时刻，他也保
持着节制与谦逊。

——吉本，《罗马帝国衰亡史》，第四十一章

尼卡暴动之后的帝国相对平静，八个月之后又与波斯签
订了和约，在这一时期查士丁尼终于得以抽身，处理他决心

在自己统治期间完成的主要任务：收复西帝国的土地。和他的大多数臣民一样，他坚信罗马帝国，作为基督徒的政治实体，只有一个而且不可分割；帝国的一半落入异族与异教徒的手中是对上帝意志的冒犯，而作为基督徒，他有义务拿回他失去的遗产。在此前一个世纪中这种收复失地的行动是不可能实现的，帝国在艰难地防卫接连不断穿越其边境的日耳曼与斯拉夫诸部，大批蛮族渗透进军队本身也使军人的忠诚难以保证。但在查士丁尼的时代，这些问题大体已经得到解决，更重要的是，他恰巧发现了贝利撒留，整个拜占庭帝国历史中最为出色的将军之一，他相信这个神圣的任务可以放心地交给此人执行。

206

为此，查士丁尼于 531 年秋将贝利撒留从美索不达米亚召回。两年之前，这位年轻的将军就已经被提升为东方军务大臣，其间他在尼斯比斯西北约二十英里处的达拉（Dara）彻底击溃了一支规模远大于己方的波斯军队。他的军事天赋无可指摘，本人的勇气一次又一次得到证明，他也是天生的领袖。他只有一个累赘——他的妻子，她在他从东部返回之后不久即与他成婚。安东尼娜的背景与皇后确有相似之处，她也是在戏院与马戏团中长大，就算没有狄奥多拉的经历那么耸人听闻，也肯定算不上清白。她至少比她的丈夫年长十二岁——普罗柯比称她比贝利撒留年长二十二岁——而且已经生育几个婚生或私生的孩子。和狄奥多拉不同的是，她在嫁给颇有声望的丈夫之后没打算收敛自己的个性，而且在此后的岁月中她让她的丈夫相当难堪和苦闷。但贝利撒留似乎依然

爱着她，而且每一次出征时都让她陪同——可能在很大程
度上也是出于看住她的需要。

远征阿非利加（533）

第一块准备收复的领土是北非的汪达尔王国。巴西利斯
库斯指挥的远征军曾被汪达尔国王盖萨里克全歼，这一屈辱
的惨败已经过去六十五年，其间发生了许多变化。盖萨里克
于477年逝世，此前他在王国制定法令，采用长子继承
制——这使汪达尔王国在这一方面比其他所有日耳曼人政
权，乃至罗马帝国本身都要进步——并就此将王位传给自己
的孙子希尔德里克（Hilderic），一个年长且未婚的不公开的
同性恋者。瓦伦提尼安三世的女儿欧多西亚公主在汪达尔人
劫掠罗马之后和她的母亲与姐妹一同被带到阿非利加，此后
与盖萨里克的儿子成婚。希尔德里克就是她的儿子，这意味
着他从自己母亲那里获得了罗马血统。他直至此时仍坚持罗
马人的宗教习惯，摒弃了自己先祖的阿里乌斯派异端信仰而
接受正统信仰。而且他相当厌恶战争，甚至不允许他人在他
在场时讨论这一话题——如果普罗柯比的记载可信的话。这
一切对查士丁尼而言都是好消息，他理所当然地相信，只需
要悄然施加一点外交手段，他就能不费一兵一卒将汪达尔王
国收归帝国管辖。不幸的是，他的时间并没有他预想的多。207
531年，希尔德里克的远房堂弟盖里摩尔（Gelimer）最终
忍无可忍，在绝大多数汪达尔贵族的热切支持之下篡位称
王，并给立即表示抗议的皇帝送去一封信，指出"君主最
应该管的是他自己的事"。

拜占庭的新生：从拉丁世界到东方帝国

必须承认盖里摩尔的说法确有道理，但对查士丁尼而言这就是战书。他的幕僚们依然记得之前的溃败，因而坚持反对开战。其中最坚定的卡帕多西亚的约翰如此说道：

> 尊敬的皇帝，您意图对迦太基发动一次远征，而那里走陆路需要一百四十天才能到达。如果您让士兵登船，您也必须航行通过一段漫长的水面才能抵达海洋的最边缘处。如果您的部队遭遇厄运，消息至少要一整年才能传回到我们这里。即使您取得了胜利，您也无法控制阿非利加，因为意大利和西西里仍在他人掌控之下；而如果您战败，破坏此前协议的您将使整个帝国陷入危机。简而言之，胜，您无法长期得利；败，您繁盛稳固的帝国将有倾颓之虞。①

然而对查士丁尼而言，盖里摩尔的冒犯让他愤恨难平，而当一个东部的主教告知他自己梦到全能的主许诺将援助对信仰阿里乌斯派的汪达尔人的神圣战争之后，他便不再需要激励了。贝利撒留接到了命令，大约在 533 年仲夏节当天，皇帝站在皇宫的窗边静观远征军出征。远征军包括五千名骑兵和骑兵数量两倍的步兵——这支部队中至少一半是蛮族的雇佣军，其中绝大多数是匈人，还混杂着相当一部分来自斯堪的纳维亚的赫卢利人（Heruli）。他们的运输舰队有五百

---

① *History of the Wars*, III, X, 14～16.

艘运输船，配九十二艘德罗蒙（dromons）战舰护航。① 旗
舰上与总指挥官一同出征的还有他的军事秘书官普罗柯比，
妻子安东尼娜也一如既往地随行。

旅途之初有一个不祥之兆，两个醉酒的匈人——普罗柯
比称匈人是世上最为酗酒无度的人——杀死了他们的一个同
伴，贝利撒留立即将他们绞死在阿拜多斯（Abydos）城外
的小山上。此后舰队一路顺利抵达伯罗奔尼撒西南角的迈索 208
尼（Methoni），但麻烦再度来临。船上卡帕多西亚的约翰准
备的干粮早已霉变，不幸的是直到五百人严重食物中毒时才
发现这一点。（普罗柯比声称一直想节省开销的约翰没有把
生面团送去面包房烘烤，而是送到君士坦丁堡阿喀琉斯浴池
的火炉烘烤，干粮因此没能烤好。）舰队等待了许多天，靠重
新补充当地产出的干粮才得以继续航行，经扎金索斯
［Zacynthus，时称赞特（Zante）］抵达卡塔尼亚（Catania）。

在经历了汪达尔王国短暂的统治之后，西西里重新由奥
多亚塞控制，为此他每年要支付贡金。由于意大利的东哥特
王国和狄奥多里克在位时一样，对拜占庭保持友好态度，所
以卡塔尼亚提供了很有意义的支持，贝利撒留得以在此整备
战舰以进行最后的进攻，同时收集敌军的部署情报。为此普
罗柯比奉命南下前往锡拉库萨（Syracuse），他在那里幸运
地遇到了儿时的好友，此人的一个奴隶三天前刚从迦太基返
回。这个奴隶带来了对他们而言可能是最好的消息：汪达尔

---

① 德罗蒙战舰是拜占庭军舰中最小的一种，靠轻快取胜。船上共有一列桨
和约二十名桨手，上面加顶以防备敌人的投射。

人对这支舰队的到来仍一无所知，事实上近期派出了一支大军远征撒丁岛以平息当地的叛乱——尽管他们并不知道，这场叛乱的幕后煽动者正是查士丁尼。

得知这个消息的贝利撒留立即下令起航，在马耳他短暂休整之后舰队安然抵达北非，在今卡布迪亚角（Ras Kaboudia）的开阔海滩登陆，这个苏塞（Sousse）与斯法克斯（Sfax）之间的突出部是突尼斯海滩的最东端。骑兵和步兵从此地出发北上，往迦太基行军，战舰则在近海随同他们行动。这段大约一百四十英里的路程，普罗柯比乐观地描述为"未受妨碍的旅行者五天就能走完"。但拜占庭军队携带着大量辎重与装备，花了两倍的时间才赶到汪达尔王国都城之外第十块里程碑的位置——抵达当天，9月13日，汪达尔军队开始进攻。

在海岸边发现罗马人的舰船之后，盖里摩尔迅速行动。他的舰队以及部分部队确实已经被派到撒丁岛，但他在本国依然保有大批部队，入侵大军登陆时他的计划已经制订好了。他选定的战场位于第十块里程碑附近，往南的道路在那里要进入一段狭窄的谷地。攻击将分为三路进行，他的兄弟阿玛塔斯（Ammatas）进攻敌军前锋，他的侄子吉巴蒙德（Gibamund）自西面的丘陵横扫敌军中段，他本人则进攻敌军的后方。这是个雄心勃勃的计划，成功的关键是精确选择攻击时机。对盖里摩尔而言不幸的是，他部队之间的协同没能达到他的预期。阿玛塔斯出发得太早了，已收到消息的拜占庭军队以逸待劳。在随之而来的战斗中，这位汪达尔王子奋力杀死十二名罗马士兵之后阵亡，他的士兵看到他们的领导者倒下之后，士气迅速瓦解。一些人死在了他的旁边，其他人则逃走了。

对侧翼的进攻同样不成功，而且输得远没有正面光彩。此时突袭进攻已不可能，但如果吉巴蒙德迅速行动前去协助阿玛塔斯，这两支部队仍有扭转战局的可能。然而他犹豫了，下令停止前进，并开始谨慎地将部队集结成作战阵型。当贝利撒留麾下的骑兵发起冲锋时，他仍然在整队。他们是匈人，恐怖、凶悍而顽固。汪达尔人刚看清冲来的敌军就纷纷掉头逃跑了。此时三路军只剩下盖里摩尔的部队了。他进攻之初颇为顺利，试图将贝利撒留及其将军们与他们的主力军分隔开。但就在此时，他看到了他兄弟的尸体，他的战斗就此结束。相当长一段时间内他都没有行动，在遗体被带离战场并妥善安葬之前一直拒绝离开那里。贝利撒留再度抓住了战机。他迅速重组部队，对汪达尔人的主力军发起了冲击并将其驱散。战斗结束，守方四散逃离，他们没有向北面即他们的出发地逃亡，因为道路已被罗马人控制，而是向西逃往努米底亚的沙漠之中。迦太基城已是城门大开。

夺取迦太基（533）

两天后，9月15日星期日，贝利撒留在安东尼娜的陪同之下正式进入该城。自他们登陆阿非利加的第一天起，他就严令部下尊重当地人的生命及财产，这些人尽管被蛮族统治了一个世纪，却依然和他们一样是罗马公民。没有威吓、傲慢、自负或者夸耀，从商店中获取的一切都以现金全款支付。至于贝利撒留，他直接前往宫殿并坐在了汪达尔国王的宝座上，接见城中市民代表，而后和他的军官们举行庆功宴——普罗柯比提及宴会上的菜品还是原本盖里摩尔用来准备给自己庆功的。

但盖里摩尔并未放弃努力。在迦太基以西约一百英里之外努米底亚的布拉雷基亚（Bulla Regia）避难时，他派信使给自己幸存的兄弟扎佐（Tzazo）送去一封加急信，要求正在指挥对撒丁岛远征的他立刻率部返回阿非利加。与此同时，他安顿下来重组他的部队，并从当地布匿人（Punic）和柏柏尔人（Berber）的部族寻求支援，他慷慨地许诺为他们斩下的每一个罗马人的首级支付报酬。就这样他逐渐组织起了部队，到扎佐及其部下在 12 月初前来与他会合之后，他自以为再度有了足够的军力发动进攻。普罗柯比的记载中提及盖里摩尔对他的追随者吹嘘，称汪达尔人新组建的部队人数有罗马人的十倍之多，实际情况当然并非如此，但当两兄弟率部离开布拉雷基亚前往迦太基时，其规模无疑依然可观。行军期间他们短暂停留，以破坏作为王国都城主要淡水来源的引水渠。

尽管贝利撒留在第十块里程碑之战后的数周内都在加固迦太基城的防卫，但他并不想静等敌军前来围攻——部分原因是他开始怀疑他麾下的匈人和其他蛮族的忠诚度。他清楚他们曾经与盖里摩尔派来的特使接触，盖里摩尔恳求同为阿里乌斯派的他们倒戈。如果他们打算背叛，贝利撒留宁愿让他们在战场上叛离，也不愿让他们在围城战中变节。他下令开拔，与汪达尔人在迦太基以西三十英里外的特里卡马鲁姆（Tricamarum）决战。

这一战在 12 月 15 日展开。罗马人靠着远胜于对方的训练水平与指挥水平，很快占据了上风，三度冲击汪达尔人的阵列，而在第三次冲击之后的肉搏战中扎佐在他兄长的面前被杀。盖里摩尔再度犹豫了，他的部下看到他的优柔寡断，纷纷开始后退，而匈人正是在此时——正如贝利撒留怀疑的那样，他们正在静观这一战的倒向——决定加入战斗。他们催马向前，发起一次摧枯拉朽的冲击，迅速将汪达尔人的后退变成了溃逃。盖里摩尔逃进了他在努米底亚的据点，他的部下则在一片混乱中跟随。这次征战就此结束了。贝利撒留一路进军抵达希波（Hippo），该城居民立刻打开城门，他控制了王国的财富。尔后他带着大批汪达尔俘虏和装满战利品的车辆返回了迦太基城。

盖里摩尔尽管清楚他已经失去王国，却没有立即投降。几周之内，他在柏柏尔人诸部的庇护下游荡于山间。534 年年初，他被一支罗马部队包围，其指挥官赫卢利人法拉斯（Pharas）劝他投降，并保证查士丁尼不会害他，反而将以对待国王的礼节对待他，并让他体面且安逸地隐退。但盖里摩尔还是拒绝了，只索要一块海绵、一条面包和一把里拉琴。这个要求让罗马人有些迷惑，直到信使解释称他的君主需要海绵来擦洗一只受到感染的眼睛，需要面包是因为在吃了几周农民提供的未发酵的生面团之后他渴望吃到真正的面包，至于里拉琴则是因为盖里摩尔在躲藏期间把时间用在谱写一首为他最近的不幸而悲恸的哀歌上，他急于用琴试奏一番。

他的要求是否得到满足未见记载，但在 3 月，在度过漫长而极度严酷的冬季之后，汪达尔国王最终还是投降了。当

211

他来到贝利撒留面前时，在场的人惊讶地发现他因无法控制的大笑而颤抖。普罗柯比解释称他的笑声是一种愤世的嘲弄，嘲弄雄心壮志的虚妄。也许情况是这样，然而同时在场的其他人则认为这个失败的篡位者在经历了这一番磨难之后，神志已经不复清醒——这一说法似乎更有道理。

贝利撒留的凯旋式（534）

贝利撒留在盛夏被召回君士坦丁堡。阿非利加并未完全归于和平，柏柏尔人诸部在几年之后才最终被纳入帝国统治，但这一任务可以交给负责管理在原汪达尔王国领土上建立的七个新省——包括科西嘉岛、撒丁岛和巴利阿里群岛——的禁卫军执政官。皇帝有一份更具野心的计划要交给这位战胜的将军。

然而他首先要获得合适的奖赏，一直热衷古时习俗的查士丁尼决定为他举行一次凯旋式。在帝国建立之初几乎只有皇帝有权接受凯旋式，仅有极少数皇帝的近亲也曾获此殊荣，而在最近几个世纪这一习俗近乎消亡，即使皇帝也很少如此。上一个接受凯旋式殊荣而不是皇帝的人是公元前 19 年的卢修斯·科尼利厄斯·巴尔布斯（Lucius Cornelius Balbus），即小巴尔布斯。此时已经过去五百五十三年，罗马人再度得以齐声欢庆，祝贺贝利撒留凯旋进入大竞技场。[①] 凯旋队伍之后是他的士兵们，而后是盖里摩尔、他的

212

---

① 然而普罗柯比明确记载贝利撒留也被迫步行进入大竞技场，而不能和古时一样乘四驾马车（quadriga）进入。

家人，以及最高大威猛的汪达尔人俘虏。队伍后方是几乎无尽头的车队，车辆因战利品的重压而咔咔作响。战利品之中还有"七枝烛台"（menorah），这件神圣烛台是公元71年，皇帝提图斯（Titus）从耶路撒冷的神庙带到罗马的，而盖萨里克在455年将其带到了迦太基。

此后，在犹太社区表述了意见之后——他们强调如果留下这件圣物，君士坦丁堡将难逃厄运——常年迷信的查士丁尼将烛台以及其他来自那座神庙的圣物送回了耶路撒冷。然而这些曾经如此著名又如此庄严的圣物现在使贝利撒留的凯旋式格外荣耀。庆典的高潮出现在贝利撒留与盖里摩尔——他的紫袍已经被解下——拜倒在查士丁尼和狄奥多拉所在的皇帝包厢前。"虚妄之虚妄，一切皆虚妄。"据说汪达尔人的最后一位国王匍匐在征服者面前时如是说道。随后在与皇帝进行的私人对话中，他却拒绝成为显贵，因为这意味着他被迫放弃阿里乌斯派信仰；他欣然接受了查士丁尼给他在加拉提亚（Galatia）的富饶地产，他在那里得以与家人平静地安度晚年并保留自己的信仰。与他一同被俘虏的人则没有那么幸运，他们被集结起来编组为五支帝国部队，名为"查士丁尼汪达尔人军团"（Vandali Justiniani），而后开赴波斯前线，被迫为帝国作战并尽可能幸存下来。

但查士丁尼和贝利撒留都不怎么在意这些人。他们所关心的是这位皇帝恢复帝国古时荣光的下一步计划：收复意大利。

阿玛拉逊莎（534）

在他舅舅的时代，刚刚掌权的查士丁尼就梦想着要把整个意大利半岛纳入帝国的版图。没有罗马城的罗马帝国未免过于荒谬；一个信奉阿里乌斯派的东哥特王国控制了罗马，无论这个王国的态度如何之好，也不过是颗眼中钉而已。此后在政治上这个王国也可能构成威胁：狄奥多里克已死，他与君士坦丁堡常年保持的友好态度是否会为他的继承者延续下来，依然是未知数；新君主如果持敌对态度，东哥特王国完全可以给拜占庭帝国控制的巴尔干半岛带来各种纷乱。

213 　　因此这个王国必须被消灭。唯一的问题是如何消灭。意大利的情况与汪达尔人的北非王国情况完全不同。盖萨里克和他的继承人们自大地宣称独立，东哥特人的国王则——至少在理论上——以皇帝下属的名义统治。汪达尔王国残酷地迫害正统派教会，而他——尽管自己坚定信仰阿里乌斯派——在竭力培养与正统派教会的友好关系，并试图获取教皇与显赫的罗马人的支持。结果是，他深受他所统治的帝国公民的支持；查士丁尼也清楚这些公民此时安于现状，在意大利重新被收归帝国管理之后，他们必然会因管制加强而怨恨——更别提帝国繁重得多的赋税了。

　　狄奥多里克于 526 年逝世，逝世前不久他将主要的哥特首领召集到病榻前，要他们承认他的外孙子，即八岁的阿塔拉里克（Athalaric）为继任国王。这个孩子的母亲是狄奥多里克唯一的女儿阿玛拉逊莎（Amalasuntha），此时已经守寡四年的她是同时代最不寻常的女人之一，甚至可以说和狄奥多拉一样不寻常。她一方面野心勃勃并热衷权力，另一方面又颇有学识，通晓拉丁语与希腊语，对各文化的广泛了解在同时代女性之中极为罕见，在哥特人中更是独一无二。对她而言不幸的是，她并不能依靠一个查士丁尼式的丈夫来玩弄权术并获得支持，哥特人的社会远比希腊人的社会更为男权主义。在她父亲死去，她成为儿子的摄政者时，她很清楚自己身边满是怨恨自己的人，而她对阿塔拉里克进行的是她自己也曾接受的、彻底的古典教育，这又使怨恨进一步加深。不到一年，一群颇有权势的哥特贵族——他们几乎都是文盲——公开表示反对，宣称阿塔拉里克应当学习战斗而不是与花白胡子的语法学家和哲学家混在一起，让年幼的国王彻底脱离他母亲的掌控。

阿玛拉逊莎被迫屈服。自此她放弃了对阿塔拉里克的所有责任，而阿塔拉里克几乎立即就与狐朋狗友们混在了一起，刚刚成为少年的他便已经酗酒纵欲，在满十七岁之前暴死。他的母亲清楚自己地位难保，开始与查士丁尼秘密联络。接下来的几年间，尽管两人从未谋面，关系却日益紧密，并最终制订了一个秘密计划。阿玛拉逊莎逃亡并渡过亚得里亚海，抵达属帝国的港口底拉西乌姆，在那里寻求庇护并在皇帝的帮助下夺回本属于她的权力。

狄奥多里克的女儿已经站到自己这一边，查士丁尼清楚他能够借此获取相当多哥特人的支持，如果稍微走运一点，也许他就能够兵不血刃将意大利收归帝国版图。但正如三年前的阿非利加一样，事态变化得太快了。534 年 10 月 2 日，年轻的阿塔拉里克因纵欲过度死在了拉文纳，王位被传给了狄奥多里克唯一的男性亲属——他的侄子狄奥达哈德（Theodahad）。新国王是个不受欢迎的人，贪婪而毫不迟疑地侵占了大片地产，即位时他已经是王国之中拥有地产最多的人。但他对权力并无兴趣，更希望在数不清的别墅之中过柏拉图式的绅士学者生活。阿玛拉逊莎似乎完全没有意识到，他也在和查士丁尼秘密联络，但她仍把他的即位当作自己的机会。她提出与他分治王国。狄奥达哈德将享受国王应有的所有特权，而不必担负任何责任，她本人则处理日常事务。她强调自己并不是要提议结婚，毕竟狄奥达哈德已经成婚，她只是要求共治，国王与王太后和谐且平等地共同管理王国。

狄奥达哈德同意了，新的治权分配随即公布；然而他几乎立即反悔了自己的决定，并开始密谋推翻他的堂姐妹。阿玛拉逊莎依然有许多身居高位的敌人，他们之中许多人都乐于参与一场针对她的新密谋。535 年 4 月她被逮捕，关进了博尔塞纳湖（Bolsena）中一座岛屿的城堡里，不久之后即被勒死在浴室中。狄奥达哈德坚决否认自己曾参与这一阴谋，但他赐予谋杀者的巨额奖赏足以让绝大多数的臣民明白真实情况如何。

贝利撒留入侵意大利（536）

普罗柯比记载称查士丁尼得知阿玛拉逊莎被囚禁之后，曾派他的使节显贵彼得给狄奥达哈德送去一封信，警告他如果王太后不能立即复位的话他将被迫干预此事。但与此同时，皇后也送去了一封密信，向狄奥达哈德保证她的丈夫不会干预，可以随自己心意处置他的阶下囚。普罗柯比记载的这封信是如他所说出于嫉妒，还是狄奥多拉在查士丁尼可能的默许之下故意挑拨离间，我们不得而知。无论如何，杀死他堂姐妹的狄奥达哈德落入了拜占庭的圈套，给了皇帝他正需要的宣战理由。在这一消息抵达君士坦丁堡之后，查士丁尼立即下令，命伊利里库姆军务大臣门都斯（Mundus）占据属东哥特王国的达尔马提亚，同时凯旋不久的贝利撒留则奉命率一支七千五百人的部队驶向西西里。

远征起初颇为顺利，但很快遇到了困难。哥特人在达尔马提亚的抵抗远比预想的更为顽强，而门都斯在几周之后阵亡。贝利撒留几乎兵不血刃地控制了西西里，[①] 但又被紧急调到阿非利加以应对当地的帝国占领军发动的一次严重哗变。他花了好几周处理此事，返回时，他发现他部下的不满情绪已经蔓延开了。当他们士气逐渐恢复之后，冬季的到来又使远征被迫暂停。这支部队直到536年晚春才终于踏上意大利的领土。原本狄奥达哈德在得知拜占庭军队抵达时大为恐慌，甚至与查士丁尼订立了密约，同意将意大利的政权完全交出，以换取每年一千二百磅金的赏赐以及君士坦丁堡的高位；此时他早已撕毁密约并不寻常地鼓起了勇气，下令印发只有他自己形象并配有皇帝徽号的货币。

但他得意不了多久。在4月或5月初，贝利撒留趁夜色笼罩之时渡过了墨西拿（Messina）海峡，率部在雷吉奥（Reggio）登陆并向半岛内陆推进。他一路未遇抵抗直到抵

---

① 只有帕诺姆斯（Panormus）——今巴勒莫（Palermo），但当时只是个无足轻重的小港口——的哥特驻军进行了抵抗。贝利撒留将他的舰队集结在近海，以至于舰船的桅杆顶比城镇围墙都高。他随后将士兵聚集到舰船上，将他们提至帆桁的高度，使他们能够向守军射箭，乃至直接跳进战场之中。守军很快就投降了。

达那不勒斯，该城的市民顽强地抵抗了三周。围城战本可能
持续更久，但围城部队中的一个伊苏里亚人偶然被古时的沟
渠绊倒，四百名精锐士兵得以借此穿越防御工事进入城中。
在他们发出信号之后，其余的部队随即架起云梯对城墙发起
集中攻击。遭到内外夹攻的守军被迫投降，那不勒斯重新成
为帝国的属地。

　　或者说，归属帝国的是那不勒斯城的废墟。贝利撒留此
前在围城战之初即警告那不勒斯的市民，如果他们决意抵
抗，他将无法约束他的军队——这支军队之中大多是半开化
的野蛮人，他如此提醒道——在城中杀戮、奸淫与掠夺以作
为他们攻破该城的回报。但这一警告被无视了，可悲的市民
们此时为他们的英勇付出了代价。几个小时之后，贝利撒留
终于劝说他混杂了阿兰人、伊苏里亚人、赫卢利人和匈
人——这些部族带来了最骇人听闻的破坏，因为身为异教徒
的他们可以毫不犹豫地焚毁教堂，烧死在里面避难的人——
的部队停止杀戮返回营地。他解释称他们将再度进军，下一
个目标正是罗马城。

贝利撒留进入罗马（536）

　　拜占庭军队夺取那不勒斯城给哥特人的士气带来了沉重
的打击，他们立即将战败归罪于狄奥达哈德。他的臣民们因
他的贪婪与巧取豪夺而怨恨已久，近期持续不断的流言则称
他在和敌人秘密联络，他的声望因此进一步受损。而他没有
派出一兵一卒给那不勒斯解围这一点似乎证明了这些流言：
这种显而易见的冷漠态度只可能意味着他被查士丁尼收买

了，要背叛他的同族。尔后，在泰拉奇纳（Terracina）附近的一次大规模集会之中，哥特人的领袖们庄严地将他废黜，由于狄奥多里克此时没有任何男性继承人，他们提名年长但并不算特别出众的将军维蒂吉斯（Vitiges）继承王位。哥特人新国王的第一条命令是处决被废黜的国王。狄奥达哈德向北逃跑，但在拉文纳附近被捉住并被当场处决。

　　此时贝利撒留准备向罗马进军，而当维蒂吉斯宣称他不会防卫罗马城时，许多哥特人的首领必然要怀疑他们的选择是否正确。平民只能尽力自保，国王自己则撤到了拉文纳，在那里巩固军力，制定长期战略，并且某种意义上更具争议地与陪伴了他多年的妻子离婚，迎娶阿塔拉里克的妹妹玛瑟逊莎（Matasuntha）。必须承认的是，这一婚姻确有其政治原因，维蒂吉斯出身低微，需要提升他的社会地位，他清楚这些年轻公主的丈夫们都颇有威胁性。最后他还考虑到当狄奥多里克的外孙女坐上王位之后，查士丁尼干预意大利的理由就不那么充分了。但这场婚姻如一些人所预期的那样，起初就并不幸福，对这个老人的声望而言也是弊大于利。

　　在维蒂吉斯撤退到拉文纳之后，贝利撒留很可能全速向罗马进军。事实上他却仿佛并不怎么着急，在夏季和秋季更多是忙着巩固他在南意大利的据点。直到12月他才向北进军，名义上是因为收到了教皇西尔维鲁斯（Silverius）的邀请以占据这座圣城。① 人们难免会认为其间的几个月他一直

217

———

① 西尔维鲁斯此时就任教皇仅六个月，他或许是唯一一个以另一位教皇的婚生子身份成为教皇的人。他的父亲是教皇赫尔米斯达，在妻子早逝后成为僧侣。

在为这一邀请做铺垫，以极大地巩固他的外交地位。没有理由说明西尔维鲁斯对入侵者的态度比对与他同族的罗马人的态度更好：虽然哥特人可能是阿里乌斯派的信徒，但他们更为宽容且考虑周全；拜占庭政府则广受非议，各地都畏惧他们的蛮族部队。然而贝利撒留本人的极大威望——抛开他在那不勒斯近期的遭遇不谈——也许完全足够说服教皇接受建议。无论实际情况如何，536 年 12 月 9 日，贝利撒留率军离开那不勒斯北上，① 从君士坦丁君主大堂（今拉特兰圣约翰大堂）附近的阿森纳里亚城门进入罗马，哥特驻军则从弗拉米尼亚城门离开。

　　然而，如果西尔维鲁斯和他的信徒们认为给帝国军队打开城门就得以避免围城战的苦难，他们的希望就落空了。贝利撒留本人并未被这种错觉迷惑。他清楚哥特人很快就会回来，而他派往翁布里亚（Umbria）、托斯卡纳（Tuscany）

218　和马尔凯（Marches）抢占要地的先遣部队遭遇抵抗的规模也说明他们要进行一场恶战。他立即派部下修复并加固奥勒良城墙，同时他向周边乡村征调了大量谷物，并下令从西西里再额外运送谷物支援，直到罗马城中的巨型公共谷仓装满乃至溢出为止。哥特人一旦包围该城，他无法确保他通往奥斯提亚港的补给线能够畅通，而他很清楚接下来的围攻将颇为漫长。

　　事实也的确如此。在米尔维安桥的一场恶战之中，拜占

---

①　有趣的是，如果贝利撒留在进城路上，翻过卡西诺峰时，到右手边路旁的大修道院中休息，他将会与八年前建造了卡西诺峰修道院的圣本笃会面——圣本笃会依然以他的名义存留至今。

庭军队尽管进行了英勇抵抗，依然未能阻止哥特人的前进，维蒂吉斯之后率部于 537 年 3 月中旬在城外驻扎下来。他们进行了一年零九天的围攻——如此漫长的围攻对守城者和围城者而言一样难熬。哥特人从一开始就切断了所有的水渠，罗马城遭受的这一破坏一千年之后也未能修复。水渠的历史颇为久远，公元前 312 年，罗马城的居民决定不再依靠台伯河有限的浑水度日，开始建造这些壮观的引水渠，此后的八个世纪间他们又额外建造了十条引水渠，不仅满足了居民家庭的需要，引水也被用于罗马城远近驰名的喷泉与公共浴室。此外，这些引水渠也提供了水力以驱动各种机械，最重要的是城中居民获取面包时必须依靠的水力磨坊。从记载中得知，贝利撒留本人想到了一个办法，将石碑装载到小船上，小船与水磨相连接，而后把它们拴到水流最急的一座桥的桥拱之下，借此保证了围攻期间面粉的正常供应。

与此同时，他向查士丁尼请求援军，第一支部队在 4 月结束之前抵达，由一千六百名斯拉夫人与匈人组成，他们突破了封锁，并使守军得以首次出城突击。但僵局依然持续，在夏季双方的生活都愈发艰苦——城中要忍饥挨饿，城外则疫病横行。直到 11 月，天平才开始向有利于拜占庭人的方向倾斜，五千名步骑兵部队从东部赶来支援，其指挥官约翰是二十年前给老皇帝阿纳斯塔修斯带来不少麻烦的叛乱者维塔利安的侄子。

不久之后哥特人请求停战三个月，其间他们向贝利撒留寻求和谈，若不是被迫将他们送往君士坦丁堡听候皇帝决断，贝利撒留本打算直接拒绝。在等待回复时，他派约翰率 219

两千名骑兵沿亚平宁山脉东侧发动一次报复性的进攻。一路破坏之后，约翰迅速沿半岛进军，绕过工事坚固的山城乌尔比诺（Urbino）和奥西莫（Osimo），占据了地势较低的港口里米尼［时称阿里米努姆（Ariminum）］，并在那里设立了先遣指挥部。

再战米尔维安桥（538）

敌军占据了他后方二百英里处、距离拉文纳仅三十英里的一座重镇的消息足以让维蒂吉斯停止围攻罗马。尽管君士坦丁堡还没有传来正式的回复，但他现在确信和约提议已被否决，他也清楚贝利撒留在停战初期获取了补给，因而几乎能无限期地在罗马坚守。538年3月中旬的一个清晨，他疾病缠身、士气低落且沮丧消沉的部下依次焚毁了城外的七处营地，而后向北沿弗拉米尼亚大路撤军。但他们的耻辱经历还未就此结束。贝利撒留和他的部下冲出城门，对他们的后卫部队发起猛攻；在米尔维安桥再度相遇时，数以百计的哥特人战死在河岸上，或者因盔甲太重而淹死在春季汛期的台伯河中。

这一战之后，幸存的哥特人得以安全撤退。然而，几天之后贝利撒留只留一支小规模部队守卫罗马，自己则率部北上，一路夺取城镇并歼灭各地被孤立的抵抗力量。斯波莱托（Spoleto）、佩鲁贾（Perugia）和纳尔尼（Narni）在罗马围城战之前就已被他的先遣部队夺取，此时他又占领了安科纳（Ancona），以及这些城镇与罗马之间亚得里亚海一侧的所有重要据点。只有一件事令他担忧：约翰和他的大批骑兵部队依然危险地暴露在里米尼。他因此派他信任的两名军官沿海岸北上，通知这位将军率部前往安科纳与他会合。

约翰似乎继承了他叔父的反骨，断然拒绝了这一命令。他有自己的野心，他在和王后玛瑟逊莎秘密联络，她和她的母亲一样倾向于罗马帝国，而此时她正渴望着以任何可能的方式解决她令人厌恶的丈夫。两位军官别无选择，只得返回并报告如此公然的反抗行为，而他们刚刚返回，哥特人就出现在了里米尼城下。几天之后围城战开始，城中守军似乎已经毫无希望。罗马凭借其坚固的城防以及贝利撒留在哥特人到达之前准备的大量补给可以固守，但里米尼不同，它是位于一马平川之上的小镇，防御相当困难且食物储备严重不足。贝利撒留得知这一消息时的愤怒可想而知。约翰若是被杀，此时的他也许能平静接受，但不能轻易抛弃其麾下的两千名骑兵。另一方面，派出解围部队是相当困难和危险的，特别是哥特人此时依然控制着奥西姆（Auximum，即奥西莫）。他会为了一支骑兵部队而让全军陷入危险吗？对于自己的不幸应负全部责任的约翰，是否应该让不肯服从命令的他自作自受呢？

贝利撒留依然在考虑下一步行动时，一支新部队从君士坦丁堡抵达，指挥官是朝廷中的权势最大者：宦官纳尔西斯。前文曾提及他作为皇帝护卫的指挥官，在贝利撒留和门都斯平息尼卡暴动期间起到至关重要的作用。此时大概六十岁的他出生在亚美尼亚东部，那里在 387 年的瓜分中被划给了波斯，他在宫中一步步升职，直到担任寝宫总管，即内廷大总管，这一职务使他获得了显赫的官阶，与禁卫军执政官和军务大臣平级——而常年陪伴在皇帝身边的他，影响力远超他们之中的任何一个人。

但他并不是军人。他一生都在宫中度过，寝宫总管的职务更多是担负行政任务而非军事任务。因此产生了一个问题：为什么要让他带领这支新的远征军前来？答案只有一个：查士丁尼开始怀疑贝利撒留了。这位将军太出色也太成功了，三十出头的他也太年轻了。他是皇帝的模板，更是自立为帝者的模板。简而言之，他需要有人监视，而又有谁比查士丁尼最机智也最受他信任的心腹——一个因年龄和处境类似而无法使自己成为皇帝的人——更适合去监视他呢？这位宦官从查士丁尼那里接到的命令，也能够说明他来到意大利的真实原因：他要听命于贝利撒留，只要这些命令与公众利益一致。也就是说，他在军务方面必须听命于这位将军，但是能在重大国务决策上否决贝利撒留的意见。

里米尼解围（538）

在抵达几天之后，纳尔西斯在费尔米乌姆（Firmium），即今费尔莫（Fermo）出席了一个贝利撒留举行的军事会议，商议是否出兵解救里米尼。在场的人（自然也包括普罗柯比）大多对约翰不满，因为"他是因迟钝、轻率又渴望获取更多钱财（不过记载中没有解释后一个动机的具体细节）才陷于如此境地的，而且他拒绝让总指挥官调动他，按自己的想法决策"。在所有低级军官也发言完毕之后，纳尔西斯起身发言。他首先承认自己缺乏军事经验，而后指出哥特人因此前两年间一系列的败仗而沮丧消沉。然而，如果

第十章　贝利撒留（532～540）

他们夺取里米尼并歼灭其中如此重要的一支拜占庭军队，对他们而言将是一场大胜，有可能扭转战局。他最后转向贝利撒留，总结道："如果约翰无视您的命令，在解围之后他可以任您处置。而您处理他一时疏忽犯下的错，无论是皇帝还是我们这些臣子都不容置喙。"①

普罗柯比记载称"纳尔西斯对他（指约翰）的喜爱远胜其他人"，可能这也是他声称约翰是"一时疏忽"的原因。无论如何，这位宦官的意见取得了多数人的支持，贝利撒留似乎也明智地保持了沉默，以免成为被否决的一方，随后他开始制订计划。一两周之后，他实施了一次绝佳的水陆并进行动，使里米尼城外的哥特人以为他们被反包围，还让他们高估了解围部队的规模，迫使全部围城部队撤走，而后得以进城解救食物短缺的守军。他对这位新对手的怨恨却无法消除，因为约翰并未为自己的行动致歉或感谢援军，而是将其完全归功于纳尔西斯一人，完全不肯感谢其他任何人。将军与宦官之间出现了裂痕，但两人此时都想不到这裂痕最终会发展出什么结果。

贝利撒留是个绝佳的策略家，又英勇无比，这意味着他是个首屈一指的战场指挥官。然而作为将军，他缺少一个应有的品质：他不擅长让部下对自己保持绝对的忠诚。他麾下的一个重要下属此时已经抗命不遵，在里米尼解围之后，军中一大批人都明确表示，在最高指挥官之间出现意见不合时，他们会支持纳尔西斯而非贝利撒留。他清楚自己无力改

① *History of the Wars*, Ⅵ, ⅹⅵ.

259

变这一状况，他在接下来的扫尾行动时将部队分为两路，可能只是为了挽回颜面。起初，这一行动效果甚佳，拜占庭军队夺取了乌尔比诺、伊莫拉（Imola）和奥尔维耶托（Orvieto），并收复了艾米利亚省（Emilia）。但此时一场灾难出人意料地爆发。它的原因是两位指挥官之间日益滋长的不和情绪；地点在米迪奥拉姆，即米兰。

在前一年春天罗马围城战的三个月停战期时，米兰大主教达提乌斯（Datius）来到了罗马城，并恳请贝利撒留派部队将他的教区从信仰阿里乌斯派的异族手中解救出来，将军同意了。他这么做的原因并不明确，这一行动似乎与导致约翰占据里米尼的错误基本相同，即过度拉长交通线与补给线。尽管如此，他依然派出一千部队与大主教一同北上。他们渡海抵达热那亚（Genoa），使用舰队的船只强渡波河（Po），而后在帕维亚城下决定性地击败哥特军队。他们虽没能夺取该城，但抵达米兰时市民还是立刻打开了城门。贝加莫、科莫（Como）、诺瓦拉（Novara）以及另外几个城镇同样欢迎他们到来。因为每个城镇都需要一支部队驻守，所以米兰的驻军规模被削减到仅约三百人。

此时的米兰已经是最为庞大、繁荣的意大利城市，人口比罗马多得多，该城自愿向拜占庭投降，这对哥特人而言是极大的打击。维蒂吉斯得知此事之后立即派他的侄子乌拉里亚斯（Uraias）领兵去收复米兰。与此同时，法兰克国王狄奥德贝尔（Theudibert）派来了大约一万名勃艮第人，这令拜占庭驻军处境更为艰难。因此在538年的盛夏，米兰市民遭遇了远比里米尼围攻战中更多的围城部队，而其守军太

223

少，以至于所有身强力壮的男性市民都要轮班站岗。此时的贝利撒留——他至少要为此承担一定责任——毫不迟疑地派出了他最优秀的两名军官前去解救米兰，并给他们配备了与他推测的乌拉里亚斯部队规模相当的解围部队。然而两人抵达波河后才发现他们的数量处于绝对劣势，因而拒绝前进，除非约翰——此前抗命不遵的他可能是在纳尔西斯的协助之下得以免于任何处罚——以及接替门都斯担任伊利里库姆军务大臣的查士丁（Justin）出兵支援。

贝利撒留立即下达了命令，但约翰和查士丁无理由地拒绝听命，声称他们此时只听从纳尔西斯的命令。而当这位宦官最终批准这一命令时已经太晚了。当地的驻军已经被迫杀狗乃至捕鼠充饥，最终决定放弃抵抗。他们无视了其指挥官门迪拉斯（Mundilas）的劝诫，感激地接受了乌拉里亚斯提出的条件，他们被允许安然离开这座城市。

他们确实安然离开了，而他们很清楚，米兰的居民并未包含在这一条件之中，在哥特人眼里他们都是献城的叛徒。城中所有男性市民——普罗柯比估计有三十万人——都被屠杀，妇女则被当作奴隶送给勃艮第人作为提供盟军的回报。米兰城被彻底夷为平地。

米兰陷落（539）

米兰在 539 年 1 月陷落。这是一场灾难，但带来了一个有利的结果。得知此事之后查士丁尼立即命令他的大总管返回君士坦丁堡。纳尔西斯的离去使两千名野蛮的赫卢利人也随之撤退，这些陪伴他来到意大利的佣兵拒绝为另一个领袖服役。但为了有一个单一而无异议的指挥机构，这个代价并不算大。不再因部下的不和而烦恼的贝利撒留得以集中力量夺取拉文纳以南最后两个抵抗据点：奥西姆和菲耶索莱（Fiesole）。这两座城镇本可以迅速夺取，但初夏，一支法兰克大军由国王狄奥德贝尔亲自率领前来干预。哥特人与法兰克人签订了条约，他们以为这次的法兰克人和去年的勃艮第人一样是作为援军前来，于是打开了帕维亚的城门并帮助他们渡过波河。那时他们才露出本来面目，对毫无防备的哥特人发起猛攻并将他们屠戮殆尽。在幸存下来的哥特人向北往拉文纳逃跑时，拜占庭军队也被欺骗了，他们以为法兰克人是自己的新盟友，但那些毫无辨别能力的蛮族用飞斧——他们最喜欢的武器——来迎接他们，将他们也逼退。贝利撒留的努力似乎就要化为乌有，但此时法兰克人的营地突然暴发了痢疾，狄奥德贝尔部队中三分之一的士兵都因此病倒。国王下令撤军，几天之后他的野蛮人大军就撤回了阿尔卑斯山北侧。拜占庭人尽管受损却并不严重，他们得以继续行动，在当年年末，这两座曾顽强抵抗的城镇最终屈服了。

从帝国军队登陆意大利到现在已经过去近四年，这四年之中整个半岛成了战场，各地都惨遭蹂躏与破坏。农田被焚毁，庄稼被践踏。田野再度成为荒原，意大利人和哥特人都要忍饥挨饿。与此同时，贝利撒留正在集结部队，准备对拉文纳进行最后的进攻，如果进攻得手，东哥特王国将就此灭亡。对维蒂吉斯而言，情况已是极度危急。

他只剩下唯一的希望了，几个月前他接到了报告，得知查士丁尼在东部边境遭遇了困难，波斯国王库思老一世威胁发动入侵。如果这一威胁能够迫使皇帝将全部军力投入东线与波斯作战，哥特人在意大利的统治就还能够延续。维蒂吉斯随即派出两名密使假扮成到东部参与教会事务的主教和随行牧师，给库思老送信。在信中他对这位万王之王指出，罗马帝国如果获取了整个意大利的人力和物力的话，将远比现在更难对付。如果库思老立即发起进攻，就能够迫使拜占庭在两条战线上同时作战，这将极大增加自己的胜算。

两名密使此后再也未能返回西部。他们的叙利亚翻译官在试图穿越边境时被活捉并被押送到君士坦丁堡审讯，事实渐渐浮出水面。查士丁尼对波斯方面日益恶化的局势忧虑已久，此时他真正警惕起来了。现在终止已经胜利在望的意大利远征，放弃——很可能是永远放弃——他一生的梦想，将所有基督徒统一在他的庇护之下的梦想，足以让他心碎。然而他又无法在防备库思老一世时冒险，如果万王之王真的准备加入战争，帝国必须准备好足以抵御他的军队。两难的选择折磨着他，但他最后还是下定了决心。他与哥特人达成协议，以便把他最杰出的将军们再派到东部指挥作战。

225

贝利撒留在拉文纳（539）

在皇帝的命令传到意大利时，贝利撒留已经向拉文纳进军。该城的陆地一侧被他的陆军包围，海洋一侧则被帝国舰队隔断，形成了完全无法突破的封锁线。该城守军投降已经指日可待，唯一需要的就是耐心。尔后，在539年年末的某一天，来自君士坦丁堡的使节被授权与哥特人签署了一份和约，其中约定哥特人投降，作为回报他们能保留国库中的一半财产以及波河以北的意大利领土。看到这一结局的贝利撒留呆若木鸡。这的确是背叛，但他没有办法阻止这一和约的实施，本打算接受这一切，哥特人却出乎意料地自投罗网了。他们应当和贝利撒留一样惊讶，惊讶于自己如此走运，也许是因为担心其中有外交欺诈，他们要求这一和约在帝国的全权特使签字确认之外，还要贝利撒留亲笔签署才能生效。

贝利撒留抓住了这个机会。他怒吼着提出，这一要求不仅是对他和麾下官兵的冒犯，更是毫无必要的：大获全胜已经指日可待，几周后绝大多数的哥特人都会无条件投降。在这种情况下他断然拒绝签署和约，并宣称只有皇帝本人亲自下令他才会同意签署。事态一时陷入了僵局。尔后，哥特人宫廷派来了一个秘密使团，带来了一个特别的新提议：维蒂吉斯逊位并将王位交给贝利撒留，因为他明白贝利撒留应当自立为西帝国的皇帝。帝国的许多将军都会抓住这样的机会，军队中大多数人也会支持他，而且在哥特人的支持下他完全有能力抵御来自君士坦丁堡的惩戒打击。但贝利撒留，无论他的长期野心如何，他的忠诚并未动摇。用普罗柯比的话来说，"他极度憎恶僭位者之名"，他不太可能认真考虑过哥特人的提议。然而他想到了使战争迅速胜利的手段。他只需要告诉哥特人他接受这一提议，拉文纳的城门就会为他打开。

拉文纳陷落（540）

首先他派那些此前与纳尔西斯结盟的军官们去搜寻粮

秭，他不希望这些人惹出麻烦或秋后算账。尔后他把自己能够信任的人召集起来，希望他们支持自己进行最后一搏，以把整个意大利纳入帝国的版图，并把所有的哥特贵族与王室财富带回君士坦丁堡。他们毫不犹豫地同意了，他也不需要进行任何多余的准备了。信使飞奔回哥特人的宫廷，宣称这位伟大的将军支持他们的提议，并愿意在进入他的都城之后正式接受西帝国的冠冕。尔后城门大开，帝国军队进入了城中。

哥特人究竟是什么时候意识到自己受骗了，我们不得而知。也许贝利撒留从来不曾明白地告诉他们自己不想成为查士丁尼的敌人，他们只能慢慢明白他真实的用意是什么。当他们看到罗马士兵将王室的财富装上船，把维蒂吉斯、玛瑟逊莎以及其他贵族领袖看押起来，他们肯定清楚这位将军欺骗了他们。但没有迹象显示贝利撒留认为这有违良知。哥特人的提议本身就是背约在前，此外他们本来就是在皇帝合法领土上的叛徒。战争就是战争，兵不血刃地占据拉文纳的他减少了双方本无法估量的伤亡。然而他依然信守了一个承诺：部队进城之后没有掠夺民财，也没有奸淫杀戮。他本人于540年5月乘船向博斯普鲁斯海峡航行，他完全不觉得这可耻，而是意气风发。他在夺取迦太基之后的凯旋式已经足够盛大，那么为帝国夺回包括拉文纳和罗马城在内的整个意大利半岛，他又能获得什么样的回报呢？

悲哉，他要失望了。也许他必然要失望，因为他取得的每一场胜利都会让皇帝更为嫉妒，更加担心这位杰出的年轻将军会自己掌权并夺取他的皇位。在他返回君士坦丁堡时， 227

空气之中没有一丝胜利的喜悦，查士丁尼和他的臣民们也没有心情庆祝胜利。540 年 6 月，在夺取拉文纳几周之后，库思老一世的部队已经入侵帝国境内并攻破安条克，毁掉了这座城市，屠杀了城中绝大多数居民，并把余下的人掳为奴隶。贝利撒留应当前往东部指挥作战，而不是去大竞技场。

第十一章　哥特人托提拉（540~549）

在这些不幸的日子里你们必然有时会想起那些你们
习以为常的恩惠，怀念不久之前，狄奥多里克和阿玛拉
逊莎的统治……我的罗马人朋友们，只有和这些统治者
在位时的回忆对比，我们才能明白希腊人如何对待他们
的臣民。当我告诉你们，我们应当改变这一切并让意大
利摆脱暴君的统治，不要以为我是个冒昧的年轻人或自
大的蛮族，而要坚信我们是反抗压迫的正义使者……

    ——托提拉（Totila），出自他给罗马元
         老院的信，545年[①]

波斯的万王之王库思老一世于531年即位，他被臣民们
称为"灵魂不朽者"（Anushirvan）。在所有伟大的萨珊王朝
君主之中，他是最为著名也最令人难忘的，在历史上所有波
斯统治者之中也许依然如此。作为政治家，他改革并重组了

[①]　霍奇金译。相比普罗柯比的原话（*History of the Wars*, Ⅶ, ix, 7~18），
  这段译文颇多意译之处，但至少其大意可信，也忠实于原记载的语气。

政府的每一个机构，彻底革新了财政体系；作为军事统帅，他组建了第一支仅听命于国王的常备军，并通过不断扩张将国土扩大至从黑海到也门，从阿姆河（Oxus River）到地中海海岸的范围；作为学者，甚至在即位之前，他就热切欢迎在查士丁尼于529年关闭雅典学院之后流亡波斯的、信仰多神教的希腊科学家与哲学家。他在贡德沙普尔（Gondeshapur）建立了国家的大型医学院，编纂了琐罗亚斯德教的圣书《阿维斯陀》（Avesta），首次将本民族的神话传说编纂成书，并从印度引入了国际象棋。简而言之，在他与查士丁尼三十多年的交锋之中，两人可谓旗鼓相当。

洗劫安条克（540）

229　　　尽管他拥有许多进步特质，在其他人看来库思老一世却仍带着时代的烙印。比如他与拜占庭帝国的战争就不是为了夺取土地，而是不知羞耻地掠夺。因此，查士丁尼坚决要求他遵守"永久和平"协议的信被他故意无视，而狄奥多拉此后送去的信——名义上是送给一名大臣，但明显是想让万王之王也看到——许诺以大笔钱财作为不进行干预的回报（"因为我丈夫做任何决策都要先咨询我的建议"），也同样被无视了。他在540年3月穿越帝国的国境线，夺取幼发拉底河上游的苏拉（Sura），当地有限的守军刚看到敌军的规模就明智地撤退了。他从那里继续进军抵达贝罗亚，由于当地居民未能交出他索取的四千磅白银，他将该城焚毁。6月初他已经来到安条克城下，而后礼貌地让出一条路，允许新抵达的六千名已成惊弓之鸟的驻军出城逃生。然而当地的居

第十一章　哥特人托提拉（540～549）

民没有如此轻易地放弃。他们进行了坚决且英勇的抵抗，蓝党与绿党并肩守卫城墙，许多人宁死不退。巨大的数量优势使库思老最终取得了胜利，但胜利之后的他让安条克居民为他们的抵抗付出了巨大的代价。大教堂中的所有金银器，乃至装饰墙面的多彩大理石都被掠走，余下的教堂则被纵兵掠夺——只有圣尤里安教堂（St Julian）因与外国使团的特殊关系而幸免于难。与此同时，波斯士兵则在城中进行传统的奸淫，据说至少有两名显赫的贵妇因此跳入奥龙特斯河（Orontes）以免遭侮辱。

在把安条克的所有财富席卷一空，准备去北叙利亚炫耀胜利并向途经的每一座城市索取高额贡赋时，库思老一世还是可以很慷慨的；因此他向查士丁尼提出和平提议，仅要求对方再提供五千磅金的现款以及此后每年支付五百磅金的岁贡。皇帝别无选择只得同意，库思老随即返回波斯，并对他的这次远征颇为满意。但次年出现了他绝对不肯错过的良机，于是他再度撕毁和约发动入侵。

在黑海的东南角有一个半自治小国拉兹卡（Lazica）王国，也称科尔基斯（Colchis）王国。其统治者戈巴泽斯（Gobazes）国王此前臣服于拜占庭帝国皇帝，没有让皇帝和皇帝的直接继承人为难。但近期查士丁尼派出了一名代表，在当地进行各种垄断经营，导致当地人大为不满，戈巴泽斯被迫向波斯国王示好。拉兹卡是个贫穷的国家，本来对库思老一世构不成诱惑，然而戈巴泽斯很快指出，他可以向波斯国王提供一座黑海的桥头堡，波斯国王可以借此获取黑海的出海口以直接攻击拜占庭，并与其他潜在盟友，特别是匈人

230

269

联系。因此在541年春，库思老再度亲率大军入侵帝国，进入拉兹卡，他在那里与守军进行了一场血战，在双方均付出很大伤亡之后，他夺取了当地的主港——防守坚固的佩特拉（Petra）。[①] 若不是贝利撒留同时率部出征，夏季的战况可能会更加恶劣，但贝利撒留的这次出征也颇不成功。他完全没有进军拉兹卡，而是向美索不达米亚进军，在尼斯比斯附近进入波斯领土，但因为自知无力夺取大型堡垒，他越过了这座堡垒并夺取了一座相对次要的城镇西索拉尼（Sisaurani），之后美索不达米亚的酷暑与军中暴发的痢疾迫使他撤军了。

贝利撒留身上几乎再无旧日的影子，精力、机敏与智谋均已不复当年——而当时尚未三十岁的他正是靠着这些才登上职业生涯的巅峰并举世闻名的。540年，从意大利返回之后他本应立即奉命前往东部，但他留在了君士坦丁堡，很少出现在公众视线之中，只与几个密友会面。当最终率部出征时，他似乎连无关紧要的问题也无法决断，要向同僚寻求意见。在他们看来，他似乎心事重重。事实确实如此。他因妻子安东尼娜的不忠而苦恼不已——而她的不忠正是由皇后本人怂恿，并受到皇后庇护的。

安东尼娜不忠（541）

狄奥多拉和安东尼娜一直是朋友，她们的友谊又因541年两人的一次合谋而得到巩固。她们密谋除掉了皇后最憎恨

---

① 当然不是指阿拉伯南部的商队城市佩特拉——此时那座商队城市已被遗弃并沦为废墟。

第十一章　哥特人托提拉（540～549）

的敌人——禁卫军执政官卡帕多西亚的约翰。约翰觊觎皇位
的事已非秘密，安东尼娜骗他前来密谈时他很快就上当了，
她诱使他说出了自己夺取皇位的计划，狄奥多拉的密探则在
暗处听得一清二楚。他被逮捕并宣判有罪，巨额财产也被查
抄，但并未被判处死刑或肉刑。他被迫成为僧侣，而后被流
放到位于马尔马拉海海滨、怡人的库齐库斯教区。对作恶多
端的他而言，如此的处罚实在是太宽厚了。

　　作为参与密谋的回报，安东尼娜请皇后帮助她处理一件
已经上升为危机的家事。几年来她一直都和一个名叫狄奥多
修斯（Theodosius）的年轻人私通，更有悖人伦的是，他正
是安东尼娜和丈夫贝利撒留的教子与养子。贝利撒留对他们
的私情了解多少并是否表示谅解尚难确定，普罗柯比的记
载①——也是现存的唯一记载——有明显的夸大，漏洞百
出。这位年轻的将军相当看重自己的名声，不希望家丑外
扬。当安东尼娜在两人成婚后第一次声称她不会陪伴他出征
时，他并未表示反对，毕竟他也清楚她与皇后有些微妙的事
务要处理。但在他出发一两个月之后，他得到了可信的消
息，声称此前因丑闻被揭露而逃到以弗所的一座修道院躲避
的狄奥多修斯此时再度返回了都城，住进了他教母的房中。

　　给贝利撒留告密的人正是他的继子弗提乌斯
（Photius），即安东尼娜与前夫所生的儿子，他随同贝利撒
留来到了波斯前线。弗提乌斯厌恶他的母亲，他怀疑她曾试
图谋害自己（怀疑的理由存在一定的正当性）。当他一个刚

①　*Sercet History*，ⅰ～ⅲ.

从君士坦丁堡赶来的朋友提及她近期的举动时，他立即将消息告知了继父。两人共同制订了行动计划。此时针对卡帕多西亚的约翰的密谋已经成功结束，安东尼娜宣布要前往东方。她起程之后，狄奥多修斯自然会返回以弗所；此时，弗提乌斯趁他母亲离开之后跟踪并劫持了他，把他投入某个偏僻的秘密牢房，让他无法再惹出新的麻烦。

232   安东尼娜到达之后，在惊愕之中被立即逮捕。弗提乌斯已经前往以弗所，身边带着自己母亲的一个宦官，而他也带着病态的满足感，因为从此人口中得到了有关她私生活的更多秘密消息。在抵达该城之后他发现狄奥多修斯已经收到他到来的警告，到圣约翰教堂之中寻求庇护，但当地的大神父在收取了一小笔贿赂之后，二话没说就把他交了出去。弗提乌斯随后把他带到奇里乞亚的一个偏远的堡垒中看押起来，他本人则返回了都城。

返回都城是个灾难性的错误，当他抵达君士坦丁堡时，安东尼娜已经成功设法向皇后求援。弗提乌斯就此和他继父的几位密友一同被逮捕。普罗柯比记载称，他们之中有人遭监禁，乃至处死，理由仅仅是他们是贝利撒留的朋友。弗提乌斯本人则遭到了酷刑的折磨，但他依然拒绝透露狄奥多修斯的所在地。他在宫中的地牢里受了三年的苦，而后在预言家泽卡里亚（Zechariah）——出现在他的梦中——出乎意料的协助之下，成功逃到了耶路撒冷。普罗柯比斥责贝利撒留在返回君士坦丁堡之后不肯援救他的继子，这是理所应当的，而且这一指责无疑给这位将军的生涯留下了污点。但当安东尼娜和狄奥多拉联合起来与他作对时，他似乎也无可奈何。在皇后的命令下，他与安东尼娜正式和解。

最终狄奥多拉还是以其他方式找到了这个年轻人，并把他送回了情人的怀抱。然而不久之后狄奥多修斯就因急性痢疾而暴死。根据存留的资料，没有人怀疑其中有诈。贝利撒留心头的一片阴云就此散去。在 542 年返回帝国东部之后，他恢复了往日的风采。普罗柯比欣喜地描述了他接待库思老的一名使节时的情景。

> ……他支起厚布制成的"大帐"，端坐正中……并安排麾下士兵站立两侧。大帐两侧，第一排是色雷斯人与伊利里亚人，而后是哥特人，再之后是赫卢利人，最后是汪达尔人和摩尔人。他们的队列一路延伸，穿越平原，因为他们并不是站在一个地方不动，而是分开站立，四处走动，完全不在意库思老的使节。他们肩上都没有披风或者外衣，而是穿着亚麻布的衣裤，松垮垮地扎着腰带。每个人手中都带着马鞭，但武器各不相同，或者持剑，或者扛斧，或者拿着未上弦的弓。这一切表明，他们都等待着接下来的围猎，完全不在意其他事……
>
> 当使节阿班达内斯（Abandanes）返回时，他建议库思老尽快离开，因为据他所说，他见到的将军气度与才智出类拔萃，麾下的士兵也是前所未见。①

于是这位万王之王就此退兵，普罗柯比总结称："罗马

---

① *History of the Wars*，Ⅱ，21.

人高声赞扬贝利撒留，仿佛此时他获取的荣耀，比活捉盖里摩尔和维蒂吉斯并把他们送往拜占庭城时还多。"他一如既往地夸大了事实，但贝利撒留旧日的才干再度显现了。

瘟疫（542）

不巧的是，542 年的征战最终未能决定战局。因为双方军营之中都暴发了疫病——并非常见的痢疾或者伤寒，而是腺鼠疫，是整个拜占庭历史中最严重的一次。自埃及暴发之后，瘟疫迅速席卷了整个东地中海，直到君士坦丁堡。瘟疫在君士坦丁堡城中肆虐了四个月，每天死亡人数一度过万，乃至一天之内有一万六千人死去——与意大利军队的总人数相当。很快，城中的死者就无法合宜地被埋葬，人们被迫把尸体运往一座废弃已久的大型堡垒之中，直到尸体堆到与屋顶同高。城市的日常生活陷入了停滞，周边的田野无人收割，集市关闭，磨坊与面包房因无人工作而停止运转。瘟疫之后暴发了饥荒。在这个瘟疫肆虐的时期，受害者估计有三十万人之多，约占总人口的四成。

查士丁尼本人也染瘟疫病倒了。在这个梦魇般的夏季，他在生死边缘挣扎长达数周，帝国的绝对权威则落入他妻子的手中，同时也引发了一个新的而且颇为急迫的问题——继承人问题。狄奥多拉清楚自己的未来陷入了危机。她和查士丁尼没有留下子女，如果她的丈夫死去，她继续掌权的唯一可能就是给他安排一个由她选定的继承人——也许是一个可信的朝臣，或者某个忠实的老将军，而后她再嫁给此人，就像半个世纪前的阿里阿德涅与阿纳斯塔修斯曾发生

第十一章　哥特人托提拉（540～549）

的故事一样。

然而通常情况下，选择皇帝的权利在军方手中，而绝大多数高级军官都在东部作战。当他们得知查士丁尼病倒时，对他们而言这意味着他此时很可能已经死去。在美索不达米亚紧急召开的会议上他们达成一致，拒绝承认在他们离开时，未经他们许可由君士坦丁堡选出的统治者。这一会议的决议报告随后被带回君士坦丁堡，但那时查士丁尼已经转危为安。意识到自己再度安全的狄奥多拉陷入了狂怒。两位将军被认定为这次会议的主要煽动者。他们中的一人——布泽斯（Buzes），曾任执政官与东方军务大臣，因此事而被逮捕并关进臭名昭著的地牢之中，在暗无天日的牢房里被关押了二十八个月，据说变得与鬼怪无异。

另一人正是贝利撒留。他太受欢迎，权势也太大，无法和他的那位下属一样处理；普罗柯比则断定所有对布泽斯的指控都无法在指控贝利撒留时找到确凿的证据。情况究竟如何并不完全清晰，也许他未曾出现在这次决定性的会议之中——尽管可以确定他支持会议的决议。不管情况如何，必须寻找别的借口：他此时遭到指控，称他私藏汪达尔人与哥特人的财宝而不上交给皇帝。狄奥多拉的这一指控可以说有一定的理由，贝利撒留确实拥有相当多的财富，而且从不遮掩。他穿越君士坦丁堡的街道时都骑着装饰华贵的战马，身后还跟着由蛮族士兵组成的私人卫队。他多年来在这些场合上享有一些皇室成员才有的特权，没有和帝国的普通公民一样循规蹈矩。542 年的远征草草收场后，女皇在他返回都城时动手了。这位将军首先被解除了在东部的指挥权，而后他规模庞大的随从也被解散，他精选的长枪手与步兵卫士由他的同僚与宫中的宦官抽签选走。最后，他积累已久的财产在狄奥多拉的命令下被查抄——负责查抄的只是她的一个私人随从，奉命把所有贵重物品带进宫中。

直到次年，即 543 年，查士丁尼的身体才恢复到能够重新掌权的程度。不久之后贝利撒留得到了宽恕并恢复了此前的一部分恩宠，他的财产也被退回——但其中有三千磅金并未被归还，而是已经作为礼物被狄奥多拉送给自己的丈夫。最终的和解随着贝利撒留与安东尼娜所生的唯一女儿约安妮娜（Joannina）和皇后的孙辈阿纳斯塔修斯（Anastasius）订婚而确定。在当时给他的一封信中，狄奥多拉强调自己是因为和他的妻子关系密切才宽恕他的，但不难看出这位将军的官复原职另有隐情，而且这一说法远比皇后的说法更合理。帝国各边境省份的战况在迅速恶化。在地中海的另一边，由摩尔人部落挑起的叛乱以惊人的速度蔓延到了整个阿非利加省；在意大利，由托提拉率领的哥特人也发起了反攻，并已经夺取那不勒斯。只有东部的情况尚存希望，库思老一世的战争意图因为瘟疫再度暴发以及他儿子挑起的一场叛乱而受挫。但即使在这里，这个夏末也出现了一场灾难：一支约三万人的拜占庭军队——这是查士丁尼组织的规模最大的部队——进入波斯控制的亚美尼亚地区，被数量远少于己的波斯军队歼灭。

贝利撒留返回意大利（544）

简而言之，帝国没有时间让这位军事天才继续屈辱地停

第十一章 哥特人托提拉（540～549）

职留在君士坦丁堡了，战场急需他指挥。贝利撒留也没有要求更高的待遇。他起初希望前往波斯战场，但安东尼娜坚持反对，她声称自己再也不愿返回那个让她深受冒犯的地方。狄奥多拉一如既往地支持了她，贝利撒留随即成为帝国在西部的全权指挥官。但担任这一职务让他大为失望，看来那笔旧账还没有完全算清。他并没有获得军务大臣级别的职务，而是担任禁卫骑兵卫队长（comes stabuli），在 544 年 5 月更为悲哀、更为睿智也更为疲惫——即使他仅处于不惑之年——的他回到了意大利。

在他于 540 年离开之后，拜占庭在意大利统治的迅速崩溃无疑是贝利撒留军事才能的最好证明。当年春天他胜利进入拉文纳时，在所有人——希腊人、哥特人以及意大利人——看来，整个半岛都已经收归帝国控制。此时确实仍存在几个抵抗据点，其中最大的是维罗纳与帕维亚，哥特贵族们在那里立年轻的哥特人首领希尔狄巴德（Hildebad）为新国王，但希尔狄巴德的有效作战部队不超过一千人，因而不太可能撑过几个星期。

如果贝利撒留留在意大利的话，他确实撑不下去——甚至说，即使查士丁尼任命了一个有能力的继任者，他也撑不下去。但皇帝没这么做，反而派了五个军官在意大利联合指挥，尽可能巩固拜占庭在意大利的据点，没有给他们之中任何一个人以最高指挥权。其中维塔利安的侄子约翰虽然颇有争议且曾经独断专行，但依然是出色的军事指挥官，其他人则不然，无疑都是二流军官。他们中另一个名叫约翰的军官绰号为"饭桶"（Phagas），贝萨斯（Bessas）是投诚的哥特

236

人，维塔琉斯（Vitalius）和君士坦提安（Constantian）则刚刚从达尔马提亚抵达。在贝利撒留离开之后他们划分了各自的辖区并只进行一种行动：掠夺。几周之内拜占庭军队的士气就彻底崩溃了。年末，希尔狄巴德已经组织起一支规模可观的部队——包括大量帝国军队的逃兵——并且实际控制了波河以北的意大利全境。

皇帝做出这一灾难性决定的原因不难推测。皇帝清楚哥特人曾经要把皇位送给贝利撒留——担心贝利撒留改变心意并接受皇位无疑是召回他的原因之一——皇帝也担忧他的继承者屈服于同样的引诱。这种担忧过于强烈，以至于两年间他都在静观意大利局势恶化，最终才任命了一名禁卫军执政官，他还选择了一个无能之辈担任这一职务，因为他清楚此人没有能力发动叛乱。但不幸的是，此人也没有处理其他任何事务的能力。又过了两年他才不情愿地起用了贝利撒留——最出色也最忠诚的将军——担任他本就不应被解除的职务。

与此同时，希尔狄巴德国王也没有活多久，在541年5月的一次晚宴上他被自己的卫士维拉斯（Velas）砍头，因为国王轻率地把维拉斯的未婚妻许配给了他人。[①] 他的继任者艾拉里克（Eraric）试图与查士丁尼谈判，但五个月之后也被谋杀，这使得那个年轻人得以登基，成为所有哥特统治者之中最伟大也最具吸引力的人。他发行的所有钱币都称他的名字为巴杜伊拉（Baduila），但他的臣民似乎一直称他为

237

---

① "于是当他靠在躺椅上，伸出手拿食物时，维拉斯突然拔剑砍向他的脖颈。这个人的手仍抓着食物，头颅却已经落到桌上。目睹这一切的人都惊愕不已。"（*History of the Wars*，Ⅶ，ⅰ，47～49.）

托提拉，即使他在世时也是如此。最终，这个名字也被载入史册。

托提拉寻求支持（544）

托提拉是希尔狄巴德的侄子，他出生的日期不得而知，但此时年龄不太可能超过二十五岁。他也在和帝国的将军们进行秘密谈判，但他们可能没有因他的登基而警觉起来。在掌握权力之后，托提拉立即对他们发起了全面战争，激励了哥特人——而这是他所有的先辈都没能做到的。他没有把注意力仅仅限制在本民族上，他不曾忘记他的臣民之中大多数是意大利人而非哥特人，如果他想把拜占庭军队赶出意大利，他们的支持是至关重要的。在狄奥多里克及其直接继承人的时代，意大利人和哥特人的关系很好，尤其是统治阶级之间的关系，因为哥特人需要罗马人的管理能力与理财技巧来使王国平稳运转。然而在贝利撒留取胜之后，意大利贵族就转而依附于帝国，因而年轻的托提拉此时争取的是社会中更低一层的成员的支持，也就是中产阶级、城市贫民和农民。

他们也如他所预料的那样做出了回应。他们对那个自称罗马人却几乎全部由希腊人组成的帝国，已经不再有任何自然而然的忠诚，而且他们在拜占庭的贪婪掠夺下挣扎求生。这些将军们已经够贪婪了，而近期他们又需要承受查士丁尼委派的税官的掠夺，这种税官是查士丁尼设置的、被称为部长的高级官员。这些人的名声之恶劣，从他们的长官亚历山大（Alexander）的绰号"剪刀"（Psalidon）就可见一斑，这一外号正是源自他剪掉金币的边缘以中饱私囊的贪污行为。他和他的下属靠工作成绩获取工资，帝国的国库允许他们从征收的全部资金之中拿取十二分之一作为薪酬，而他们也将意大利搜刮一空。

托提拉许诺终结这一压迫。奴隶将得到解放，大地产将被查抄分割，土地被交给佃农与贫农们耕种；意大利人的税款不会再用于维持一个陈旧腐朽的朝廷，不会再用于建造千里之外的奢华宫殿——为此纳税的臣民们连见到这些宫殿的机会都没有——也不会再用于给帝国最偏远的国境线之外的蛮族支付贡金。因此，人们会听取他的意见并追随他，也就不足为奇了。

许多帝国的士兵也这么认为，因为他们也感受到了"剪刀"的锋利。托提拉即位几个月后，就足以将一万两千人的帝国军队赶出维罗纳，并将另一支部队歼灭在法文提亚[Faventia，今法恩扎（Faenza）]。托提拉于 542 年春又赢得了一场新的胜利，在佛罗伦萨以北约十五英里处的穆杰罗（Mugello）谷地，他击溃了查士丁尼在半岛最出色的将军——维塔利安的侄子约翰。现在半岛中部和南部门户大开，他乘胜进军，在夏末时他已经实际控制整个意大利，仅有拉文纳、罗马、佛罗伦萨和几个工事牢固的滨海城市仍在抵抗。这些滨海城市之中规模最大的是那不勒斯，当地由主要为伊苏里亚人的一千名士兵驻守，现在他要对那里发起围攻。

需提及的是，帝国在意大利的将军们没有一人试图解救该城，尽管这并不出乎意料。直到现在查士丁尼才下决心安排一个全权掌控该省的禁卫军执政官，但他任命的人选马克西敏（Maximin）一直在伊庇鲁斯海岸逗留到了年末，在登陆锡拉库萨之后又完全不肯离开。此时贝利撒留的一位老战友自发率领一支海军部队前去解围，却被托提拉击溃；马克西敏于543年1月派出的另一支解围部队——但他本人没有亲自指挥——遭遇了风暴，战舰搁浅在了礁石上。

此时，哥特人对该城进行了严密的封锁，5月，那不勒斯的居民因食物匮乏而被迫投降。托提拉的条件相对慷慨：允许拜占庭驻军携带所有财物安全离开，甚至给他们准备了船只让他们自由离去。他们选择前往罗马，但由于遭遇逆风而被迫放弃海路；他们索取了马匹与驮畜，在一支部队的护卫之下前往罗马。这位年轻的国王对那不勒斯的居民也颇为宽容。他清楚饥饿的人不应大量进食，就首先封闭了该城，而后向每家每户分配少量食物，次日增加分配量，这样一天天增加配额，直到居民的食量恢复到原来的水平。

那不勒斯的陷落——七年间的第二次——进一步打击了拜占庭方的士气。托提拉于当年继续肃清抵抗力量并巩固自己对半岛的控制，544年1月，困于各堡垒之中的希腊将军们终于决定改变现状。拉文纳的君士坦提安起草、他的所有同僚签名——马克西敏是否在此不得而知，但他似乎被所有人无视了——的一封信被送给查士丁尼，宣称他们无法继续为帝国守卫意大利。基本可以确定，是这封信让皇帝决定派贝利撒留前来。同时，希望兵不血刃夺取罗马的托提拉给罗马的元老院送去了一封热情的信，本章开头摘录了其中一段，并以精简直白的语言翻译出来。

他没有收到回复。在罗马指挥的约翰禁止元老院回

239

信——这意味着他们很可能打算写信。托提拉之后试图直接请求罗马居民的协助。他将信精简之后抄写了许多份，趁夜送进了城中。清晨时醒来的居民们发现这些信被贴在了城中各个显眼的地方，信中向他们保证哥特国王只想给他们带来自由，并许诺尊重所有支持他们的罗马人的生命与财产。约翰此时已经警觉起来，他相信是城中的阿里乌斯派教士传播了这封信，于是将他们全部驱逐；真正张贴信件的人的身份却无从得知。

罗马人没有如托提拉预想的那样发起集体暴动，他只能靠武力夺取这座城市了。此时他远在南部，围攻阿普利亚（Apulia）地区的小港口希德伦图姆［Hydruntum，今奥特朗托（Otranto）］，因为他担心拜占庭的援军将以此为跳板进入意大利，但当地的抵抗比他预计的更为顽强。544 年初夏，他在这里留下一支小规模部队继续围攻，自己则立即率主力穿越半岛前往罗马。

如果托提拉得知在他行军之时贝利撒留也正赶往意大利，他无疑不会这么自信。希腊人与哥特人之间的新一轮对抗即将展开。

托提拉进军罗马（544）

从他离开君士坦丁堡的那一刻起，贝利撒留就清楚他在
240 意大利的第二次远征无法自由发挥了。查士丁尼要求他收复半岛，但只给了他少量缺乏作战经验的部队，也没有授予他多少权威，更没有给他半点资金。甚至有传言称皇帝逼迫他的将军许诺不向帝国国库要求财政支持，而支付军饷与购置

装备的款项全要他自费承担。从前的贝利撒留也许完全能够
接受这样的要求，毕竟他的财富曾经比皇室之外的帝国其他
所有公民都多，这些开销对他而言不值一提，而且只需要几
次胜利就能补上。但现在，他相当一部分的财富已被皇后没
收，他也清楚在目前的情况下他根本无法取胜。他无能为
力，在前往意大利的路上征募的少量士兵也远不能使他对未
来更有信心。

他仍尽力而为。于544年夏抵达意大利之后，他在一年
之内为奥特朗托和奥西莫解围，并重建了佩萨罗（Pesaro）
的城防，该城此后成功抵御了托提拉的一次猛攻。然而在这
一时期，他目睹了几支帝国部队的倒戈，他们中的许多人整
整一年都没有收到任何军饷，他也清楚在他离开的这四年间
事态已经截然不同。不止哥特人敌视帝国，整个半岛的居民
都在敌视帝国。以他手中的兵力他也许只能维持帝国在意大
利的现状，根本无法收复整个半岛。

他正是在进行了这一番考虑之后，在545年5月给查士
丁尼写下了一封信，告知他自己急需人员、马匹、武器装备
与资金补充。

　　我相信，没有充足补给的人是无法作战的。在色
雷斯与伊利里亚进行一番努力的搜寻之后，我确实征
集了一些士兵，但他们人数太少，质量太差，装备太
恶劣，作战经验也太匮乏。至于我在这里指挥的士兵
则士气低落且心怀不满，因屡屡战败而沮丧不已，只
要看到敌军出现他们就立即跳下战马扔掉武器掉头逃

跑。在意大利寻求战争资金已无可能，因为意大利的大部分土地都被敌人夺回了。因此我们无法支付士兵们赊欠已久的军饷，而这笔债务也使我们很难自由地下达命令。

陛下，应当有人直白地告诉了您，您部队之中的大多数人都已经在为敌人服役。如果只需要派贝利撒留一人前往意大利，那么您的准备确实是完美无缺，但如果您想要战胜敌人，您必须提供更多的支持，毕竟没有下属军官的将军是没有意义的。首先您必须让我的私人步骑兵卫士前来，其次还需要一大批匈人和其他的蛮族，再次还要提供支付他们军饷的薪金。

托提拉围攻罗马（545）

贝利撒留将这封信交给了约翰，他自然希望此人能够尽快带着皇帝提供的军事力量与财政援助返回。然而约翰在君士坦丁堡拖延了几个月，直到秋末才回去面见在底拉西乌姆焦急等待着的贝利撒留。得知这位下属利用留在都城的时间追求并迎娶了皇帝的堂表亲日耳曼努斯（Germanus）的女儿，贝利撒留必然愤怒不已，而约翰凭着自己与皇帝的亲戚关系，必定更加恣意妄为。尽管如此，他还是带来了一支规模可观的部队，这支罗马人和蛮族混编的部队由他和亚美尼亚军官伊萨克（Isaac）共同指挥。他们立即全军赶往意大利，但抵达时几乎为时已晚——托提拉的部队几乎同时抵达罗马并对该城发起围攻。

第十一章　哥特人托提拉（540～549）

对拜占庭人而言，前景一片黑暗。托提拉控制着罗马与海洋之间的全部土地，而且他的舰队已经在台伯河河口集结完毕。更重要的是，当地的帝国军队指挥官贝萨斯是哥特人，未必会保持忠诚。他此前没有紧急收集食物储备，因而围城开始之后补给很快就开始短缺了，此后他忙于以最高价出售自己囤积的货物，对守备漠不关心。饥荒暴发之时，教皇的执事佩拉吉乌斯（Pelagius）试图与托提拉谈判，却无果而终——教皇维吉琉斯（Vigilius）此时被帝国羁押在西西里岛，原因将在下文具体叙述。贝利撒留立即意识到唯一的希望在于迅速向台伯河河口航行，夹击哥特人的舰队，而后率部登陆并从背后袭击围城的军队。然而理论上是他下属的约翰再度拒绝服从。他称首要的任务是收复南部地区，完成这一任务后才能北上罗马。两人的不和导致了可能是最差的结果：数量本已极度有限的部队再度分为两支，两名军官各率一支行动。

但贝利撒留还没有绝望。当他抵达台伯河入海口处的波尔都斯（Portus）时，他已经订好计划。当贝萨斯出城突袭牵制住哥特人时，他就对他们的后方同时发起水陆攻击，部分部队沿河南岸进军，余下的部队则依靠二百艘舰船摧毁敌军舰队，之后溯流而上进行支援。在行动期间，亚美尼亚人伊萨克要留在波尔都斯指挥预备队，守卫补给和余下的舰船，并保护对他而言相当重要的妻子安东尼娜——她于近期前来陪伴他。贝利撒留强调称，即使得知自己战死或被俘的消息，伊萨克也不得擅离职守。

结果贝萨斯根本没有出城突围，他甚至没有为自己的

242

285

主官提供任何帮助。贝利撒留依然发起了进攻。迎着哥特人守军在港口和河岸射出的箭矢，他的舰船缓缓向河上游驶去。在航行了四英里之后，他轻易突破了托提拉额外安置的横江铁索和木质障碍，准备攻击一道防守严密的桥梁，而那是他与罗马之间的最后障碍。正在这时一条紧急信息传来：伊萨克已经被俘。在贝利撒留看来，这意味着哥特人已经奇袭波尔都斯，并切断他往海洋的退路。对他而言更可怕的是，如果伊萨克已经被俘，安东尼娜也必定已经被俘。他立即停止了进攻，率部全速冲回海岸，却发现伊萨克是因为不满按兵不动的命令，而擅自对哥特人在奥斯提亚的驻军发起进攻，结果自己战败被俘。除了他和随他出发的一些士兵之外，其他的一切——包括安东尼娜在内——都安然无恙。

最后的机会已经失去。罗马的命运已经注定。尽管罗马的居民饱受疾病与饥饿之苦，他们并没有被饥饿与疾病击倒。罗马没有投降，但在 546 年 12 月 17 日夜间，驻军中一群不满的伊苏里亚士兵打开了阿森纳里亚城门，哥特人随之涌进了城中。这些变节者中是否有当年托提拉夺取那不勒斯时格外照顾的那些士兵，我们不得而知，但这位年轻的国王显然没什么理由为自己当年的慷慨而后悔。

托提拉提出和谈（546）

243　　贝萨斯立刻率他大多数的驻军逃跑了，他掠夺的不义之财都留给了哥特人。一些罗马贵族——那些还没被迫吃掉自己马匹的人——和他一同逃走了。余下的人躲进教堂里，直到托提拉控制住他的部下，之后他们缓慢集结起来以继续搜寻食物，直到城中的食物供给恢复正常。普罗柯比记载①称城中只有五百名公民活了下来。一些人会同意吉本的意见，认为这一说法不可信，然而事实上这一记载也并没有什么特别难以置信的地方。确定无疑的是，从战略意义上看，攻陷罗马并没有太大的价值，其重要性仅限于象征意义。托提拉理所当然地将攻破罗马城看作谈判的良机，并派使节觐见皇帝，以恢复此前两国友好相处时的状态为条件提出和谈。他如此写道：

> 您应当得知罗马人的城市发生了什么事，我建议这件事不必再提。然而我必须解释我为何派出这些使节。我们希望您接受我们提供的和平，而您也应当赐予我们和平。这样的关系正如不久之前统治两国的阿纳斯塔修斯和狄奥多里克所维持的关系一样，他们的统治也带来了和平与繁荣。如果您也这么认为，我愿意尊您为父，并作为您的盟友与您的所有敌人对抗。

但查士丁尼不肯接受。接受托提拉的提议意味着这十年的征战付诸流水，也意味着承认他军事上的失败，乃至他最珍视的大业的失败。他指出贝利撒留是他在意大利的指挥官，全权负责当地的事务，如果哥特国王想要联系和谈，他应当与贝利撒留联系。

---

① 他对托提拉围攻罗马的完整记述见《战史》，VII，XV～XX。

托提拉不太可能接受查士丁尼的建议，与贝利撒留联系；即使他这么做了，贝利撒留也不可能给他一个满意的答复。罗马的陷落很快被遗忘了，拜占庭帝国甚至在 547 年 4 月短暂重占该城——尽管于三年后再度丢失。在半岛各地又进行了几个月的零散战斗之后，双方已经明显陷入僵局，都无力消灭对方。贝利撒留决定最后一次向他的皇帝请愿。他清楚对查士丁尼而言，周边局势比他上次请愿时缓和了：与库思老一世的和约最终达成——尽管付出了巨大的代价；阿非利加持续五年的叛乱，在耗费了大量人力物力之后终于平息了。也许在此时相对平静的态势下，他终于能够得到他要求的补给了。

他派出的使节是妻子安东尼娜。她亲自见证了他面对的一切困难，并能够以自己的亲身经历为他们讲述一切。更重要的是她与皇后之间关系密切，可以通过皇后劝说查士丁尼。她不会被下属欺骗。548 年仲夏，她出发前往君士坦丁堡，却发现城中笼罩着悲哀的气氛。几天前，6 月 28 日，狄奥多拉因癌症病故。安东尼娜立即意识到自己的任务注定要失败了——深陷于悲伤之中的皇帝不肯见任何访客，也无法下决断。她所能做的只有让临时掌控朝政的人召回她的丈夫，如果意大利的战事注定要失败，她绝不会让自己的丈夫为此承担罪责。

549 年年初，贝利撒留返回了都城。在荣耀的第一次意大利远征之后，他的第二次远征只给他带来了五年的沮丧与失望。但他为帝国保住了意大利，至少目前如此。如果没有他的精力与决心去面对这最令人失望的状况，拜占庭帝国的军队无疑在 544 年就被彻底赶出意大利；正是因为他，收复意大利这一伟业的奠基石被再度埋下。当他的老对手纳尔西斯再度率兵前去时——那时的他拥有贝利撒留曾徒劳请求的一切——他相对容易地就赢取了胜利，获得本应属于贝利撒留的荣耀。

第十二章　查士丁尼的最后岁月（549～565）

品格高尚的皇帝理所当然要为扩大帝国并增添其光辉而努力。

——普罗柯比

查士丁尼用欢迎久别的老友的方式迎接他的将军——某种意义上确实如此。两人因狄奥多拉的阴谋而分别多年，皇后一直在吹枕边风污蔑贝利撒留，称他不可信任、表里不一、觊觎皇位。皇帝从未真正相信她，然而她的话依然能激起怀疑，足以产生一种模糊的猜忌，而这种猜忌在她在世时一直存在。然而，在她死后，这种感觉很快消散了，当贝利撒留返回君士坦丁堡时，查士丁尼刚刚开始从丧妻之痛中恢复——尽管他依然在为妻子哀恸，直到撒手人寰——并张开双臂欢迎他，称他为自己最亲近的人，还在奥古斯都殿堂为他竖立了一座镀金的雕像，放置在他的舅舅查士丁雕像的旁边。

然而，即使是贝利撒留似乎也无法说服皇帝拿出足够的人力物力对托提拉发动最后一击。查士丁尼并不是缺少收复

第十二章　查士丁尼的最后岁月（549~565）

意大利的决心，毕竟这是他继位之后的主要目标；他在托提拉攻破罗马之后明确拒绝接见托提拉的使节，也足以说明他的决心没有动摇。但此前的六年之间他要处理一个重要的神学问题——而他妻子的死使这一问题更加难以解决。现在，在收复意大利的事暂时停歇，贝利撒留也被召回并着手准备最后一击之时，我们可以具体叙述这一问题了。

　　问题的根源与引起此前所有争议的问题相同，是一个陈旧的谜——基督的身份。正统派持近一个世纪前卡尔西顿大公会议的观点，即救世主具有合一且不可分割的人性与神性。但这一观点并未被基督一性论派接受，他们认为救世主只具有神性，而且把基督视作神而非人。这些人虽然可以被称为异端，但他们数量太多，分布太广，无法除去。比如埃及地区就遍布着基督一性论者，叙利亚和巴勒斯坦的情况也基本如此，人们谨遵这一教条，并带来了潜在的危险。而在西帝国，基督一性论者并不多，异端以阿里乌斯派为主，其信仰者主要是蛮族。罗马教会坚持正统并反对一切背离卡尔西顿大公会议决议的观念。查士丁尼因此需要处理一个困难而微妙的问题。如果他对基督一性论者过于苛刻，帝国就有暴乱之危，很可能会因此丢失重要的省份，比如作为帝国主要粮食来源的埃及。如果对他们过于宽厚，他又会激起正统派的愤怒并加大臣民间的分裂对立情绪。幸运的是狄奥多拉倾向于基督一性论派，她甚至在圣宫中安排了一个秘密的修道院。她的丈夫得以在表面上保持强硬，因为他清楚她可以秘密劝和。

　　靠着这种可谓虚伪的策略，皇帝相当成功地遏制住了埃及之外绝大多数基督一性论教派的发展——埃及则被单独处理。然而突然之间出现了一位颇具领袖气质的领导者。"衣衫褴褛者"雅各·伯拉德伊斯（Jacob Baradaeus）是来自美索不达米亚、说叙利亚语的僧侣。他此前在君士坦丁堡生活了十五年——可能是作为皇后的党羽——那时他并未给当权者惹出什么麻烦，但在543年，被流放的基督一性论派的亚历山大牧首决定任命他为埃德萨（Edessa）主教。事实上他并没有希望担任这一职务，因为这一职务此时是由一名极为可靠的卡尔西顿派教士担任的；但他一点儿也不担心，对他而言重要的是这一任命本身，他对此大为兴奋。他假装成一个穷困的乞讨者——他的绰号也来于此——前往东部各地号召恢复基督一性论派的信仰。不断行动的他以惊人的速度穿越了叙利亚、巴勒斯坦、美索不达米亚和小亚细亚，一路上任命了约三十名主教以及数以千计的牧师。

247

"异端三章"（544）

查士丁尼陷入窘境，因为他无法平息"衣衫褴褛者"雅各在各地煽动起来的狂热。此时的基督一性论者需要格外谨慎地应对；另外，他已经因应对西部新威胁时表现的软弱无能而饱受批评。现在明显需要使用一些积极手段。因此，黔驴技穷的他决定进行公开谴责，谴责对象并不是基督一性论者，而是神学极端中的另一派，即相信基督仅有人性而无神性的聂斯脱里派。这个已经几乎被遗忘的教派，其信徒在431年的以弗所大公会议上就被革除教籍了，此后这一派的大部分信徒向东迁移进入波斯乃至更东方的土地，仅有极少数人居住在帝国的边境地区，因此攻击他们的意义不大。但因为他们同时为基督一性论派和正统派所厌恶，所以皇帝自以为发表这一宣告可以缓解双方日益升级的对立情绪。544年年初，他颁布了一条敕令，其中并没有谴责这一异端本身，而是此派的三篇宣言，而这三篇宣言很快就成了恶名远扬的"异端三章"（Three Chapters），即聂斯脱里的老师摩普绥提亚的狄奥多尔（Theodore of Mopsuestia）的作品，以及知名度更低的另外两名神学家，塞勒斯的狄奥多勒（Theodoret of Cyrrhus）和埃德萨的伊巴斯（Ibas of Edessa）的作品。

这是个昏招，也招致了应有的反应。只有东部的正统派教士同意遵从皇帝的敕令，其中一些人还有些不情愿；基督一性论派本期待着真正的让步，此时他们大为不满；在西帝国的罗马教会，主教们无法抑制他们的愤怒。他们坚称，任何对聂斯脱里派的谴责都只会对基督一性论派有利，而且卡尔西顿大公会议上研究了狄奥多勒和伊巴斯的作品，并宣称其无可指摘。他们完全拒绝谴责所谓的"异端三章"，教皇在君士坦丁堡的代表斯蒂芬（Stephen）公开宣称将君士坦丁堡大牧首门纳斯（Mennas）革除教籍，以表示教皇一方的不满。

查士丁尼起初对这些反应还颇为惊讶，而后他警觉起来。在意大利，在第一次召回贝利撒留之后的四年间，拜占庭帝国的处境愈发艰难，此时他格外需要支持，现在却使教皇维吉琉斯和整个罗马教会与自己为敌。这件事情最好被尽快遗忘。教皇没有谴责所谓的"异端三章"，他并未表示抗议，而是悄然开始修复双方的关系。

248

他为此进行了一年半的调和工作，如果情况允许的话他自然会继续进行。但在 545 年秋，托提拉的部队已经抵达罗马城下。如果他夺取了这座城市，那么就没有人能阻止他掳走教皇作为人质，而这会进一步激化矛盾。查士丁尼迅速采取了行动。11 月 22 日，皇帝禁卫军的一名军官带着一批巡夜卫士抵达罗马，挟持刚做完弥撒准备离开圣塞西莉亚教堂（St Cecilia）的维吉琉斯，将他带上台伯河中的一艘船上并顺流离开。

教皇并不想在一场艰难而漫长的围攻战期间留在罗马城中，得知要被带往君士坦丁堡的消息后，他并未表示反对，但他也许并不打算修复自己和狄奥多拉的关系。多年以前，作为教皇在帝国朝廷之中的代表，他与狄奥多拉订立了密约，贝利撒留将罢黜教皇西尔维鲁斯并让维吉琉斯接替他，维吉琉斯则以废除卡尔西顿大公会议决议并接纳基督一性论派作为回报。皇后完成了密约中的安排，但新教皇食言了，回到君士坦丁堡的他要好好解释一番了。[①] 然而他与皇帝夫妇的会面未能如期进行，他在西西里的卡塔尼亚逗留了一整年，其间他安排了一些舰船载着粮食运往罗马以支援城中居民。直到 547 年 1 月他才抵达都城。

此时的维吉琉斯依然拒绝谴责所谓的"异端三章"。尽管皇帝在他抵达时表示热烈欢迎，甚至安排他住在普拉西狄

---

① 图书管理员阿纳斯塔修斯（Anastasius Bibliothecarius）坚称不是查士丁尼，而是狄奥多拉决心报复此事，在添加其他伪造的指控（包括谋杀）之后，安排人逮捕了维吉琉斯。然而他的说法过于荒诞，实在很难采信。

亚的旧宫殿中，教皇还是立即行使了自己的权威，将牧首门纳斯以及其他接受皇帝敕令的主教革除教籍的时间延长了四个月。① 然而不久之后在皇帝和皇后——她似乎忘记了之前的牢骚，但对这一问题的态度和她的丈夫一样狂热和坚定——的压力之下，他开始退缩。6 月 29 日他正式与大牧首和解，在同日签发对"异端三章"的书面谴责并交给查士丁尼，他唯一的要求是将这一谴责暂时保密，等到西帝国的主教们的正式调查结束再公开——他声称这一调查的结果将无关紧要。548 年 4 月 11 日，他公布了自己的裁决（Judicatum），郑重谴责"异端三章"并将其逐出教会，强调他依然毫不动摇地支持卡尔西顿大公会议的决议。

249

十一周之后皇后病故时，似乎她和她的丈夫胜利了，成功地将教会联合了起来。但事实很快表明，分裂更加严重了。狄奥多拉一直比她的丈夫更令人畏惧，她在世时，许多显赫的教士——包括几名她曾经的党羽——都尽可能保持低调而不引起她的不满。在她死后，他们开始公开反对皇帝的敕令，欧洲各地的教士也纷纷开始响应。无论维吉琉斯如何辩驳，他的谴责无疑危险地动摇了卡尔西顿大公会议决议的权威，教皇此时被整个西帝国的大多数基督徒视为叛徒与背教者。阿非利加的主教甚至开除了他的教籍。

只有意大利没有对维吉琉斯表示反对。在贫穷困苦的意

①　最权威的记述，即教皇格里高利一世声称，他也革除了狄奥多拉的教籍。但当时的格里高利只是罗马城中的一个儿童，这个说法颇不可信。如果维吉琉斯如此大胆，这个故事自然会传开——但真是那样的话，或许他也命不久矣。

大利，饱受烧杀掳掠而且缺吃少穿的居民们没有时间关心深奥的神学问题。罗马人和哥特人争夺半岛的漫长斗争此时终于步入最后阶段。

教皇遭到叱责（548）

查士丁尼因"异端三章"而产生的焦虑，虽然很大程度上是作茧自缚，但仍让他无暇处理意大利的问题。他长期以来低估了哥特人的力量，而547年4月，拜占庭军队在托提拉攻破罗马四个月之后再度收复了罗马，这使他更加坚信，只要假以时日，哥特人的抵抗力量会自行崩溃。

250　　不幸的是这并没有发生。550年1月16日，历史再度重演，一批心怀不满的伊苏里亚驻军打开了罗马城门——这次他们打开的是奥斯提恩西斯城门，位于圣保罗大教堂附近——并把托提拉的部队放进城中。但和546年作为入侵者进入城中的情况不同，各种迹象显示哥特人决定留下来了。他们中的许多人侵占了城中的空屋并举家搬迁进去，元老院重新开始运转，难民们被允许返回家乡，受损的房屋得到了修整重建。次年夏天，又一个决定性的证据说明了托提拉对罗马的态度：他恢复了马克西姆斯竞技场（Circus Maximus）的比赛，并亲自来到皇家包厢观赛。与此同时他的舰队正在意大利和西西里进行破坏，在551年满载着战利品返回。这两次冒犯终于激怒了查士丁尼，迫使他展开行动。第一件事他只是视作故意挑战自己的权威，第二件事实在难堪，因为西西里在被贝利撒留收复之后一直是皇帝的私人属地，当地的收入要直接交给皇帝而不是上缴国库。他立即开始寻找一名新的总指挥官率军进入意大利，而他选择的是自己的表弟日耳曼努斯。

在狄奥多拉在世时这一任命是不可想象的，她对日耳曼努斯的厌恶甚至比对贝利撒留的厌恶更甚，并尽己所能地诋毁他。但狄奥多拉已经不在人世，日耳曼努斯是个经验丰富、能力优秀的军人，虽然没有他前任的天赋，却可信、干练且绝对忠诚。更重要的是他还有一个优势，他于近期与玛瑟逊莎成婚——她的亡夫，即运气不佳的国王维蒂吉斯，于八年前以囚徒的身份死在了君士坦丁堡。抵达意大利后，这将会极大地稳固他的地位。玛瑟逊莎是狄奥多里克的外孙女，她可以得到绝大多数哥特贵族的支持，日耳曼努斯运气好的话也可能获取意大利大地产主的支持。

也许查士丁尼有意恢复西帝国，让意大利人与哥特人联合起来，让日耳曼努斯作为从属于他的恺撒以及他的继承者，统治拉文纳。当查士丁尼送别表弟时，他也许就在想着类似的事情。日耳曼努斯此时指挥着一支比贝利撒留率领过的任何一支部队规模都要大的军队，他美丽年轻的妻子——此时只有约三十岁，而且第一次怀孕——则陪在他的身边。但这一任务究竟能否完成，我们就无从得知了。550年秋季，日耳曼努斯发高烧，在塞尔迪卡的军营中死去。他未能进入意大利，也没能等到自己儿子出生。

纳尔西斯进军意大利（552）

表弟的死讯对查士丁尼而言又是一个沉痛的打击。他此时已经六十八岁，还没有留下子女。他一直在寻找可能的继

251

297

承人，日耳曼努斯无论在意大利取得何种战绩，都无疑是第一顺位继承人。但此时意大利的战况更为紧迫，一支帝国大军被投入了战场却群龙无首。如果现在撤兵，后果将比战败还严重，因为这意味着公开承认托提拉对半岛的统治权。他需要尽快找到一个新的指挥官。皇帝是否和此前两次一样去请贝利撒留出征了呢？如果他真这么做了，贝利撒留也必然回绝了，因为最终皇帝选择了纳尔西斯，而这位年逾古稀的宦官将最后一次尝试把意大利纳入帝国版图。

这一选择至少是出人意料的，然而结果比人们预想的好。纳尔西斯确实年事已高，但他的精力与决断力不减当年。他的军事经验确实有限，但在意大利他可以得到一些出色的军官的协助——特别是他的老朋友约翰。此时最需要的是一个出色的组织者，一个意志坚定且果决的领袖，能够把争吵不休、互相对立的团队掌控住，并以新的目标与精神来激励他们。而纳尔西斯是承担这一任务的理想人选。

他清楚这一任务的规模，此时的意大利只有四个城市仍由拜占庭控制，即拉文纳、安科纳、奥特朗托和克罗托内（Crotone）。但纳尔西斯在宫廷工作的一生可并非虚度。他比在世的任何一个人都了解查士丁尼，因而轻易地说服他给自己提供了一支比日耳曼努斯所率部队规模更大的远征军，至少有三万五千人，其中绝大多数都是蛮族，包括伦巴第人（Lombards）、格皮德人（Gepids）、赫卢利人和匈人，还有一批在近期的战争中俘虏的波斯人。他在551年春离开君士坦丁堡，但同年的余下时间则在色雷斯和伊利里亚度过，他巡游各个军事基地，征募了更多军队并逐渐融入其中。接下来的远征将给他带来一生中最大的成就。他绝不能失败。

直到 552 年初夏，他和他的部下才开始向意大利进军。他们走陆路进军，绕亚得里亚海抵达拉文纳。纳尔西斯抵达之后支付了拖欠当地剩余部队已久的军饷，而后在进行九天的兵力巩固之后，他们继续穿过了亚平宁山脉，沿弗拉米尼亚大路向南前进。与此同时，托提拉则沿同一条道路北上以阻挡他们前进。于是在 6 月的最后一天，罗马军队和哥特军队在塔基内 [Taginae，位于斯凯贾（Scheggia）和瓜尔多塔迪诺（Gualdo Tadino）两座小镇之间] 遭遇，并展开这次战争中最重要的一场战斗。 252

普罗柯比并未亲自见证这次战斗——他随着他的雇主贝利撒留一同返回了君士坦丁堡——但他依然提供了这一战详细的记载。他写道，托提拉试图欺骗纳尔西斯，声称他打算在一周之后决战，但第二天就准备进攻，纳尔西斯看破了这个花招并严阵以待；哥特国王得知他有两千人的部队仍在赶来，就有意拖延，在两军之间展示马术，表演哥特人的跃马，以争取一些时间——这不经意地与对面军阵中无动于衷、静观其变的枯干老宦官形成鲜明的对比；以及当两军最终交战时，哥特人遭到包抄与压制，直到日落时分，他们恐惧而混乱地逃走了，拜占庭军队则全力追击。托提拉本人受了致命伤，和余下的部队一同逃走，在几个小时之后死在了一个名叫卡普雷 [Caprae，今卡普拉拉（Caprara）] 的小村庄中。

哥特人已经彻底失去希望，但他们并没有投降。他们一致同意立托提拉的将军中最勇敢的泰亚（Teia）继承王位并继续作战。哥特人试图与控制了波河以北的意大利大部的法兰克人结盟，却无果而终。法兰克国王狄奥德巴尔（Theudibald）更希望隔岸观火，他接受了泰亚的礼物却没有派出一兵一卒助战。与此同时，纳尔西斯向南进军，一座座城市向征服者敞开大门。罗马在简短的围攻之后即被攻破——这是查士丁尼继位之后该城第五次易手——但老宦官还在前行。他得知托提拉在那不勒斯湾北端的库迈（Cumae）存有大量财宝与金银块，于是决定在这些财宝被运走之前先将其夺走。泰亚也绝不会坐视这笔财宝被夺走，他加速行军以援救当地守军。然而出于某种原因，他和他的部队从海湾南端诺切拉（Nocera）附近的山地赶来。552 年 10 月末，在位于维苏威火山东南方向的萨尔诺河［Sarno，时称德拉科河（Draco）］谷地、距离被遗忘已久的庞贝古城仅一两英里的地方，罗马人和哥特人展开了最后一战。泰亚本人英勇拼杀，最终被一支精准的标枪刺死，但即使泰亚的头颅已经被挑在长枪上，他的所有部下都能看到，哥特人也没有放弃抵抗。直到次日夜间，残存的部队才同意谈判。随后订立的和约要求哥特人离开意大利并不再与帝国开战，他们也可以带走所有能带走的财产，并且不会被帝国强行征召。

此时仍有几个抵抗据点。库迈的驻军又抵抗了几个月，在姗姗来迟的法兰克人援军协助下，波河以北的一两个城市理论上仍处于哥特人的控制之下。直到九年后纳尔西斯才能给自己的君主送去维罗纳城的钥匙。但在维苏威火山山脚下的这一战，标志着意大利的哥特人事实上已经失败。查士丁尼最野心勃勃的目标最终得以实现。

远征西班牙（552）

纵观历史，很少有哪个年过八旬的指挥官能够如纳尔西斯一般，迅速且决定性地取得这次征战的胜利，考虑到他身为阉人，这一成就无疑更难出现。然而更难以置信的是，这位亚美尼亚裔老人在552年春率部进入意大利时，另一支规模更小的拜占庭远征军在一个年龄更大的指挥官带领下进军西班牙。他的名字是利博琉斯（Liberius），在狄奥多里克的时代曾担任意大利的禁卫军执政官，但那是六十年前的事了。因此在此时，他的年龄不可能小于八十五岁。

相比收复意大利，远征西班牙不过是个次要事件，对这次远征的叙述也可以迅速结束。此时的西班牙仍被牢固地控制在西哥特人的手中，他们在五世纪初抵达这里，在418年与罗马政府签订协议，承认帝国的宗主权。因此它的地位与狄奥多里克时代的意大利颇为类似，罗马的土地拥有者依然可以安居，对现状完全满意，也暗自庆幸君士坦丁堡距离太遥远而难以对其干预。对他们和他们的西哥特君主而言，风暴来临前的警报最早出现在533年贝利撒留收复汪达尔人控制的北非时，他于次年将西哥特驻军赶出了塞普特姆（Septem），即今休达（Ceuta）。西哥特国王狄奥蒂斯（Theodis）于547年试图将其夺回，结果以灾难告终。虽然他抗议称罗马人是在周日趁他在教堂礼拜时发动的攻击，但这并不能改变他的部队被歼灭的事实，他本人也于不久之后被刺身亡。

之后在551年，狄奥蒂斯的第二个继承人——国王阿基

254

拉（Agila）此时要同时面对两场叛乱：科尔多瓦的罗马居民叛乱，以及他的亲戚阿塔纳吉尔德（Athanagild）发起的规模更大也更严峻的叛乱。他果敢坚决地发起反击，不久之后阿塔纳吉尔德被迫逃到皇帝那里寻求帮助。[①] 而这正是查士丁尼期待已久的机会。尽管意大利的战况颇为紧张而且他长期缺少人手，他依然从纳尔西斯的部队中分出了一支小部队——人数最多有一两千人——交给利博琉斯前往西班牙，支持阿塔纳吉尔德并保护暴乱的罗马人。在东南部的海岸登陆之后，他们基本没有遭遇抵抗，西哥特人的部队已经分为忠于阿基拉的一派与支持叛乱者的一派。不久之后利博琉斯控制了从瓦伦西亚（Valencia）到加的斯（Cadiz）一线以南的所有领土，包括科尔多瓦。555 年阿基拉被他的部下谋害，不再有竞争者的阿塔纳吉尔德随即继位。

如果这位新国王同意作为帝国的封臣进行统治，一切都会顺利发展，然而他从不打算如此做，并很快对利博琉斯表示希望他尽快率部撤离。这位老人的外交能力无疑不逊于他的军事能力，他表面上答应了，但渐渐说服阿塔纳吉尔德与自己谈判，最终双方达成协议，让帝国保有其征服的大部分领土。但士兵数量太少，交通线又危险地拖得太长，查士丁尼不得不承认半岛八分之七的领土都在他的控制之外。另一方面，他得以保留巴利阿里群岛，那里和科西嘉岛、撒丁岛

---

① 按塞维利亚（Seville）主教伊西多尔（Isidore）的记载，西哥特人和几乎所有的蛮族部落一样都是虔诚的阿里乌斯派信徒，阿塔纳吉尔德却秘密信奉公教，也就是说他是一个正统的基督徒。如果这一记载可信，查士丁尼无疑更愿意出兵援助他。

（分别由贝利撒留和纳尔西斯夺取）一同为他提供了在西地中海的稳固军事基地，而他也可以夸耀称帝国再度将领土从黑海延伸到大西洋。这次远征并非完全成功，但也绝非失败。

教皇避难（552）

在纳尔西斯将哥特人最后一次逐出罗马之后，教皇维吉琉斯并未出席感恩节的仪式。他依然留在君士坦丁堡，深陷"异端三章"的争议之中。教皇裁决激起的敌意使他被迫在550年撤销这一引发反对的文件，尽管同年8月他秘密向查士丁尼以书面形式宣誓他会继续发挥自己的影响力，并尽自己所能重新控制西帝国的教会并赢得尊重——后者无疑更艰难——但这仍不可避免地使他与皇帝渐行渐远。双方的关系于次年愈发紧张，查士丁尼以自己的名义——仿佛他一人就能召开大公会议一般——用长篇论述的形式颁布了另一条敕令，阐述了他自己对基督教基础教义的解读，其结尾再度大力谴责"异端三章"。维吉琉斯无疑承受着城中的西帝国教士们相当大的压力，他抗议称这一敕令违背了卡尔西顿大公会议的原则，并要求皇帝撤回这一敕令。查士丁尼不出所料地拒绝了，因而教皇在他居住的宫殿中将城中所有东帝国与西帝国的教士召集起来。这次集会的与会者一致谴责这一敕令，庄重地禁止任何教士在任何张贴这一敕令的教堂之中主持弥撒。几天之后两名教士无视了这一决议，结果被立即革除教籍——牧首本人更是第三次被革除教籍。

听闻这一消息的查士丁尼怒不可遏，教皇自知自己难逃拘捕，就逃到了查士丁尼近期在赫尔米斯达宫殿①附近建造的圣彼得与圣保罗教堂寻求庇护。然而他刚刚躲进教堂之中，主管城市治安的城市执政官（Praetor）就率领一批宫廷卫队到来了。按一个亲眼见证此事的意大利教士此后向法兰克人使节们详细描述此事的说法，② 弓上弦刀出鞘的他们冲

256 进教堂直奔教皇而去。教皇看到他们后立即冲向了圣坛，而他身边的神父与助祭们向执政官表示抗议，一片混乱之中有几人受了轻伤。士兵们随后抓住了紧紧抱着圣坛支撑柱的教皇本人，他们扯着他的腿、头发和胡须，试图七手八脚地把他强行拖走。但他们用力时，教皇也竭力抱紧支撑柱，直到柱子被拉倒，圣坛坠落在离教皇的头不远的地方。

此时已有规模可观的人群被喧闹吸引来，因他们如此粗暴地对待基督的牧师而抗议。士兵们明显心怀不满，执政官明智地选择撤退了，让得胜但大受震动的维吉琉斯收拾残局。次日一个高阶谈判代表团在贝利撒留的率领下前来，向他表达皇帝对此事的歉意，并向教皇正式保证他可以返回他在都城的住所而不会受任何暴力威胁或被拘捕。

教皇立即返回居所，但很快发现自己所遭受的监视与被软禁无异，他也意识到如果他打算打破目前的僵局并恢复他竭力想恢复的西帝国教会的威望，就必须立刻做出决断。圣诞节两天前，551 年 12 月 23 日晚间，他从宫中的一个小窗

---

① 这是君士坦丁时代的建筑，位于圣索菲亚大教堂以南，面向马尔马拉海。其名称源自那里最早的居住者之一，即君士坦提乌斯皇帝的一位重要的幕僚，一个在此避难的波斯人。

② Migne, *Patrologia Latina*, Vol. 69, Cols. 113 ~ 119.

挤出并乘小船穿越博斯普鲁斯海峡抵达卡尔西顿，到达之后他立即赶往圣尤菲米亚教堂。这是明智的决定，也颇具象征意义，他有意将自己和451年的大公会议联系在一起，表明自己和质疑会议决议权威性的皇帝意见不同，并来到正好一个世纪前这一会议召开的地点寻求庇护。由贝利撒留率领的代表团再度前来与他谈判，但这一次他态度坚定。几天之后一批士兵抵达，他们抓走了他身边的一些教士，但没有试图逮捕教皇本人。维吉琉斯此时给查士丁尼写下了一封长信，被称为"通谕"（Encyclica），回应了皇帝对他的谴责，表达了自己对这一争议的态度并再度试图谈判。不肯再让步的他还公布了自己革除牧首和8月时让他不满的两名主教教籍的宣判书。

谈判于春季得以继续，6月时查士丁尼决定进行一次主要的策略性让步：牧首和其他被革除教籍的教士被派去圣尤菲米亚教堂亲自向维吉琉斯致歉并表示尊重，此后教皇返回了他居住的宫殿。其间双方还达成协议，宣告近期双方有关"异端三章"的所有声明无效，包括皇帝的敕令。对教皇的支持者而言，这如同胜利一般。如果近期的声明均被宣布无效，就不太可能再有新的类似声明了，整件事很可能就此被遗忘，毕竟也本该如此。但查士丁尼还没有认输。他此时召开了一次新的大公会议，准备在这一问题上进行最后决议，并邀请维吉琉斯出席。

第五次大公会议（553）

理论上教会的大公会议要召集基督教世界的所有主教参

257

加。当他们聚集在一起时，他们相信圣灵将降临，让他们的宣告准确无误，让他们的裁决至高无上，让他们的决议终结一切。但实际上的出席者不可避免地存在选择性。如果教会在任何问题上出现分歧，大公会议的决议就不那么依赖于圣灵的指引，很大程度上是由哪一方出席的人更多来决定。皇帝和教皇都很清楚东部的主教人数明显多于西部，而且如果会议在君士坦丁堡召开，东部主教的人数优势还要更大。维吉琉斯因此建议将这一问题留给一个小规模的委员会处理，东部和西部各派出人数相等的主教参加，但查士丁尼拒绝了这一提议。在各种其他可能的提议又被否决之后，教皇认定他只能彻底抵制这一次集会。结果当第五次大公会议最终于553 年 5 月 5 日，在门纳斯的继任者尤提吉乌斯（Eutychius）的主持下于圣索菲亚大教堂召开时，到场的一百六十八名主教中只有十一人来自西部，其中还有九人来自阿非利加。查士丁尼也选择不出席这一会议，他声称是不希望影响这一会议，但他给代表团的信在会议开始时被高声朗读出来，提醒他们已经谴责"异端三章"。此时出席的人不可能不知道他想要什么样的结果。

258　　协商持续了一个多星期，而后于 5 月 14 日，在多次接到出席邀请之后，教皇写下了一份被他称为《联署协议》（Constitutum）的文件，由他本人以及西部的另外十九名教士联名签署。这在某种意义上是一种妥协，他们在其中承认摩普绥提亚的狄奥多尔的著作存在严重错误，但也指出另外两名被指责的作者在卡尔西顿大公会议上被认定为"正统的神父"。无论如何，谴责过世的人并不合适。此时对"异

306

端三章"的焦虑缺乏根据而且没有必要，这种焦虑本身就应当被谴责。维吉琉斯的结论是"上帝的慈爱与我们同在，以使徒授予的权威"禁止任何教士继续就这一问题表达意见。

直到 5 月 25 日教皇才正式将这一份文件的抄本送到宫中。他并不认为对方会欣然接受，然而他也没预料到此时意大利事态的变化。托提拉已经战死，哥特人已经战败，帝国不再需要讨好意大利的罗马公民以寻求支持。查士丁尼早就对维吉琉斯厌恶至极，此时的他终于可以随心所欲地处置他了。他没有对《联署协议》做任何回复，而是派一名秘书带着三份文件前去大公会议。第一份文件是教皇在 547 年 6 月秘密签署谴责"异端三章"的声明；第二份是 550 年 8 月他为尽自己所能保证它受到谴责而发下的书面誓言；第三份则是一份声明，要求将他的名字从圣坛上的双联饰板上除去。这事实上就是将教皇本人开除教籍——尽管查士丁尼强调对维吉琉斯个人的谴责并不会延伸到罗马教廷本身。[①] 在 5 月 26 日大会召开第七次会议时，大会正式接纳了皇帝的声明并谴责教皇，"直到他为自己的错误表示忏悔为止"。在 6 月 2 日的第八次会议也是最后一次会议上，他们几乎一字不差地复述了皇帝的第二份敕令，将狄奥多尔和狄奥多勒的所有著述定为异端。（伊巴斯未受谴责，因为那封据称是他写下的冒犯正统信仰的信实际上是他人之作。）

维吉琉斯已经无路可走了。他被流放到马尔马拉海中的

---

① "Non sedem sed sedentem"，即"不谴责职位而谴责职位上的人"。

一个小岛上，并被告知除非他接受大公会议的决议，否则将再无机会返回罗马。他在那里被软禁了六个月，在经历肾结石带来的痛苦之后最终还是屈服了，无条件地投降了。他在12月8日写给牧首的信中承认了他此前所有的错误。两个259月之后——几乎可以确定是在查士丁尼的坚持之下——他给西帝国的教会写下了又一份《联署协议》，正式谴责"异端三章"以及所有支持它们的人，并且宣称"所有此前以我名义为它们提出辩护的文件都因此失效"。他只能说这么多了。此时病重的他无法旅行，只好在君士坦丁堡又停留了一年。疼痛略有好转之后，他才踏上归途。但距离终究是太远了。途中，他的病情突然恶化，他被迫在锡拉库萨终止这一旅程，身体和精神均已崩溃的他在这里撒手人寰。

查士丁尼衰朽（555）

贵族们几乎无一例外地贪恋权势，并为此损害臣民的利益与他们自己的名声。如果查士丁尼在维吉琉斯死去的那一年死去，人们将真挚地为他哀悼。收复意大利使他恢复了帝国原有的疆界，并将地中海再度变为罗马帝国的内湖；通过君士坦丁堡大公会议，他至少表面上将基督教教会统一起来。他的工作已经完成，他的领土一片祥和。他已经七十三岁，他的挚爱狄奥多拉已经离世，他也应当随她一同入土。然而死亡没能如期降临，晚来了十年，帝国则要因此受苦了。

在他不幸的最后十年之中，查士丁尼从来不肯在权力问题上让步，但对他身边的人而言愈发明显的是，他已经既没有施行权力的能力，也没有掌控权力的欲望。同时代人写道："这个老人已经不顾一切，他的精神已经在天堂之中。"资金是永远绕不开的问题，现在却格外短缺，当年的皇帝可能亲自着手筹集资金——至少是为自己筹集——但现在他把事情都交给了自己的臣属。边境防卫一直是他主要考虑的问题之一，他也在从幼发拉底河到瓜达尔基维尔河之间的国土上建造了数以百计的城墙工事、堡垒和防御据点。但555年他任由帝国的部队规模从六十四万五千人缩减到十五万人，边境的堡垒被放弃，任其坍圮。① 战争、财政、防御乃至征服，他对这一切都感到厌烦。现在他只关心宗教，关心教会——他的教会——以及无休止的神学辩论，作为一个真正的拜占庭人，他觉得这既能让他激动又能让他放松。

　　有敌意的周边势力要靠献贡而非战争来应对，即使此时 260 的国库没有资金向它们献贡。556年他向万王之王支付了三万索里德（solidi）②，从而和波斯订立了五十年的和约——在查士丁尼看来这是很值得的，因为波斯彻底放弃了对拉兹卡的控制权，他也有机会将他的部队从仿佛无边无际的东部边境中撤出来。不幸的是，保护费从来都很难保证未来，支付保护费的人通常都很难停止支付。有时这些手段也是不切实际的。三年之后的559年，一个被称为科特里古尔

---

① 需提及的是，查士丁尼在位期间停止向一线的征召部队，即所谓的"驻防军团"发饷，完全依赖各地的二线机动力量，即"野战军团"进行进攻、纵深防御与反击。此举在财政意义上和军事意义上的是非功过，留待学界评说。——译者注
② 金币的单位。——译者注

（Kotrigurs）的匈人部族突入帝国的领土，在多瑙河防线以及查士丁尼在防线后方建立的一系列内线堡垒群没有遭遇什么抵抗，他们一路向南抵达塞萨利并向东穿越色雷斯，来到距离都城二十英里的地方。

这并不是帝国在这些年来遭遇的第一次入侵——548年和550年斯拉夫人已经侵入巴尔干半岛，一路抵达科林斯海湾、亚得里亚海与爱琴海海滨。但对君士坦丁堡的居民而言这次入侵无疑是最可怕的，他们中的许多人带着金银细软举家搬迁到了博斯普鲁斯海峡的对岸。查士丁尼本人并没有过度紧张，入侵者能来到这里，只是因为城西三十英里处的、从马尔马拉海海滨的瑟利姆布里亚延伸到黑海的阿纳斯塔修斯城墙在近期的一次地震之中严重损毁。另外，作为内线防御工事的狄奥多西城墙依然完好无损，并有充足的人员守卫。在这种情况下，他相信城墙可以把任何敌人挡在外面，更别说原始落后且装备低劣的科特里古尔部了。

他真正的感受是羞耻：灭掉了意大利的东哥特王国与阿非利加的汪达尔王国并让帝国控制了西班牙土地的他，却要放任几乎没人听说过的一群粗鄙蛮族一路掠夺破坏，来到他的门前。这次他别无选择只能开战了。和此前许多次的危机一样，他派贝利撒留前往。

这位将军此时也只有五十多岁。尽管他已经十年不曾率兵作战，精力却依然在，而他卓越的战术能力更是不曾衰退。带着手头的几百人，他进行了极度出色的游击战，成功地把科特里古尔部诱入精心设计的伏击圈并杀死了四百人，

261　余下的人则被赶回了他们在阿卡狄奥波利斯［Arcadiopolis,

今吕莱布尔加兹（Lüleburgaz）] 的基地。如果查士丁尼允许的话，他无疑可以把他们赶到更远的地方；如果有更多的部队的话，他甚至可能将他们全歼。但这不是皇帝的行事方式，他更倾向于外交手段，并在必要时进行贿赂。他就此以安抚波斯人的方式安抚了科特里古尔部，许诺支付他们一笔慷慨的岁贡，只要他们返回自己的故乡并不再对帝国领土发起侵袭。

拥有如此鼓舞人心的开始，这样的结局并不值得称赞，这明显不值得查士丁尼在 8 月从瑟利姆布里亚返回时举行一次凯旋式，其间他很罕见地从君士坦丁堡来到阿纳斯塔修斯城墙监督其重建。这个盛大而没有贝利撒留参加的典礼无疑是想要让他的臣民相信，科特里古尔部已经在一次伟大光荣的胜利之中被彻底消灭，而这一切都归功于皇帝一人，他对自己麾下天才指挥官旧有的嫉妒在狄奥多拉死后第一次再度燃起。

贝利撒留之死（565）

贝利撒留无疑也注意到了这一点，他再度隐退。562 年秋，几名显赫的市民被指控谋害皇帝，其中之一指认贝利撒留也参与其中时，贝利撒留很可能是最为惊讶的人。当然，最终没有找到任何证据，但他依然被剥夺了所有的头衔与特权，并屈辱地生活了八个月，直到查士丁尼最终相信他确实无辜，恢复了他的名誉。应当就是这次不幸的遭遇产生了那个广为人知的传说，即皇帝刺瞎了这位老将的双眼，只给流落街头的他一只乞讨用的碗。但这个故事最早的记载出现于至少五个世纪之后，因此可以说是失实的。[①] 恢复名誉的贝利撒留平静安逸地度过余生，于 565 年 3 月逝世，享年约六十岁。那时很可能已过八十的安东尼娜则比他活得更久。

262 　　同月，查士丁尼进行了最后一次立法，终结了一系列的教会争议问题——包括确定圣诞节和主显节的正式庆祝时间。年老时的查士丁尼在宗教问题上花的时间越来越多。他在整个夏天以及秋初都在伏案工作，接见臣属并举行神学讨论会，而后在 11 月 14 日夜间，他颇为突然地逝去了——应当是死于心脏病发作或中风。那时陪伴在他身边的只有寝宫总管——显贵卡里尼库斯（Callinicus），此后他宣称皇帝最后的遗言是指定他妹妹维吉兰提亚（Vigilantia）的儿子、他的外甥查士丁（Justin）作为继承者。

　　可能有人会对这一说法持怀疑态度，但没有人能反驳。关于接下来发生的事的记载也颇为可疑，一个名叫科里普斯（Corippus）的阿非利加三流诗人似乎急于讨好新皇帝，提出了一段证言，但朗诵这段证言时确有这一事件的其他见证者在场，所以里面提到的事件应当至少大体属实。科里普斯大唱赞歌，歌颂这位显贵很快召集了一批元老院成员，而后他们一同匆匆赶往查士丁的住所。他们在一个面朝大海的房间找到了这位皇子和他的妻子索菲亚（Sophia）——她是狄

---

① 需要提及的是，这一说法的来源，即一份在君士坦丁堡发现的十一世纪的记载——目前学界认为其作者是米哈伊尔·普塞洛斯（Michael Psellus）——在同一页也提到了查士丁尼在 549 年为贝利撒留竖立的镀金雕像当时依然存在。如果贝利撒留确实遭受如此厄运，这雕像那时就不可能存在了。

奥多拉的外甥女——随即立查士丁为新皇帝。之后他们返回宫中，查士丁尼的遗体被安放在金尸架上，索菲亚则肃穆地把一块描绘查士丁尼一生功绩的金绣织物盖在了姨父的遗体之上。

次日清晨，皇帝夫妇正式乘马前往圣索菲亚大教堂，查士丁在以古罗马的方式被用盾牌托举和加冕之后，发表了登基演讲，发誓坚持正统信仰，决定虔诚且公正地统治，并为前任皇帝在晚年对各种重要国事缺乏关心或处置失当而表示惋惜——这倒可以说有些无礼了。他和索菲亚随后前往大竞技场，接受臣民的欢呼，并处理掉查士丁尼死后留下的所有债务。在一系列程序结束之后，他们才开始举行葬礼。皇帝的遗体装在铺金盖银的灵车之中，从宫中缓缓离开，经过人满为患却寂静无声的街道；查士丁、索菲亚、元老院成员、国家的高级官员、牧首、主教和教士们以及士兵与宫廷卫士则在灵车后步行跟随。抵达圣使徒教堂之后，棺木被缓缓安置在狄奥多拉墓旁早已备好的斑岩石椁之中，弥撒随即开始，让老皇帝的灵魂安息。

263

最后的罗马皇帝（565）

一个时代就此结束了。帝国从舅舅传到外甥的手上，一如既往地平稳且无可置疑，但不可否认的事实是，查士丁尼一世远没有如他梦想的一样，开创一个光辉的新时代，反而成为最后一个在拜占庭城登上皇位的"罗马皇帝"。这并不只是因为他是拉丁人，一生中希腊语都说得很粗糙——如果普罗柯比的记载可信的话——而且是因为他的思想是拉丁式的，并在整个执政期间，精力格外充沛的他将大部分力量都用在恢复原来的罗马帝国之上。他从来都不明白的是，那个帝国此时已经被抛进历史中，一个人拥有不可置疑的普世权威的时代已经过去，也不会再回来。他分别给汪达尔人和东哥特人以致命一击，但在他的北部边境施压的蛮族部落依然众多，而且愈发渴望前往温暖且肥沃的地中海沿岸居住。和他们的先辈们不同，这些部族不想保留蛮族的身份。斯拉夫人已经在缓慢而不停歇地向巴尔干半岛渗透，而查士丁尼花了几乎半生才收复意大利，数不尽的人因此丧生，带来不可胜数的惨祸，在他死后，这块土地仅仅在帝国手中待了三年。

在所有拜占庭皇帝中，他的形象可能是我们最容易想象的，因为拉文纳圣维塔利教堂（S. Vitale）中的唱诗班席位旁留下了同时代人完成的一幅伟大的镶嵌画，完成于这座教堂建成的 546 年。查士丁尼看上去比他的实际年龄六十四岁要年轻，但他的面孔是很现实且平淡无奇的——与他头上的皇冠与金色光轮形成鲜明对比。这一肖像画明显是写实的，他身边的拉文纳大主教马克西米亚努斯（Maximianus）的画像也是如此。这张脸孔并不出众，也不算强劲有力，在所有人看来只是个马其顿农民的脸孔。这张脸孔与对面墙上的狄奥多拉完全不能相提并论，她珠琉之后的面孔如同在威胁他人一般，眉头紧锁，她手持镶珠大圣餐杯的动作与她紫袍下摆绣着的东方三博士动作一致。难怪人们会觉得，她的丈夫会被轻易说服——如果是她来劝说的话。

264　　　尽管查士丁尼经常表现得意志薄弱、犹豫不决，但对他妻子之外的所有人而言，他是个完完全全的独裁者。那些执掌大权的人会犯的错误，他无一例外地犯过：虚荣、易怒、杯弓蛇影，以及如孩童一般嫉妒所有可能功高震主的人——尽管通常都是在嫉妒贝利撒留。此外，他的精力令所有了解他的人惊讶，他投身艰难任务的能力也明显没有用到极限。被朝臣们称为"无眠者"（akoimētos）的他，夜以继日地思考国事，过问最微末的细节，让身边的所有书记官和文员随他一同工作到天黑，再工作到天亮，再工作到天黑，直至精疲力竭。他相信这是上帝赋予皇帝的任务，而他也极度负责地投身于这些任务之中，并维持着高效——至少在他晚年之前如此。

但皇帝的生活也有其他方面。他不可能永远封闭在自己的朝廷之中，他必须到臣民之中去，用威严与富丽堂皇去向他们炫耀帝国的荣光。因此在所有公众场合中，无论典礼还是游行他都极尽奢华。他对建筑的热爱也是同理。他相信皇帝的光辉必须在他的都城中彰显。查士丁尼改变了君士坦丁堡，建造了许多著名的纪念建筑，包括他为自己和继承者翻修的圣宫，配上了用艳丽的大理石和镶嵌画装饰的著名建筑青铜门（Chalkē）；坍圮已久的奥古斯都殿堂也被他重建，并在石柱上竖立起自己的巨大骑马像；此外还有圣索菲亚大教堂、圣伊琳妮大教堂，以及圣塞尔吉乌斯与圣巴库斯教堂，这几座教堂存留至今已堪称奇迹，依然能震动参观者的心灵。更令人惊讶的是他的一些公共建筑——最重要的就是巨型蓄水池，今称耶莱巴坦地下水宫（Yerebatansaray）与宾比尔迪雷克蓄水池（Binbirdirek），这些壮观的建筑也得以留存至今。

查士丁尼也没有把自己卓越的建造计划限制在都城内——即
使他本人很少离开都城。他主持修建道路、埋入排污管道、
建造桥梁、开挖水渠，使其遍布帝国的每一个角落。他也建
造了不止一座新城市，并命名为查士丁尼纳（Justiniana）以
作为纪念。安条克在 540 年被库思老一世劫掠之后，以远胜
此前的奢华方式重建；发生于 551 年与 554 年的两次地震摧
毁了一系列叙利亚城镇，他也将这些近乎被夷平的城镇重建
起来。

265

查士丁尼之所以推动大规模建筑行动，也许是因为他至
少在这一方面可以基本预知结果。他在其他方面都没有如此
成功——他无法接受世界的真实情况，却固执己见。正如前
文记述的，他追求宗教统一的举措，仅仅加深了东方与西方
之间、正统派与基督一性论派之间的裂痕，毕竟每次做出决
定之后，他从来不肯相信自己可能有错。他在重组行政体系
并整肃腐败问题上也得到了类似的结果，这些措施不断被他
的铺张阻挠，他需要如此多的钱财，所以根本不可能太在意
获取钱财的具体手段。他的军事征服取得了令人失望的结果。
他希望通过收复帝国那些被夺走的土地，恢复那里的和平、
繁荣与有序统治，但事实上帝国军队的掠夺以及随之而来的
大批税官和部长，让当地的居民陷入苦难与贫困；尽管他在
阿非利加投入巨资——包括注入大笔资金修复迦太基城——
得以保证当地经济稳定重组，在意大利的类似举措却以失败
告终，陷入绝境的当地居民乐于接受伦巴第入侵者的到来。

但其中也确有成功之处，特别是在手工业和商业上的成
功。在查士丁尼的时代，君士坦丁堡已经是欧洲与亚洲之间

主要的贸易中转站，并敏锐地活跃于地中海与东方之间。而此时的西帝国已经悲哀地陷入赤贫，拜占庭的商业繁荣源自与中国和印度的贸易，帝国从中获取了大量丝绸、香料以及宝石。但对从事这一贸易的商人而言，有一个问题是绕不过去的：波斯帝国的存在。从东方走陆路来的商队可以一路毫无阻碍地抵达撒马尔罕（Samarkand）、布哈拉（Bokhara）和阿姆河，之后他们就要经过波斯人的领土，而万王之王严密控制着他们的交易活动，在战争期间往往完全禁止对外贸易。海路也存在同样的问题，毕竟所有的商船都要在波斯湾靠岸。波斯帝国对商品，特别是丝绸这个最重要的贸易品征收重税，并禁止直接贸易。贸易必须由波斯中间人经手，而他们又要收取相当高的佣金。

　　这是查士丁尼决心要挣脱的束缚。他首先开辟了完全绕过波斯的全新商路，一条从北方通过克里米亚、拉兹卡和高加索——这些地区的臣民们早已开展繁荣的贸易，用纺织品、珠宝与酒交易毛皮与奴隶；另一条从南方绕过波斯湾进入红海，他早在六世纪三十年代初就与埃塞俄比亚的阿克苏姆（Axum）王国谈判。前一条商路取得了部分成功，后一条则没能成功，因为波斯人牢固地掌控了印度与斯里兰卡的港口。直到552年他才取得了真正的突破，一群正统派的僧侣前来觐见皇帝，他们通过与阿克苏姆王国更远方的粟特联络，获取了一批蚕卵，以及足以发展丝织业的技术知识。查士丁尼立即抓住了这个机会，不久之后纺织作坊便在君士坦丁堡，乃至安条克、提尔和贝鲁特（Beirut）建立起来［此后维奥蒂亚的底比斯（Thebes）也加入其中］，帝国的丝织

266

业——这一直是国家专营的产业——成了帝国中利润最高的产业之一。

查士丁尼的结局（565）

在位三十八年之后，一个像查士丁尼这样强有力的皇帝总会受到臣民怀念，但人们并不为他的逝世感到多么悲哀。即使在年轻时，他也从来没能获得他们的爱戴；在他步入晚年之后，税官们的暴虐引发了危险的不满；而在他执政的最后十年中，都城至少发生了六次严重暴乱。在经济上，尽管他做出了诸多努力，却依然拖垮了帝国的财政，仅从这个问题考虑，他不能算是一个真正伟大的统治者。但是，他留下了更多的便利设施、公共设施与公共建筑，它们不可比拟地壮美。他扩大了帝国的领土，简化并整顿了帝国的法律。他无休止、从不疲倦地工作，为他的臣民而努力，这是历史中的统治者们很少能够做到的。当他失败时，原因几乎都是他要求的太多，定下的标准太高，相反的情况从未出现过。他在帝国中烙下了自己的印记，这是所有其他拜占庭城的君主都不能与之相比的。当帝国最终得以走出他的阴影时，已经过去许多个世纪。

第十三章　江河日下（565～610）

看啊，阿瓦尔人（Avars）和野蛮的法兰克人，格 267
皮德人和盖塔人（Getae）①，以及其他许多民族，他们
的旌旗飘扬，从四面八方向我们发起攻击。可敬的罗马
美德已经被遗忘，我们又能用什么力量来战胜这些可怕
的敌人呢？

　　　　　　——查士丁二世，引述于科里普斯，《赞美查士丁》
　　　　　　　　　　　　　（*In Laudem Justin*），I，254～257

拜占庭帝国确实被强敌包围了，无论查士丁二世是否如
科里普斯所言，在其前任皇帝的棺椁前为罗马人的美德不复
存在而哀鸣，但他确实尽力想让这些美德重现。自豪、自
大、自信又坚定不移的他，暗自相信依靠智慧与决心，依靠
谨慎与坚韧，以及最重要的勇气，这些敌人最终会被击
溃——他是完成这一切的人选。他的幻想很快就会痛苦地，

---

　　① 一个已经消亡的古蛮族部族。此处应当是指当时他们的后继者，即斯拉
　　　夫人。

甚至可悲地破灭。

查士丁在即位一周之后，即在接见阿瓦尔人的使节时践行了他新的人生哲学。这个民族的起源不详，但可能来自中亚地区①，几年前才出现在西帝国的边境地带。他的舅舅此前可能给了他们一笔岁贡，以保证他们将其他有敌意的部族赶离帝国边境。但 562 年他们入侵了色雷斯，并拒绝在他提供给他们的潘诺尼亚地区居住。他们明显是不可信任的。因而当他们的代表团正式向新皇帝表达祝贺，并索取此前协议规定的贡金时，查士丁拒绝了。次年他对其他几个接受查士丁尼贡金的周边政权采取了相同态度，被拒绝的人包括万王之王库思老一世。如此坚定的举措使他更受欢迎，特别是因为这似乎预示着他要减税。然而很快事实证明，查士丁尼支付岁贡并非一无是处。

讽刺的是，查士丁在位期间给帝国带来最大损害的势力此前从未给帝国带来任何麻烦，也从未接受拜占庭的岁贡。属于日耳曼民族的伦巴第人在四世纪至五世纪缓慢地从易北河下游的故乡向南迁徙，来到今天的奥地利。567 年，与阿瓦尔人结盟的他们歼灭了临近的格皮德人，次年春季他们穿越了朱利安阿尔卑斯山脉进入意大利。这一地区的大部分土地依然是一片废墟，无声地诉说着贝利撒留与纳尔西斯征战的酷烈。当地居民则是惊魂未定、情绪低落。伦巴第人一路

---

① 早年历史学界与史学爱好者往往使用突厥、鞑靼（塔塔尔）之类的泛称指代来自中亚的游牧部族。这些泛称指代的范围甚广，而且与汉语所谓的"突厥""鞑靼"无法直接等同。译者尽可能在汉译时进行明确。——译者注

上几乎没有遭遇任何真正的抵抗，唯一的例外是帕维亚，他们在围攻三年之后才得以夺取；但他们没有向拉文纳发起攻击，那里的帝国军队指挥官朗基努斯（Longinus）也没有发起反击，而是忙于巩固该城和周边地区的防务。这些征服者继续向南行进。他们的国王阿尔博因（Alboin）在抵达托斯卡纳之后就停止了，但附庸于他的许多贵族继续前进，在斯波莱托和贝内文托（Benevento）建立起独立的公国，并存续了五个世纪。①

所以说，进入意大利的伦巴第人从一开始就不是打算掠夺而是打算永久居住。他们与意大利人通婚，学习他们的语言，吸收他们的文化并无疑想要控制整个半岛。他们此时没有试图攻击拉文纳以及威尼斯潟湖地区的各城市，可能是因为人数不足，而那不勒斯、卡拉布里亚（Calabria）和西西里得以为帝国掌控无疑也是出于同一原因。因此把伦巴第人看作查士丁尼、贝利撒留和纳尔西斯所打败的毁灭者并不合适，他们极大地限制了拜占庭在意大利的主权，并给当地的政局注入了一股强有力的新生力量。他们在两个世纪内以一个独立的王国存续，直到被新创立的西帝国吞并，被查理曼抢走了王冠。

作为罗马习俗的坚定支持者，皇帝查士丁本应立即率部将伦巴第人赶出他的领土，但他此时忙于与阿瓦尔人作战。

---

① 一个不甚可信的传说称是纳尔西斯将伦巴第人引入意大利的，以报复皇后索菲亚冒犯他，即皇后送给他一个纺纱杆以讥讽他被阉割的事。据说这个老宦官曾经咬牙切齿地说道："我要给她纺出一团乱麻，让她一生都无法解开。"这个故事不错，可惜啊，也就是个故事而已。

伦巴第人在他们的帮助下歼灭了格皮德人，他们也从中获取了相当的利益。伦巴第人已经迁入意大利，而格皮德人被彻底消灭，之前伦巴第人的土地此时成了他们的定居地点，而扎下根来的阿瓦尔人终于得以腾出手来报复拒绝支付他们岁贡的查士丁。568 年，在伦巴第人入侵仅几个月之后，他们冲进达尔马提亚疯狂地破坏。这次皇帝迅速反应，派出了一支尽可能规模大的部队交给巡夜军团的卫队长提比略（Tiberius）指挥，但在三年的征战之后这位将军精疲力竭，被迫寻求停战。签订的新和约要查士丁支付八万银币，这笔钱远高于此前的岁贡，这对他自尊的打击无疑更为深重。

亚美尼亚叛乱（571）

同年，即 571 年，东部形势严重恶化。查士丁并不是唯一一个为边境问题头疼的君主。对库思老一世而言，亚美尼亚存在经久不息的问题。此时的亚美尼亚人不仅失去了独立地位，也失去了政治上的统一性，他们被拜占庭帝国和波斯帝国分而治之。他们因自己的基督教信仰颇为自豪，而这推动着那些被万王之王控制的亚美尼亚人摆脱波斯人的奴役，如果他们不能以独立王国存续，至少也要成为信仰基督教的皇帝的臣民。此时，持续已久的不满情绪爆发为公开的叛乱，叛乱者向查士丁求援——这位基督教的君主不可能无视270 这一请求。库思老一世此时因查士丁没有支付他舅舅许诺的岁贡而愤怒不已，查士丁不能期望库思老能够继续维持和平。572 年年初，与波斯的战争再度开始，这场战争算上其间的短暂中断，一共持续了二十年。

第十三章　江河日下 (565～610)

从一开始，拜占庭一方的情况就相当不利。573 年 11 月，波斯人夺去了底格里斯河河畔的达拉，那里是东部最重要的基督教主教区之一，几乎与此同时他们侵入叙利亚并大肆掠夺，编年史家们坚称他们掠走了至少二十九万二千人。库思老一世亲自从中挑选了两千名最美丽的基督徒处女，送给了突厥可汗，以期与他联盟。这些少女在到达距离可汗营地五十里格①的一条大河前方时，她们向严密监视她们的押运人员请求洗浴，士兵们为避嫌而离开后，她们纷纷投水自尽，以免被迫改宗与遭到羞辱。②

此时皇帝放弃了之前对基督一性论派谨慎容忍的态度，而是进行了公开的迫害——考虑到他和皇后索菲亚年轻时都是基督一性论派者，此后为了纯粹的政治原因才接受正统信仰，此举无疑值得斥责。就存世的资料来看，没有人被处决或受刑，但僧侣和修女们被赶出了修道院，基督一性论派的教士不再被教会承认。这一突然转变发生在 571 年，一些历史学家将其归因于查士丁开始精神失常，接下来的三年间他彻底沦为无望的精神病病人。以弗所的约翰记载称，在他平静的时候，他的主要娱乐就是坐在一辆小车上，让随从们拉着车绕着他的住所转；但他也经常陷入狂躁，那时他会暴戾

---

① 里格（League）为古时的长度单位，在陆地上，1 里格通常等同于 3 英里，即 4.83 千米。——译者注

② John of Ephesus, *Ecclesiastical History*, VI, i. 这一时期突厥人首次出现在西方史料之中。在 568 年或 569 年他们派出使团前往君士坦丁堡，次年他们因与波斯重新开战而和帝国签订了盟约，但库思老一世明显依然希望拉拢他们。

地攻击任何靠近的人①并试图从窗户中跳出，侍从为了保护
他，在窗户上安了栏杆。在这种情况下，只有一种办法能让
271　他平静下来：提哈里施（Harith）的名字。此人是阿拉伯的
一个小部族加兹尼部（Ghassanid）的首领。我们并不知道
原因，但这个不太重要的部族首领能够让惊恐的他立即平静
下来。

　　此时，索菲亚控制了帝国，她于574年说服库思老一世
收取四万五千个诺米斯玛塔以停战一年。但在同年年末，她
认为自己难以承担帝国的重任，就趁丈夫短暂神志清醒时将
提比略——很明显他与阿瓦尔人作战时的失利并未影响他的
声望——提升为恺撒。自此他们两人联合摄政。在查士丁于
578年10月4日逝世之后，原来的巡夜军团卫队长随即成
了无可置疑的继承者。

提比略·君士坦丁（578）

　　对提比略而言，这次摄政统治并不轻松。突厥人因拜占
庭与波斯签订和约而大为恼火，因为拜占庭方没有找他们商
谈，因而他们将此视作背叛，撕毁盟约并夺取了拜占庭在克
里米亚的一个据点。577年，大批斯拉夫人——保守估计为
十万人——涌入了色雷斯与伊利里库姆并定居下来，当地数
量极少、地位也很低的帝国驻军根本无力阻止他们。然而比

---

①　"他们挑选健壮的年轻人在他的寝宫随侍并守护他，当这些人被迫迫上
他并把他按住时，强壮的他会转而扑上来撕咬他们，两人被他咬中头部
而受了重伤，不得不躺在病床上休养，结果皇帝活吃了两个侍从的谣言
随即传遍了全城。"（John of Ephesus，Ⅲ，ⅲ）。

第十三章　江河日下（565～610）

这两者更急迫的问题是索菲亚本人。身为狄奥多拉外甥女的她绝非等闲之辈。在稳固了提比略的地位之后，她很快开始明确地显露出她不愿与他分享权力——特别是财政权力，她声称提比略在财务问题上不必要地挥霍无度。只要她的丈夫在世，她就坚持要亲自掌控帝国国库的钥匙，仅仅给这位不幸的恺撒最微不足道的钱财以维持家庭开销。她也拒绝让他的妻子伊诺（Ino）以及两个女儿进入宫中。直到查士丁死后提比略才敢于坚持自己的权力。索菲亚尽管为推翻他而设计了一系列不成功的阴谋，却在突然之间被剥夺了权力，赶出宫并遭到软禁，她在余生里都要如此度过。伊诺此时则改名阿纳斯塔西亚（Anastasia），享受着她迟来的特权。

继位之后，新皇帝在名字后面加上了君士坦丁，他格外受臣民欢迎——这与他的两位前任形成鲜明对比。他也是个实用主义者，在短暂的执政期间竭力遏制拜占庭帝国财富的减少。对基督一性论派的迫害被立即终止，身为色雷斯人的他凭直觉认定，随着各地希腊人的影响力不断增加，最关键的是保证说希腊语的亚洲省份保持忠诚与满意，如果这意味着激怒西部的居民，那也是无可奈何的。① 与此同时，他竭力改变查士丁尼和查士丁热衷的高傲的贵族政治，试图拓宽官员的来源，他将此前垂死的元老院和蓝党绿党的成员——他们因为尼卡暴动而遭到查士丁尼压制——纳入政府。然而他的注意力主要放在了军队上。他从控制国库之初就在竭尽所能增强军力，581 年他

---

① 然而必须提及的是，他对阿里乌斯派远没有那么同情。这应当是因为这个异端派别的信仰者几乎全部是蛮族，在他看来他们不值得获得同等的尊重。

建立了一支精锐的部队，由一万五千名蛮族组成的契约军团，他们在几个世纪之后发展成了著名的瓦兰吉卫队。[①]

靠着出色的想法与不懈的努力，提比略·君士坦丁本可能成为一个伟大的皇帝。但他没能如此，这在很大程度上是因为他有一个致命的弱点——过于宽厚，索菲亚清晰地指出了这一点。免税远不能让他满意，继位之后不久他即把帝国总税收的四分之一慷慨地赏赐出去了，在他执政时，他多次将大量税收分发至帝国各地。仅在即位的第一年，他就送出了不少于七千二百磅的黄金——其中八百磅送给了亚洲的军队，而送出去的银币、丝绸和其他的奢侈品更是不计其数，这种慷慨已经近乎疯狂。接下来的三年间他也以同样的规模随意赏赐。在即位后的第四年他死去了——传言称他是被一盘早熟又格外多汁的桑葚毒死的，这对于帝国的国库而言也许算是件好事。

与波斯重归和平（591）

提比略·君士坦丁于 582 年 8 月 13 日在七里海湾[②]的私人宫殿中逝世。一周前，他把一位年轻的卡帕多西亚人莫里斯（Maurice）指定为继承者，同时将自己的二女儿君士坦提娜（Constantina）嫁给了他。此时的莫里斯已经立下出众的战功，在波斯前线征战了四年的他刚刚返回，其间深受军界支持，为沮丧消沉的士兵们带去了新的活力与希望。"让你的统治成为我最好的墓志铭吧。"老皇帝留下这样的遗

---

① 瓦兰吉卫队并非直接由契约军团发展而来，但可以看作契约军团的继承者。——译者注

② 七里海湾（Hebdomon）位于城郊的第七块里程碑处，因此得名。

言。在接下来的二十年间，莫里斯坚定且干练地统治着帝 273
国。① 他在与波斯漫长战争的一个短暂停歇期登基，得以严
肃地分析西部的形势，以及处理查士丁尼收复的意大利与阿
非利加的依然由帝国控制的土地。结果是他设立了两个大规
模的"总督区"（Exarchate），即拉文纳总督区和阿非利加
总督区，设有严格的军事管理分界线，由各自的总督
（Exarch）统治，总督全权负责处理当地的军务与政务。这
两个总督区作为帝国在西部主权的前哨而长期存在。

与波斯的战争很快再度开始。年迈的库思老一世于579
年，查士丁逝世几个月之后逝世，其子霍尔米斯达斯
（Hormisdas）继位，他完全继承了自己父亲的好战本性。他
在581年与莫里斯作战时遭遇惨败，此后他需要时间重建严
重受损的军队，但次年年末他再度发起了进攻。详细叙述接
下来的战争过程对作者和读者而言都过于冗长，也是不必要
的。可以这么说，除了588年一次严重哗变之外，罗马人在
两年间基本得以坚守阵地，直到波斯的一次政变引发了内
战。霍尔米斯达斯被杀，他的儿子库思老二世（Chosroes
Ⅱ）逃入拜占庭帝国的领土并向莫里斯求援。尽管大臣们
一致反对，皇帝还是抓住了这个机会，他告诉这位王子，他
愿意为他提供支持，但作为回报两个帝国要签订和约，并且
波斯人要把他们控制的亚美尼亚、东美索不达米亚，以及达

---

① 有关莫里斯统治时期的主要资料是埃及史学家塞奥菲拉科特·斯莫卡塔
（Theophylact Simocatta）的《历史》（History），"斯莫卡塔"直译即
"扁鼻子的猫"。至于他的作品，伯里教授称其为"在他冷淡话语之中
的夸大其词，堪称前无古人"。

拉和马特罗波利斯（Martyropolis，位于底格里斯河沿岸）这两座大城市归还给拜占庭帝国。591 年，在他的支持下，年轻的库思老打倒了反对者，兑现了诺言。与波斯的战争就此结束，这比所有人能想到的都要迅速，条件也远比所有人能想到的都要优厚。

现在的莫里斯终于可以将他的部队用于全力与同一个敌人作战了，这个敌人在此前的两年间变得和波斯人一样危险。571 年，阿瓦尔人完成了对帝国的首次大胜，击败了时任恺撒与帝国实际摄政者的提比略。接下来在 581 年，他们骗开了萨瓦河河畔的西尔米乌姆城的城门，并迅速以此地为274 基地夺取了多瑙河沿岸的几座守备薄弱的拜占庭堡垒。他们继续增加索取的岁贡数额，直到 584 年莫里斯被迫接受十万金币的高昂数额——他为和解而送去的礼物，一头大象和一张金床，被阿瓦尔可汗拒绝了。此时的皇帝任命他的一名前卫队长克曼提奥鲁斯（Comentiolus）担任西部军队的总指挥官，但这支军队仅有一万人，其中适合作战的人员勉强过了半数；除了在亚得里亚堡取得一场大胜之外，他几乎再无任何成功遏制蛮族入侵势头的胜利了。

与波斯的和平意味着莫里斯突然之间可以在西部投入一支大规模的部队，[①] 而心情大好的他甚至宣布要率部亲征。

---

① 按塞奥菲拉科特的说法："就这样，东部事务终于顺风顺水了，而且没有以荷马的方式靠蛮力解决，但皇帝不愿意因为剑上不曾沾染鲜血而被称为'粉红手'，就将军队调到了欧洲。"这段记述足以作为那个时代所欣赏的文学化记载的范例，而这位不幸的史学家被迫要以这种文风写完整部史书。

大牧首和元老院都恳求他不要冒生命危险，他的家人更是不愿他亲征，但他拒绝了他们的建议。事实上他们不必担忧。皇帝抵达安西亚卢斯（Anchialus）——位于今保加利亚的布尔加斯（Burgas）湾——之后，就被波斯人的使团来到君士坦丁堡的消息紧急召回了都城，而当波斯使节离开的时候他已经不愿再回到军中。情况也许就应该如此。尽管他为这场对四处掠夺的阿瓦尔人和迁移进来的斯拉夫人的新战争补充了军力，并持续到他统治结束，但事实证明这间接导致了他自己的死亡。

莫里斯在西部的困境又因他与教皇的关系迅速恶化而愈发复杂。多年以来双方在一些次要问题上存在争论，但588年出现了严重的问题，时任君士坦丁堡大牧首的斋戒者约翰接受了"普世牧首"的头衔，这意味着他的地位高于所有其他的教士，甚至高于教皇本人。约翰并不是第一位如此宣称的牧首，这一头衔在这个世纪的大部分时间内被屡屡使用，直到此时依然无人在意。但此时的教皇佩拉吉乌斯（Pelagius）愤怒地表达了告诫；两年后当教皇之位被大格里高利（Gregory the Great）——他可能是继圣彼得以来最可怕的教皇之一——继承之后，他更是进行了全力抗议。格里高利立刻送出了两封信，第一封送给莫里斯，要求他为帝国和平着想，约束造反的牧首；第二封则送给了皇后君士坦提娜，请求她干预自己丈夫的决策。按他所说，约翰自大地自称普世牧首明显预示着反基督的时代不远了。

君士坦提娜是否回复了他我们不得而知，但她的丈夫回复了，而且他完全支持大牧首。自此之后，格里高利的愤怒

275

便显而易见了，莫里斯禁止尚在服役的士兵以成为修士的理由逃避兵役，这个合理的要求也被他指控为损害教会利益。但拜占庭方也被激怒了，教皇的抗议很可能促使这个名字最终成为君士坦丁堡牧首的正式称呼。格里高利的继承者们明智地无视了这一问题；双方很清楚，尽管这个事件回想起来颇为琐碎，但它依然表明东部教会与西部教会日益升级的对抗进入了新的阶段，而这一对立最终在四个半世纪后引发了教会的分裂。

吝啬的皇帝（602）

从他继承拜占庭帝国皇位的那一刻起，莫里斯面对的首要问题就是资金短缺。前任皇帝的慷慨使他继承的帝国事实上陷入破产，而东方与西方接连不断的战事——更不用说向那些潜在的敌人支付的高昂岁贡——使他无法如愿充实国库。结果是他变得极度节俭，乃至此后痴迷其中，这不但让他失去民心，也使他失去了对臣民忍耐极限的敏感度。588年他宣称削减四分之一的军饷，在东部军队中引发了大规模哗变；599年他又以财政困难为由，拒绝为阿瓦尔人掳走的一万两千人支付赎金，随后他们被全部处死；三年后的602年，他颁布了最为灾难性的敕令：军队不得到军营中越冬，而要在多瑙河对岸不宜居的蛮荒土地上屯驻。

这一敕令立即带来了戏剧性的回应。大军已经持续作战276 八个月，他们的体力与意志均已经耗竭。他们在征战时获取了可观的战利品，而这些战利品只有在都城的市场上出售变现之后对他们才有意义。无论如何，让士兵在冬季返回与妻子和家人团聚是大多数人所接受的传统。然而现在的他们必须奉命在潘诺尼亚平原上的帐篷之中熬过极为寒冷且不适的冬季，靠着当地的产出勉强生活，还要面对蛮族部落持续不断的劫掠骚扰，这一切都是因为他们吝啬的皇帝声称他承担不起让他们返回家中的费用。当他们抵达瑟库里斯卡[Securisca，今保加利亚尼科波尔（Nikopol）]堡垒并准备渡过多瑙河时，他们断然拒绝前进。指挥官彼得（Peter）——身为皇帝兄弟的他身份颇为尴尬——坚持并恳求他们前进却一无所获。他们无视了他，并共同推举他们中一个名叫福卡斯（Phocas）的百夫长担任领袖，把他托举在盾牌之上。

彼得无疑会为自己逃得一命而庆幸，他匆忙返回君士坦丁堡报告叛乱的消息，并且带来了叛军给皇帝的一封信——他们那时正在向都城开进。他们强调已经推举福卡斯担任皇帝。他们不肯再容忍莫里斯，但也不会放弃对莫里斯家人的效忠；他们愿意推举他十七岁的儿子狄奥多西（Theodosius，如果继任，他将是狄奥多西二世之后第一个"紫衣贵胄"）继承皇位，或者推举他的岳父日耳曼努斯（Germanus）来继承皇位。

两人此时恰巧在外打猎，莫里斯紧急召他们返回，并指控他们犯下了叛国罪。狄奥多西遭到鞭笞，日耳曼努斯（颇为合理地）自以为性命堪忧，就逃到了圣索菲亚大教堂寻求庇护，在大批拥护者的协助下成功抵御了几次想要强行将他拖出教堂的皇帝卫队。皇帝与此同时寻求蓝绿两党的帮助，即大竞技场战车赛的两个党派，他们暂时的低调在提比略在位时终止，重新成为都城颇具影响力的力量。他希望保证蓝绿两党对自己的忠诚；当两党都同意前往守卫狄奥多西城墙抵御哗变者时，他松了一口气，但很快发现只有九百名蓝党人的忠诚是可信的，一千五百名绿党人的态度摇摆不定，存在风险。此时都城各处都发生了暴乱，愤怒的群众聚集在皇宫之外的广场上咒骂皇帝并企图杀死他。

当晚，即 11 月 22 日夜间，莫里斯和妻子君士坦提娜以及他们的八个孩子，和东部禁卫军执政官君士坦丁·拉尔迪斯（Constantine Lardys）——他的住宅被暴民焚毁——乔装溜出宫去，乘小船穿越马尔马拉海抵达亚洲。他们在航行期间遭遇了猛烈的风暴，但最终得以在尼科米底亚湾上岸，那里距离无名殉道圣人教堂（Church of St Autonomus the Martyr）不远。此时皇帝因为严重的痛风而被迫与君士坦提娜及其他的孩子们留下，狄奥多西和执政官则一路向东前往波斯人的宫廷。库思老二世是靠着莫里斯的支持才得以登基的，此时是他回报这笔人情债的时候了。

与此同时，君士坦丁堡的日耳曼努斯离开了圣索菲亚大教堂，颇受支持的他此时也受到鼓舞，开始谋求皇位。他清楚一切都要看两党的态度。他本人一直以来倾向于蓝党，但没有人数更多、影响力更大的绿党的支持，他也不可能登基。他向绿党的领袖塞尔吉乌斯（Sergius）许诺，只要让他当上皇帝就给他高额钱财作为回报。塞尔吉乌斯认真考虑了他的许诺，但拒绝了他，他相信即使日耳曼努斯如此宣称，也不会真正放弃蓝党。绿党决意支持已经抵达都城郊区的福卡斯。

福卡斯夺权（602）

福卡斯也下定了决心。他此前提出放弃皇位也许是认真的，但此时形势已经变了：两个皇位继承人中，狄奥多西已经逃走，日耳曼努斯此时也不适合了。在七里海湾的指挥部中，他派出使团前往君士坦丁堡送信，并让使节在圣索菲亚大教堂的讲坛之上高声朗读出来，要求大牧首、元老院以及城中平民立即前往施洗者约翰教堂；几个小时后，"那个无礼的半人马"（塞奥菲拉科特①如此称呼他）在那里加冕为罗马人的皇帝。次日清晨，他坐在四匹白马拉着的马车上凯旋进入都城，一路向两旁的人抛撒金币。次日他向士兵们进行了传统的捐献，并以更盛大的仪式封他的妻子利昂提亚（Leontia）为奥古斯塔。

在最后这次庆典上蓝党与绿党爆发了斗殴，其中一些蓝党成员高喊着："小心！小心！记住莫里斯依然活着！"福卡斯不可能轻易忘记此事，但他决心补救这一问题。一批士兵被派到亚洲，迅速逮捕了避难者。皇帝没有试图逃走，他也没有抵抗的可能了。他几乎是在欢迎逮捕他的人，甚至派信使将狄奥多西与君士坦丁·拉尔迪斯召回，孩子的保姆打算用一个孩子替换一位皇子的请求也被他拒绝了。据说当他的四个小儿子在他面前被杀死时，他面无表情，只是反复低声说着："公正的主啊，您的裁决是公正的。"之后他也被行刑者砍下了头颅。他们的躯体被扔进海中，塞奥菲拉科特

278

----

① 塞奥菲拉科特详细记载了莫里斯倒台的过程。（*History*，Ⅷ，ⅵ～ⅻ.）

记载称一大批人来到海岸边观看他们的尸体在平静的水面上漂浮。这支部队的指挥官利琉斯（Lilius）则带着五人的头颅返回君士坦丁堡，而后把头颅挂到七里海湾示众。

作为统治者，莫里斯确有过错。他任人唯亲，将他的兄弟彼得之类的无能之辈提升到他们无法胜任的位置，并将大量地产赐予自己的家人以及其他的宠臣。他在自己的出生地，即卡帕多西亚的小镇阿拉比苏斯（Arabissus）花费了大量钱财，希望将那里变为富裕且华丽的城市。① 把他视作著名吝啬鬼的臣民们对此大为惊讶。最后我们也见证了他对自己臣民的奇怪的麻木，以及他无法判断不受欢迎的政策究竟能走多远。然而在其他意义上，他是个睿智且有远见的领导者。除了建立迦太基总督区与拉文纳总督区之外，他还重新划分了帝国的行政地区，将东西部分散的帝国控制区域整合为更简单且更合理的新行省体系。他也颇为谨慎，将各省份的最高权威交给武官而不是文官。原本的军务大臣与新的总督地位相当，作为帝国的臣属只向皇帝本人效忠。如果查士丁尼的时代有如此紧密的组织体系，意大利无疑可以被更快地征服，甚至伦巴第人有可能被击退。

因此莫里斯遭到推翻一事，尽管很大程度上是自作自受，却也并非理所应当。坚决、明智且勤政的他使帝国强大了许多，这可以说胜过了此前的三位皇帝。如果他给自己的士兵多分发一些面包，或者让他的臣民多观赏一些比赛，他

---

① 今雅尔普兹（Yarpuz），位于马拉什（Maraş）以北不远处，那里依然是个没名气的小村。当一场地震摧毁了莫里斯建造的一切时，他立即重新开始建造。

就可以轻易避免他的悲惨命运。事实上几周之后他的臣民们就开始为他的死而哀悼，并扪心自问为什么要让一个堕落而残暴的怪物来代替他了。

恐怖统治（602）

编年史家乔治·凯德莱努斯（George Cedrenus）留下了对皇帝福卡斯外貌的描述。记载中的他外貌并不让人喜欢。他散乱的红发之下是浓密而突出的连眉，余下的脸部因一道明显的伤疤而变形，而且伤疤在他愤怒时还会变红，使他比平时更加丑陋。然而他的性格比他的外貌还糟糕。他放荡、酗酒，而且近乎病态地残忍，据称他最喜欢看到流血的景象。在他之前的拜占庭帝国之中，肉刑依然罕见，正是福卡斯引入了绞刑、拉肢刑、断肢刑和瞽刑，而这一阴影将继续笼罩帝国许多个世纪。

他统治帝国的八年中，帝国的国运跌入了最低谷，遭遇了各种史无前例的屈尊、羞辱与绝望。群众性的革命既不是第一次带来灾难性的统治者，也不是最后一次。莫里斯及其儿子们的死仅仅是个开始，随后的公开处决和司法谋杀频繁而迅速地展开，被处决的人包括禁卫军执政官君士坦丁·拉尔迪斯、克曼提奥鲁斯、皇帝的兄弟彼得，他的儿子狄奥多西也理所当然地在被处决的人员之列——尽管一直有流言声称他逃到了波斯。福卡斯本人似乎也相信这一点，他很快将自己的一名主要党羽以接受贿赂而协助这个年轻的皇子逃生为理由处决。在这一系列戏剧性事件之中，除了新皇帝及其党羽之外，唯一幸存的人是向福卡斯宣誓效忠的日耳曼努

280　斯，他以成为教士为条件而免于一死，皇后君士坦提娜也得以幸免，她和自己的三个女儿成了修女。所有被怀疑依然忠于莫里斯的人，无论地位与职务如何，都被斩首、绞死，或者遭愈发常见的酷刑折磨致死。

　　与此同时，库思老二世把他的朋友与恩人的死视作他期待已久的入侵借口，603 年他派出一支大军入侵拜占庭帝国。此时的帝国在东部只有一名将军堪称优秀，他名叫纳尔西斯（Narses）——就存世的资料来看，他与那位同名的宦官没有任何亲属关系。纳尔西斯在此前的战争之中表现出色，据说他的名字能让每一个波斯孩童害怕。纳尔西斯可以为莫里斯拿起武器，也可能击退入侵者，但他拒绝效忠福卡斯。他早就听说这个暴发户皇帝决定要除掉自己，即使波斯人因此胜利。他集结起自己的部队发动叛乱，夺取了埃德萨［今乌尔法（Urfa）］并向库思老求援。依然忠于福卡斯的部队被迫与两方敌人同时作战，很快就被击溃。纳尔西斯与库思老二世在埃德萨会面，一个自称狄奥多西的年轻僭称者一同在场——如果那位亚美尼亚编年史家的记载可信的话——他们随后联合对篡位者发起了进攻。

　　此时对福卡斯而言，他显然需要所有东部前线士兵的支持才能保证安全。他迅速和阿瓦尔人签订了和约，向他们许诺支付大笔岁贡，然后将全部军队用于抵御大举进军的波斯人。但于事无补。纳尔西斯在获得所谓的安全保证下被诱骗到了君士坦丁堡进行和谈。如果皇帝守信用的话，他也许能和将军达成一些协议甚至让他的将军效忠于他。然而纳尔西斯抵达都城之后，就被立即逮捕并遭火刑处决。福卡斯就此处决了自己麾下最优秀的军官。此时仍另有两人有足够的能力，其中一人在一场战斗之后伤重不治而死，另一人则因有谋反嫌疑而被关进了君士坦丁堡的监牢。军队的最高指挥权被交给了皇帝的侄子多曼兹罗乌斯（Domentziolus），这个年轻人过于稚嫩而且缺乏经验，根本无法与他出色的敌人对抗。接下来的四年间，波斯人步步为营，接连不断地席卷了西美索不达米亚、叙利亚、亚美尼亚、卡帕多西亚、帕夫拉戈尼亚（Paphlagonia）和加拉提亚的大部分土地。608 年，他们的前锋部队已经在都城视野之内的卡尔西顿屯驻。同时，斯拉夫人和阿瓦尔人——后者已经忘记他们收下的保护费——继续涌入巴尔干半岛。

281

政府失控（608）

　　帝国此时面对的巨大危机激起了国内强烈的团结情绪，性命堪忧的平民们放下了政治、社会乃至信仰上的差异，决定合力与共同的敌人作战。如果福卡斯有躲避这场灾难的机会，他应当鼓励自己臣民之中的这一情绪，然而他在这样一个时刻开始全力迫害犹太人并强迫他们改宗。臣民中会因此受害的人大多居住在已成前线的东部省份，他们要面对波斯人的攻击。而在此时决定疏远他们无疑荒唐至极。结果也不出所料，安条克的犹太人发起了叛乱并开始屠戮当地的基督徒，牧首阿纳斯塔修斯（Anastasius）因遭可怕且下流的酷刑而惨死。数以千计的惊恐万状的居民，无论是基督徒还是犹太教教徒，纷纷逃入波斯人控制的领土寻求庇护。帝国仿佛要迅速陷入无政府状态。

　　与此同时，一个又一个阴谋接踵而来。其中一个阴谋是

在大竞技场谋杀福卡斯，让东部禁卫军执政官狄奥多鲁斯
（Theodorus）接替他的位置；另一个阴谋则想让日耳曼努
斯——他尽管被迫成为教士，但依然野心勃勃——接替他。
这两个阴谋都被泄露给了皇帝，所有牵涉其中的人都被立即
处决——包括前皇后君士坦提娜和她的三个女儿。眼看帝国
摇摇欲坠，福卡斯变得愈发偏执多疑且不安，被处决的人数
日益增加。在都城，绿党反叛并焚毁了一些公共建筑，东部
省份则彻底陷入了混乱。基督徒和犹太教教徒此时在疯狂地
互相杀戮，犹太人公开请求与波斯人结盟，波斯人理所当然
地接纳了他们。即使在遥远的巴勒斯坦，耶路撒冷城中蓝党
与绿党的派系斗争也已经上升到内战的程度。

救星最终从阿非利加赶来。在迦太基城担任总督的希拉
克略原本是约二十年之前莫里斯麾下与波斯人作战的主要指
挥官之一。他的兄弟格里高利乌斯（Gregorius）担任副手。
282 两人此时已过中年，不复年轻的他们除了切断与君士坦丁堡
的联络并停止向都城供给粮食之外，不太可能再做出其他决
断。但在608年他们集结起一支大军并准备了一支舰队，他
们将其交给各自的儿子指挥，格里高利乌斯的儿子尼基塔斯
（Nicetas）指挥陆军，舰队则由希拉克略同名的儿子指挥。
在当年年末，尼基塔斯走陆路抵达埃及，很快夺取了亚历山
大，随后向君士坦丁堡进军；① 609年，小希拉克略航向帖
撒罗尼迦，一路经停的所有港口都欣喜若狂地接纳了他。抵

---

① 由于在埃及耽误了时间，尼基塔斯抵达君士坦丁堡的时间晚于他的堂兄
弟，但吉本的记载称"他心甘情愿地接受了他朋友的好运，而他可敬的
态度也得到了回报，得以竖立起自己骑马的雕像，并与皇帝的女儿成婚"。

达该城之后他花了将近一年的时间集结欧洲的反抗人士加入他的麾下，并集结了更多的舰船以备继续作战。610 年夏季，他开始了他的最后一段旅程。

此时的他也并不特别着急。他在前往君士坦丁堡的路上又停留了多次，每次停留都能获取更多的追随者。而当他于 10 月 3 日星期六自信地穿越马尔马拉海到金角湾出海口下锚时，他的部队规模必然相当可观。希拉克略不认为自己会遭到抵抗。此时的他已经与莫里斯麾下的另一位将军——皇帝的女婿普利斯库斯（Priscus）秘密联络了。在一两年前勉强得以免遭处决①的他此时向希拉克略保证将他作为救星迎进城中，他清楚万一出现问题他也可以依靠整个绿党进行干预。事实上没有干预的必要。两天后皇帝被活捉，剥去了紫袍，拖上战舰带到了希拉克略的面前。

"你就是这样掌控帝国的吗？"希拉克略问道。

"那么，你，"福卡斯出人意料地打起精神反问道，"又能掌控得更好吗？"

希拉克略的婚礼与加冕礼（610）

这是个好问题，但无疑不会让希拉克略更为仁慈。现存的记载之一，安条克的约翰的说法是福卡斯被剁成了肉酱，

283

---

① 普利斯库斯在两党在大竞技场上皇帝与皇后雕像的旁边竖立起他妻子与他本人的雕像时，就已经密谋推翻自己的岳父，大发雷霆的福卡斯下令移除两座雕像并相当勉强地没有以叛国罪处决普利斯库斯。希拉克略即位两年之后同样且更为合理地怀疑了普利斯库斯的忠诚，于是逼迫他剃度进入修道院，他于一两年后去世。

"用来喂狗"，其他的资料则称他被交给了蓝党与绿党，结局也基本相同。他的党羽和亲信也落得了同样的结局。而同日下午，在圣宫的圣斯蒂芬礼拜堂，希拉克略进行了两次独立而近乎同时进行的宗教典礼。他首先与自己订婚已久的未婚妻成婚，原名法比亚（Fabia）的她随即改名欧多西亚（Eudocia）。随后他加冕称帝。

第十四章　圣战先驱（610～641）

最伟大的神、国王与整个世界的统治者、伟大的霍尔
米斯达斯之子库思老，致希拉克略以及他卑劣愚蠢的奴
隶们：

> 拒绝接受我们的统治的你自称领主与君王。你掠夺
> 并花费本属于我们的钱财，你欺骗我们的仆人。你无休
> 止地率领你的那群匪徒烦扰我们。我没有消灭你们希腊
> 人吗？你说你信仰上帝，那他为什么不把我手中的凯撒
> 利亚、耶路撒冷和亚历山大交给你呢？……我难道不能
> 摧毁君士坦丁堡吗？
>
> ——库思老二世给希拉克略的信，约622年

此时的希拉克略正值壮年——时年约三十六岁，金发而
宽肩的他，在610年10月5日星期一的傍晚挽着自己美貌
的新婚妻子走出圣宫时，脸上依然洋溢着同一天赢得胜利、
成婚并加冕的三重喜悦。在他的臣民们眼中，希拉克略如同
半神一般。而欢呼的人群之中，难免有许多人担忧，这位拜
占庭帝国的第二十一位皇帝，可能将是最后一位。

他的先辈们没有一人是在如此的危局之下即位的。在西部，阿瓦尔人和斯拉夫人已经占据巴尔干，他们的掠夺部队频繁抵近君士坦丁堡的城门；在东部，波斯人在博斯普鲁斯海峡正对岸的卡尔西顿点起的营火从宫中的窗前就能清楚地看到。他清楚，此时的都城仍是安全的：狄奥多西城墙维护得很好，波斯人没有用于穿越海峡的舰船，他自己的舰队则一刻不停地在海峡之上巡逻。君士坦丁大帝选择在此建都正是看中它易守难攻的地理优势，他做出了相当好的选择。尽管帝国的都城依然稳固，其他地区的情况却在迅速恶化。整个巴尔干半岛基本都被斯拉夫人占据；波斯人尽管此时被挡在欧洲之外，在亚洲的行动却依然未受阻拦，而且在犹太教教徒的热切支持之下其进攻势头愈发强烈。在希拉克略即位后不到一年，杰出的波斯将军沙赫·巴勒兹（Shahr-Baraz），即"国王的野猪"，已经夺取安条克，并于 613 年夺取大马士革，于 614 年夺取耶路撒冷。

耶路撒冷的劫难（614）

耶路撒冷这座最为悲哀的城市在其漫长的历史之中经历了许多劫难，而波斯人攻破耶路撒冷是最为恐怖的劫难之一。故事起初颇为单纯，城中居民接受了攻城者提出的相当合理的条件，包括一支波斯驻军，因此一个月之内都没有发生变故。尔后基督徒们突然集结起来对城中毫无防备的波斯人和犹太教教徒展开了屠杀。那些侥幸逃走的人立刻前去向沙赫·巴勒兹报告，原本正在进军的他立即掉头返回，而耶路撒冷已经关闭城门。该城随后坚守了近一个月，直到波斯人挖掘地道入城并最终瓦解防守。

屠杀接踵而来，其残酷程度堪称史无前例。屠杀持续了整整三天，直到没有任何一个基督徒幸免，没有任何一座房屋留存。圣墓教堂以及城中绝大多数的主要基督教建筑均被焚为灰烬，牧首扎哈里亚斯（Zacharias）被俘虏，真十字架以及基督受难时绝大多数的圣物，包括圣枪和圣海绵均被夺走，并被带到泰西封。波斯人不是唯一的加害者——甚至很可能不是其中最恶劣者。许多犹太人在最初的暴动之中幸存下来，更多的犹太人则为波斯人服役。我们还可以断定，还有更多的人在得知耶路撒冷发生的一切之后匆忙从周边的城镇与村庄中赶来以解决宿怨。按现存的关于这一时期的主要资料之一，僧侣塞奥法内斯（Theophanes）的记载，在那噩梦般的几天中，不少于九万名基督徒被犹太人杀死，他坚称没有人幸存下来，更不要说往往以格外残酷的方式被虐杀的僧侣与修女了——然而必须提及的是，他的记载是写于二百年后，而且他强烈地偏袒基督徒。

耶路撒冷的毁灭，更重要的是真十字架的失落，传到君士坦丁堡时引发了恐惧。根本想象不到比这更令上帝不悦的事了。但帝国的苦难不止于此。三年后万王之王将注意力转移到埃及，不久之后这个帝国最不可或缺的谷物产地就成了波斯的省份。再加上整个希腊半岛被斯拉夫人占据，色雷斯富饶的小麦田落入阿瓦尔人手中，饥荒不可避免地到来了，瘟疫也接踵而至。罗马人仿佛在被军事征服之前，就要先屈服于饥饿了。

618 年时希拉克略就考虑过一个史无前例的极端措施，

即彻底放弃都城并返回自己的家乡迦太基，并在那里筹备进攻行动，以消灭福卡斯的方式消灭自己的敌人。从帝国整体考虑，这样的计划确有一定的有利之处。他离开被困住的君士坦丁堡之后，可以更畅通地管理帝国；他也得以避开拜占庭贵族与元老院频繁而破坏性的挟制，他们在查士丁尼死后逐渐发展为强大的威胁力量；他还可以免于出钱维护皇宫以及操办皇室典礼，将大量的钱财用于集结部队和准备战备物资及武器装备。然而君士坦丁堡的居民对此格外恐惧。他们在牧首塞尔吉乌斯的率领下前来请求他留下来，希拉克略最终也让步了。他很可能是担心如果自己坚持己见会导致新的哗变，也有可能是把最近的一次事故当成了天意——几周前他原本准备将宫中财宝秘密运往迦太基的船只在一次格外猛烈的风暴之中沉没了。无论如何，他必然是把这次请求当作重新让他的臣民们效忠于自己的绝佳机会，如果他留下来，他们必须接受他要求的任何牺牲，忍受他要求的任何困苦。他们也毫不迟疑地答应了。一两天后，在大牧首的见证之下，他在圣索菲亚大教堂庄严宣誓，绝不遗弃这座城市。

重整小亚细亚（618）

此时的希拉克略已经即位八年，而历史资料对他在这八年之中的活动保持了不寻常的缄默。不止一位现代史学家表示了惊异，为什么这样一位年轻且富有活力的皇帝，却在帝国面临史上前所未有的危机时，在这么长的时间之中无动于衷。争论的焦点是，他真的需要在即位之后等待十二年才能

287

率军出征吗？答案当然是肯定的。他统治的帝国陷入了混乱：国库已被耗竭，军队士气低落、军心涣散，官僚昏庸无能而且腐败透顶。面对两个如此强大的敌人的他，只有对帝国进行整体重组，将帝国重新打造成高效的战争机器之后，才有胜利的可能。与此同时他拒绝仓促行事。君士坦丁堡的城墙与博斯普鲁斯海峡的海水可以尽可能地拖住他的敌人，甚至还能拖延更久。让库思老二世自行在东部省份消耗军力；只要他战败，所有失去的土地就能被立即收复。但未经充分准备就出征与他作战，不仅罗马军队会战败，准备率部亲征的希拉克略本人也会陷入危机。那时，帝国的灭亡就几乎确定无疑了。

因此从即位之后的那一天起他就开始做准备。他的第一项任务就是整顿帝国内依然受他管辖的地区，使其为作战做好准备。在迦太基，这个莫里斯三十年前创立的两个总督区之一的地方，他度过的岁月使他了解管理拥有严格军事分界线的边境省份需要何种智慧；正是基于这种智慧，他开始重整尚未被波斯人占据的小亚细亚地区。这一地区大致位于从地中海沿岸的塞琉西亚［Seleucia，今锡利夫凯（Selifke）］延伸到黑海沿岸的里祖斯［Rhizus，今里泽（Rize）］的一条东南－西北向的参差不齐的分界线的西面；① 而希拉克略将其分为四个军区，即西北部的奥普希金军区（Opsikion）、东北部的亚美尼亚坎军区（Armeniakon）、中央的安纳托利

---

① 驻扎在卡尔西顿的营地仅仅是暂时驻扎的波斯前哨部队，其周边地区依然忠于皇帝。

亚军区（Anatolikon）和包括南部滨海地区大部及内地的卡拉比西安军区（Carabisiani）。[①] 新的行政区的名称本身就足够明显：军区，即"thema"。这是希腊语中通常用于指代一支部队的词，这一方案从一开始就强调了其军事目的。每个军区不仅由一名军事指挥官，即军区将军（strategos）全权掌控，还有大量的现役士兵或预备役士兵在各军区辖区内定居，他们各自获得一块不可转让的土地，并以世袭兵役作为回报。[②]

288   事实证明这一新安排对帝国此后的防御有极高的价值。这一体系为打造一支训练有素且基本可靠的本土部队打下了基础，并有效地终止了此前碰运气式的征募系统，即皇帝征募常常倒戈的蛮族或者其他的异族佣兵。在七世纪结束之前，这一体系就已经在整个安纳托利亚半岛西部建立起一个新的农兵阶层，他们在自己的土地上耕种，当被征召时要整装备马参与作战，并为此获得一笔名义上的津贴。源自戴克里先与君士坦丁时代乃至更早的旧有行省管理体系以及禁卫军执政官很快消亡。

帝国的财政体系也需要重建，这项任务也不可能一夜之间完成。希拉克略采取了一系列措施解决财政困境，包括征税、强行借款，以及从福卡斯臭名昭著的腐败官僚们那里获取大笔罚金，此外他还从他在阿非利加的亲友故旧那里获取

---

① 四个军区的名字分别源自帝国卫队、亚美尼亚人野战军团、安纳托利亚野战军团和"船员"。——译者注
② 军区制究竟是在希拉克略执政时期、君士坦斯二世执政时期，还是君士坦丁四世执政时期首创，目前仍存在争议。——译者注

了大笔援助。然而至此，他最大的单一资金来源是正统派教会——这在史上尚属首次。对牧首塞尔吉乌斯而言，接下来的战争是一场宗教战争，标志着基督的军队对拜火教的异教徒赢取最终胜利，而他必须全力支持他的皇帝。他本人和希拉克略之间的关系此时比较紧张。皇后欧多西亚于612年生下第二个孩子之后不久病故，死因可能是癫痫症突发，而她的丈夫不久之后和自己的侄女马尔提娜（Martina）成婚，这对教会而言无疑是个相当大的丑闻。塞尔吉乌斯当时进行了强烈抗议，但此时为了国家的利益，他愿意暂时无视皇帝私生活中的所有不合教规的行为。他毫不迟疑地将自己属下各个教区的教会和修道院中的财富交给国家处置。希拉克略立即接受了这些资金。他的财政问题至少暂时解决了。

希拉克略出征（622）

然而在出兵与波斯人作战之前，他要先解决阿瓦尔人。619年似乎存在达成妥协的机会，阿瓦尔可汗提出与皇帝在马尔马拉海滨的赫拉克利亚会谈。希拉克略立即接受了这一邀请，并决定以精心安排的华丽喜剧演出来震慑这些蛮族，宣示帝国的强盛。在他于瑟利姆布里亚筹备这些活动时，他突然接到情报，一支阿瓦尔人的部队在那时抵达了阿纳斯塔西亚城墙之外树木茂密的高地。这一切无疑是阴谋：他们要切断他往君士坦丁堡的退路，而后轻易地俘虏他。他立即脱掉皇帝的紫袍假装成贫穷的农民，骑马飞奔回都城。仅仅几分钟之后阿瓦尔人就全速追击而来。此时的狄奥多西城墙已经封闭，但他们在离开之前还是摧毁了郊区的几座教堂。

289

拜占庭的新生：从拉丁世界到东方帝国

拜占庭与阿瓦尔的关系在这次不快的事件之后如何缓和，我们不得而知。历史资料再度一致地保持了缄默。可以确知的是 622 年春时，希拉克略已经准备好发动战争，并决心彻底终结波斯的威胁。4 月 5 日复活节当天，他登上旗舰出征，成为自狄奥多西大帝之后第一位亲征的皇帝。[①] 随后他率舰队航向西南方向。尽管他此时尚不清楚，波斯人实际上对此并无预料。他们以为他会率军通过博斯普鲁斯海峡进入黑海，并从亚美尼亚方向出击。然而他走了一条完全不同的路线，走马尔马拉海经赫勒斯滂海峡南下到爱奥尼亚海滨的罗德岛，而后向东沿小亚细亚的南岸抵达伊苏斯（Issus）海湾。在距离近一千年前亚历山大击溃波斯人的战场仅仅几英里的地方，他率部登陆，并将整个夏天用于紧张地训练部队的战术与机动，检验自己的指挥能力，锻炼部下的耐力与体能，直到他觉得他们能够抵御万王之王的军力为止。这一时期他也持续地鼓舞着他们的士气。他告诉他们，在神选之下摧毁反基督的军队，这是上帝赐予他们的恩典。他们不仅是为帝国作战，也是为信仰作战，行动必须与信仰一致。皇帝的宫廷诗人——皮西迪亚的乔治（George of Pisidia）也随军出征，他有些虚伪地记载了双方营地之间的差异。他声称波斯人的营地喧闹不已，锣鼓声和各种乐声无休无止，裸体的美人为将军们跳舞助兴；罗马人的营地，"皇帝因唱诵圣咏集中的诗篇而愉悦，在他灵魂之中激起圣洁的回响"。[②]

290

---

① 487 年，芝诺在最艰难的时候曾经打算亲征东哥特人狄奥多里克，一个世纪之后的莫里斯则打算出兵亲征阿瓦尔人，但两人都未能成行。

② *Exp. Pers.*, iii, 1; Bury, op. cit., V, iii.

第十四章　圣战先驱（610～641）

直到秋末，希拉克略才开始向北往本都与黑海进军，而罗马人和波斯人可能是在卡帕多西亚高地的某个地方最终遭遇。波斯人依然由他们最伟大也最有经验的将军沙赫·巴勒兹指挥，希拉克略则从未指挥过陆军作战。但这一战的结果是波斯人仓皇逃走，帝国的军队则穿越山岩与谷地一路追击，按皮西迪亚的乔治的说法，如同猎杀野山羊一般。颇受胜利鼓舞的希拉克略急忙从特拉布松（Trebizond）走海路返回君士坦丁堡——阿瓦尔人在那里再度开始袭扰——而把军队留在本都越冬。此时士兵们没有因为不允许回家团聚而抗议，他们毕竟是为十字而战的士兵——而且赢得了胜利。

复仇耶路撒冷（625）

第二年的征战比第一年的征战还要成功。在解决了阿瓦尔人的麻烦，在尼科米底亚与家人度过复活节之后，皇帝再度走海路返回了特拉布松，他心爱的马尔提娜随他出行。那里的士兵正迫切等待着他出征。他们向东南方向行军，穿越亚美尼亚并越过波斯边界，抵达今天的阿塞拜疆，这个"火焰之地"正是拜火的琐罗亚斯德教的中心。此时的他得知库思老二世本人也在附近，在甘扎克（Ganzak）的奢华宫殿之中居住，此前他也收到情报，声称真十字架和其他来自耶路撒冷的圣物很可能也存放在那里。希拉克略随即直扑该城。

靠着四万驻军，万王之王也许可以据守并出战，然而他立即逃到尼尼微（Nineveh），将宫殿、拜火神庙留给敌人处

置。希拉克略没有心思展现仁德。一看到神庙，以及位于神
庙中央、在代表日月星辰的各种带羽翼形象围绕之下的库思
老雕像时，他就陷入了狂怒。神庙以及宫殿均被夷平。尔后
大军继续前进抵达附近的塞巴莫斯（Thebarmes），即琐罗亚
斯德（Zoroaster）本人的出生地，将那里也焚为灰烬。令他
们悲伤的是圣物并不在这里，但至少波斯人在耶路撒冷的洗
劫得到了相应的报复。

他们继续进军，此时几乎全速向南，沿途摧毁城镇，焚烧
农田，直取波斯人的都城泰西封。如果希拉克略更严苛地要求
部下，他们也许能够率先抵达目的地，战争也可能早四年结束，
然而沙赫·巴勒兹最终率领一支新征募的部队从西方赶到。此
时寒冬将至，希拉克略停止进军还有更私人的理由。他告诉部
下他决心接受"福音的指引"（sors evangelica），他们斋戒四
天，而后随意翻开福音书，以他看到的第一段话作为指引。
他具体看到的是哪一段未见记载，但这句话证实了皇帝本人
的意愿——而这不足为奇。即使他最好战的下属也不敢违背
全能的主的指示，但当一两个月后，皇后马尔提娜顺利产下
一个孩子时，不少人都能明白这是怎么回事了。

希拉克略和他的部队撤退到了阿尔巴尼亚（Albania）——
这是个容易引起混淆的名字，那里位于里海西岸，刚好在波
斯帝国的控制范围之外。当时那里居住着许多的蛮族部落，
绝大多数与匈人同源，他们厌恶波斯人，乐于与敌人作战。
事实上他们之中的许多人愿意被纳入帝国麾下。因此希拉克
略在624年发动进攻时他的部队规模扩大了不少，而且这一
战几乎完全在这一地区展开，即阿尔巴尼亚与亚美尼亚的各

一部分土地，塞勒斯河（Cyrus）与阿拉克斯河（Araxes）之间。① 罗马人在那里取得了决定性的胜利，甚至远超两年前的胜利，这一战中他们击败了沙赫·巴勒兹和萨拉布拉加斯（Sarablagas）率领的联军，萨拉布拉加斯阵亡。这一战刚结束，另一位波斯将军沙欣（Shahin）② 率部抵达，试图挽回颓势，但他来得太晚了，而当他意识到这一点时他也来不及撤退了。他因长途行军而疲惫不堪的部下们因出乎意料的屠杀而惊骇不已，很快就被击溃。

皇帝在凡湖（Lake Van）越冬，然而在次年春季，他决定离开亚美尼亚高原。当地部落因他日益增强的力量而不安，因而不再可信；波斯人在前一年战败之后也显然不愿再在这里开战。沙赫·巴勒兹更可能前往小亚细亚，并和此前一样一路推进到卡尔西顿——毕竟此时的阿瓦尔人据称也准备从西面发动大规模进攻。于是在625年3月1日，希拉克略率部走上了他们至此走过的最漫长也最艰苦的一段路。他们向北穿越湖东岸，在亚拉拉特山（Ararat）的山脚下，阿尔萨尼亚斯河（Arsanias），即今穆拉特河（Murat）河边会合，而后向西行进了约二百英里，随后再度南下向马特罗波利斯和阿米达发起进攻，并夺取了两城。阿米达距离幼发拉底河只有七八十英里，而至此他们依然没有遭遇敌军。

但他确实猜对了沙赫·巴勒兹的动向，此时沙赫·巴勒

292

---

① 今天的库拉河（Kura）和阿拉斯河（Aras）。
② 沙欣在几本编年史资料中被称为塞斯（Saes）。

兹正率部紧紧跟随，并通过索桥抵达河的对岸，在过河后旋即将这附近的唯一桥梁切断。希拉克略别无选择只得向南进军，他在萨莫萨塔［Samosata，今萨姆萨特（Samsat）］附近幸运地找到了一片浅滩，而后他一路相对顺利地来到阿达纳（Adana）以北，抵达水流湍急的萨鲁斯河（Sarus），即今塞伊汉河（Seyhan）。他终于在这里与波斯大军遭遇，他们在河对岸列开阵势准备作战。河上有一道小桥，罗马人尽管因长途行军而疲惫不已，他们依然立即发起了攻击。但沙赫·巴勒兹假装撤退，将他们诱入了精心准备的伏击圈。仅仅几分钟之后，皇帝至此未尝败绩的军队前锋已被彻底歼灭。

此时，波斯人因他们的计划而狂喜，开始追击这次伏击的幸存者，暂时放松了对桥的警戒，而希拉克略本人看到了战机。他一马当先冲过了桥，他的护卫们紧随其后。一个波斯巨汉挡住了他的道路，但皇帝一剑将他砍倒并丢入河中。沙赫·巴勒兹突然之间意识到事态紧急，下令他的弓箭手在河岸放箭阻击，但希拉克略无视了箭雨，即使自己最终身中数箭。目睹此情此景的波斯人大为惊讶，甚至连他们的将军也没有掩饰敬佩之情，据说他对身边的一个叛变的希腊人说道："看看你们的皇帝啊，他面对箭矢投枪时就像铁砧一般无所畏惧！"①

靠着他的勇气，希拉克略挽救了战局。次日清晨波斯人拔寨起程，沮丧消沉的他们走过漫长而疲劳的路途返回故乡。这一战依然是艰难的一战，皇帝也可能反思了自己过度

---

① Theophanes, *Chronographia* in M. P. G., Vol. 108, p. 654.

293

自信的危险，他率领着损失惨重的部队穿越卡帕多西亚前往特拉布松越冬。尽管伤亡甚大，部队的士气却依然高涨，而他的英勇之举使他的威望达到了前所未有的高度。但在这一年，他的脸上第一次露出了如同战败的神情——他对眼前的一切并不满意。战争并未结束。各种迹象都显示他的两个敌人都会在春季重新开始进攻，而他们的目标都会是君士坦丁堡。

皇帝陷入两难（625）

特拉布松这座城市的位置颇为理想，便于接收来自东方与西方的情报，然而来自两个方向的情报都是不利的。万王之王决定迅速结束这一战，下令在国内大规模征召身强力壮的男子参战，还征召了异族，而后交给沙欣一支加强的部队，总数为五万人，下令他追击希拉克略并歼灭他的部队。如果战败的话他就只能提头来见了。沙赫·巴勒兹则奉命指挥新征募的部队，率领这些既无经验也未整训的部队穿越小亚细亚前往卡尔西顿，在那里协助阿瓦尔人进行他们计划已久的联合进攻。这一进攻计划已经能够随时展开。与此同时，阿瓦尔可汗也集结了从维斯瓦河（Vistula）到乌拉尔河（Urals）的各种蛮族部落的战士，准备将他巨大的攻城武器拖到君士坦丁堡的城下。他究竟和波斯人有何种程度的合作很难确知，但他们确实有一定的勾结——这很可能是在沙赫·巴勒兹此前长期逗留卡尔西顿时完成的。

此时希拉克略面对一个艰难的抉择。如果他的和他的部队留在安纳托利亚，他的都城会因为缺少兵员保护而陷落；

如果他匆忙返回防卫都城，就被迫要放弃目前能对波斯构成威胁的阵地，更没有夺回真十字架的可能了。他可能在一瞬294之间就失去他努力已久、通过四次疲惫的远征而获得的所有成果。他因此决定留在原地，但将麾下的部队分为三支，其一走海路，立即返回君士坦丁堡；其二交给他的兄弟塞奥多尔（Theodore），用于抵御沙欣部队，据他掌握的情报，他们位于美索不达米亚；其三的规模远小于另两者，由他自己指挥，留在亚美尼亚与高加索，他希望能够从这里对防备相对空虚的波斯发动入侵。

而这样的安排并不意味着皇帝准备留君士坦丁堡和守城部队自主准备防务。与之相反，他委派牧首塞尔吉乌斯和显贵博努斯（Bonus）共同管理都城防务，并给他们传达了一系列的命令、指示、建议，以及鼓励。这些很快被公开张贴到街道上，并立即起了效果，唤起了居民为接下来的守城战奋斗的决心与热情。希拉克略本人此时则把注意力放到了一个高加索地区的重要匈人部族——可萨人（Khazars）身上，他与刚从阿塞拜疆掠夺返回的他们进行了接洽，并用自己行营的奢华——即使出征时也依然如此——以及礼物的贵重震慑了他们的可汗札比尔（Ziebil）。在他们的某一次会谈之中，他给可汗送上了自己女儿伊皮法尼亚（Epiphania）的画像，许诺要把她嫁给可汗。札比尔被画像迷倒，又因为自己受到的礼遇以及与皇室联姻的机遇而欣喜不已，他随即提供给希拉克略自己麾下最精锐的四万人部队。（对伊皮法尼亚而言，幸运的是可汗在当年年末暴死，这个可怜的少女就此免于遭受被自己的父亲毫不犹豫地许诺给他人的悲惨命运。）

在希拉克略和他的可萨盟军在阿塞拜疆掠夺破坏之时，他的兄弟塞奥多尔在美索不达米亚彻底击溃了沙欣。关于这一战的记载存世极少，据说这一战爆发时下了一场猛烈的冰雹，波斯人受害严重，罗马人却神奇地免于冰雹袭击。在战败之后，那位波斯军官陷入绝望，于不久之后死去，至于他究竟是自裁以免被自己的君主处决，还是纯粹死于绝望，则不得而知。库思老二世得知他的死讯之后，下令把他的遗体用盐裹好，立即带到他的身边，而在遗体运抵之后他下令鞭尸，并冷酷地看着他的尸身直至面目全非。

此前波斯朝廷已经有人开始怀疑万王之王失去理智，而 **295**
这次鞭尸使他们确信他精神失常了。

围攻君士坦丁堡（626）

626 年 6 月 29 日，夜空被焚烧着的教堂之火照亮，波斯人和阿瓦尔人各自向博斯普鲁斯海峡对岸的盟军发出信号，确认对方已经到位并准备开始进行联合进攻。城郊的居民仓皇把家产装车带进城中，在他们进城之后城门闭紧并闩牢，威胁已久的围攻战随即开始。当蛮族在城外驻扎下来时，阿瓦尔可汗再度提出以巨额赎金为条件撤围离开，但君士坦丁堡的士气前所未有地高涨，他的提议被断然回绝了。

阿瓦尔人、匈人、格皮德人、保加尔人、斯基泰人和斯拉夫人组成的蛮族大军约有八万人，此时他们散布在自马尔马拉海到金角湾全长七英里的狄奥多西城墙之外，而城北一两英里外的地方还有由小型独木舟组成的船队，上面的斯拉夫男丁与妇女随时准备从海路进攻以协助围城者。城墙由一万两千多名拜占庭骑兵防卫，他们还得到了每一个君士坦丁堡市民的支持。牧首塞尔吉乌斯激起了所有居民狂热的宗教激情。城外的军事压力日夜持续着，大型投石机纷纷就位，将巨石投向乃至投过城墙。但城墙岿然不动，守城者也在坚守阵地。或许奇怪的是，波斯人依然没有试图渡过博斯普鲁斯海峡。他们确实没有攻城机械，而他们很可能认为此时自己对攻城起不到任何帮助。但在君士坦丁堡居民看来，他们是在极不寻常地消极作战。

围城战在整个闷热的 7 月之中持续。牧首塞尔吉乌斯每天都率领他的教士们沿城墙游行，高举着圣母的圣像，据说这让城下的蛮族大为惊惧。之后在 8 月 2 日星期六晚上，可汗请求显贵博努斯派谈判代表到自己的营帐来，声称只要获取比此前和约中更优厚的条件，他就同意撤兵。代表团随后来到了他的营帐之中，发现沙赫·巴勒兹派来的三个穿绸裹缎的使节也在营帐之中，大为不快的他们看到波斯人有座位，而他们被迫站立时愈发愤怒。随后双方发生了激烈的争吵，拜占庭人再度重申自己不会投降，而后愤怒地返回了君士坦丁堡。当晚他们开始报复。载着三名波斯使节的船只在企图返回卡尔西顿时被拦截，一个试图躲进毯子之中的使节被当场斩首，另外两人中一个被砍掉双手，之后被送回可汗那里报信，另一个人则被带到卡尔西顿的对岸，在波斯营地中的人看得到的位置被斩首示众。他的头颅附带着一封信被扔到了对岸，信上写着："我们和可汗已经达成和解，另外两名使节交由他处置，剩下的那个人在此！"

这几个倒霉的波斯使节可能为了保命而泄露了他们接下

296

来的军事计划，因为在 8 月 7 日星期四，一支由木筏和独木舟组成的船队悄然穿越博斯普鲁斯海峡来到亚洲海滨，准备运送波斯军队渡过海峡时，突然之间被希腊人的船只包围。面对具有压倒性优势的敌军，这支船队的船员或者被当场杀死，或者被扔入海中溺毙，他们粗劣的舰船则作为战利品被拖进君士坦丁堡。之后一支载运着斯拉夫人的类似船队几乎同时集结在金角湾的上游并开始行动，他们奉命等待预定信号——在布拉赫内方向的城墙下升起的火光。收到信号后他们立即集体划桨突入开阔海域。博努斯同样得知了这一行动计划。他立即将所有可用的双桨座战舰和三桨座战舰集结到布拉赫内，在船只就位之后他亲自点燃了作为信号的火。斯拉夫人遵照约定开始行动，结果落入了拜占庭人的伏击圈。他们的船队在一个小时之内即被全歼。

在第二次惨败之后，围城方似乎陷入了恐慌。他们仰赖的攻城机械毫无用处，他们的妙计也都被轻易化解了。此时塞奥多尔战胜沙欣以及希拉克略与可萨人结盟的消息也传到了这里。这只有一个解释：帝国处于神的庇护之下。那位在城墙上漫步的盛装妇女，不正是圣母吗？次日清晨，蛮族开始拔寨起程，一天后即全部撤走。他们起码尽可能地挽回了颜面：撤退之前又焚毁了一两座教堂，并一如既往地出言威胁，宣称要再度前来围城。但对拜占庭而言，这些话意义索然。随着最后一支蛮族部队消失于视野之中，他们共同赶往城外的布拉赫内，来到那座献给圣母的教堂。他们欣喜地发现那里毫发无损——这无疑是她神奇力量的又一个证明，而他们也毫不犹豫地将获救归因于她。

297

尼尼微之战（627）

626 年对君士坦丁堡的居民而言是值得永远铭记的一年，但对皇帝希拉克略而言则格外乏味。他大力促成的与可萨人的联盟令他失望了，在札比尔死后，他的部众悄然撤退到他们的出发地中亚，而塞奥多尔战胜沙欣之后便再无与波斯人的大战了。因此在 627 年年初，皇帝决定向南发动远征，进攻万王之王本人在泰西封以北约二十英里处，达斯塔吉尔德（Dastagird）的宫殿。他的整一年几乎都用在了这次远征之上，他也不太急于前进，而且他乐于在行军时尽可能地破坏。他清楚自己必须谨慎行事。一支波斯大军就在不远处，他们随时可能发起进攻，而他绝不能给他们留任何机会。

波斯人也在等待着机会。新指挥官名叫拉扎特斯（Razates），库思老二世也给他下达了战败则提头来见的命令；他决定在做好万全准备之后再按自己的计划与希拉克略作战。这一刻直到当年年末才到来，他最终在尼尼微的废墟与罗马人遭遇。即使那时，双方也都没有发起突袭。两位指挥者有充足的时间选择阵地并按自己的想法部署部队，两人均身先士卒，这一战最终在 12 月 12 日清晨展开。战斗接连不断地进行了十一个小时，参战的所有人都清楚他们这一战将决定整场战争的结果。在战局进入白热化时，拉扎特斯突然向希拉克略挑战决斗。皇帝接受了挑战，催动他名为多尔康（Dorkon）的烈马冲锋向前，第一剑就砍掉了这位波斯将军的头颅——如果皮西迪亚的乔治的记载属实的话。据

298

称另外两个波斯军官也被皇帝斩杀。希拉克略本人受了不止一处伤，却拒绝将宝剑入鞘。他和他的部下直到日落时分依然在奋战，直到那时他们才意识到已经不再有敌人能与他们对垒——波斯大军被彻底歼灭，所有指挥官均当场阵亡。

直到次日清晨他们才开始清点战利品。皇帝本人拿走了拉扎特斯镶有一百二十片金箔的盾牌，以及他的护手与精美的马鞍。这位将军的头颅被挑在长枪上，在罗马军营的正中央与俘获的二十八面波斯军旗一同示众。胜利的士兵们同样在为自己搜寻阵亡者的头盔、刀剑、盾牌以及护甲。几乎每一个返回西方的士兵都获得了能够纪念这难忘的一天的战利品。

但此时还不到回家的时候，他们还要追击库思老并把他赶下王位。休整了几天之后大军再度向南进军，沿着底格里斯河的左岸往达斯塔吉尔德前进。这条河的两条主要支流，大扎布河（Great Zab）与小扎布河（Little Zab）都被轻易渡过，希拉克略得以在耶兹德姆（Yezdem）绿洲庆祝圣诞节，而琐罗亚斯德教的僧侣们只能无助地旁观。此时他极度幸运地截获了库思老的一名信使送给卡尔西顿的沙赫·巴勒兹的信，信中命令他立即率部撤军。这个机会是不能错过的。皇帝迅速写下另一封信，翻译好后代替了原来的信，信中声称波斯人大胜罗马人，命令沙赫·巴勒兹原地驻守。至少一个潜在的危险就此消除了。

此时，万王之王已经逃跑，他背着自己的臣子，甚至瞒着自己的卫兵，带着妻儿从墙洞溜出达斯塔吉尔德的宫殿。

他首先逃到泰西封，这个他已经二十四年不曾踏足的古都，而当他抵达时他才想起来智者的预言：他不论因何种原因返回这座城市，都意味着这座城市将不可避免地陷落。因此他不敢停驻，继续向东逃到苏兹亚纳（Suziana），即今胡泽斯坦（Khuzistan）。希拉克略抵达达斯塔吉尔德时，那里庞大的宫殿已经被遗弃。所有的记载都声称那里的华美奢侈无与伦比——情况也的确应当如此，毕竟那里是萨珊王朝最富裕的一位君主久居了二十多年的地方。但皇帝和他的部下们没有展现任何仁慈或敬意。他们带不走这座宫殿，就在628年1月将宫殿和其中一切带不走的珍宝付之一炬，正如亚历山大和他的部下在千年以前焚毁波斯波利斯（Persepolis）一样。

在安全的苏兹亚纳，库思老拒绝了罗马人提出的和谈条件，而是要求老人、妇女、儿童以及宫中宦官去防卫泰西封。没有人肯听他的指令。波斯人已经厌倦他们的国王，他们无法再忍受他的肆意妄为、愚蠢荒唐以及此时近乎传奇的凶残暴戾。所有人都清楚怒火一触即发。对希拉克略而言，围攻这座古都意义索然，最终推翻一个马上要被自己的臣民推翻的君主同样失去了意义。他也可能回想起了近三个世纪前的皇帝尤里安，他向东方的远征之中在泰西封城外几英里处被波斯军队切断了退路。他不想遭受同样的厄运。因此仍在达斯塔吉尔德的他下令部下整装待发，在一两个星期之后他出发返回故乡。

此后库思老二世被推翻的事确实不是本书应当讨论的内容，只需要稍做提及：628年年初，波斯爆发了叛乱，其领袖为国王的儿子卡瓦德·西洛斯（Kavadh-Siroes）、泰西封总指挥古达尔纳斯普（Gundarnasp）和沙赫·巴勒兹——此时在卡尔西顿停滞已久的他终于率部返回，那时他才发现库思老二世因他没有遵命及时返回而大怒，下令将他处决。①万王之王被活捉，并被扔进了所谓的"黑暗之塔"中，每天只供给面包与饮水以保证他继续受折磨。他美貌的少妻希琳（Shirin）生下的所有孩子——库思老二世本打算立其中一人为继承人——全部被他们的异母兄长在他们的父亲面前处决。最终，他在监禁的第五天被乱箭射死。

库思老的结局（628）

希拉克略在陶里斯［Tauris，今大不里士（Tabriz）］得到了这个消息。送信的波斯使节在路上偶然遇见了在皇帝前一年作战之中阵亡的、山中积雪封冻着的三千名同胞的遗体。直到古达尔纳斯普同意亲自陪同他们前去，使节们才敢动身，并于4月3日抵达罗马人的营帐。西洛斯的信中声称自己"奉神的旨意顺利即位"足以让气量狭小的人不满；但希拉克略依然宽容相待，称他为"亲爱的儿子"，并声称自己并不想推翻库思老，即使俘虏他也会立即让他复位。结果是双方签订了和约，波斯人交出他们征服的所有土地并交出所有的俘虏，奉还真十字架以及其他的圣物。

300

---

① 此事见于记载是因为拜占庭军队抓住了送这封信的信使。这次他们自然放走了信使，任他给沙赫·巴勒兹送信——当然还在信中处决人员的名单上加上了另外四百名波斯高级军官的名字，这保证沙赫·巴勒兹发动叛乱时得以一呼百应。

在 5 月 15 日的圣灵降临节，牧首塞尔吉乌斯登上圣索菲亚的布道高台，向居民宣读皇帝的信。[①] 信的开头就是喜讯："为天主而喜乐吧！"这更类似于一句赞美诗或宗教箴言而非报捷的信件，尽管信中对死去的库思老二世大加毁谤（"他和加略人犹大走上了同一条道路，我们全能的主说他就不该来到这世上"），但必须提及的是文中没有诋毁西洛斯，也没有提及他的弑父之举。不过君士坦丁堡的居民并不在意。元老院一致同意赐予希拉克略"西庇阿"（Scipio）的头衔，市民们开始准备欢迎这位征服者凯旋的仪式了。

希拉克略将签订和约的任务交给了塞奥多尔，他本人则率部返回家乡。当他抵达君士坦丁堡在博斯普鲁斯海峡对岸处的希拉宫（Hiera）时，都城的全体居民都在那里手捧橄榄枝与蜡烛等待着他。他的家人则在宫中等待着他，包括他十六岁的大儿子，在围城战中展现了勇气的君士坦丁（Constantine）；他的女儿伊皮法尼亚，也许她不清楚自己躲过了何种悲惨的命运；他和马尔提娜生下的次子希拉克伦纳斯（Heraclonas）；以及马尔提娜本人，她在几个月前刚和新生的孩子一同从东部返回。

按塞奥法内斯的记载，这是欣喜乃至催人泪下的团圆。他的家人们本打算立刻共同返回君士坦丁堡，但希拉克略不肯不带着真十字架进入自己的都城，而塞奥多尔奉命要尽快将它带回。起初因为没能找到真十字架而造成了一些拖延，最终得到皇帝善待保证的沙赫·巴勒兹说出了真十字架的藏

---

① 全文载于《复活节编年史》（*Paschal Chronicle*）。

匿处。塞奥多尔带着最神圣的圣物匆匆返回，但当他抵达卡尔西顿时已经是 9 月，那时皇帝才返回自己的家。

希拉克略的凯旋式（628）

　　君士坦丁堡的金门，狄奥多西大帝在约 390 年建立起的巨大典礼拱门在建起三十年后融入了他建造的新城墙，如今那里的景象堪称悲凉。金门上面镶嵌的黄金早已消失，装饰门正面的大理石雕刻与青铜像也不复存在。更重要的是现在的金门的三个开口早已被砖石封死，不但没有"金"，也不再是"门"了。那里如今和附近的、距离马尔马拉海海岸几百码的七塔城堡（yediküle）一同湮没在荒草之中，被无视与遗忘。但 628 年 9 月 14 日，当希拉克略通过那里凯旋入城时，情况必然截然不同。他前方是真十字架，后面是凯旋的士兵及拖来的四头大象，它们也是一路从波斯运来的——据说这是君士坦丁堡的居民第一次见到大象。在欢呼的人群之中，许多人也看到他们的皇帝这些年征战之后的衰老。十八年前，从迦太基抵达并第一次进入都城的那个年轻健壮的半神，已经不复存在。多年的紧张与劳苦留下了印记，时年仅五十余岁的他看上去衰老且羸弱，他的身体过早地衰颓了，他曾经闪耀的金发变成了散乱的灰发。即使他疲惫不堪，他也是为帝国而如此辛劳的，也正是因为他，萨珊波斯再也没有成为拜占庭的威胁——即使这个国家依然存续了几十年。

　　游行队伍缓慢地穿越城中的街道抵达圣索菲亚大教堂，牧首塞尔吉乌斯在那里等候，庄严的感恩弥撒随后开始，救赎的真十字架缓缓在圣坛之前竖立起来。这也许是这座大教堂历史上最动人的一刻，而这也可以作为上帝的敌人已经被击溃、帝国新的黄金时代即将到来的象征。

302　　哀哉，未来却不曾如此。正是在六年前，622 年的 9 月——就在这一年希拉克略发动了对波斯的远征——先知穆罕默德和追随者离开了敌视他的麦加（Mecca），来到支持他的麦地那（Medina），伊斯兰时代随即开始。而五年后的 633 年，穆斯林大军开始进军，在仅仅一个世纪的时间内，他们抵达了距离巴黎一百五十英里的地方，并来到君士坦丁堡城下。基督徒们最难缠的对手，以及接下来一千年中最难和解的死敌已经出现，而且很快就要出征。

伊斯兰教（633）

直到七世纪二十年代，"阿拉伯"对基督教世界而言依然是未知的土地。这片遥远且不宜居的土地上没有任何吸引久经世故的西方商人的产品，对外部世界的文明也没有任何贡献，仿佛也永远不会有。在外人看来，那里的人民与野蛮人相差无几，时常在部落间的争夺之中互相屠杀，毫不留情地杀死任何前往那片土地的无谋的旅行者，从未为统一而努力，甚至没有稳固的政体。除了麦地那周边海域几个分散的犹太人殖民地，以及也门的一个小规模基督徒聚居区之外，大部分地区的大部分居民都是原始的多神论者。在他们的商业中心麦加，他们崇拜一块巨大的黑石，他们的主要神庙克尔白神庙也在那里。他们对外面的世界没有展现任何的兴趣，没有接触，自然也不存在威胁。

随后在眨眼之间，一切都改变了。633 年，纪律严明而且同心同德的他们突然冲出阿拉伯，被他们击败的人们此前从没有想到他们能如此强悍。三年之后他们攻破大马士革，五年后夺取耶路撒冷，六年后占据了整个叙利亚。仅仅十年内，埃及与亚美尼亚也落入阿拉伯人的手中，二十年内整个波斯帝国都被吞并，三十年内阿富汗和旁遮普（Punjab）绝大部分的土地也都被征服。在短暂地巩固政权之后，胜利的大军转向西方，夺取了整个北非的他们于 711 年入侵西班牙。而在 732 年，在离开他们故乡的沙漠还不到一个世纪的时候，他们已经翻越比利牛斯山脉，向北抵达卢瓦尔河（Loire）的河岸，而他们在一个星期的血战之后最终被阻止住了。

历史上如此戏剧性的征服极为罕见，唯一的解释是：阿 ³⁰³ 拉伯人在他们第一位也是最伟大的一位领袖先知穆罕默德激发的宗教热情之下奋勇向前。他们确实如此，不容置疑，然而必须提及的是，这种热情几乎没有体现在传教之上。在他们进军的那个世纪，记载中很少提及他们大规模地让战败的新臣民改宗，乃至让其中的某个人改宗；而且他们有时对犹太教教徒和基督徒保持着近乎尴尬的尊重，身为"有经者"的他们通常可以得到善待。他们的信仰给他们带来了一种兄弟情谊，他们产生了凝聚力与近乎无尽的自信，深知真主安拉与他们同在，他们为真主的意志而战，若战死他们可以立即升入天堂——这个充满享受的天堂所许诺的快乐确实比基督教所许诺的更吸引人。另外，他们在凡间以前所未有的纪律性过苦修生活，并毫不犹豫地遵从那些清规戒律，不饮酒以及其他烈性饮品，定期斋戒，每天要进行五次祷告。

这个宗教的创立者没有亲自率领他们踏上战场。约在570年出生的穆罕默德出身低微，年轻时即成为孤儿，而后与一个比自己年长不少的富裕寡妇成婚。穆罕默德身上既有理想主义者的特质，他也是个机敏的、颇具远见的领袖。在理想问题上，他传播唯一真神的信仰并提出让全人类都信仰真神（即信仰伊斯兰教）的重要性。这并不是一个原创的教条，阿拉伯地区以及其他地区的犹太教教徒和基督徒数个世纪来都如此坚称，但对许多人而言他们似乎是第一次听到这个教义。穆罕默德以一种简朴的新方式将其重新展现出来，用谚语、沙漠生活中的碎片知识以及近乎合韵律的语句包装，这一切都在他逝世之后被整理为《古兰经》。他还使用了一个机智的手段，将他的名字与那些接受他传播的教条的人等同——尽管他认为自己只是在改革而不是在变革。他不和耶稣基督一样自称为神，而是声称自己是最后一个也是最伟大的先知，并认为他所有的先辈——包括耶稣——都是这类先知。

在他这一系列务实的行事之中，最重要的是他是个领袖。尽管他在信仰上真挚，他却不是个狂热分子。他清楚自己生活其中的民族，并尽可能不给他们施加太大压力，而是让他们自愿行事。比如，他清楚他们不会彻底放弃一夫多妻制，因此他接受了，并在第一任妻子死后又娶了几个妻子。奴隶制也是阿拉伯世界中的重要组成部分，他也接纳了。他甚至容纳了古时的有灵论者的部分信仰，在624年时他就要求信徒祷告时朝向麦加的克尔白神庙的方向，而不是他此前要求的耶路撒冷的方向。此外，他也一直在强调他的信仰之中一个全新而明显令人恐惧的部分——死者最终将为真主所审判，他对地狱中的苦痛，描述得比天堂的欢乐更为鲜明。而对惩罚的畏惧很可能在将他的追随者塑造为一个政治共同体时起到相当大的作用。

穆罕默德于 632 年 6 月 8 日在麦加，这个他胜利返回的城市因热病逝世，宗教与政治的领导权都被交给了他的老友以及最受信任的副手阿布·伯克尔（Abu-Bakr）。阿布·伯克尔自称"哈里发"，即"先知的代理人"。次年，穆斯林大军开始出征。但阿布·伯克尔年事已高，不久之后也逝世了，传统上认为他是在 634 年 8 月夺取大马士革的当天逝世的，当时第二位哈里发欧麦尔（Omar）率领大军赢得初期这一系列史诗般的胜利。在一个特定的方面，阿拉伯人格外走运：拜占庭与波斯近期的战争使双方消耗殆尽，无法再进行任何有效的防御。对拜占庭帝国而言，叙利亚和巴勒斯坦的居民并不真正忠于君士坦丁堡的皇帝，皇帝代表的希腊－罗马文化对他们而言是外来文化，而且皇帝对他们的基督一性论信仰并不同情乃至时常进行迫害，这无疑加深了危机。对叙利亚和巴勒斯坦的民众而言，穆斯林大军与他们同为闪米特文化，笃信与他们相差无几的一神教信仰，还许诺对各种基督教信仰保持同样的宽容。在他们看来，这实际上并不比他们赶走的帝国政府更差。

力量统一（633）

阿拉伯人在 633 年入侵叙利亚时，希拉克略已经返回东

部指挥战斗。凯旋之后他仅仅在君士坦丁堡逗留了六个月，

305　他清楚他刚离开的土地需要他处理何种任务，比如从波斯帝国手中收复的省份必须重新建立和组织行政体系，建立坚实的军事基地与经济基础以保证其未来的安全。关键问题在于东部的教会，他们必须进行研究并充分讨论，可能的话就解决问题。最重要的是，真十字架必须归还耶路撒冷。629 年春，在他的妻子马尔提娜和长子君士坦丁的陪伴下，他穿越安纳托利亚前往叙利亚与巴勒斯坦。抵达圣城之后，他亲自手持真十字架沿着受难之路（Via Dolorosa）前往重建的圣墓教堂，牧首扎哈里亚斯在那里等待着他将圣物交还。

　　为了有效管理帝国，更为了保证自己的皇位，希拉克略接下来的七年时光都在东方的各省之中度过，频繁穿梭于各地，在大马士革、安条克、埃德萨、埃莫萨（Emesa）① 或赫拉波利斯设立行宫，解除不称职者，撤掉低效的机构，削弱富裕的大地产主的权势，优化管理体系。与此同时，在神学方面，他积极推行一种新的阐释，这一阐释近期由牧首塞尔吉乌斯创立，希望正统派和基督一性论派能共同接受这一阐释，借以弥合愈发危险的裂痕。

　　塞尔吉乌斯的阐释本质上是认为尽管基督兼具人性与神性，但这两者归于同一种力量。也就是说，让所有的基督一性论者接受一点：救世主是力量统一而非神性与人性统一。这一阐释得到了希拉克略的热切支持，早在 622 年他就向一名亚美尼亚的主教提出了这一阐释，而这些年间他一次又一

---

① 今霍姆斯（Homs）。

次返回亚美尼亚，并得到了可谓非常鼓舞人心的结果。629年在赫拉波利斯，基督一性论的主教阿塔纳修斯（Athanasius）接受了这一阐释，作为回报获得了安条克牧首之位，而次年新的亚历山大牧首也带来了更值得一提的成功。与此同时，罗马的教皇霍诺里乌斯（Honorius）声称自己并不反对——尽管他也很清晰地表明自己对这一问题毫无兴趣。

这难免在其他地区引发了反对，而这一反对由狂热的正统派僧侣索弗仑尼乌斯（Sophronius）煽动并领导。如果索弗仑尼乌斯留在修道院中，一切也许不会恶化，但讽刺的是，他在634年被选为耶路撒冷牧首。他立即靠着新职务的权威加大了攻击力度。他坚称新的信条是基督一性论派教条产生的杂种，只是稍做掩饰而已，它和其他的旧异端一样，背叛了卡尔西顿大公会议的决议。对这一理论的支持突然之间开始瓦解，曾经热切支持这一切的人开始发现这一理论的虚妄与固有的矛盾性，皇帝则只能无力地静观自己竭力想要达成的一切就此土崩瓦解。

这不是他要承受的唯一打击。同样在634年这灾难般的一年之中，先知的大军侵入叙利亚，不久之后身在安条克的希拉克略得知被派去对付他们的少许拜占庭部队已经被彻底歼灭。几个月后，穆斯林占据了大马士革和埃莫萨，并开始围攻耶路撒冷。此时，不但靠着漫长的忍耐而获得的外交成果将在一夜之间瓦解，在六年的苦战中收复的土地同样要丢失了。困扰不已的希拉克略立即开始征募一支大军，一年后一支不少于八万人的部队在安条克城外集结起来，包括由数千名亚美尼亚人和大批信仰基督教的阿拉伯人组成的骑兵部队。①

面对这一威胁，穆斯林撤走了他们在埃莫萨和大马士革的驻军并向约旦河的支流，即在加利利海以南汇入干流的亚穆克河（Yarmuk）撤退。636 年 5 月，帝国的军队向南进军准备与他们交战，但他们没有立即发起进攻，而是等待了三个月，明显无法下定决心。这一拖延带来了致命的后果。基督徒暴露在叙利亚愈发炎热的夏季之中，身体疲惫、士气低落；杰出而年轻的穆斯林将军卡立德（Khalid）则在不断地袭扰劫掠，并等待正从阿拉伯赶来的援军。援军抵达之后不久，8 月 20 日，一次猛烈的沙尘暴从南方袭来，卡立德抓住机会发起了冲锋。毫无防备的拜占庭人在风沙之中无力作战，一触即溃，几乎被全部屠杀。

307　　抵抗就此结束了。埃莫萨和大马士革被再度占据，并从此成为穆斯林统治的土地。耶路撒冷在牧首索弗伦尼乌斯的管理之下坚守，但食物很快耗竭，周边的乡村也落入阿拉伯人的手中，而除了凯撒利亚的一支小规模驻军之外，最近的基督徒部队远在埃及。637 年秋季，大牧首同意投降，但只提出了一个条件：哈里发欧麦尔要亲自来接受他的投降。于

---

① 这一时期部队数据资料都源自阿拉伯人的记述，此时财力与人力都极度紧张的拜占庭帝国能在叙利亚数次组织起数万人的部队，实在是不可想象。如果这种说法不是记述者蓄意夸大，唯一可能的解释是，希拉克略以及叙利亚的其他指挥官将当地缺乏军事训练的男丁直接充入军队。在中世纪早期，这样的举措在世界各地的战场上时有出现，而且往往招致灾难性的溃败。——译者注

是 638 年 2 月，哈里发本人亲自进入耶路撒冷，他骑着雪白的骆驼，穿着破旧的袍子以遵守先知苦修的要求。索弗仑尼乌斯在橄榄山上迎接他并以礼相待，亲自带着他参观了城中主要的基督教神殿。① 来到所罗门神庙时，这个衣着破旧但气度宏伟的人默然肃立在外，他相信穆罕默德在此升入天堂，此时大牧首的自制力终于暂时地崩溃了。他轻声说道："看呐，如先知但以理所说，那行毁坏可憎的，已经站在圣地之前了。"

欧麦尔进入耶路撒冷（638）

那么在这一系列的灾难之中，希拉克略本人又如何呢？他确实集结了那支以惨败告终的大军，但之前与之后他都没有亲自参与作战。这位战场上击溃波斯帝国的英雄，二百年来第一位亲征的皇帝，怎么会在这些恐怖的新敌人出现时无动于衷呢？这位基督徒的坚定守护者、收复真十字架的人，又怎么会在耶路撒冷落入异教徒手中时静观其变呢？人们难免会有如此疑惑。

当我们回顾皇帝一生中悲惨的最后岁月时，这些问题苦涩的答案就清楚了。他已经病倒，疾病也即将夺去他的生命，此外他在心智与精神上的情况都在恶化，乃至濒于崩溃。即使在亚穆克河之战前，在他静观先知的大军夺取他竭 308

---

① 据说祷告的时间到来时这位哈里发正在圣墓教堂之中，但他拒绝在这座教堂之中祷告，以免他的追随者宣布这里为伊斯兰教的圣地。因此他来到外侧的回廊之中祷告。他的担忧此后成了事实，这个回廊立即被穆斯林占据，直到今天仍为穆斯林的控制之下，但也只有那处回廊如此。

力收复的土地时，他担心上帝已经弃他而去，认为全能的主已经转而支持这些新的征服者，这种畏惧让他痛苦不已。这一战之后他彻底失去了希望。他一生的奋斗，与波斯漫长的征战，为解决神学争议的无穷努力，一切都归于虚无。他仅仅做了短暂停留，溜进被包围的耶路撒冷，将他刚刚归还的真十字架带走，便永远离开了叙利亚，走上返回君士坦丁堡漫长而疲惫的旅程。

当他抵达博斯普鲁斯海峡时，他的心智已经崩溃。旅途之中他出于某种原因，莫名其妙地畏惧大海，而当他抵达希拉宫时，任何人也无法说服他穿越海峡，走完这最后一英里的海路。他战栗着留在自己的居所之中，拒绝与急于让他返回都城的代表团见面，无论他们如何恳求，他只是偶尔派自己的儿子们出席竞赛或者重要的宗教盛宴。与此同时，他开始表现出不寻常的乖戾。听到他的侄子塞奥多尔和他的私生子阿萨拉里克（Athalaric）正在密谋的流言之后，他下令把他们的双手与鼻子切掉并送到自己面前，而后将他们流放。当塞奥多尔来到他的流放地，即马耳他岛附近的戈佐岛（Gozo）时，当地的官员又奉命砍掉了他的一只脚。

在逗留了数周之后，他的妻子以及他的随从们才最终得以让皇帝返回都城。他们在博斯普鲁斯海峡上用船只连接成了一座桥梁，并在两侧用树枝搭成人工树篱，以免皇帝看到海水。希拉克略随即"如履平地"，骑马走过。必须提及，这段记载的作者塞奥法内斯是在近两个世纪之后写下这段记载的。考虑到海峡的宽度与水流的速度，这个故事未必可信，也许如近年的历史学家所推测的，希拉克略是在一艘做了类似伪装的船上返回都城的。无论事实如何，皇帝最后一次返回都城的情景与不到九年之前返回都城时的景象无疑形成了鲜明对比：悲惨且凄凉。

此时任何人都看得出他命不久矣，而他迷信的臣民们很快开始解释他衰颓的原因。他们传言他必然是因为与自己的侄女成婚而激怒了上帝。马尔提娜为他生下的九个孩子之中有四个孩子早夭，一个孩子颈部畸形，另一个孩子塞奥多西奥斯（Theodosius）是天生的聋哑人。主的不悦，还能有比这更明显的证明吗？皇帝身体状况与精神状态的日益恶化不过是一个额外的证据而已。马尔提娜在君士坦丁堡从来都不受欢迎，此时的她更是遭到了公开的怨恨与辱骂。

她有多在意此事，不得而知，毕竟她此时把所有精力集中到同一项任务之上了：保证自己的长子希拉克伦纳斯①登上皇位，和她的丈夫与第一任妻子欧多西亚所生的长子君士坦丁共治。这一任务并不算大胆，尽管君士坦丁在 626 年围攻都城时展现了自己的英勇，此时依然年轻的他却悲哀而病弱，几乎可以确信他患了痨病。尽管没有理由证明他的理智也因此受损，但他确实需要他人的照料。希拉克略没有力量反抗妻子的意愿——无论他是否希望如此。于是，638 年 6月 4 日，在博斯普鲁斯海峡边的皇宫之中，他颤抖着将皇冠戴在了希拉克伦纳斯的头上，马尔提娜与君士坦丁则侍立在一旁。两个儿子——时年分别二十三岁与二十六岁——就此

① 希拉克伦纳斯本名希拉克略，后世为与他的父亲相区别而通常称他为希拉克伦纳斯。

与他的父亲共治，时而陪同他（如果他出席的话）参与国家庆典，但越来越多地开始代表缺席的他出席。

一志论（638）

最重要的庆典在他儿子加冕几周之后举行，希拉克略公布了他的《论述宣言》（*Ekthesis*），他最后一次试图弥合依然激烈的基督一性论争议。如前文所述，所谓的"基督一力量论"已经被耶路撒冷牧首索弗仑尼乌斯在四年前推翻，然而君士坦丁堡牧首塞尔吉乌斯拒绝放弃，此时他对这一说法稍微进行了修改。对基督力量问题的讨论似乎已经无关紧要，重要的是，基督在拥有卡尔西顿大公会议确认的神性与人性的同时，只存在一种意志。如果这一解释能够得到普遍接受，在苦痛纠缠之中的教会将最终归于和平。

最后的羞辱（641）

这也正是基督一志论派的核心论调，《论述宣言》就此定下了"一种意志"（Single Will）的信条，而后传播给基督教世界中的每一位主教。其抄本张贴在圣索菲亚大教堂的前厅之中；在牧首塞尔吉乌斯于638年12月逝世时其前景依然格外喜人，东方的四位牧首均署名支持。但两年后，重击发生在一个出乎所有人意料的地方。641年年初，刚刚继任的教皇约翰四世（John Ⅳ）对其进行了强烈的谴责。这原本只是与东帝国的教会相关的论述，罗马教廷此前对这一问题在相当程度上也并不在意，此时却发展成了东西部的大规模分裂。

这也是对希拉克略皇帝的最后羞辱。他的身体浮肿不堪并因此近于瘫痪，其他的症状也几乎同样令人厌恶，[1] 他每天只能躺在担架上呻吟，为他的努力付诸东流、对自己余生的绝望以及他坚信的在死后将遭到的折磨而哀鸣不已。640年12月，他得知了萨拉森人（Saracen）的大军抵达亚历山大城下的消息；如今，在仅仅两个月之后，又传来了教皇谴责基督一志论的消息。如果消息来得稍晚一点，皇帝就听不到这一切了，但消息还是传来了，他的绝望再度加深。此时早已疲惫不堪的他已经失去勇气，弥留之际的他否认自己曾经参与《论述宣言》。他低声咕哝着，声称这一切都是塞尔吉乌斯的错，他是在牧首的要求之下不情愿批准的。于是在641年2月11日，说完这段无疑言不由衷的话之后，拜占庭帝国最伟大的皇帝之一在悲苦与耻辱之中撒手人寰。

他活得太久了。若是他在629年，波斯帝国屈服于他，真十字架归还耶路撒冷时离世，他的执政时期将成为帝国历史上最为光辉的一段时光。而他生命最后的十二年只给他带来了失望、幻灭，以及最终的屈辱，还有那不光彩的疾病。然而，即使他的一生以悲剧收场，他却依然堪称高尚。没有他的勤政与坚定出色的领导，君士坦丁堡早已落入波斯人之手——即使这座城最终还是落入了穆斯林之手，并带来了西欧无法想象的后果。靠着军事与行政改革，他让拜占庭帝国

---

[1] "每次他排泄时，他都要在腹部放上一块木板，以免喷到自己的脸上。"（Nicephorus, VII, xi）他的臣民们因此传言，全能的主对他乱伦之罪主要相关的器官进行了特殊惩罚。

步入了几个世纪都不曾有过的强盛，他构想并创造的管理体系也成了帝国在中世纪存续的基石。帝国继续存在了八百年，并在其间达到光辉灿烂的最高峰，这在很大程度上都要归功于他。

311

他的执政时期也标志着一个文化意义上的新时代。如果说查士丁尼是最后一个"真正的罗马皇帝"，希拉克略则给了罗马的旧传统最后一击。直到他的时代，拉丁语依然是官方甚至军方使用的语言，即使它不是绝大多数臣民使用的语言。在一个通信效率极为重要的时期，这样的情况无疑是荒谬的；正是希拉克略颁布了敕令，将臣民与教会使用的希腊语定为帝国的官方语言。一代人之后，即使受过教育的人也几乎不再使用拉丁语了。最终，他废除了古罗马的皇帝称号，标志着旧帝国的终结与新帝国的诞生。此前的皇帝称号和他的前辈一样，是"英白拉多恺撒"与"奥古斯都"，此时他使用希腊语的"君主"（Basileus）一词，作为帝国君主的官方称号，直到帝国终结。

逝世三天之后，皇帝怪诞变形的遗体停放在一个开放的尸架之上，由宫中的宦官看守，那些依然铭记着他曾经的伟大的臣民，以默哀表示自己的敬意。他的遗体随后停放在白色的缟玛瑙制成的石椁之中，安葬在圣使徒教堂君士坦丁大帝的身边。希拉克略的苦难就此结束了，然而他还要经历一个屈辱。在他下葬仅仅三个月之后，他的长子下令打开他的石椁，将他头上镶满珠宝的皇冠摘走。① 他的动机更可能是

---

① Cedrenus，I，p. 753.

怨恨而非贪婪，本应属于他一人的皇位却要与他人分享，君士坦丁为此也许从来也不曾原谅自己的父亲。即使如此，在我们看到了这位最具悲剧性的皇帝悲惨的最后岁月之后，我们都会认为，相比所有其他的拜占庭皇帝，他真的应该安息了。

第十五章　希拉克略王朝（641～685）

然而，至少对希腊东方而言，七世纪并非古代世界的终结。因此，也许有必要借助一些例子来展示那些见证了这种巨大的演变的人的所作所为，他们往往精神失常、局促不安。①

——夏尔·迪尔（Charles Diehl），《拜占庭的人与事》
（*Choses et Gens de Byzance*）

尽管希拉克略卧病已久，他的离世依然使拜占庭帝国陷入混乱，而马尔提娜是这一切混乱的根源。她劝说自己的丈夫将希拉克伦纳斯加冕为共治皇帝后仍不能满足，她迫使他起草遗嘱，将帝国交给长子与真正的继承人君士坦丁三世，以及希拉克伦纳斯和她自己共同管理。她守寡期间的首要举措之一就是在大竞技场举行一次公众集会，宣读这份遗嘱，并对所有在场的人表明自己准备行使大权。

---

① 原文为法语，汉译者对法语了解极少，翻译错误或词不达意之处，恳请方家斧正。——译者注

君士坦丁神秘身亡（642）

但拜占庭人不愿接受。他们一直不信任策划阴谋的马尔提娜。许多人更认为她对希拉克略身体崩溃并死亡负有责任。他们的怀疑如今得到了证实。他们声称，一个女人怎么能接待或者答复异国的使节，又要如何管理帝国呢？这一举措本身就是荒谬的。他们可以因她身为皇帝的母亲，即皇太后而向她致敬，但他们只能听从她儿子与继子的命令。受阻的马尔提娜虽然大怒，却别无选择，只得返回后宫之中。但她依然没有承认失败。不久之后年长的皇帝君士坦丁病倒了。或许为了改善生活环境，更可能是为了避开自己的继母，他渡过博斯普鲁斯海峡，来到卡尔西顿的宫殿中居住。但这一举措意义索然。641年5月25日，他在执政仅仅三个半月之后病逝。

是马尔提娜害死了他吗？我们自然不得而知。由于同时代人对此没有任何记述，我们只能靠稀少的现存记载来推断，主要是分别由尼基弗鲁斯（Nicephorus）和塞奥法内斯完成于九世纪初的两份记载，其中记述较为详细的尼基弗鲁斯的记载完全没有提及谋杀。君士坦丁三世长年体弱多病，很可能是自然病故。然而此时的情形，以及他死亡的时间，难免会让人起疑。更重要的是，他的儿子在继承时毫不犹豫地以最强硬的语气指责皇太后谋害了君士坦丁。

君士坦丁本人似乎也感觉自己受到了威胁。考虑到他除了前往亚洲之外，还在弥留之际请求军方保护他未成年的继承人希拉克略（Heraclius）以及其他子女和他们的继承权，

这恐怕是唯一合理的解释。从此后事态的发展来看，他并不需要过多忧虑。君士坦丁堡的居民本来就一边倒地支持希拉克略的长子，而马尔提娜在他的继子尸骨未寒时就把他所有的主要官员流放，并直接无视了自己的亲生儿子，掌控了全部皇权，这让居民们怒不可遏。更令他们愤怒的是，她积极支持基督一志论，而这个教条此时已经明显失败，不可能再得到大众的支持，君士坦丁三世也在竭力清除这一论述的影响。641 年夏，在日益坚定的示威者的压力下，小希拉克略被加冕为皇帝；他应当是为避免与祖父同名引起混淆，随即改名为君士坦斯（Constans）。同年 9 月，在元老院的授意下，马尔提娜和希拉克伦纳斯被突然逮捕，太后的舌头被割下，她儿子的鼻子被切掉，[1] 而后两人被流放到罗德岛，终身不得返回都城。如果皇太后仅仅是贪恋权力，付出的代价未免太高；如果她和她的儿子确实谋逆弑君，这样的惩罚又未免太轻。

> 我的父亲君士坦丁曾与他的父亲，即我的祖父希拉克略共治了可观的一段时间，但在我祖父逝世后只执政了很短的时间。因为他的继母马尔提娜的嫉妒，他的远大志向化为乌有，他本人离开了人世，而这一切都是因为希拉克伦纳斯——她与希拉克略乱伦所生的孩子。你

---

[1] 劓刑，一种肉刑，是一种东方的古刑罚，在希拉克略惩罚密谋的塞奥多尔和阿萨拉里克时（见前文）首次在拜占庭帝国使用。其目的是使受刑者不能成为皇帝，因为在拜占庭文化圈看来，皇帝是不能有明显的体貌缺陷的。

们的表决正义地剥夺了她和她儿子的皇权，让罗马帝国
不再纵容如此冒犯律法的行为。你们展现了自己的高
尚，我也因此请你们用建议与决断协助我，让我的臣民
都能安居乐业。①

642 年年初，时年十一岁的君士坦斯二世，拜占庭帝国
的唯一统治者，对元老院做了这样一段演说，将自己未成年
时的帝国管理工作托付给他们。查士丁尼身后的元老院权力
与威望都大为增加。此时元老院的影响力重新登上了顶峰，
成为君主的参谋以及最高等级的法律机构，而在皇族之中没
有任何成年成员执政时，显然要由元老院摄政。但君士坦斯
成年之后成了一个意志坚定且颇有主见的独裁者，他不愿继
续接受元老院的监视。

他二十七年的统治自始至终被萨拉森人的阴影笼罩着，
他们仿佛不可战胜。在他即位时他们已经无情地横扫了埃
及，而他的继母在自己短暂的执政时期，几乎将埃及拱手相
让。642 年，拜占庭驻军被迫起航离开亚历山大，将埃及交
给伟大的阿拉伯将军阿穆尔（Amr）。而在哈里发欧麦尔逝
世两年后，他的继承者奥斯曼（Othman）将阿穆尔召回麦
地那。拜占庭帝国看到了发起反击的机会，便派出一支舰队
出征，并短暂地占据了亚历山大，但阿穆尔得知此事后匆忙
返回埃及，在 646 年夏重新控制了局势。他将亚历山大城的
城墙夷平，在三角洲的南端，这个更不易受攻击的位置建立

---

① Theophanes, 6134.

了一座新城，这个原名弗斯塔特（Fostat）的小村此后被改名为开罗。关于穆斯林焚毁了古典时代晚期规模最大的图书馆——亚历山大图书馆——的著名传说并没有充足的根据。391 年，当地的基督徒在反阿里乌斯派的暴乱之中就已经将图书馆摧毁。他们没有对当地居民加以迫害，绝大多数的当地人似乎也和叙利亚与巴勒斯坦的居民一样欢迎新的征服者代替拜占庭帝国。夺走了帝国最富有也最宝贵的行省之后，他们沿北非海岸向西，在 647 年与迦太基总督格里高利（Gregory）据称有十二万人的大军交锋，并将其击溃。

315　　相比严格高尚的欧麦尔，新任哈里发奥斯曼更为柔弱，也没有他的影响力，但奥斯曼在某个方面更有远见。生活在沙漠之中的欧麦尔自然而然地不信任海洋，坚持拒绝建造舰队；奥斯曼则在阿拉伯的叙利亚总督穆阿维叶（Muawiya）的坚持下，批准了建立舰队的请求。舰船建造计划立即开始，但需要数年的时间完成，其间穆阿维叶将主要进攻方向定为亚美尼亚，在 647 年一路向西抵达卡帕多西亚并夺去了凯撒利亚。两年后舰队建造完工，水手也训练完毕，他亲率舰队立即起航前往塞浦路斯。这个目标是精心选择的，塞浦路斯是帝国的主要海军基地之一，尽管穆阿维叶没有足够的人力永久占据整个岛屿，但他仍能突袭夺取该岛的首府君士坦提亚（Constantia）① 并将其洗

---

① 君士坦提亚的希腊语原名为萨拉米斯（Salamis），位于法马古斯塔（Famagusta）以北约五千米处。尽管该城此后被重建并加固，但又几次遭遇战火，在一次严重的地震之后该城的港口彻底淤塞无法使用。该城也就此被放弃，废墟成了法马古斯塔城在十四世纪全盛期的采石场。

劫一空，摧毁该城的附属港口设施，并大肆破坏周边的乡村。

太阳神雕像的结局（654）

650 年，阿拉杜斯［Aradus，今鲁阿德（Ruad）］，这个叙利亚海滨繁荣的商业城市也被报复性焚毁，直至无法居住，城中居民被赶到他们想去的地方避难。此后君士坦斯借此谈判并签署两年的停战协议，但这只能让穆阿维叶更自由地建造舰船。穆阿维叶在 654 年发动一次规模更大的远征，进攻罗德岛。其破坏的规模未见记载，但无疑相当可观。最详细的资料，即塞奥法内斯的记载，相比之下更在意著名的太阳神雕像的结局。这座一百英尺高的大型青铜像用于纪念太阳神赫利俄斯，是"世界七大奇迹"之一；它是当地雕刻家林多斯的凯尔里斯（Chares）的作品，于公元前 304 年荣耀地竖立在港口入口旁边。① 但悲哀的是，仅仅一个世纪之后雕像就因地震而坍塌。心痛不已的罗德岛居民们没有再试图将其重新竖立起来，其遗迹在那里继续存留了九个世纪。直到此时阿拉伯人短暂地占据该岛，穆阿维叶才将其彻底拆解并作为废铜料出售，而收购这些废铜料的埃德萨犹太商人最终用了九百头骆驼将其运走。

罗德岛的陷落，以及邻近的科斯岛（Cos）在此后的陷
落，使君士坦斯坚信他必须积极行动，如果放任不管的话穆阿维叶会夺取更多的岛屿，直到岛链延伸到君士坦丁堡城

---

① 与传说不同的是，这一雕像并非横跨在港口入口之上。

下。因此在 655 年，帝国海军舰队离开马尔马拉海海岸向南航行。他们在吕西亚（Lycia）的腓尼库斯（Phoenicus），即今菲尼凯（Finike）与萨拉森海军遭遇，并迅速展开战斗。这是此后持续千年的基督徒与穆斯林的海战之中的第一场战斗，而基督徒遭遇惨败。拜占庭海军被驱散，君士坦斯本人也是与他的一名部下换了服装才得以逃走，这名部下在随后的战斗中阵亡。

现在的情况看上去确实堪称绝望，但次年一个重要事件阻止了穆阿维叶乘胜追击。656 年 6 月 17 日，哈里发奥斯曼在其麦地那的家中诵读《古兰经》时被刺杀。先知的女婿阿里（Ali）当即被推举为继承者，并得到了美索不达米亚部落民的支持。与此同时穆阿维叶在叙利亚自立，指控阿里谋害哈里发，并将奥斯曼染血的上衣挂在大马士革大清真寺的宣礼台①上，他发誓要复仇。之后的冲突持续至 661年，即阿里被刺杀、穆阿维叶成为哈里发为止。接下来的五年间伊斯兰世界陷入动乱，而拜占庭帝国获得了喘息之机。

典范令（659）

这位因为须发浓密而被称作"浓须者"（Pogonatus）②

---

① 这种配有顶的布道台位于高台阶之上，每周五阿訇在其上布道。
② 这个绰号多年以来被误以为属于君士坦斯的儿子君士坦丁四世。这一混淆最终得以厘清，参见 E. W. 布鲁克斯（E. W. Brooks）的专题论文 "Who was Constantine Pogonatus?", *Byzantinische Zeitschrift*, Vol. XVII (1908), pp. 460～462。这一时期的所有皇帝都蓄有胡须，但从硬币上的形象来看，君士坦斯脸上的胡须格外浓密，即使在七世纪人看来也是不寻常的。

的皇帝，无疑为压力骤减而暗自庆幸。659 年他更是欣喜地接受了穆阿维叶为确保和平而奉上的一千个诺米斯玛塔，并许诺为每一天的和平奉上一名奴隶与一匹马。然而之前提过的那个问题在此又出现了，他为什么直到 655 年，也就是在即位之后等了十四年才开始对他的敌人发起进攻呢？这个问题在讨论他的祖父希拉克略时已经提过，而此处也可以给出基本相同的答案：他需要时间来整备部队。但对君士坦斯而言还有另外一个需求。基督一志论与马尔提娜的阴谋引发的后续问题，在君士坦丁堡导致了危险的分裂。他首先要重建宗教与政治的统一，至少要在他能做到的时候完成。

他本人从来没有时间涉及神学论述。有关基督一志论的信条他很可能了解很少也毫不关心。原本这一信条是作为建设性的妥协方案，目前却只增加了苦难与混乱。理智的人应当选择将其遗忘并假装它从未存在过，不幸的是都城之中依然存在颇具影响力的拥护者，其领袖正是牧首保罗（Paul），而激进的反对者被令人担忧而颇具凝聚力的阿非利加僧侣忏悔者马克西姆斯（Maximus）组织起来。646 年年初，马克西姆斯就发表了一份宣言谴责这一异端，宣言得到了阿非利加主教集会的支持，并送交教皇狄奥多尔（Theodore）处。教皇得知前任教皇在仅仅六年前的行动收效如此之小时自然大怒，给牧首写信要他完整地陈述自己的信仰。保罗以最坚定的语气为这一信条辩护，狄奥多尔随即将他革除教籍。

此时的君士坦斯只有十七岁，但这个符合他典型性格特征的举措应当是出自他的本意。他的祖父也许会用严密的长篇大论为他的牧首辩护——保罗也无疑会劝君士坦斯如

317

此——但他坚决不参与此事，同时构想出坚定且具有决定性的决策。648 年年初他颁布了一份敕令，即所谓的"典范令"（*Typos*）。其中并不讨论基督一志论的优劣，更没有讨论其合法性，只是宣称这一争论应当就此被遗忘，之前被讨论的问题应当"像此事从未发生一样"。如果某个主教或教士再提及这一问题，此人要立即被解除圣职；如果某个僧侣再提及这一问题，此人要立即被革除教籍；如果某个军人或政府官员再提及这一问题，此人要被解除职务；如果某个元老院成员或者地位相当的人再提及这一问题，此人要被查抄财产；如果某个普通市民再提及这一问题，此人要被公开鞭笞并流放。

君士坦斯确实值得同情，那时的他即使依然年轻，也应该清楚覆水难收的道理。这个问题不会自行消失，"典范令"也没有让任何一方满意。649 年 10 月，教皇狄奥多尔的继承者马丁一世（Martin I）在拉特兰宫召开了一百零五名主教参与的集会，会上对此表示谴责，而后他将完整的会议纪要送交皇帝处，为皇帝阅读方便还将其翻译为希腊语。在这封表面上文雅客气的信中，教皇要求他正式表示自己对基督一志论信条的摒弃。

显而易见，君士坦斯不愿做这样的事。而教皇马丁几乎一无所知的是，在他写下这封信之前，拜占庭帝国新任命的拉文纳总督奥林匹奥斯（Olympius）正率领一支小型武装部队赶往意大利，奉命逮捕教皇——理由仅仅是这一次教皇选举没有提交君士坦丁堡批准。教皇马丁的传记作家阿纳斯塔修斯声称奥林匹奥斯打算杀死教皇而不是将他逮捕，但因为在动手时屡受阻碍，只得认定教皇得到了上帝的保护，并将一切向他坦白。此后可以确定的是，他试图利用意大利各地反对拜占庭帝国的情绪以使整个省份脱离帝国并自己掌权。他没能成功，而后率部退入西西里，在三年后死去。

然而在他死后一年，653 年 6 月，他的继任者塞奥多尔·卡里欧帕斯（Theodore Calliopas）在意大利登陆。塞奥多尔得到的任务基本相同，他也决意完成。抵达之后，塞奥多尔逮捕了已经病重的教皇马丁，并将他送上船，准备带他到君士坦丁堡审判。出于某些原因他没有被立即带往君士坦丁堡，而是在纳克索斯岛（Naxos）上逗留了一年，直到654 年 9 月他才来到博斯普鲁斯海峡，而他的苦难还在后头。清晨时分抵达的他被迫留在船上，经受居民的嘲笑讥讽，直到日落时分才得以下船，被带到普兰迪里亚（Prandearia）监狱囚禁了九十三天。饥寒交迫（此时正是隆冬时节）且已不能行走的他，最终被押上了法院。

一志论的殉道者（662）

在原本对他的指控，即未经帝国批准就继任教皇之外，又加上了一个更严重的新指控：教皇被指控与奥林匹奥斯合谋反叛皇帝。他自然否认了所有的指控，但结果早已注定。审判认定他有罪，他被处以死刑并被带到一处开阔的庭院之中。在众目睽睽之下，他的教皇长袍被脱下，甚至贴身的衣服也被剥掉，"他的身体因此裸露"。他颈部拴着铁链游街示众，步行前往皇帝的监狱，即所谓的"禁卫监狱"（Praetorium），刽子手则一路持剑跟随。抵达之后他被迫与

319

杀人犯和其他罪犯一同关在囚牢之中，而遭受残暴对待的他腿上受了重伤，监牢的地上染上了他的血。

与此同时，卧病在床的牧首保罗已处于弥留之际。君士坦斯前往拜访，可能是为了振奋他的精神，他将马丁被审判一事和他此后遭受的苦难全部讲述了一遍。令皇帝惊讶的是，气息奄奄的牧首却颇为不安。他轻声说道："唉，我也必须回应这件事。"尔后他乞求皇帝满足他临终的愿望，不再虐待教皇并赦免他的死刑。他的愿望得到了满足，但马丁依然在监牢之中被关押了八十五天，他的死刑被改为流放。这个老人被送去克里米亚的赫尔松（Cherson），不到六个月之后，在 655 年 9 月 16 日逝世。他并不是唯一一个因一志论信条而殉道的人。在他受难之后不久，忏悔者马克西姆斯也被逮捕，被从意大利带到君士坦丁堡审判。为让他屈服，他遭受了一系列非人的酷刑，被割舌并砍掉右手。但他和马丁一样坚定地支持正道，在很大程度上靠着自己在神学方面的造诣，[①] 也得以免遭死刑，最终于 662 年以八十岁高龄在他的流放地死去。

君士坦斯在意大利（663）

当东部的行省一个个落入阿拉伯入侵者的手中时，君士坦斯开始将注意力转向西部的省份。在此前的半个世纪之

---

① 马克西姆斯长期以来是反对《论述宣言》和"典范令"的精神领袖，地位甚至比教皇马丁更高。事实上他甚至坚称皇帝作为俗世中人无权在神学问题上发表意见。他写下了不少于九十篇主要作品，从许多角度上看，他是中世纪神父之中以教会名义与国家政权对抗的先驱。

中，这些省份并没有给他的先辈和他自己带来什么麻烦，他的祖父希拉克略几乎不需要考虑这些地区。然而他清楚，这种乐观的情况不会持续下去。在巴尔干，斯拉夫定居者愈发不安分，并开始就岁贡事宜发难；在意大利，特别是在教皇马丁被逮捕和审判之后，拜占庭帝国比此前任何时期都更加不受欢迎；西西里此时则处于萨拉森人的直接威胁之下，他们早在652年就发起了进攻，并自此控制着北非海岸大部，他们无疑可以在不久之后从这些地区发起新的远征。如果不采取预防手段，西部行省可能和东部省份一样脱离帝国的控制。

穆阿维叶争夺哈里发之位而带来的喘息之机正是皇帝急需的机遇。早在658年他就已经对巴尔干的斯拉夫人发动惩戒进攻，并将许多斯拉夫人送往小亚细亚安置，但在662年他做了一个可能改变罗马帝国未来的决定：离开君士坦丁堡并永久在西部定都。他的祖父希拉克略在近半个世纪前也有过这样的考虑，但在牧首与市民的联合请求下放弃了这一计划。希拉克略是个格外受欢迎的领袖，他的孙子却并非如此。君士坦斯因为不肯给予支持而被基督一性论派与一志论派厌弃，正统派则因他审判马丁与马克西姆斯而不满，更恶劣的是他在660年无耻地下令杀死自己的兄弟，即已经被迫成为僧侣的塞奥多西奥斯（Theodosius）。尽管他宣称这是因为塞奥多西奥斯企图谋害他，但所有人都清楚，真实原因是他被迫要立塞奥多西奥斯为共治皇帝，但他不愿意与他人分享皇权。

后世史学家声称皇帝逃离都城是为躲避他兄弟显现于

320

午夜时分的鲜血淋漓的幻影，我们也许可以不采信这一说法。而且，他的决定也必然不只是因为他在城中不受欢迎——尽管这在一定程度上解释了为什么城中人并未反对这一提议。① 他从不试图博取公众的支持，只要他手中的权柄稳固，臣民有多支持他在他看来就是无关紧要的。无论如何，他离开的主要目的是更值得人们尊敬的：保护意大利、西西里和他在阿非利加的剩余省份免于萨拉森人的征服。如果还能把伦巴第人赶出意大利——至少赶出半岛南部——那自然更好。

把他的妻子和三个儿子留在君士坦丁堡，皇帝在 662 年年初乘船前往希腊，在那里他所做的似乎比他预料的多。他先在塞萨洛尼基居住，而后前往雅典，总共停留了一整年，直到 663 年春他才率军渡过亚得里亚海，在塔伦图姆 [Tarentum，即今塔兰托（Taranto）] 上岸。伦巴第人尽力抵抗，但他们在当地的士兵数量太少，君士坦斯得以轻松进军，抵达贝内文托，在此发起围攻。对他而言，不幸的是该城已经给正在都城帕维亚的伦巴第国王格里穆亚尔（Grimuald）送去了一封加急信。格里穆亚尔立即派出一支规模可观的援军前来。如果贝内文托能够坚守到援军抵达，拜占庭方将反而陷入数量劣势。

当伦巴第大军在全速向南时，格里穆亚尔派出一名信使通知贝内文托守军，但他被俘虏并带到了君士坦斯面前。皇

---

① 他们冷漠态度的另一个原因可能是他们并不清楚他的真实意图，只是认为他要暂时居住在西部而非永远弃他们而去。

帝狡猾地要他传出反信息，告知城中人没有援军前来，就此
饶他一命。这个名叫塞苏阿尔德（Sesuald）的信使同意了，
但在城下时他高声喊出援军已经渡过桑格罗河（Sangro）的
消息，俘虏他的人根本来不及让他住嘴。恳求城中人照料他
的妻儿老小的话还没说完，他就被砍掉了头，他的头在不久
之后被装进投石机扔进了城里。

但塞苏阿尔德拯救了贝内文托，帝国军队也无可奈何，
只得继续进军前往那不勒斯，这个希腊语居民居多的城市对
拜占庭帝国表示了友好。帝国军队随后继续进军罗马，尽管
君士坦斯此前对教皇马丁一番虐待，但教皇维塔利安
（Vitalian）依然正式欢迎了君士坦斯，并庄重地陪同他入城；
君士坦斯也成了自近两个世纪前西帝国陷落之后，第一位进
入罗马的皇帝。《教皇名录》（*Liber Pontificalis*）的记载称接
下来的十二天中他都在参观城中的主要教堂。但罗马城的居
民发现他开始掠夺城中早已所剩无几的财富，乃至帕特农神
庙顶的黄铜，并将其运回君士坦丁堡时，就不会那么满意了。
7月12日他返回那不勒斯时，他们必然是松了一口气。

秋季时，君士坦斯率部缓慢向南穿越卡拉布里亚，渡过
墨西拿海峡进入西西里，在接下来的五年间将朝廷安置在锡
拉库萨。对西西里人而言，这五年如同漫长的噩梦一般。皇
帝将他们的岛屿选为都城的所谓的荣誉，完全与皇帝税官们
的敲骨吸髓不成比例；据说为了收税，丈夫被卖为奴隶，妻
子沦为娼妓，孩子则被迫与父母分离。我们也说不清楚这种
掠夺有可能持续多久，因为皇帝最终在岛上意外而有些可耻
地暴毙。就我们所掌握的资料来看，没有人打算刺杀他，更

322

别说精心策划的阴谋了。但 668 年 9 月 15 日，在他闲适地洗浴时，一个希腊随从出于某种原因——我们只能推测，或许是思乡心切——用装肥皂的盘子将他打死。

在皇帝离开君士坦丁堡的这段时间中，余下的东部省份由他的长子管理，此时他继承了皇位，称君士坦丁四世。由于这一时期依然颇令人沮丧地缺少资料，我们对君士坦丁四世的相貌与性格所知甚少，然而他继位之后不久发生的一件事很难让我们喜欢他。669 年，某支来自小亚细亚的部队抵达君士坦丁堡，要求君士坦丁给他的两位兄弟加冕，与他共同统治。他们的理由颇为奇怪——天堂是由三位一体的上帝管理，那么人间也要如此。皇帝坚定而迅速的回应清晰地表达了他打算以何种方式管理帝国。他邀请这支部队的领袖到他的宫中会谈，在他抵达之后立即将他逮捕并仓促处决，而后按吉本所说："担心自己也成为加拉塔（Galata）城郊的行刑台上的尸体，他们的同伴们随即一同表示支持君士坦丁统治。"两位年轻的皇帝是否煽动了这次暴乱，目前尚存争议，但他们的兄长并不打算疑罪从无。他采取了此时的拜占庭帝国愈发频繁使用的一种手段，割掉了他们的鼻子。这不仅是惩罚与警告，也是一种无声的宣告，对军界与其他人宣称他们是不合格的统治者。

尽管时而展现自己的暴戾，君士坦丁本人却绝非不合格的统治者。恰恰相反，他是个明智的国家元首，也是个天生的领袖，和他的曾祖父一样。无可否认的是，他从希拉克略那里继承了一个井然有序的国家——至少安纳托利亚腹地如此。也可以说他的运气有些太好了。但确定无疑的是，他统治的最初十

323

年是历史的分水岭，不仅对拜占庭帝国如此，对整个基督教世界也如此：新月旗第一次被阻止住，第一次被十字架击退。

穆斯林围攻君士坦丁堡（674）

短暂的休战期结束了。661年，哈里发阿里在他的大本营库法（Kufa）的清真寺外遇刺身亡，穆阿维叶自此成为最高统治者。他的首要举措之一就是定都大马士革，并在那里建立了持续八十年的倭马亚王朝。为完成他的首要目标，这个古老而庄严的城市相比原来的都城——阿拉伯的偏僻城镇汉志（Hejaz）——有无与伦比的优势，而这个目标正是灭亡罗马帝国。靠着麾下大大增强的力量，他重新使用了十年前的手段，每年派一支新部队进入安纳托利亚，派一支新舰队前往爱奥尼亚海岸，夺取帝国的一座座城市与岛屿。在夺取科斯岛之后他又夺取了希俄斯岛（Chios），再之后夺取了士麦那（Smyrna）；672年，萨拉森人终于突破了赫勒斯滂海峡进入马尔马拉海，在此他们占据了比提尼亚一侧的库齐库斯半岛，并开始对该地进行加固以作为桥头堡，因为从这里走水路距君士坦丁堡仅仅五十英里。两年后围攻开始。

此前对君士坦丁堡的进攻都是陆路进攻，这一次却从海上发起进攻。萨拉森人的舰船载运重型攻城机械和巨型投石机，轰击城墙与守城者。但马尔马拉海一侧的城墙与金角湾一侧的城墙都坚不可摧，拜占庭方使用了一种数年前由一个来自叙利亚的赫利奥波利斯［即巴勒贝克（Baalbek）］的建筑师与化学家卡里尼库斯（Callinicus）发明的秘密武器，给攻击者带来了极大的恐慌。由于秘密保守得太好，直到今天我们也说不清这种被中世纪其他资料称为"希腊火"的秘密武器的准确配方。① 有时这种液体使用泵或虹吸管向敌军战舰喷洒，有时则被装入长筒之中用投石机发射。结果几乎都能给敌军带来灾难，特别是这种油基的易燃液体能够漂浮在海面上，引燃船只的木质外壳，并给那些试图跳海逃生的人带来更大的灾难。

但从未经历过如此抵抗的穆斯林拒绝承认失败。他们退回库齐库斯越冬，并从叙利亚召唤更多的援军，在接下来的几个月间修理整备船只。开春之后他们再度开始攻击。但围攻的第二年没比第一年成功多少，第三年、第四年同样如此，直到第五年，即678年，灰心丧气的围城者终于离开了，耗损严重的萨拉森舰队掉头返回家乡。但那时他们的苦难依然没有结束，在沿潘菲利亚海岸撤退时，他们遭遇了一场诡异的秋季风暴，遭受了更多的损失。

在穆阿维叶的海军徒劳地攻打君士坦丁堡的城墙时，他的陆军则在距离家乡更近的地方遭遇了类似的挫败。敌人并不是拜占庭帝国，而是所谓的马尔代特人（Mardaites），这些基督徒劫掠者从易守难攻的托罗斯山中出发，向南进入叙利亚与黎巴嫩山区，而后对阿拉伯人发起连续不断的游击

---

① 十世纪的马库斯·格莱库斯（Marcus Graecus）记录了大致的配方："将纯净的硫黄、酒石、'萨可可拉'（sarcocolla，即波斯树胶）、沥青、熔化的硝石、石油（取自美索不达米亚和高加索的地表石油）以及松脂混合，共同熬煮，而后把麻绳浸入其中，浸透后点燃，火焰只有用尿液、醋和沙土才能扑灭。"如果属实的话，这也能给灭火技术揭开全新的一页。

战，其活动范围一路向南直到耶路撒冷，甚至抵达死海。哈
里发已经很难控制这些匪帮，而舰队的惨败给他带来了更大
的打击。帝国仿佛在基督教上帝的庇护下不可战胜。679
年，挫败且沮丧的他接受了君士坦丁的和谈条件，在几年前
他不可能接受如此可耻的条件。条件包括归还他近期占据的
所有爱琴海岛屿，每年向帝国进贡五十名奴隶、五十匹马和
三千磅金子。一年后他就撒手人寰。

君士坦丁达到了声名与威望的巅峰。他鼓舞士气，振奋
军心，让臣民们鼓起勇气抵御一支此前无人可挡的力量的长达
五年的围攻，并就此拯救了西方文明。先知的军队被坚不可摧
的君士坦丁堡城墙与皇帝及其臣民同样坚不可摧的信念挡在了
欧洲之外。他们被迫绕过整个地中海，从另一端的直布罗陀海
峡入侵欧洲，因此他们的交通线和补给线拉长直到濒于崩溃，
无法再在比利牛斯山脉另一侧的土地上完成任何永久性的征服。
如果他们不是在十五世纪，而是在七世纪就夺取了君士坦丁堡，
今天的整个欧洲乃至美洲都可能属于伊斯兰世界了。

西方世界也意识到自己得到了拯救。阿瓦尔可汗和巴尔
干的斯拉夫人领袖不仅派出使团祝贺君士坦丁，同时保证和
平并寻求结盟，连伦巴第人与法兰克人的王公们也纷纷遣使
祝贺。他毕竟是基督教世界唯一的皇帝，尽管他们未必支持
皇帝，有时还会与皇帝开战，但皇帝的存在是不容置疑的，
而他也显示了自己是实至名归的。

保加尔人入侵（680）

在萨拉森人最终撤退之后，君士坦丁把注意力转向了另

一个力量相对弱小的敌人——保加尔人。这些好战的异教部族并不是斯拉夫人——尽管出于语言学的考量，他们的后代往往被认为属于斯拉夫人——而是与突厥人同源。然而他们离开了位于伏尔加河下游和顿河下游的家乡，向西迁徙到多瑙河的北岸，而后逐渐向南岸的帝国领土渗透。680 年，由拜占庭帝国皇帝亲率的大规模舰队从博斯普鲁斯海峡出发，进入黑海并将一支陆军运送到多瑙河三角洲以北。不幸的是他们并未对这一地区进行足够的侦察，泥泞的土地使他们无法有序地进军，君士坦丁本人则深受痛风之苦，被迫在几天后前往附近的墨森布里亚（Mesembria）休息。这种小事本不该对军队产生什么影响，然而出于某种原因，军中传出了皇帝逃走的谣言。由此产生的恐慌情绪使士兵开始掉头逃跑，保加尔人则抓住机遇，将他们一路追击到多瑙河河畔，抵达原来的默西亚省，杀死了所有的俘虏。

远征就此取得了完全相反的效果，不但没能击退保加尔人，反而促使他们壮大，刺激他们对帝国发动进一步的进攻。这些入侵者很快意识到他们抵达的新土地格外肥沃，北傍多瑙河，南依巴尔干山脉，东临黑海，远比他们此前居住的土地适宜生活。他们轻易地迫使当地的七个斯拉夫部族臣服，而后建立起一个强大的保加尔国家——以一种颇为不同的方式存留至今——并迫使皇帝同意给他们的国王支付岁贡。

第六次大公会议（685）

事实上这更应被称为单纯的耻辱，而非灾难。拥有如此强大军力的保加尔人已在边境徘徊许久，这样的入侵无论何时开始，终归是在所难免的。不幸中的万幸是这一地区得以整体上保持和平，并一直持续到君士坦丁的统治结束，使他得以处理各种内部问题之中最顽固的一个。基督一志论的信条在他父亲在位时遭遇了一些严重的打击，但依然没有消亡。皇帝早在678年就给教皇写过信，提出举行一次大公会议以最终解决这一问题。教皇在罗马预先召开了一次教士会议，以保证西部所有的与会代表至少态度一致，而后热情地同意了。680年秋初，代表们从基督教世界各地赶来，总共有一百七十四人。意大利的代表团，包括巴勒莫、雷吉奥和波尔图（Porto）的主教及其随从，以及代表拉文纳的希腊教会的神父塞奥多尔（Theodore），受到了格外隆重的接待，他们居住在普拉西狄亚宫（Placidia），由皇帝支付开销。11月初，与会者大多已经到达，一周后，第六次大公会议在皇宫的穹顶大堂（Trullos）召开了第一次会议。

大公会议在接下来的十个月间总共进行了十八次全体会议。君士坦丁本人出席了前十一次会议，其间他谨慎地保持中立且不发表任何自己的意见，此后又出席了最后一次会议，在681年9月16日正式确认了会上几乎众口一词的决议。大公会议决议认定一志论的信条与救世主身上存在人性的原则不相容，救世主身上存在"两种意志，两种力量，不可区别，不可改变，不可分开也不可混淆"。依然维持一志论信仰的人要被谴责并诅咒，连离世的教皇霍诺里乌斯也遭到了谴责，尽管他只是在半个世纪前做出了堪称冷淡的默许。

一个依照教规选举产生的教皇要被自己的继承人谴责，这是罗马天主教教会长期无法避免的耻辱，对那些此后宣扬教皇绝无过失的信条的人而言尤其如此。但这并没有引起穹327 顶大堂中的与会者们的不安，他们在皇帝的总结发言完毕后齐声欢呼，称他为世界之光、新的君士坦丁大帝、新的马尔西安①、新的查士丁尼和所有异端的毁灭者。这些称赞都不算得当，最后一个最为过誉。四年之后，年仅三十三岁的君士坦丁因突发痢疾而骤然逝世时，他依然可称欣慰。他身后的帝国不但比这个世纪中的任何一个时刻都更为强大、更为安定也更为统一，而且他完成了对基督一志论派的最后一击，而这个教派再也未能复兴。

---

① 马尔西安在 451 年召开了卡尔西顿大公会议，首次谴责基督一性论派（详见第七章）。

第十六章 受劓皇帝（685～711）

并不是所有人都有鼻子的。

328

——马提亚尔（Martial）

君士坦丁四世还没满十七岁时，他的妻子阿纳斯塔西亚（Anastasia）就生下了长子。如果那时的他能更成熟、更明智，他也许就不会给这个孩子取名为查士丁尼（Justinian）。仅仅十六年后，这个傲慢且不服管教的年轻人就成了罗马帝国的统治者与最高领袖；他自执政之初就打算效法与他同名的那位皇帝，想要和查士丁尼一世一样将自己的影响铭刻在国家的各个层面。他的某些特质有助于他成功：他机智狡猾又有不错的政治敏锐性，和他的高祖父一样精力充沛。年轻时的他看上去确实会成为一个合格且具备天赋的统治者，甚至可能成为一位大帝。悲剧的是，他也完全继承了希拉克略在晚年彻底的精神失常，君士坦斯在年龄渐长时也明显地表现出这一缺陷。君士坦丁四世可以说几乎没有表现出这一问题，但也很可能是因为他还未发病就已逝世。而在他的儿子查士丁尼身上，这一问题出现得相当早而且发展得相当迅

399

速。他丧失了判断力与自制力，沦为近乎非人的怪物。他在活力与确定无疑的勇敢之外，只剩下对身边所有人都"一视同仁"的、病态的疑神疑鬼和嗜血了。

向安纳托利亚迁入居民（690）

他执政之初可谓前景光明。对亚美尼亚、格鲁吉亚和叙利亚的远征取得了成功，与查士丁尼二世同年继任的第五任哈里发阿卜杜勒·麦利克（Abdul-Malik）被迫在 688 年寻求续签君士坦丁四世与穆阿维叶定下的和约。在拜占庭方看来，新和约比旧和约明显有更多的好处，除了一千个诺米斯玛塔的签字费之外，进贡的马匹与奴隶数量也有所增加，改为每周五进贡一匹马与一名奴隶。同时他们还规定亚美尼亚和伊比利亚①，以及塞浦路斯的收入要由缔约双方平分——这一安排最终使塞浦路斯成为非军事化区，并在接下来的三个世纪之中的绝大部分时间成为令人艳羡的自治地区。② 新和约中一个更为可疑的条款则要求把四处劫掠的马尔代特人撤出黎巴嫩山区，并把他们安置到安纳托利亚。这个狂野不羁的部族多年以来一直是萨拉森人的眼中钉，给帝国提供了很多帮助，而拜占庭方中也有许多人担忧将他们撤走会危险地削弱叙利亚边境的力量。但查士丁尼相信将他们安置到阿塔利亚〔Attalia，即今安塔利亚（Antalya）〕和安纳托利亚南部海滨的其他战略要地，实际上是加强这一地区的防务而

①　此处所说的伊比利亚位于亚美尼亚以北，在黑海与里海之间。
②　此外他们还免于履行任何兵役，并且避免了八世纪破坏圣像派的迫害。

非削弱——他很可能是对的。

此外，他也把这一举措视作一个更大也更野心勃勃的计划的一部分，这个计划正是重新在安纳托利亚安置居民。安纳托利亚地区直至此时也没能从与他同名的查士丁尼大帝时代所遭受的掠夺之中恢复过来。这一政策称不上新奇，一个世纪之前莫里斯曾将三万名亚美尼亚骑兵安置在这一地区，自此这一政策就时而实施。但查士丁尼给予这一政策以新的动力，我们或许可以由此看出他在 688～689 年向西部斯拉夫人的土地发动远征的原因。在胜利进入塞萨洛尼基之后，他在爱琴海沿岸各地将大批斯拉夫村民与农民转移到奥普希金军区安置，这一军区位于古比提尼亚地区，范围为整个马尔马拉海南岸以及规模可观的内陆地区。次年，他下令在东部与西部的边境地区进行几次类似的迁移，据估计，五六年间他在小亚细亚安置了约二十五万名新移民。

如此大规模的人口迁移几乎不可能不带来剧烈的变化。国家的行政管理体系核心依然是军区制——由希拉克略最早引入的体系——但军区内部的具体情况则与他执政的时代大为不同。在七世纪初，拥有决定性影响力的是那些大规模土地的拥有者，也是西欧那些封建男爵的原型。七世纪末的重点则落在那些自由独立的小农阶级身上，他们耕种自己的土地，公用的林地、草地与牧场则作为他们与邻居们的土地分界线。他们的生存环境突然变好了，这无疑会提高人口出生率，并逐渐提高土地耕种率，增长的人口可以提供一支比之前更强大并能够迅速集结起来的地方民兵，因为希拉克略要求这些家庭的一家之长或者长子必须服兵役。这一社会变革

330

被记录在这一时期两份最明确地写明其内容的法律之中，其一正是所谓的《农民法令》（*Farmers' Law*），当代学者大多认为这出自查士丁尼二世执政时期（也有一些人认为稍晚于此）。尽管对乡村中的小偷小摸的处罚大多过于严苛，比如偷盗粮食的贼要遭鞭笞乃至刺瞎，纵火焚毁谷仓草料的犯人要被砍掉一只手，但该法令依然绘声绘色地描绘了七世纪的乡村生活，而同时代其他地区的乡村生活大多处于谜团之中。①

这一时期，税收很明显不是以每个村民为单位收取，而是向整个村庄收取。这一理念本身没有问题，每个人支付自己应付的税金，具体配额则由乡村社区决定。问题在于查士丁尼——在过了很短的时间之后——开始索取臣民无法承担的税额。必须提及，他的臣民之中大多是刚刚抵达安置地域的外来者，违心地背井离乡，没有为他们皇帝效忠的理由。无疑是出于这一原因，在691年与阿拉伯人再度开战时，两万名斯拉夫人士兵叛变投敌，帝国因此于次年在塞巴斯提奥波利斯②大败，并随即丢失了亚美尼亚。按塞奥法内斯的记载，此时的查士丁尼第一次展露出令他声名狼藉的残忍。据说他将距离叛变者数百英里之外的比提尼亚的所有斯拉夫人家庭聚集到尼科米底亚海湾的海滨，将他们全部处决，无论331 男女老幼都被无情屠戮并扔进海中。

必须提及的是这一说法存在疑点。一个694年或695年

---

① 这一法令的英文译文见 *Journal of Hellenic Studies*, Vol. XXXII（1912），pp. 87~95。

② 塞巴斯提奥波利斯（Sebastopolis）即今苏卢萨赖（Sulusaray），位于锡瓦斯（Sivas）与阿马西亚（Amasya）之间。

的铅封上提到了一个管理比提尼亚斯拉夫雇佣军的官员，而那是这场屠杀发生两三年之后的事了。这无疑说明这一地区的斯拉夫人并没有被全部杀害，但也有可能是因为这些遭屠杀的人被此后迁来的定居者代替了。一位当代史学家则明确断定"塞奥法内斯的记载不可信"。① 可惜的是，皇帝此后所做的一切意味着这一记载可能完全属实。

第五～六次大公会议纪要（691）

《农民法令》着实引人注意，另一份文件则更详细地告诉我们查士丁尼二世时代的礼仪习俗，即对 691 年由皇帝召开、东部一百六十五名主教参与的宗教大会的记录，也就是所谓的"第五～六次大公会议"（Quinisextum）纪要。据说编纂的目的是给第五次和第六次大公会议之后留下的问题订立规章制度，这一同解释了这个怪异名字的来源。但这场会议也成了皇帝决定像干涉政府各部门事务一样干涉教会事务的范例。就此，在没有什么重大问题需要讨论的情况下，与会者被迫在几乎没有什么意义的问题上花费大量时间，有时一些问题之细碎令人惊讶。

然而他们的兴趣完全不曾减退。比如记载中提到，教规第三条宣称禁止教士二婚，而且所有在受洗之后娶寡妇、妓女、奴隶或倡优的人都不得成为教士；教规第十一条要求教士不得请信仰犹太教的医生为自己诊治，也不能和犹太教教

---

① 奥斯特洛戈尔斯基（Ostrogorsky）在其第一版编译中下了如是断言，而在第二版编译中（pp. 131～132），这一说法被修改为"塞奥法内斯的说法当然不可尽信"，这一细微差别难免引发读者猜想。

徒共浴；教规第二十四条禁止教士们参与比赛或者进入剧院，如果出席婚礼的话他们必须在"比赛开始之前"就离席；教规第四十二条要求"那些穿黑衣、蓄长发并去城镇中拜访俗世男女的隐修士"必须剪掉头发进入修道院，如果他们拒绝的话，就必须被赶到荒原之中；教规第五十条规定可以将玩骰子的人革除教籍，即使俗世中人也不能幸免；

332   教规第六十一条规定所有曾经占卜算命、"用熊或者其他动物欺骗老实人"或者出售幸运符与护身符的人，都要忏悔六年；教规第六十二条则宣称所有异教的节日都要被禁止，包括博塔节（Bota，纪念潘神）和冬节（Brumalia，纪念酒神巴库斯），所有妇女跳的舞蹈和致敬异教神的舞蹈（不论男女）都要被禁止，所有与异教相关的舞蹈、悲剧、喜剧或者讽刺剧都要被禁止，在葡萄丰收时的异装行为以及对巴库斯的祈祷也都要被禁止；教规第六十五条禁止在新月时围绕篝火跳舞；教规第七十九条还禁止在圣诞节赠送他人礼物；教规第九十一条要求处罚堕胎者和执行堕胎的医生，按谋杀论罪；教规第九十六条则禁止留有"挑拨或引诱他人的发型"的人进入教堂。

至此这些新规矩都没什么问题，也可以确定"大公会议纪要"所讨论的内容与安纳托利亚和巴尔干乡村居民的习俗与迷信——许多习俗遗留至今——关系甚少，乃至毫无瓜葛。一切本可以风平浪静，但查士丁尼惹出了麻烦，他并未邀请来自罗马的代表团，于是会后他将一百零二条得到批准的教规送交教皇塞尔吉乌斯一世（Sergius I），并断然要求他批准。由于一些教规——比如允许教士成婚或谴责在大斋期的周六斋戒——与罗马教会的习俗直接抵触，教皇自然而然地表示拒绝，^①而查士丁尼随即命令拉文纳总督扎哈里亚斯（Zacharias）将他逮捕，并带到君士坦丁堡审判。

他无疑是想借此模仿自己祖父对教皇马丁的处理，甚至是查士丁尼一世对教皇维吉琉斯的处理。但时代变了。相比那两位不幸的先辈，教皇塞尔吉乌斯的权势要大得多，他也更受欢迎。接到命令之后，拉文纳和罗马城中忠于帝国的部队都拒绝遵命。在扎哈里亚斯抵达拉特兰宫之后不久，那里就被包围了，而这个不幸的总督成了自己麾下部队和罗马居民的俘虏，所有人都在诅咒想对教皇下手的皇帝。记载称，直到塞尔吉乌斯亲自干预，他才得以从教皇自己的床下离开并逃走。^②

当消息传到君士坦丁堡时，查士丁尼再度陷入他早已展露过的无法自控的暴怒。然而大多数的臣民不太可能支持他。在他继位后的七年中，依然没到二十三岁的他已经极不受欢迎，其程度几乎只有福卡斯能与之相比。如前文所述，他对安置人口的高压处理早已引发大规模哗变，并使他失去了亚美尼亚。旧有的权贵们清楚他心怀敌意，但在皇帝为使农民们都直接效忠他一人而逐渐削弱他们的权势、剥夺他们的特权时，也无能为力；这些农民都因为他贪得无厌地加税而心怀不满。

在某个问题上，查士丁尼二世可以与他的同名者相提并

333

---

① 教皇不能接受的另一个教规是禁止将耶稣比喻为替罪羔羊，即使这一比喻早已风行。据说塞尔吉乌斯格外喜爱这一形象，并特意在弥撒中加上了《羔羊颂》（*Agnus Dei*）以表达自己的不满。

② *Liber Pontificalis*, I, 373～374.

论，乃至胜过查士丁尼一世。他也热衷建筑，而他的建造规模几乎能使他的臣民全部陷入赤贫。他的税官们——其领袖为大部长塞奥多托斯（Theodotus），一个被解除僧侣身份的牧师；以及大司库（Sacellarius）波斯人斯蒂芬（Stephen），一个高大而可憎的宦官，手中时刻拿着一条鞭子——很快展现了与卡帕多西亚的约翰的最恶劣记录相当的残暴与无情，只要能多给他们的主子压榨出几个子儿，他们就会毫不留情地给受难者用刑（通常是把他们吊在小火堆上，用烟熏晕）。富裕的权贵们自然首当其冲，查士丁尼也毫不掩饰自己对他们的厌恶，决心彻底消灭这个阶层。他们在几番逆来顺受之后终于忍无可忍，发动了叛乱。

利昂提奥斯暴乱（695）

他们的领袖就是他们之中的一员——军人出身的利昂提奥斯（Leontius）。在亚美尼亚与高加索的征战之中表现出色的他在 692 年失宠——也许他是塞巴斯提奥波利斯战败时的指挥者——并被投入监狱。记载提及两个僧侣在那时来拜访他，其中一人预言称他今后会戴上皇冠。这个预言留在了他的心中，695 年他被突然释放并提名担任新创立的希腊军区的总督时，他立即前往禁卫监狱，制服了典狱长并释放了所有的囚犯——其中许多人是他的老战友，他们也立即拥立他为皇帝。他们随后前往圣索菲亚大教堂，一路上号召所有人在大教堂集会。在他们抵达之后，不久之前冒犯了皇帝的牧首还在担忧遭到报复，此时他毫不迟疑地表示支持，并说道："这是上帝所指定的日子！"在蓝党的积极支持之下，

利昂提奥斯在清晨时分被立为君主，政变也就此结束。查士 334
丁尼被俘虏并披枷戴镣地绕大竞技场游行，曾经的臣民则对
他大加辱骂。新皇帝感念自己与查士丁尼二世的父亲君士坦
丁四世关系甚好，便饶他一命，改用这一时期已经颇为常见
的肉刑，割去了他的鼻子与舌头，① 再将他送去克里米亚的
赫尔松永久流放。他手下那些贪得无厌的鹰犬就没有那么幸
运了。他们的双脚被拴在重型马车的车尾，从奥古斯都殿堂
一路拖过君士坦丁堡主街抵达公牛集会所（Forum Bovis），
即今阿克萨赖（Aksaray），被活活烧死。

　　十年之后，又经历了两个皇帝统治的拜占庭居民会为他
们那时没有把查士丁尼二世一同烧死而后悔。

　　利昂提奥斯乏善可陈的执政时期只有一件事值得记载：
迦太基被萨拉森人夺取，698 年阿非利加总督区随即消失。皇
帝起初竭力试图挽救颓势，派出了他所能派出的最大规模的
舰队以解救这座被围的城市。但讽刺的是，这支舰队反倒推
翻了他。舰队的军官们没有返回报告战败的消息，反而发动
叛乱，他们拥立一名分队长——地位大概相当于海军中
将——为皇帝，他也匆忙把自己日耳曼风格的名字阿普斯玛
（Apsimar）改为提比略（Tiberius）。当舰队抵达君士坦丁堡时，
从来都不喜欢利昂提奥斯的绿党支持这些兵变者，而他们的支
持最终决定了时局。这个不幸的人也和前人一样失去了鼻子，
并剃度成为僧侣，被送进达尔马图斯（Dalmatus）修道院。

---

　　① 此处割舌之刑很可能是一种象征，从现存的资料来看，查士丁尼二世一
　　　生都格外健谈。失去鼻子使他永久毁容，并自此被称为"受劓刑者"
　　　（Rhinotmetus）。

提比略的能力要好得多。在他的兄弟希拉克略（Heraclius）的协助下，他加强了安纳托利亚的陆地与海洋防御，在 700 年侵入了萨拉森人控制的叙利亚，并收复了亚美尼亚部分土地——不幸的是仅控制了很短的时间。此后在 703 年与 704 年，他击退了萨拉森人对奇里乞亚的连续进攻，并使他们付出相当大的损失。如果他能够保住皇位，他很可能取得更大的成就，成为拜占庭帝国皇帝之中颇为显赫 335 的一位，但他恰恰没能保住皇位，于 705 年被推翻。被流放了十年又被毁容的查士丁尼带着一如既往的野心与复仇的怒火返回了都城。

今称科尔松（Korsun）的赫尔松城遗址存留至今，目前已发掘出一些街道、中央广场、一座剧院的遗迹，并发现了一些颇为精美的六世纪地面镶嵌画。而在一千三百年前，那是个规模可观的聚居区，是帝国一个半自治的附庸城市，有自己独特的希腊式管理体系，有自己的法官和议会。那里小规模的帝国驻军更多是担负防卫任务，而非试图控制。但它能够在两个方面帮助拜占庭帝国。首先，这是一个珍贵的前哨，可以监视那些依然在南俄草原和高加索游荡的蛮族——包括阿兰人、阿瓦尔人、保加尔人、斯拉夫人、可萨人和佩切涅格人（Petchenegs）。其次，这个偏远的地方也是个合适的流放地，教皇马丁在查士丁尼二世被流放到此地的三十年前在此逝世。①

---

① 这位教皇厌恶这个地方，并为这里的生活状况叫苦不迭。他甚至给他的朋友们写信索要面包，并说面包在这里"只能耳闻却不曾目睹"。

联姻可萨（704）

然而必须提及的是，皇帝在被流放时只有二十六岁，自流放之初他就公开表示自己不会永远留在赫尔松。他逐渐在身边聚集起一群忠实的随从，他们对利昂提奥斯的敌意也与日俱增。当这个篡位者在 698 年被推翻时他们更是公开表示欣喜；但 702 年或者 703 年年初，查士丁尼给当地带来的麻烦太大，以至于他们打算把他送回君士坦丁堡。查士丁尼及时得知了他们的意图，他溜出城中向可萨可汗伊布兹尔（Ibuzir）求援，可汗也热情地接待了查士丁尼，还将自己的妹妹许配给了他。或许可谓幸运的是，这位新娘看到新郎第一眼时的反应没有见于记载，毕竟他的外貌不可能有多好。但他立即将她改名为塞奥多拉（Theodora）。两人此后在亚速海出口的法纳戈里亚（Phanagoria）定居，等待安置。

他们的新婚生活很快就被打扰了。君士坦丁堡迟早会知道这位被流放的皇帝的下落。704 年，塞奥多拉的某个侍女带来消息，称帝国的使节已经来到她兄长的宫廷，许诺只要交出查士丁尼——无论生死——就能获得一笔丰厚的回报。伊布兹尔起初似乎态度坚决，但在使节出言威胁之后他似乎有所软化，他的妹夫已是性命堪忧。

这一情报在几天后得到证实，一批士兵突然来到法纳戈里亚，宣称作为查士丁尼的新卫队。查士丁尼并不相信他们。他很快看出两个军官很可能打算刺杀自己。在他们动手之前，他先分别请两人来到自己的房中，趁他们进门时扑上去将他们扼死。危险暂时摆脱了，但他仍需要加快步伐。塞奥多拉此时有孕在身，只得去投奔她的兄长；查士丁尼本人则溜到港口，征募——更可能是偷窃——一艘渔船并趁夜色溜走，沿克里米亚海滨返回赫尔松。他清楚自己这样做是在以身犯险，他更清楚自己在这个城中根本没有办法伪装，城市的当权者也不可能让他再度逃走。然而他成功地联络到自己的支持者，并召集他们秘密开会。此后他们一同趁着夜色起航逃走，向西穿越黑海。

查士丁尼返回（705）

据说在旅途之中，他们的小船经历了一场可怕的暴风雨，其中一人向查士丁尼提议，如果他保证在夺回皇位之后饶恕所有曾经与他为敌的人，也许能平息上帝的愤怒。查士丁尼则给出了一个完全符合自己性格的回复："如果我会饶恕他们任何一个人，就让我立刻淹死吧。"什么事都没有发生，风暴平息了，小船安然抵达保加尔人控制的多瑙河三角洲。

保加尔人的国王特尔维尔（Tervel）和一两年前的可萨可汗一样热情地接待了查士丁尼，并欣然接受了他的提议：为这位皇帝提供所有军事支援以夺回皇位，并因此获得恺撒封号，与皇帝的女儿①成婚。705 年春，这个被流放的皇帝作为斯拉夫人与保加尔人组成的大军的领袖，出现在君士坦丁堡城下。等待了三天之后，他的打开城门的要求最终受到奚落，他随即开始攻城。在这三天中，他的侦察员发现了一个古老的、废弃已久的引水沟，位于城墙之下。第三天夜

---

① 指查士丁尼二世与已故的首任妻子欧多西亚（Eudocia）所生的女儿。

间，在几个他精选的志愿者的陪同下，他爬过了引水沟，从
城墙的最北端布拉赫内宫之外进入城中。正在打瞌睡的守卫
措手不及，几分钟后他就占据了这座宫殿。次日清晨，皇帝
返回并占据了他的宫殿的消息传开，提比略逃往比提尼亚。
城中市民自知如果不投降就要在破城后面对蛮族的抢掠，为
自保只得投降。

　　如果皇帝在渡过黑海时确实发了那个可怕的誓言，那些
陪同他的人在此后的岁月之中必然不可能将这一誓言忘记。
提比略本人很快被俘虏，他的前任利昂提奥斯也被拖出修道
院。尔后两人在 706 年 2 月 15 日披枷戴镣游街示众，穿越
君士坦丁堡全城抵达大竞技场——和查士丁尼在十年前的经
历一样——他们曾经的臣民向他们投掷污秽，大加辱骂。游
街示众结束之后，他们被拖到皇帝面前，他把自己穿着紫色
靴子的脚踩在两人的脖子上，人群则共同吟诵《圣咏集》
中的第九十一篇，其第十三节似乎特别合适：

　　　　你可行走在毒蛇和蜥蜴身上，

　　　　你可践踏在狮子和毒龙身上。①

　　之后两人被带去行刑场，首级被从肩上砍下。

　　此时的保加尔大军在城外等待，他们都等待着冲进城中
大肆奸淫掳掠一番，特尔维尔花了不少工夫才最终约束住他

---

　　① 此处的意思是用"狮子"（lion）指利昂提奥斯，用"毒蛇"（asp）指
　　阿普斯玛（提比略）。

的手下，而查士丁尼也清楚他的新盟友得不到此前许诺的回报是不会率部返回的。特尔维尔与他女儿的婚姻并未再提，由于编年史家没有再提及这个女孩，我们只能推测她和自己的母亲一样早亡了。但约定的另一部分则是逃不掉的，于是在他返回城中不久之后，他在一大群见证者的面前举行了一个盛大的典礼，将紫袍披在这个保加尔国王的肩上，让他坐在自己身边，正式立他为恺撒。许多在场的人都惊恐不已，因为恺撒是仅次于皇帝的最高头衔，此前只有皇帝家族的重要人物才能拥有这一头衔；当一个连帝国公民都不是的蛮族土匪头子成为恺撒时，他们现在难道只能默默看着吗？答案当然是肯定的。他们早已清楚这位君主并不是个尊重传统的人，无论他决定要如何行事，他们都最好不表达意见。

恐怖就此开始：一场血腥的狂欢，甚至比一个世纪前的福卡斯所做的更为恶劣。如助祭保罗在一段讥讽皇帝没有鼻子的话中所说："杀死忤逆他的人，就如同他擦'鼻孔'上的脓一样频繁。"[1] 提比略的兄弟希拉克略是此时的帝国最优秀的将军，如此杰出的军人不是查士丁尼可以随意舍弃的，但他和他所有的下属军官一同被绞死，吊在沿城墙外排开的绞架上示众。其他人则被拴上重物扔进海中。为这两个僭位者加冕的牧首卡里尼库斯被刺瞎并流放到罗马——传闻，这隐含着对教皇约翰七世（John Ⅶ）的威胁，警告他不接受大公会议纪要可能的下场。此外还有不计其数的人因为此前反对查士丁尼而遭受酷刑与肉刑。对他的同时代人而

---

[1] *Historia Langobardorum*, Ⅵ, xxxii.

第十六章　受劓皇帝（685～711）

言，只有一个解释：皇帝疯了。此时的他似乎完全忘记了边境形势正在不断恶化。他想要的只有鲜血——即使这意味着帝国血流殆尽，他也在所不惜——以及他的妻子。

他已经与她分别两年，甚至都不知道她和孩子还是否在人世。他也无法确定她的兄长会不会让她离开自己的宫廷。然而事实上他并不需要担心。得知皇帝复位的消息之后，可汗伊布兹尔立即为此前的背信懊悔不已，他急于修复原来的友谊关系并享受成为皇帝的妻舅的诸多好处。塞奥多拉安然返回君士坦丁堡，带着她颇不幸的名为提比略（Tiberius）的儿子，她因此成了拜占庭的第一位异族皇后。查士丁尼在码头迎接他们；看到事实之后，屏住呼吸的围观者终于松了口气——这个成为他们皇帝的恶鬼，这个呼吸之中满是苦难与憎恨味道的怪兽，也有自己爱的人。当皇帝在圣索菲亚大教堂将冠冕戴在妻子与儿子的头上时，难免有人会摇头。毕竟这个女人是个异族，仅仅这一点就很成问题。她是个蛮族，她的儿子，这个同时被查士丁尼立为共治皇帝的小男孩，有一半蛮族血统。他们悄悄议论说，这样的通婚在从前根本是不可想象的。

但一个没有鼻子的皇帝在以前也是不可想象的。这些陈旧的偏见在查士丁尼二世治下的君士坦丁堡已经不可接受。他并没有切掉僭位者的鼻子，因为他已经证明一个没有鼻子的人也可以当皇帝，使劓刑失去了意义。让他们不再惹出麻烦的办法只有将他们彻底消灭，他正是这么做的。此后令人厌恶的劓刑几乎很少再出现了。同样具有标志性意义的是，可萨人塞奥多拉此后成了许多在帝国边境之外的远方出生而

339

413

最终成为皇后的第一人。

简而言之，八世纪的拜占庭帝国与七世纪的拜占庭帝国截然不同，而这一变化在很大程度上源自查士丁尼二世的暴戾与残忍。

拜占庭的损失（709）

查士丁尼立特尔维尔为恺撒，并非他意图改善帝国与邻国关系的唯一举措。在他复位之后他释放了他的两位前任所俘虏的六千名阿拉伯俘虏；一两年后他给哈里发瓦利德一世（Walid Ⅰ）送去一大笔黄金，并委托一群娴熟的工匠在麦地那的大清真寺完成一幅镶嵌画和一栋建筑。作为回报，据说瓦利德赠予他"一整间屋子"的胡椒，价值两万第纳尔。

然而任何挥霍手段都不太可能长时间保证帝国边境的和平。查士丁尼二世的东部邻国与西部邻国都很快意识到，他的大清洗除掉了自己手下所有最优秀的军官，他们很快开始利用这一事实所带来的优势。708 年，拜占庭军队在多瑙河河口附近的安西亚洛斯（Anchialos）被某个保加尔部族（然而基本可以肯定这个部族并不臣服于特尔维尔）击溃。709 年他们遭遇了更大的惨败，卡帕多西亚的重镇泰安那（Tyana）被阿拉伯人夺走，而这场胜利促使他们深入帝国内陆发动侵袭。

340　同样在 709 年，另一个事件给查士丁尼二世的威望造成了比丢失任何堡垒都要大的损害。他对拉文纳发动惩戒远征。他的动机依然是个谜。这座城市确实曾在他试图逮捕教皇塞尔吉乌斯时抗命不遵，但那是十七年前的事了，他十年的流放也不足以解释这么漫长的拖延。现存对这一事件最生动的

414

记载来自九世纪的拉文纳人阿格内鲁斯（Agnellus），他声称是因为城中人提议给皇帝用劓刑，但这可能性似乎更小。

然而依然存在第三种可能：拉文纳表露出脱离罗马控制的愿望。拉文纳与罗马的关系向来不和，拉文纳作为总督区的首府，其教会长期以来存在一定的自治权；该城厌恶罗马的最高权威，特别是所有大主教在接受任命时要宣誓效忠于教皇的环节。正常情况下这种厌恶是可以悄然存在的，也不会造成什么问题，但 708 年，新任大主教菲利克斯（Felix）明确拒绝签署必要的承诺性文件。尔后一场激烈的争论开始，而这应该就是让皇帝开始行动的原因——至少给出了他行动的借口。709 年春，他派出由显贵塞奥多尔（Theodore）率领的一支舰队前往拉文纳，命令他以自己的名义宴请当地所有的显赫人物。出乎他们意料的是，他们应邀赴宴时被全部逮捕，而后绳捆索绑地押上船送去了君士坦丁堡，而塞奥多尔的部下冲进城中大肆劫掠。他们抵达之后被押到皇帝的面前，据阿格内鲁斯的记载，坐在镶着黄金与祖母绿的皇位之上，戴着皇后亲手制作的嵌珍珠皇冠的查士丁尼毫不犹豫地下令将他们全部处死。只有大主教一人得以免于死刑，因为查士丁尼在前一天晚上做过一个梦，警告他不要处死大主教。菲利克斯受了瞽刑①，而后被流放到本都。直到查士丁尼二世死后他才得以返回自己管辖的拉文纳。

在拉文纳，查士丁尼二世的行动理所当然地引发了灾

---

① 具体执行方法颇为独特，向烧红的巨大银盘上浇最浓烈的醋，牧首被迫在蒸汽之中长时间睁眼，并因此失明（Agnellus, p. 369）。

341　难。压抑已久的不满情绪被点燃，引发了公开的暴乱，之后的一系列抗命不遵给继任的总督们带来相当大的困难。在罗马，这一切反而像不曾发生过一样，任何值得戴上三重冠的教皇都应该抗议，应该高声为如此粗暴对待他的属民而抗议，而且教皇更应该为高阶教士遭受不公对待而抗议——无论这位教士是否顺从他。但教皇君士坦丁一世（Constantine I）没有只言片语表达抗议。此后发生的事件揭示了原因：在拖延了相当长的时间之后，皇帝和教皇终于打算解决大公会议带来的麻烦了。

在查士丁尼被流放时，这次宗教大会批准的一百零二条教规没有得到教皇的默许；查士丁尼返回之后的首要举措之一就是派两名都主教去拜访教皇（约翰七世），请求他批准这些教规，至少批准他并不反对的教规。这个要求相对合理，对查士丁尼这样的独裁者而言更是少见，但对这位教皇而言是无法接受的，他拒绝批准。僵局很可能持续下去，但约翰于707年逝世，随后继任的教皇叙利亚人西西尼乌斯（Sisinnius）年事已高，执政三周之后就撒手人寰。幸运的是，他的继任者的态度则要好得多。新教皇是来自叙利亚的君士坦丁，他在710年接受了查士丁尼的邀请，准备亲自前去他的都城彻底解决这一问题。

皇帝欢迎教皇（711）

君士坦丁在711年初春带着大批随从抵达。在旅途的最后一段路程中，他在七里海湾遇到了以盛大典礼迎接他的牧首，以及查士丁尼二世的儿子，即时年六岁的共治皇帝提比略。他骑着佩有金马具并穿着装饰华丽的马衣的骏马，而后一行人穿越金门正式入城，穿过主街，来到再度迎来一位教皇的普拉西狄亚宫。奇怪的是，皇帝本人并没有在都城迎接他的贵宾，此时身在尼西亚的他以书面文字以示欢迎，并建议两人到尼科米底亚来商谈。至于这是不是耍弄手段迫使君士坦丁前来见他，只能靠猜测来判断了。教皇同意了他的要求，在一两天之后两人会面时，教皇在查士丁尼的见证下获得了象征皇权的一切仪服，包括皇冠，查士丁尼匍匐在地亲吻他的脚。在接下来的星期日，这位君主接受了教皇分发的圣餐并寻求赦免罪恶，两人随后共同返回君士坦丁堡，他们的商谈也随即开始。

342

不幸的是有关此后达成的协议，存留的记载很少，两份希腊语的资料很明显对西部的教会毫无兴趣，而《教皇名录》的作者仅兴致勃勃地记载了教皇欢迎会的盛况以及为他安排的典礼，却没有讨论关键的神学问题与圣餐仪式问题。唯一可以确定的是双方都做出了妥协，教皇终于批准了半数的教规，而皇帝也同意放弃另外一半；两人在友善的气氛中分开，查士丁尼"恢复了教会所有的特权"，至于其具体所指为何则不得而知。教皇在10月安然返回罗马，此时他正好离开该城整整一年。

巴尔达内斯称帝（711）

也许皇帝在得知他对拉文纳的惩戒远征引发了动乱之后，就决定不再发动类似的远征了——至少大部分的臣民诚心期望他如此。但查士丁尼从来都是无法预测的，在711

年年初——那时他本人应当还在和教皇商谈——他发动了新的远征，这一次的目标是他的流放地，即克里米亚的赫尔松。和对拉文纳的远征一样，他这次远征的原因很难猜测。尼基弗鲁斯和塞奥法内斯都认为他仅仅是想向这个打算把他交给提比略的城市复仇，但他为什么要在复位后又等上六年呢？幸运的是还有一个更可能的解释。在他离开克里米亚之后不久，他的妻舅可萨可汗向赫尔松进军，他即使没有征服这座城市，至少也在这里安排了一个可萨的吐屯（Tudun），负责管理该城。因此很可能是因为可萨人侵入了帝国的土地，至少是侵入了帝国的势力范围，皇帝才决定发动远征；如果是这样的话，他的愤怒应当是主要针对可萨人，而不是城中的本地居民。

不论他的动机如何，他的远征军——据称人数多达十万，但这基本可以说是夸大的——依然基本达成了目标。七名显赫的市民被活活烧死，不计其数的人则被扔进水中，并拴上重物确保溺死。此外还有约三十人，包括吐屯和希腊人市长佐伊洛斯（Zoilos）以及两人的家人，被披枷戴镣押送到君士坦丁堡。一个名叫伊利亚斯（Elias）的帝国官员奉命接替吐屯，并率领一支规模增大的驻军驻扎在城中。但当皇帝前来召他的部队返回家乡时，一场灾难发生了：黑海屡屡发生的突发风暴将整个舰队吞没。对损失的具体数据当然也要持一定的怀疑态度，但据估计遇难者多达七万三千人。

此时我们的两份资料都记载称查士丁尼在得知这场灾难的消息时，竟然大笑起来。如果这一记载属实，那么最仁慈的解释也只能是他患了急性癔症，除此之外的解释大概只有他陷入了家族遗传的癫狂。他几乎立即宣称要进行第二次远征，但在他能够这么做之前，信使就带来了更不安的消息：一支可萨军队已经抵达赫尔松，在该城准备抵御拜占庭帝国的攻击。更糟糕的是，当地的管理者伊利亚斯以及所有驻军因为自知寡不敌众，全部向敌军投降了。

无论查士丁尼现在是否疯癫，他还是选择了唯一可能的手段——外交手段。他将吐屯和市长释放，并在三百士兵的护送下把他们送回以恢复他们原有的职务。他的大部长叙利亚的乔治（George）随他们一同前往，奉命就发生的一切向可汗致以皇帝诚挚的歉意。他此后还要求交出伊利亚斯，以及一个被流放到此地的亚美尼亚裔将军瓦尔丹（Vardan）——希腊语资料称巴尔达内斯（Bardanes）——因为据说是他劝说伊利亚斯叛变的，这一说法很可能属实。

但赫尔松的居民不想调停。大部长和他的随从抵达之后即被全部处决，吐屯和他的三百名护卫则被送去可汗那里。不幸的是他在路上死去，而可萨人相信他在往生之路上也需要护卫，就将许多护卫杀死殉葬。赫尔松和克里米亚的其他城市此时正式宣布不再承认查士丁尼二世的宗主权，转而支持被流放的亚美尼亚人巴尔达内斯并立他为皇帝，他也改名为菲利皮库斯（Philippicus），一个罗马风格的古名。战争随即开始。

当信使颤抖着将事态发展报告给查士丁尼二世时，他的愤怒是显而易见的。他立即准备了一支新远征军，由显贵马洛斯（Maurus）率领，要他将赫尔松夷为平地并杀掉城中所有的活口。靠着巨型攻城器械，他成功摧毁了城中的两个防御塔，但随着更多的可萨部队抵达，他别无选择，只得谈

344

判。但他也清楚，这么做的话他就没办法返回向查士丁尼报告了，于是他请求与菲利皮库斯会面，并跪在他的面前。落子无悔，继续等待也没有任何意义了。拜占庭舰队以及残余的陆军在新皇帝的率领下起航返回君士坦丁堡。

与此同时，查士丁尼犯下了一个重要的错误，即他离开了都城。他并不是打算逃跑（毕竟他此前还从未试图逃跑），而是打算平息亚美尼亚的一些小规模骚乱。他根本没能抵达那里，当得知第三个僭称皇位的人正经黑海进军时，他立即掉转方向，"像怒吼的狮子"一样全速赶往都城。但他来得太晚了。菲利皮库斯先他一步抵达，而君士坦丁堡的居民欣然接纳了他。查士丁尼在城外第十二块里程碑处被逮捕，逮捕他的伊利亚斯很可能就是他一个月前任命的赫尔松的新管理者。伊利亚斯宣称自己有权执行死刑，因而砍下了查士丁尼的首级并作为战利品送给新皇帝。据说此后他的首级还被送往罗马与拉文纳展览。但无头的躯体不能得到基督徒式的葬礼，被随意地扔进了马尔马拉海。

当查士丁尼的死讯传到君士坦丁堡时，他的母亲皇太后阿纳斯塔西亚带着自己的小孙子提比略匆匆躲到布拉赫内宫的圣母教堂中避难。然而他们到达那里之后不久，菲利皮库斯的两个手下就赶来要她交出小皇子。老太后乞求他们，他们中的一个人似乎打算听从，但另一人约翰·斯特罗索斯（John Strouthos，意为"麻雀"）冲向了那个孩子，早已吓呆的提比略一只手抱着圣坛的柱子，一只手握着真十字架的碎片。拜占庭帝国之中的任何一个人都不会无视如此神圣的物品，但斯特罗索斯不会因它们而放弃任务。他一把将圣物

从提比略手中抢走，而后虔诚地把它们放到圣坛之上。随后
他解下这个皇子胸前挂着的圣物盒，挂到自己的脖子上。再
之后他才将这个孩子拖到了旁边一座教堂的回廊之中，脱光
了他的衣服，"像宰羊一般将他杀死"——出自一位编年史
家颇为形象的记载。在这个六岁的孩子被无情杀死之后，希
拉克略家族就此绝嗣了。

查士丁尼的功过（711）

经过父子相传的五代皇帝之后，希拉克略家族创立了拜
占庭帝国第一个真正的王朝。这个王朝壮丽地开始，又在一
百零一年后血腥而耻辱地结束。必须强调的是，查士丁尼二
世并非通常所说的十足的灾难。特别是在他第一次执政时，
他和自己的父祖们一样勤政，竭力要加强帝国的防御体系，
并进一步发展军区体系，在必要时进行大规模人口迁徙，以
在战略要地建立军事定居点。他的《农民法令》——如果
确实是他推行的——也在很大程度上将农民从大地主的禁锢
下解脱出来，给予他们自由、自尊，并让他们的后代为保卫
帝国与所有入侵者作战。他也努力改善与两个最危险的邻
国，即阿拉伯帝国和保加尔汗国的关系，即使说在这方面他
没有那么成功，终归也是做出了有意义的尝试。最后，他使
帝国与罗马教会保持绝佳的关系，在他的都城以贵宾之礼迎
接来访的教皇——在他之后，下一位踏足这座城市的教皇的
出现要等到十二个半世纪以后了。①

---

① 教皇保罗六世（Paul Ⅵ）于 1967 年 7 月 25 日访问伊斯坦布尔。

这样的记录终归称不上可鄙，我们也没有提及查士丁尼在近十年的流放并惨遭毁容之后所展现的勇气与决心，以及他最终得以从克里米亚返回重夺皇位。然而无论如何辩解，他终归要为他犯下的诸多暴行和对不可胜数的臣民的残害负责，他下令处决的人中大多是完全无辜的。对他无法自控的残暴的一个似然解释是，他已经惨遭肉刑，而且余生都要以一张怪异而耻辱的面孔示人，戴上一个纯金的假鼻子——据说他晚年一直如此——却也是于事无补。这至少解释了一部分问题，但不能洗脱他的罪责，这对遭他残害的人和受害者的家属而言也几乎算不上宽慰。他的第一次执政即使没有第二次执政时那么肆意妄为，也依然是让人无法忍受的，最终引发了革命。

简而言之，他的臣民总算摆脱了他。我们会同情他的母亲阿纳斯塔西亚，据说她曾被大司库斯蒂芬公开鞭笞，她的儿子此后却没为自己的母亲做半个字的辩护，也没有进行任何惩罚。他的妻子塞奥多拉的结局我们不得而知，但很可能是和她的丈夫共命运了——毕竟她没有和自己的儿子一同死去。他的儿子则最为可怜，惊惧不已的提比略在七岁生日之前被仓促地谋害。查士丁尼二世被杀时时年四十二岁；他的死期，711 年 11 月 4 日，我们只能说，不算来得太早。①

---

① 罗马帝国的皇帝理论上不能有明显的生理缺陷，因此皇位僭称者在失败之后，往往遭受劓刑、宫刑、瞽刑等肉刑，使其失去掌控大权的理论基础。查士丁尼二世的复位，意味着劓刑无法阻止僭称者夺权，因此这一酷刑在拜占庭帝国此后的历史长河中迅速消失。当然，宫刑和瞽刑还将继续施加于政治阴谋的失败者以及他们不幸的亲属们身上。——译者注

第十七章　破坏圣像（711～775）

在盲信的长夜之中，基督徒已经与简单的福音书渐
行渐远，他们也难以理智思考，更无法返回思辨的迷
宫。对十字架、圣母、圣人及其遗物这些偶像的崇拜，
已经和狂热虔诚混合，神圣的本质笼罩了迷信与幻影；
而本应充满好奇与怀疑精神的头脑，则因习惯性的顺从
与轻信而麻木不仁。

——吉本，《罗马帝国衰亡史》，第四十九章

　　幸运的是，查士丁尼二世在有效统治帝国的时间里，大
力加强了帝国核心地区的经济实力与军事实力，因为此时的
君士坦丁堡士气极为低落。不那么幸运的是，他的继承人菲
利皮库斯·巴尔达内斯是个不可救药的享乐主义者，花费大
量钱财供自己享受，并在如此严峻的形势之下依然只热衷重
提旧有的神学争议，而拜占庭帝国多年来为此付出了沉重的
代价。他内心或许倾向于基督一性论——各种异端中最具煽
动力的一派——但他明智地没有试图直接复兴这一派别。他
决定重新推动折中的基督一志论，甚至动用自己的权威发布

423

皇帝敕令，将仅仅三十年前的、否定这一论调的第六次大公会议的决议驳回。与此同时，他下令将宫中描绘这次大公会议的画作，以及大里程碑凯旋门上纪念这次会议的饰板全部撤下。

教皇君士坦丁本就因他的朋友查士丁尼的遭遇而惊恐不348 已，并坚定敌视他的继承者；当这一消息传到罗马时，他更是大发雷霆。菲利皮库斯送来的正式宣告自己登基的信件，在他看来满是异端邪说，他立即将其退回并送去一封自己的敕令，认定将这个新皇帝的肖像印在货币上、在书面文献上提及他的执政，甚至在教堂祈祷时提及他的名字，都是对罗马教廷的冒犯。最终，对明显具有报复性的撤掉画作和饰板一事，他下令所有类似的画作——不仅是第六次大公会议，另外五次大公会议的画作一并算在其中——都要特意绘制到圣彼得大教堂的墙壁之上。

在相对和平的年代，皇帝或许可以过典型拜占庭式的生活，既沉溺于肉欲又思索基督教问题，让他的臣民自力更生。然而712年绝不能如此，因为查士丁尼的死给了保加尔国王特尔维尔期待已久的机遇。以为自己的旧友报仇为名义，他再度入侵帝国并抵达君士坦丁堡城下，一路烧杀抢掠。可能出于对保加尔盟友的信任，查士丁尼对色雷斯地区的防务并未多做准备，而他的继承者更是漠不关心。想要击退入侵者，皇帝就必须从马尔马拉海对岸的奥普希金军区调遣更多的部队过来。

仿佛在劫难逃一般，这一决策也最终导致他失去皇位。奥普希金军区因自行其是而恶名远扬，军区士兵们对这个亚美尼亚的暴发户没有多少忠诚。他登上皇位的方式堪称可疑，现在他又视这皇位如儿戏一般。他们制订了细致的计划，于713年6月3日，五旬节的星期六，在皇帝惬意地与朋友饮宴一番又午休完毕之后，一群士兵冲进他的卧室把他架走，一路拖进了大竞技场。在绿党赛车手的更衣室中，他们刺瞎了他的双眼。他仅仅统治了十九个月。①

阿纳斯塔修斯与塞奥多西奥斯（715）

政变成功后，奥普希金军区的士兵们可能想过推举他们之中一员成为新的君主，然而他们因某种原因没能这么做，元老院和市民最终选择了一个名叫阿尔特米奥斯（Artemius）的人，他此前是皇帝的机要秘书。可能是出于这个原因，他决定将自己的名字改为前一位以行政官员身份登上权力巅峰的人的名字，并于次日，五旬节的星期日在圣索菲亚大教堂被牧首加冕为阿纳斯塔修斯二世（Anastasius II）。

阿纳斯塔修斯的能力远胜于他的前任，执政时间也应该比前任久得多。他起初颇为明智地废除了菲利皮库斯宣扬基督一志论的敕令，并将纪念第六次大公会议的艺术品放归原位，而后他开始部署帝国防务。在奥普希金军区部队的反击下，保加尔人被迫退回他们的故土。然而此时阿拉伯人再度开始进军，皇帝的细作送来了不祥的报告，声

349

———————————

① 讽刺的是，奥普希金军区的前身是皇帝的卫队；更为讽刺的是，"Opsikion"一词的词源是拉丁语的"顺从"（obsequium）。不过，鉴于罗马帝国晚期，东帝国与西帝国掌控军权的武官权臣就曾肆意摆布皇帝，奥普希金军区的自行其是也算得上"颇有古风"了。——译者注

称他们正准备再度以倾国之力攻打君士坦丁堡。阿纳斯塔修斯立即开始大规模整修城墙，并在必要时进行加固和重修。粮仓的粮食几乎要溢出，城中所有居民都奉命储备足以供自己与家人食用三年的粮食。与此同时，拜占庭的造船厂工人开始了前所未有的辛勤劳动。如果进攻不可避免，帝国至少要做好准备。

但这一进攻是否真的不可避免呢？阿纳斯塔修斯认为可以避免，他在715年年初决定以罗德岛作为行动基地，对萨拉森人发动一次先发进攻。他选择的机会似乎再好不过，如果能够按照计划完成，他的臣民也许能少遭受许多苦难。悲哉，奥普希金军区部队却在此时再度反叛。刚抵达罗德岛之时，他们就乱棍打死了阿纳斯塔修斯任命的指挥官，即大部长约翰——距他们废黜菲利皮库斯仅过去两年。尔后他们掉头向君士坦丁堡进军，途中选出了一个名叫塞奥多西奥斯（Theodosius）的税官，并出于某种原因将这个既无害又不讨人厌的人推举为皇帝。塞奥多西奥斯得知他们的意图之后，明智地逃进深山之中，但他被抓住并在白刃之下被迫接受——尽管他确实依然很不情愿——这个出乎意料的烫手山芋。与此同时，叛军抵达都城，在进行了几个月的围攻之后，阿纳斯塔修斯被迫退位，到塞萨洛尼基的一座修道院中成为修士。

算上刚登基的塞奥多西奥斯三世，拜占庭帝国在二十年间换了六个皇帝，前五个皇帝的统治都以暴力终结，第六个皇帝也即将如此。自君士坦丁堡建城之后，还从未有过如此漫长的无政府状态。但拯救者开始行动，即使城中人还完全

没有意识到这一点。他的名字是利奥（Leo），通常被称为
"伊苏里亚人"，即使事实上可以确定他并不是真正来自伊
苏里亚。[①] 他出身于农民家庭，祖籍是古罗马城镇日耳曼尼
西亚（Germanicia），即今马拉什，位于托罗斯山脉之外的
科马吉尼（Commagene）地区。此后由于查士丁尼二世的人
口迁徙政策，这个家庭迁移到了色雷斯的墨森布里亚。

　　在利奥看来，他的新住所位置极好。从小就想要出人头
地的他骑马离开这里，于705年前去觐见正在向君士坦丁堡
进军的查士丁尼二世，据说他给查士丁尼献上五百只羊以备
劳军，而他获得的回报是以持剑卫士之阶担任皇帝的卫士。
不久之后他的出色能力（或者如一些人不那么客气的说
法——他隐匿得不太好的野心）使查士丁尼二世决定将他
送去东部执行一项微妙的外交任务，拜访叙利亚和高加索地
区各个缓冲地域的诸多蛮族——主要是阿兰人、阿布哈兹人
（Abasigians）和亚美尼亚人——建立的政权，时而挑唆他们
互相争斗，时而联合他们抵御阿拉伯人。利奥相当适合执行
这一任务，数年间他的表现也堪称出色。因而715年，他不
出所料地被阿纳斯塔修斯任命为安纳托利亚军区，即帝国最
大也最重要的军区之一的管理者（即军区将军）。他就职的
时间恰到好处，次年年初两支萨拉森大军穿越帝国边界，一
支由哈里发的兄弟马斯拉马（Maslama）率领，另一支由一

---

① 这个问题源自塞奥法内斯一段模糊的记载。读者若是有兴趣对此深入了
　　解，最适宜的参考资料是博学的 K. 申克（K. Schenk）的文章，"Kaiser
　　Leons Ⅲ Walten im Innern"，*Byzantinishe Zeitschrift*，Vol. Ⅴ（1896），
　　p. 296ff。

名叫苏莱曼（Suleiman）的将军指挥。苏莱曼的第一个目标就是安纳托利亚军区首府阿莫利阿姆（Amorium）。①

此后发生的事情记载并不明确。塞奥法内斯记载了一系列冒险小说式的情节，其中充足的细节记述意味着，他很可能参考过一些出自利奥本人而如今已经散佚的日记。不幸的是，他的记载过于冗杂，以至于难以理解。可以确定的是利奥立即与阿拉伯人的领袖进行谈判，而后大约在 716 年年末，他们的军队再度撤回。然而如此明确的说法带来的问题比它回答的问题更多。利奥是怎样取得如此不寻常的功绩的？他为萨拉森人撤兵给出了什么回报？也许最大的问题是，他们之间有何种程度的串通？资料未做回答，然而最可能的答案是，马斯拉马和他的同伴苏莱曼试图利用利奥实现自己的目的，却反被将计就计的利奥利用。他们清楚他敌视塞奥多西奥斯，大多数人都认为他迟早会起兵争夺皇位；因而他们的目的是先鼓励他发动反叛，在他安稳地控制皇位之后就把他当作傀儡操纵，直到将整个帝国纳入哈里发的掌握之中。塞奥法内斯记载称苏莱曼的部队在阿莫利阿姆城下奉命高呼："利奥皇帝万岁！"尔后让城中的守军继续高呼。另外两份阿拉伯的资料则记载称这位将军秘密许诺接受阿拉伯帝国的操纵并奉命行事。

他很可能接受了。然而他也指出，如果他得到萨拉森人

---

① 尽管阿莫利阿姆曾经是帝国最关键的要塞之一，此时却只剩下少量废墟与城墙遗址，且尚未进行考古发掘。该城遗址今称"Ergankale"，位于锡夫里希萨尔（Sivrihisar）西南方向五十五千米处的小村阿萨尔科伊（Asarköy）。

支持的事公之于众，他登上皇位的道路将要困难许多，并借此说服他们撤兵。完全没有证据显示利奥打算背叛帝国，他成为皇帝之后的举措也足以说明这一点。但他对阿拉伯人心理的透彻掌握以及他流利的阿拉伯语——从利奥的出身来看，阿拉伯语很可能是他的母语，希腊语反倒是之后习得的——使他得以屡屡欺骗他们并抢占先机。

利奥进军君士坦丁堡（717）

几个月前，利奥已经争取到亚美尼亚坎军区将军阿尔塔巴斯多斯（Artabasdus）的支持，许诺将女儿嫁给他并让他担任宫廷总管（curopalates）——这是帝国最显赫的三个头衔之一①，通常只有皇帝的家人才能获得。两人随即组成联军向君士坦丁堡进军。在尼科米底亚，他们轻易击溃了由塞奥多西奥斯的儿子指挥的一支小规模部队，并将他和他的随从全部俘虏。利奥自知都城的防卫无法攻破，随即与大牧首和元老院展开谈判。说服他们并不需要多费唇舌。他们清楚萨拉森人几个月之后就会再度大举进攻，如果君士坦丁堡再度遭受围攻，在选择谁来当领导人更好的问题上，他们的想法基本一致。717年年初，塞奥多西奥斯在得到他和他的儿子都不会受到伤害的正式保证之后，宣布放弃他原本就不情愿登上的皇位，来到以弗所的一座修道院成为僧侣。与此同时，3月25日，自希拉克略之后最伟大的皇帝穿过金门胜利进入城中，在圣索菲亚大教堂加冕。

352

---

① 另外两个是恺撒和至贵者。——译者注

拜占庭的新生：从拉丁世界到东方帝国

　　如果我们的猜测正确，那么接下来的一切都是按照精心安排的计划进行的。717 年盛夏，马斯拉马王子率部穿越小亚细亚，夺取帕加马并一路推进到阿拜多斯，而后在此率部渡过赫勒斯滂海峡进入色雷斯。8 月 15 日，他率领八万大军来到君士坦丁堡城外。仅仅一夜之后，苏莱曼于 9 月 1 日率领（据编年史家估计）有一千八百艘战舰的舰队驶入马尔马拉海，对君士坦丁堡的封锁就此开始。

　　利奥三世做好了准备，尽管可能并非阿拉伯将军们所期望的准备。他充分利用了他即位之后的五个月，继续阿纳斯塔修斯执政时开始的一系列巩固防务的措施，保证臣民们拥有抵御萨拉森人最猛烈进攻的一切必需品。随着时间的推移，围城战的发展逐渐开始重复七世纪七十年代发生的一切，而那时的君士坦丁四世和他的臣民们在坚守五年之后击退了萨拉森人的进攻。但当时的战斗仅在夏季展开，此时的战斗在冬季也无休无止——那一年的冬季是城中居民有生以来经历的最严酷的一次，地上的积雪十周不曾消融。围城者无疑要遭受更大的苦难，他们既不适应君士坦丁堡周边地区多变的天气，拥有的庇护也只有薄薄一层帐篷——这更适宜抵御沙漠的烈日，而非色雷斯的寒风。食物也很快陷入短缺，这样的天气条件下根本无法搜寻粮秣。塞奥法内斯的记载——虽然未必全然可信——声称绝境之中的阿拉伯人被迫杀掉马、驴和骆驼食用，甚至用死人肉混上粪便烘烤食用。饥荒一如既往地引发了疫病，而且因为土地冻硬难以挖掘，许多具尸体被直接抛进马尔马拉海，苏莱曼的尸体也在其中。此时在海上，萨拉森人的舰船每天都在希腊火的攻击下

损失惨重。初春，当守城者发现第二支舰队从埃及出现在海
平面上时大惊失色，一度陷入危机，但幸运的是大部分舰船
由被强征的基督徒操控，有机可乘时他们立即集群逃亡。

　　然而这是保加尔人完成的最后一击。保加尔人并不喜欢
拜占庭帝国，但他们更厌恶那些异教徒，而且无论如何他们
都坚信，如果君士坦丁堡被攻破，就一定要让保加尔人控制
这座城，绝不能落入阿拉伯人手中。他们在春夏之交从北方
南下，对病弱且士气低落的萨拉森人发起进攻，据称杀死了
两万两千人。此时马斯拉马最终决定不再和自己的部下继续
受苦，在8月初下令撤军。陆军的残兵败将一路马不停蹄地
退回叙利亚，舰队残部则因损失过大而难以航行，在夏季风
暴之中几乎全部覆灭。仅有五艘舰船安然返回出发的港口。

利奥拯救帝国（718）

　　这一次拜占庭完成了决定性的胜利。接下来许多年间，
包括利奥此后的全部执政时期，阿拉伯人对安纳托利亚发动
了不计其数的侵袭，却再也没能发动危及帝国存亡的进攻，
而且他们从此再也没能对帝国的都城发起围攻。皇帝本人借
此充分证明了自己执政的正当性。他对他的臣民们的拯救，
更是比他们绝大多数人所知的都要多。几乎同时代的阿拉伯
人明确记载称，他最初曾与马斯拉马和苏莱曼接触，对他们
许下各种诺言却完全不打算兑现，还对他们提供一系列能够
让他们陷入灾难的建议。这两位领袖最终还是意识到他们被
骗了，而利奥也欣然承认，但为时已晚。此外，皇帝也在权
谋上花费了相当多的时间。我们有理由相信，被强征奴隶的

集群逃亡，以及保加尔大军恰到好处的抵达，至少在一定程度上是他密谋的成果。

在仅仅十二年间——此时他不过三十出头——利奥从一个普通的叙利亚农民一路成为拜占庭城的皇帝，并且几乎确定无疑地拯救了濒临灭亡的帝国。然而奇怪的是，他最为著名的并非这些成就。此时的他尚未做出自己一生中最为重大的决定。

破坏圣像（726）

354　　　自史料记载出现以来，当人类开始信仰宗教并几乎同时——虽然具体时间可能差个一两千年——在洞穴的墙壁上绘制粗糙的图案时，人类就必须面对一个根本性的问题：艺术究竟是宗教的盟友，还是死敌？原始社会经常以最简单的方式解决：将两者等同，先创造一个基于他们自己形象的神物而后崇拜。而普世神灵不受木石拘束的理念的出现，带来了更多的思考。描绘神是否可能，乃至是否被允许，这成了一个愈发需要阐释的关键问题。

世界上的主要宗教，如果泛泛而谈的话，可以说犹太教和之后的伊斯兰教坚定反对描绘神，而印度教和佛教并不反对。至于基督教，此时在这个问题上尚未有明确的解答。在绝大部分的历史时间之中，绝大部分的基督徒对描绘耶稣基督甚至是圣父（尽管没有如此频繁）的画像与塑造他们的雕像都热切支持，并因此为世界留下了不计其数的艺术遗产。然而在某些特定地域和特定时期会有态度完全扭转的情况出现——英联邦时代的英格兰就是个明显的例子；在这类

态度转变之中，利奥三世煽动、之后由他的儿子君士坦丁
（Constantine）大力推行的宗教运动造成了最大的破坏，对
基督教的发展也产生了最大的影响。

　　破坏圣像派（iconoclasm）在拜占庭宗教体系中的突然
出现往往被解释为受附近的伊斯兰世界影响。伊斯兰教厌恶
对人像的描绘，无论是出于宗教用途还是世俗用途；难以反
驳的是，利奥来自叙利亚，他必然在一定程度上受伊斯兰教
的信条以及教规影响。另外，必须提及的是，这个新出现的
革命性教条事实上明显是基督一性论的推论：如果基督仅有
神性而无人性，且神性的定义无法描绘，那么按这个逻辑，
将他描绘和塑造为人类的画像和雕像自然是无法接受的。因
此这场新宗教运动的绝大多数支持者来自帝国的东部行省，
那里的基督一性论思想长期盛行，受东方的神秘学与哲学思 ₃₅₅
想影响更深，而更为实际且唯物的帝国西部受到的影响
很小。

　　无论如何，破坏圣像派确有坚持己见的理由。自这个世
纪起，对偶像的崇拜就在稳步发展，并愈发失控，以至于圣
像本身也被公开崇拜，甚至时而在施洗时担任教父教母。因
此一些小亚细亚的神父就此接受了破坏圣像的信条以抗议这
种在他们看来恶名昭彰的偶像崇拜，此时开始将他们的观点
传播到帝国各地。

　　利奥本人尽管来自叙利亚，但最初并没有表现出他存在
同样的倾向。事实上在近期的围城战之中，他还充分利用君
士坦丁堡最受欢迎的神迹圣像"引路圣母"（Hodegetria,
意为"指引道路者"），命人抬着圣像在城墙周围巡游以鼓

舞守城者并恐吓围城者。另外，723 年哈里发雅兹德
（Yazid）的重病被一名来自提比里亚（Tiberias）的犹太巫
师治好，据说在这个巫师的劝说下，他下令立即拆毁他领土
内所有基督徒的教堂、市集与私人住宅中的绘画。[①] 但皇帝
对此事完全没有提出抗议——即使他有理由如此做——还有
证据显示君士坦丁堡中也有幕后推手，给皇帝施加了同样的
压力。725 年，破坏圣像派主教们确实这样做了。因此，利
奥的态度改变远非自发，而是伊斯兰教与犹太教思想，以及
其他一些基督徒臣民的思想——而这可能起了最大的作
用——共同作用的结果。同年他甚至进行了一系列的布道，
指出圣像崇拜派（iconodules）那些恶名昭彰的举动公开违
背了《摩西十诫》的第二诫。726 年，他决定以身作则。

他做出了惊人的选择。圣索菲亚大教堂以西，穿越奥古
斯都殿堂的开阔地域之后便是皇宫的正门——青铜门。那里
在尼卡暴动之中被暴民摧毁，而后由查士丁尼重建，现在其
本身便是一座宏伟的建筑。普罗柯比记载称它是配有高耸拱
顶的大型建筑，中央的穹顶上铺着多彩的大理石装饰板，上
面满是描绘查士丁尼和贝利撒留的胜利，以及夺取意大利和
利比亚的各城市的炫目镶嵌画。[②] 中央一幅纵贯穹顶的镶嵌
画描绘着皇帝和狄奥多拉皇后——其风格应当和拉文纳的圣
维塔利教堂现存的同主题镶嵌画颇为类似——而哥特人和汪
达尔人的国王站在他们面前，元老院的成员们则庄严地侍立

356

---

① 由于雅兹德的敕令已佚，其细节不得而知，但这次全面的摧毁是确实发
生过的。
② *Buildings*，ⅰ，10.

于两侧。墙旁排列着雕塑，一些是古时的雕塑，另一些则是此前皇帝的塑像。巨大的青铜门之外是巨大的基督金像。

这座壮丽的雕像也许是全城最大也最为突出的圣像，利奥决定将它第一个摧毁。市民立即做出了反应，负责拆毁圣像的官员被一群愤怒的妇女包围并当场杀死。亵渎圣像的消息传开之后，更多的示威活动随即开始。大批爱琴海舰队的水兵，以及色雷斯的士兵开始哗变。无论东部的主教们怎么说，皇帝在欧洲的臣民——作为古希腊－罗马习俗的继承者——向他们的君主清晰地表达了他们的情感。对他们而言，破坏圣像派就是在蓄意渎神，他们爱戴并尊敬他们的圣像，并愿意为它们而战。

利奥意识到他必须谨慎行事。在处理了哗变者之后，他决定静候对立情绪缓和。不幸的是这完全没有发生。727年，意大利的拉文纳总督区的臣民发动叛乱，教皇格里高利也全力支持他们，他在厌恶破坏圣像的信条本身之外，也因为皇帝在教条问题上擅自决断而怨恨难平。总督被杀，他属下各行省的官员可耻地逃走了。叛乱者驻扎下来，完全从当地人之中征募部队，选举他们自己的指挥官，而后宣布独立。①

利奥颁布敕令（731）

必须提及，这一独立行为并非因为某个帝国法令，而仅

---

① 在威尼斯潟湖湖边的聚居区，来自赫拉克利亚的乌尔苏斯（Ursus），或称奥尔索（Orso），被推举为接替帝国管理者的人，并自封总督（Dux）。威尼斯共和国就此诞生，这个封号此后以威尼斯人的口音转写为"Doge"，并延续了一百一十七代，直到1797年共和国终结。

357 仅是因为皇帝的一个举动，即摧毁青铜门外的圣像。意识到自己激起的愤怒之后，利奥也许会因为担心挑起全面内战而停手，但他的决心从未动摇。三年间，他与东部和西部反对他的教会领袖进行商谈，却无果而终。之后在 730 年，在预先罢黜圣像崇拜派的牧首日耳曼努斯（Germanus），换上柔弱顺从的教士阿纳斯塔修斯（Anastasius）之后，他最终下达了他唯一的敕令，谴责偶像崇拜。

覆水难收。所有的圣像都要被立刻摧毁。那些拒绝的人要被逮捕并受处罚，那些继续崇拜圣像的人则要遭受无止境的迫害。在东部，修道院遭受的破坏最大，许多修道院中存有优美的古艺术品，更存留了大量的圣物——而这也遭到了谴责。数以百计的僧侣悄然逃往希腊与意大利，带着他们长袍之下尚能藏匿的珍宝。其他人则逃到卡帕多西亚的荒原之中，那里有裸露于地表的、易碎的火山石灰岩，此前近百年间被基督徒用作躲避进犯的萨拉森人的洞穴庇护所。与此同时，西部的教皇格里高利认为公开决裂已无法推迟，就公开谴责了破坏圣像派并将两封信送交利奥，指出对待偶像的正统态度，并建议皇帝把阐释基督教教条的任务交给那些最有权进行阐释的人。

利奥的最初反应是用君士坦斯二世应对教皇马丁的方式来应对格里高利，但派去逮捕教皇的舰船在亚得里亚海搁浅，而且在皇帝能够执行任何举措之前格里高利便故去了。他的同名继任者的态度与他一样坚决。此外，皇帝于 731 年年初没收了西西里和卡拉布里亚的教会收入，这让新教皇更为愤怒，因此在同年 11 月召开了宗教大会，下令将所有亵渎各类神圣之物的人开除教籍。作为报复，利奥则将西西里、卡拉布里亚的各主教区以及巴尔干半岛的一系列主教区从罗马教廷夺走，转交给君士坦丁堡牧首管理。因此东部与西部教会原本紧张的关系如今变成了公开的敌对，除了少数几个缓和期之外，这一对立情绪一直持续了三个多世纪，直到最终教会分裂。

利奥执政的最后十年我们所知甚少，八世纪三十年代是 358 拜占庭帝国一个相对平静的时期。除了萨拉森人时常进入安纳托利亚侵袭，以至于当地人已经渐渐习惯以外，他们的很大一部分精力用来应对破坏圣像敕令的后果、实施敕令，以及追捕和谴责那些漠视法令的人。即使平静，那些时光也显然算不上幸福。利奥三世和之前的希拉克略一样，拯救了西方世界，但希拉克略在竭力终止宗教纷争，利奥却似乎在蓄意挑动对立。当他于 741 年 6 月 18 日逝世时，他身后的帝国尽管在面对敌人阿拉伯帝国时终于得以稳固，帝国内部的裂痕却更深也更令人绝望了。

便溺皇帝君士坦丁（743）

他的儿子与继承者君士坦丁五世（Constantine V），绝非弥合这一分裂的人。他在世时与逝世后都被冠以一个不雅的绰号，"便溺者"（Copronymus）——塞奥法内斯称这个绰号源自他在施洗时不幸而尴尬的事件。720 年，时年两岁的他被他的父亲加冕为共治皇帝，年少时的他与利奥持相同的破坏圣像的观点。比他年长得多的姐夫阿尔塔巴斯多斯是利奥在夺权时的主要盟友，利奥把自己的女儿安娜

（Anna）嫁给他作为回报。基本可以肯定的是，他就是出于这一原因才在742年突然对年轻的皇帝发起袭击，当时正率部东进与萨拉森人作战的皇帝遭到惨败。阿尔塔巴斯多斯随后匆匆赶往都城，自立为帝。之后他立即下令恢复圣像崇拜，人们惊讶地发现大批据说已经被摧毁的圣像突然之间安然无恙地出现，同样令他们惊讶的是一大批破坏圣像派此时纷纷自称在秘密支持圣像崇拜。君士坦丁堡在接下来的十六个月中恢复了往日的光辉，教堂和公共建筑再度闪耀起金光。

但君士坦丁尚未战败。他逃到阿莫利阿姆寻求庇护，这里是他父亲早年成功时的舞台。当地的驻军几乎全部由本地的安纳托利亚人组成，也都是破坏圣像派，因而他受到了热情的欢迎。在这里以类似的方式征召部队可谓轻而易举，在他们的协助下，他在743年于吕底亚的古城萨迪斯（Sardis，今称"Sardes"）击败阿尔塔巴斯多斯，而后进军君士坦丁堡，都城于11月2日向他投降。阿尔塔巴斯多斯和他的两个儿子在大竞技场被公开刺瞎，他们的主要支持者或被处决，或受各种肉刑。牧首阿纳斯塔修斯此前公开背弃破坏圣像派并为僭位者加冕，此时战栗的他遭到鞭笞，而后被迫赤身裸体倒骑驴，在大竞技场外游街示众。在这一番羞辱之后——他的前任日耳曼努斯在十五年前就做过精确的预言——他却恢复了原来的职务，这一决定出乎所有人的意料。这正是君士坦丁此举的绝妙之处，他向来想削弱教会势力，以把更多的权力掌握到自己手里，而这样一个声名狼藉的牧首正合他的心意。

第十七章 破坏圣像 (711~775)

阿尔塔巴斯多斯的叛乱产生了两个显著的结果。其一是使皇帝对圣像崇拜者的怨恨升级到近乎病态的程度。复位之后，他立刻加大对所有圣像崇拜者的迫害，即使其表现仅仅是轻微的宗教迷信也不能放过；君士坦丁堡的市民受害最深，他们发现自己陷入了一场新的恐怖统治。然而也许有些奇怪的是，君士坦丁的生活并不算朴素，这一点与他的父亲不同。在圣像之外，破坏圣像派的所作所为远非古板，至少比不上许多崇拜圣像的西部教士。在给利奥的一封信中，教皇格里高利指责他试图用"竖琴、铙钹、长笛和其他的浅薄之物"安抚那些思念圣像的人；描绘俗世的绘画继续受到鼓励。比如，一份几乎同时代的资料提及，在布拉赫内宫的圣母教堂中，描绘基督生平的镶嵌画几乎立即被优美的风景画取代，描绘树木、禽鸟和水果，看上去仿佛是菜市场与大鸟舍盖在了同一间屋子里。① 更让人无法相信的是牧首的寝宫换上了镶嵌画，据说都是描绘赛马与追逐的。

如果现存的少量资料可信的话（哀哉，几乎全是圣像崇拜者留下的），君士坦丁本人的行为堪称浪荡。他是个无耻的双性恋者，在宫中聚集了一大批年轻貌美的情人；尽管许多放荡滥交的记载应当是源自他政敌的攻击，但宫中确有相当多音乐与舞蹈，据说皇帝本人擅长演奏竖琴。然而这一切并不意味着他根本不相信宗教。与此相反的是，皇帝就他的政策引发的教条问题进行了长期而深刻的思索，他一生之 360

---

① 佚名者著《小圣斯蒂芬生平》(*Life of St Stephen the Younger*)，写于808年，基于此前的圣索菲亚大教堂助祭斯蒂芬留下的资料完成。

中留下了不少于十三篇的神学研究文章，并且下了结论，他也没有隐藏自己的结论。我们可以确定的是他内心实际上是个基督一性论者，他厌恶对圣母玛丽亚的崇拜，拒绝承认神之母这一称呼，因为他认为她仅仅是生下了耶稣基督的肉体，而那仅仅是他精神的暂时所在地。他对圣人十分蔑视，对他们留下的圣物更为厌恶，也厌恶所有为他人祈祷的行为。即使将"圣人"加于其他人的名字之前也足以让他愤怒：圣彼得只能被称为"使徒彼得"，圣母教堂改称"玛丽亚"教堂。如果宫中人不小心失言，随口说出某个圣人的名字，皇帝就会立即斥责他——并不是因为他对这位圣人不够尊重，而是因为此人不配这个名号。

阿尔塔巴斯多斯叛乱引发的另一个后果是，君士坦丁意识到了反对破坏圣像派的力量，特别是在都城的力量。他相信利奥在730年的敕令本身还不够，他需要召开一次全面的大公会议。他和他的父亲一样清楚，如果操之过急可能导致致命的后果，毕竟这很可能激起叛乱；因而直到十二年后，他认为力量足够强大时才召开了大公会议，以寻求对破坏圣像派教条的支持。与此同时，他也谨慎地为这场会议做准备，那些在他看来不可靠的主教被悄然革除，皇帝任命新人选接替，他还设立新教区以安插可信的支持者。

然而在君士坦丁堡牧首管辖的范围之外，皇帝的影响力微乎其微，更不幸的是亚历山大、安条克和耶路撒冷牧首全部公开宣称支持圣像崇拜。他没有冒险进行任何过激的辩论，担心大公会议的结果与他预想的不同，因此君士坦丁决定不向这些牧首区——当然也包括罗马教廷在内——的主教发邀请函。754 年 2 月 10 日，在博斯普鲁斯海峡亚洲一侧的希拉宫，与会者人数不多，完全配不上大公会议的"普世"名称。总共有三百三十八名教士参与了这次会议，会议在提比略二世皇帝的儿子、以弗所主教塞奥多西奥斯（Theodosius）的主持下召开；牧首阿纳斯塔修斯在去年秋季生了恶疾，① 此时依然没有找到合适的接替者。他们进行了七个月的辩论，辩论的结果不出所料，于 8 月 29 日在君士坦丁堡公布。他们一致宣称基督的本性是不受描绘拘束的（aperigraptos），因此不能在有限的空间内被描绘成某种特定的形象。贞女和圣人们的画像存在异教徒的偶像崇拜嫌疑，因此也要受到谴责。

迫害修道士（754）

这些结论理所当然配有不计其数的论证文字，用《圣经》和宗教著作中的大量引述，以及详细的学术知识作为论据。但这一切都是皇帝想要的。摧毁所有圣像的命令随即下达，支持圣像派系的主要领袖被革除教籍，包括被罢黜的牧首日耳曼努斯和论战的主要辩论者大马士革的约翰。迫害活动随之重新活跃起来。然而活动的重点有明显的转移。如前文所述，修道院一直以来是破坏圣像派的主要目标，但在活动初期，攻击修道院主要原因是其中存有大量的圣像与圣物。在大公会议之后，皇帝开始对修道士本身进行迫害，暴

361

---

① 塞奥法内斯记载称他患了严重的肠梗阻（chordapsus），导致他不断呕吐。他的下属们清楚他在担任牧首时平庸无能，就在会议上自行决断了。

虐程度仿佛失去理智一般。他称他们为"不可提及者"，高声怒斥他们的贪婪、腐败和放荡，仿佛他们犯下过世间所有的罪，做过世间所有的堕落事。最有名的受害者是比提尼亚的圣奥克森提乌斯修道院院长斯蒂芬（因为此人的一份传记至今尚存），他成了僧侣反抗的主要领袖。在遭到一系列的罪名指控之后——其中最严重的罪名是捏造理由劝说无辜者成为修道士——他被流放，而后又被囚禁，最终和与他同名的那位殉道先驱（Protomartyr）一样，当街被乱石打死。

但斯蒂芬只是在君士坦丁统治的最后十五年中，因坚守自己的生活方式而遭受嘲弄、迫害乃至极刑的（甚至全部经历一番），数以百计乃至数以千计的僧侣与修女中的一位。色雷克锡安军区①——该军区并不在色雷斯附近，位于爱奥尼亚海岸中部及其内陆地区——的管理者将所有僧侣与修女召集起来，下令他们立即成婚，否则就被流放到塞浦路斯。据说这个名叫米哈伊尔·拉哈诺德拉孔（Michael Lachanodrakon）的官员还曾经将反对他的僧侣胡须上浸满油与蜡混合而成的易燃物，点燃将他们烧死；他把所有废弃的修道院中的图书付之一炬，将没收的金银器出售，而后把所得上交皇帝——皇帝的回信中充满感谢之情，称他令自己称心如意。其他军区情况的相关资料较少，但差别也不太可能太大。

如此的暴行是无法开脱的。但出于公平，必须提及在七

---

① "Thracesion"直译即"色雷斯（野战）军团"，源自在这一地区驻防的野战军团。——译者注

世纪与八世纪中，帝国境内的修道院规模扩大，数量大为增加，国家管理者开始认真对待这一问题。尽管查士丁尼二世和其他皇帝进行了大规模的人口迁移，但小亚细亚依然存在许多无人地域，而且情况在745～747年愈发恶化，腺鼠疫暴发导致这一地区约三分之一的人口死亡。出于经济与军事的考虑，帝国急需大量的人力来耕种土地，守卫边疆，最重要的是繁衍后代。然而越来越多的人，无论男女，无论老幼，无论贫富，都开始选择守贞又不劳作的生活，虽然他们的灵魂会因此不朽，对帝国却是毫无意义的。君士坦丁晚年在与宗教迷信抗争的同时，也在与这一危险的倾向抗争。据称，最令他愤怒的事之一，就是他的朝中臣属宣称在退休之后要去某个偏远的修道院隐修，武官若是这么说则会令他愈发愤怒。然而，他最终还是失败了。他的苛刻手段在短期内能够起作用，但在他逝世几年之后修道院就一如既往地满是修士，一派繁荣。他们带来的问题确实从未能彻底解决。他们无疑为拜占庭帝国的文明做出了贡献，但也寄生于帝国，并继续寄生了七个世纪，直到帝国灭亡。

远征保加尔人（763）

便溺皇帝君士坦丁的统治时期因为破坏圣像运动而蒙上了一层阴影，他的军事成就往往被忽视。他并非他父亲那般天生的军人，他容易过度紧张，体质相当虚弱，时常消沉或生病。简而言之，就严酷的军事生涯而言，比他体格与性格更差的皇帝实在不多。然而出乎所有人意料的是，他事实上是个勇敢的战士、杰出的指挥官和卓越的领导者；他的臣民之中，最爱戴他的可能就是士兵们了。

在他统治的最初十年，在解决了阿尔塔巴斯多斯之后，他的主要敌人是阿拉伯人。此时的阿拉伯帝国陷入漫长而艰苦的内战，拜占庭帝国终于得以掌握主动。746 年，君士坦丁入侵北叙利亚并夺取日耳曼尼西亚，他的先祖就来自此地。当地的人口大部分被他迁往色雷斯地区居住，叙利亚基督一性论者的聚居区也一直存留到了九世纪。次年他在海上取得大胜，和前人一样，使用希腊火击溃了来自亚历山大的阿拉伯舰队。他在亚美尼亚和美索不达米亚也取得了胜利。然而，形势在 750 年发生了根本性的变化。在大扎布河之战，哈里发马尔万二世（Marwan Ⅱ）的部队被阿布·阿拔斯·萨法赫（Abu al-Abbas al-Suffah）的部队彻底击败，大马士革的倭马亚王朝就此终结。新哈里发从大马士革迁到巴格达，建立阿拔斯王朝，但他们更在意东方的波斯、阿富汗和中亚河中地区，而不是欧洲、非洲和小亚细亚，君士坦丁堡的皇帝就此把注意力转移到距离都城更近的、更迫切的威胁。

最大的威胁是保加尔人，多年以来他们对帝国的威胁日益增大，756 年问题最终显露出来。引起战争的直接原因似乎是君士坦丁的远征带来大批叙利亚人涌入色雷斯地区，而且一两年后的亚美尼亚人新聚居区更不受欢迎。他们到来之后必须建造一系列的堡垒，而这实际上违背了塞奥多西奥斯三世和特尔维尔于 716 年签订的和约。无论如何，这都给了保加尔人再度入侵帝国领土的借口。皇帝再度亲率大军出征，轻易地击退了入侵者，但他无法阻止他们此后多次进

犯，与保加尔人作战也成了拜占庭帝国常备的军事任务之
一。君士坦丁本人就参与了至少九次与保加尔人的战役，其
中一次，763 年的战役是他一生中最艰苦也最光辉的胜利， 364
在 6 月 30 日这几乎是全年最长的一天之中，两军从日出血
战到日落，皇帝彻底消灭了保加尔国王特勒兹（Teletz）的
入侵大军，而后他在都城举行凯旋式，并在大竞技场进行庆
典比赛。

　　但那也不是战争的终结。双方在 773 年、775 年又进行
了两次大战，但对君士坦丁而言，这确实是最后一战。在 8
月的酷暑之中北上前往边境时，他的双腿严重浮肿并发炎，
令他无法站立。他被带到了后方不远处的阿卡狄奥波利斯，
而后转往瑟利姆布里亚的港口，一艘舰船于不久之后到来，
把他接回君士坦丁堡。这段航程并不远，但他也没能走完。
他的病情突然恶化，于 9 月 14 日逝世，享年五十七岁。①

教皇国（756）

　　不幸的是，君士坦丁对西帝国的领土毫不关心，与他
在东部所花费的时间和精力完全不能相比，这对拜占庭帝
国而言或许可谓灾难。伦巴第人此前已经在蚕食拜占庭帝
国的土地；在他即位几年之后，意大利更是处于他们不断
进逼的压力之下。在那时，发动远征进行直接打击也许能
够挽救局势，帝国也完全有能力发动这样的远征，但君士

---

　　① 此前几番兴风作浪的奥普希金军区，在君士坦丁五世在位期间被拆解为
　　　三个军区和两个军团。这两个军团以及此后数个新军团组成的常备军
　　　（tagma），即中央军，成为拜占庭帝国的核心军事力量。——译者注

坦丁完全没有展现团结的意愿，反而因为他强行推动破坏圣像的笨拙行为而激怒教皇，并就此激怒了大批意大利人。总督区在727年的事件中幸存下来，但也是相当地勉强。751年，伦巴第国王艾斯图尔夫（Aistulf）最终亲自夺取了拉文纳，帝国在北意大利最后的据点就此陷落，再也未能夺回。已经被皇帝放弃的罗马则留给了帝国的敌人。

但他们没有占据太久。在阿尔卑斯山另一侧的西欧，一个更仁慈的新政权正在不断扩张。在拉文纳陷落的同年，法兰克人的首领矮子丕平（Pepin）得到了教皇的批准，废黜了他的傀儡，即墨洛温王朝的国王希尔德里克三世（Childeric Ⅲ），自己加冕称王。教皇斯蒂芬二世（Stephen Ⅱ）认为法兰克人比信仰异端且专横跋扈的拜占庭帝国更适合作为盟友，希望借此寻求协助并亲自进入法兰克王国，并于754年的主显节盛宴上，在蓬蒂翁（Ponthion）授予丕平显贵之衔，立他和他的儿子查理（Charles）和卡洛曼（Carloman）为法兰克国王。作为回报，丕平许诺把伦巴第人占据的所有帝国土地归还，但并非归还给拜占庭帝国，而是交给教皇。

他履行了诺言。奇迹般收到一封圣彼得的亲笔信之后，法兰克大军出征横扫了意大利，迫使艾斯图尔夫屈膝投降。756年，丕平立即宣称教皇为原属帝国总督区的土地的唯一统治者，这一曲折的区域位于意大利中部，包括拉文纳、佩鲁贾和罗马。他是否有权这么做，至少是可疑的。他一度使用所谓的《君士坦丁奉献书》（Donation of Constantine）为

365

自己的举措正名，我们将在下文对此进行具体讨论。但近年的研究证明这是无耻的伪造，而且是半个世纪后才完成的。教皇国确实是自此出现的，尽管它的出现在法理上颇为可疑，但依然存留了超过十一个世纪，吸引了包括拿破仑三世（Napoleon Ⅲ）在内的大批外国冒险者前来，也成为意大利人实现他们期望已久的统一的主要障碍之一。而法兰克人与教皇的联盟将在不到半个世纪之后，建立起在教皇国之外唯一一个与拜占庭帝国宣称平等的政权：神圣罗马帝国。

第十八章　伊琳妮 (775～802)

366　　　　图画在其本源不在时，闪耀着与其本源类似的光
辉，而当本源到来时，图画则会黯然失色，这种相似是
可接受的，因为它揭示了真实。

　　　　　　——亚历山大的克雷门特 (Clement)，尼基弗鲁斯引述

　　尽管性取向与正统相悖，便溺皇帝君士坦丁还是三度结
婚，并与其中两位妻子生下六个儿子与一个女儿，他与一位
可萨公主所生的长子在他逝世之后即位，称利奥四世 (Leo
Ⅳ)。尽管他的性格比其父更加沉稳，但利奥绝非合适的统
治者，在他短暂的统治中，自始至终存在两个严重问题。其
一是某种严重疾病——可能是肺结核，这一疾病最终在他三
十二岁生日到来几个月之前就夺走了他的生命。另一个问题
则是他的妻子伊琳妮 (Irene)。

伊琳妮掌权 (780)

　　身为拜占庭城中的第二位雅典皇后，伊琳妮的性格与三
个半世纪前同狄奥多西二世成婚的天才少女雅典奈斯相差无

几。她擅长阴谋诡计，野心勃勃，热衷权谋，并对权力永不满足，给帝国带来了二十多年的纷争与灾难。一场即使在拜占庭的历史之中也可能是最恶劣的谋杀，给她的名声留下了更加阴暗的污点。丈夫在世时，她只能通过他耍弄权术，但由于他在精神上和身体上都颇为虚弱，而她则是格外强势，在他掌权之初，就能看到她所施加的影响了。

为何利奥或者他的父亲要选择伊琳妮，依然是个谜团。她确实美貌惊人，但帝国美女如云，她除此之外也没有什么明显的优势。她的家庭和祖先缺少记载，似乎是在成婚时改名为伊琳妮，其他方面就没有记载了。她的故乡也早已失去当年的显赫。原本的世界学术中心如今已经沦为一座虔诚的行省城镇，连帕特农神庙都被改成了教堂。更大的问题在于，在皇室的眼中，雅典人一直是狂热的圣像崇拜者，伊琳妮也不例外。她的丈夫本来和他的父亲一样是破坏圣像派，在他一生中少见的几次自行决断中，他曾下令公开鞭笞一批崇拜圣像的高级官员，并将他们囚禁起来。但他的妻子公开同情崇拜圣像的举动，并不断试图彻底击败破坏圣像派，以及他们所支持的一切。

现在没有理由认为伊琳妮的信仰并非真挚，因为只要她的活动被限制在对自己的丈夫施加温和的影响内，这些活动就是有益处的；很大程度上幸亏有她的影响，被流放的僧侣才得以返回修道院，贞女玛丽亚再度成为受尊敬的圣母而非粗鄙笑话所嘲弄的笑柄，事实上皇帝还被称为"神之母之友"——这个称号绝对会让他的父亲陷入癫狂。然而在780年盛夏，利奥的健康状况严重恶化。他的头部和面部出现大

367

449

量脓肿，在 9 月 8 日他因持续高烧而病逝，留下一个仅仅十岁大的儿子。伊琳妮的机会来了。她立即宣称自己为这个男孩的摄政者，并在接下来的十一年之中成为罗马帝国的实际统治者。

然而她的地位并非毫无争议。安纳托利亚的部队依然是破坏圣像派占绝大多数，他们在几周之后就爆发了哗变，宣称支持皇帝的五个兄弟中的某一人，尽管他们都是无能之辈，但依然可以有效地作为发泄不满情绪的工具。暴动很快被镇压下去，煽动者也得到了应当的惩罚，皇帝的五个兄弟——他们很可能是无辜的——则被迫剃发进入修道院。为了向所有人显示他们成为僧侣的事实，他们在同年的圣诞节前被联合任命为管理圣索菲亚大教堂圣礼的僧侣。对伊琳妮而言，这是个不容忘怀的教训。她清晰地了解到反对者的力量，教会与国家之中的所有要职以及绝大多数的军队被破坏圣像派控制。如果她想要成功，就必须小心行事。

368　　　这次暴动给了她整肃军队的理由，但她也为此付出了相当大的代价。在帝国最优秀也最受士兵爱戴的一批军官被解职之后，那些未遭清洗的人也心怀不满而士气低落，不愿再对皇室效忠。在西西里，拜占庭帝国的管理者宣称独立，并在不久之后投奔北非的萨拉森人。在东部，当哈里发的儿子哈伦·拉希德（Harun al-Rashid）于 782 年率约十万大军穿越边境时，亚美尼亚军官塔扎特斯（Tatzates）立即反叛，他的部下也毫不犹豫地追随了他。哈伦最终在获取了一份让帝国威信扫地且花费甚大的和约之后撤军，伊琳妮则需要在接下来的三年之中每年支付七万金第纳尔的岁贡。值得注意的是，皇太后在摄政时代唯一的军事胜利发生在她的故乡希腊，那里的部队主要由西部人组成，几乎没有破坏圣像派。783 年她派她的主要官员和宠臣——宦官斯塔乌拉基奥斯（Stauracius）前往那里，他先平息了马其顿和塞萨利的斯拉夫人叛乱，而后进军仍在抵抗的伯罗奔尼撒，最后带着大批战利品返回。

在这场小胜利之后，伊琳妮自以为已有足够的力量推行她的宗教政策。784 年，破坏圣像派的牧首请求退休，理由是身体状况不佳，但也有可能是他人劝说。他的职务被曾经担任皇太后私人秘书的塔拉西奥斯（Tarasius）接替。在当时的环境下，这是她所能做出的最佳选择。这个新牧首从来都不是教士，尽管他和拜占庭所有受过教育的人一样对神学颇有了解，但他所受的是给官员和外交家的训练。他以务实官员的方式处理破坏圣像问题，而非教士的方式。虽然下文会提及，他也会犯些错误，但崇拜圣像派短暂的成功确实在很大程度上要归功于他的智慧与明智决断。

他决定把首要目标定为恢复与罗马教廷的关系。于是在785 年 8 月 29 日，伊琳妮和她的儿子给教皇哈德良一世（Hadrian Ⅰ）写了一封信，邀请他派使团前来参加在君士坦丁堡召开的新大公会议，以否定此前那次异端会议所定下的结论。教皇谨慎而热情地做出了回应。他提出，皇帝和皇太后任命一个俗世中人担任牧首终究是令人遗憾的，而且再一次将他描述为"普世"之人；另一方面，他也乐于让南意大利、西西里和伊利里亚的主教区重新划归他的治下，并声称如果它们将他本人视为精神之父，忠实追随他的指引，

369

年轻的君士坦丁将成为新的君士坦丁大帝，伊琳妮则会成为新的海伦娜，他对此充满信心。

第七次大公会议（787）

786年8月17日，大公会议的首次会议在圣使徒教堂召开，而使徒们在君士坦丁五世时被禁用的称号，此时被欣然恢复。这次大公会议因有来自罗马和东方另三个牧首区的代表团参加而完整，恢复圣像似乎已经得到保证。塔拉西奥斯尽管计划周密，却低估了死硬的破坏圣像派的力量，他们尚未失败，开始使用可行的最有力手段示威。在代表们就座后不久，一群皇宫卫队和城防部队的士兵突然冲进教堂，威吓在场的人立即离开。会议随即在近乎恐慌的混乱之中解散，而畏惧不已的教皇特使立即乘船返回罗马。

伊琳妮和塔拉西奥斯表现了决断力。几周之后他们宣布要对萨拉森人发起新的远征，兵变的部队被集结起来运往亚洲，抵达亚洲之后他们被悄然而坚定地解散，他们在都城的警戒任务由来自比提尼亚的可靠的部队接替。与此同时，离开的使团在一番周折之后又重新集结起来。787年9月，第七次大公会议在最严密的安保措施下，于尼西亚的神圣智慧教堂重新召开，而那里正是君士坦丁大帝在四个半世纪之前召开第一次大公会议的地点。为表达对罗马的善意，教皇的两名特使——他们一直逃到西西里，而后才不情愿地返回——的地位居于所有出席的教士之前，甚至高于牧首塔拉西奥斯；牧首担任会议的临时主席，真正的会议主席则是基督本人，以福音书为代表（这是基督教会议时的惯例），放置在主席的位置。

　　这一次没有人再来打扰了。大公会议所讨论的似乎并不
是赞成还是反对破坏圣像，而只是要批准圣像崇拜。自君士
坦丁堡会议中止之后的一年中，所有的反对力量似乎都消失
了。然而这并不意味着情况就完全平稳了。实际上讨论的第
一个问题——如何处置那些此前支持破坏圣像派，而此时不
愿承认过去错误的主教——就引发了热烈的争辩，一些与会
代表的怒火即将爆发。会议明智地决定，这些主教只要公开
宣布放弃破坏圣像，就可以返回教会之中。但这一提案是在
死硬的禁欲主义者的反对之下被勉强提出的，在他们看来这
些亵渎者应当被永远放逐。一些此前的破坏圣像派满腹牢骚
地一个接一个站立起来发言，其中一人宣称他们是"在异
端论者之中出生、成长和受教育的"，诋毁 754 年的大公会
议为"靠着顽固与癫狂聚集起来的宗教会议……与所有的
真实和虔诚相悖，胆大鲁莽地颠覆教会的传统律法，侮辱蔑
视神圣且应受尊崇的圣像"。

　　得到宽慰的大公会议随即转而讨论一个没有那么多分歧
的议题。尽管所有在场者都同意应当支持崇拜圣像，但重点
在于要从《圣经》和教会早期的神父言论之中寻找支持圣
像的证据，就此彻底揭示真理，而且他们希望这能够保证同
样的教义错误不会在接下来的几代人中重演。他们举出的一
些证词太过琐碎，也许略掉反而更好，比如改信的安凯拉主
教巴西尔（Basil）就向与会者保证，他时常阅读献祭以撒
的故事，但未受触动，而当他看到绘画时便泪如泉涌。另一
个曾是破坏圣像派的教士——米拉的塞奥多尔（Theodore of

370

Myra），他用他的一名领班神父的故事超过了巴西尔的故事，据称他看到了圣尼古拉斯的幻影，而正是靠着他的圣像才能够幸运地立即把他认出。这一任务最终还是以所有人都满意的方式完成了，在第七次会议时大公会议已经可以准备批准对教义的新解释。其中谴责破坏圣像派为异端，要求所有支持破坏圣像派的文字记载都必须上交到君士坦丁堡的牧首处，教士反对要被降职，俗世人反对则要被开除教籍，并正式批准了尊崇圣像。其结论如下：

> 因此我们严格而谨慎地定义，重新竖立起应受尊崇的圣像，正如应受尊崇而予人生命的真十字架，因为图画与卵石以及其他的材料可以在上帝的神圣教堂中存在，可以绘制在神圣的器皿与教士的祭服上，可以绘制在墙壁与饰板上，绘制在屋舍与街道上，可以描绘我们的天主、神、救世主耶稣基督，以及我们的贞女圣母、可敬的天使，还有所有的圣人。
>
> 因为他们的图像代表存在得越久，目睹图像的人就越能回忆起，并爱戴其本源，让他们尊敬，鞠躬行礼。我们并不是要以真正的崇拜对待它们，因为只有真正的神才应当被崇拜；应当参照的是，在烛光与熏香之中，我们对待那予人生命的真十字架和神圣的福音书、其他圣物，乃至古时的虔诚习俗的态度。

最后一句似乎是一句温和的警告语：圣像是用于尊敬（proskynesis）而非膜拜（latreia）的。其理由不言自明：若不如此则沦为恶名昭彰的偶像崇拜了。但与会代表清楚，这两者之间的模糊不清正是破坏圣像运动产生的原因之一。他们必须谨慎地坚持信仰。

在第八次也是最后一次会议时，与会者全体转往君士坦丁堡；10 月 23 日，他们在玛格纳乌拉宫（Magnaura）集会，伊琳妮和她的儿子也一同出席。教条的定义被再一次宣读，并得到了一致同意。于是皇太后和皇帝庄严地签署了这一文件，与会代表之后各自返回。伊琳妮和塔拉西奥斯终于达成了他们的目标，可以接受祝贺了。

"虚假与愚蠢"（787）

吉本把这第二次在尼西亚召开的会议描述为"一个迷信、无知、虚假与愚蠢的古怪纪念碑"。在某种意义上确实如此，毕竟尽管表面上与会者一致同意，但这仅仅是短暂地中断了破坏圣像运动，在二十几年后，这些结论就被再度推翻，圣像也再度遭受憎恶。然而，研究破坏圣像运动最为全面的著作之一的作者，却提出了完全不同的观点。① 在他看来，这次大公会议是那些"尽管本身琐碎，实际上却是基督教历史上的重大事件"之一。因为"它完成了在希腊 - 拉丁文化之中定义基督的过程"。他认为破坏圣像派和此前的基督一性论派一样，反映了东方的基督教神秘主义，拜占庭帝国也在东方行省以及伊斯兰教的影响下，不断向这一思想靠拢。但他们也从未放弃抵抗，而这一抵抗使其得以在神

372

---

① E. J. Martin, *The History of the Iconoclastic Controversy.*

学意义上根植于地中海世界。如果我们接受这一理论——似乎也很难不接受——第二次在尼西亚召开的大公会议应当可以被视作卡尔西顿大公会议的后续，是帝国"拒绝接受亚洲居民信仰的最后姿态"。悲剧在于，他们逐渐失去了与西部的联系，最终沦为"顽固孤立的悲惨纪念碑"——这一事实将在后文叙述中越来越明显。

第二次婚姻（795）

十七岁的皇帝君士坦丁六世（Constantine Ⅵ）签署了第二次尼西亚大公会议的决议，此时的他依然是个傀儡。尽管次年，他和美貌的帕夫拉戈尼亚人——阿米尼亚的玛丽（Mary of Amnia）成婚，他依然是个傀儡。如果他母亲的野心受到控制，他究竟能够在多大程度上容忍自己无法管理朝政的事实，我们不得而知；但790年，伊琳妮做了一件过分的事。本应当让自己的儿子与帝国政府关系更为紧密，她却再度以颇不必要的方式羞辱了他，发布敕令要求此后她必须居于他之前作为主要的统治者，她的名字也要在他的名字之前被提及。无论君士坦丁同意与否，反对他母亲的人开始集结在他的身边，而这之中难免有许多破坏圣像派分子。不久之后他们谋划将皇太后抓住，放逐到西西里，但从来都保持警惕的伊琳妮及时听到了风声，坚定地处理了所有参与者，将儿子投入监狱，而且为了稳固自己的地位，她还要求全军发誓向她本人效忠。

她的举措又一次过火了。在君士坦丁堡和欧洲行省，士兵们尚愿意宣誓效忠，但在破坏圣像派依然强势的小亚细亚，效忠被一致回绝了。亚美尼亚坎军区部队挑起的兵变迅速扩散开来，在几天之内，君士坦丁就被各地立为帝国的唯一合法统治者。被仓促从监狱中带出来的年轻皇帝来到安纳托利亚，与他的支持者们会合，而后向都城进军。伊琳妮的主要副手、部长①斯塔乌拉基奥斯被鞭笞、削发并流放到亚美尼亚坎军区，皇太后宫中的许多人也遭受了类似的命运。伊琳妮则被软禁在不久前刚完工的埃雷乌瑟利乌斯宫（Eleutherius）之中。也许我们会错误地认为是君士坦丁本人下达了这些决定性的指令，但更可能的是这些决策都是支持他的武官们下达的，他本人则一如既往地被动。但他所受的支持前所未有，他的权力也无人质疑，未来掌握在他的手中。

而他很快就放手了。他柔弱、迟疑而且轻信他人，一个传言很快就尽人皆知——他只相信最后听到的说法。791年秋，哈伦·拉希德的萨拉森大军入侵东部省份时，他立刻再度签订了一份屈辱的和约，需要支付的金额让帝国难以负担；几乎与此同时，与保加尔人接壤的地区的紧张局势升级，他被迫亲率部队出征，随即证明了自己根本无力指挥战斗，792年在马尔凯莱（Marcellae）可耻地逃离了战场。同年他在他人的劝说下把自己的母亲召回都城，并恢复了她原有的权力。对于城中秘密支持破坏圣像派的人而言，他们的希望已经遭到背弃，而此举更是最后一根稻草。他们随即谋划了新的阴谋，决定将伊琳妮和君士坦丁一并推翻，立利奥

373

---

① "部长"不加说明时（如此处）一般指邮驿部部长，一个地位类似于今天的外交部部长但管理职权更宽泛的职务。其地位是各部部长之中最高的。——译者注

四世的兄弟，即十几年前就已成为僧侣的恺撒尼基弗鲁斯（Nicephorus）为皇帝。但这一阴谋也被揭发了，君士坦丁在一生之中首次展现出他的决断力。他下令刺瞎尼基弗鲁斯，为了防止他的叔叔们进行类似的阴谋——尽管几乎已无可能——他下令将他们四人的舌头全部割去。

现在看来，皇帝不但优柔寡断、不忠且怯懦，也有极为残暴的一面。他的臣民们没有几人会对这样一个可憎的统治者保留多少敬意。除了小亚细亚破坏圣像派的军人之外，只有一个团体对他保持了一定程度的支持：古隐修士的代表。他们欣然发现他对他们态度较好，而不是如他们所担忧的那样公开支持破坏圣像，他让母亲重掌大权则令他们更为欣喜。然而很快他们也被疏远了。795 年 1 月，他们惊异地得知皇帝与妻子离婚并准备再婚。阿米尼亚的玛丽尽管美貌，却并不成功。她为丈夫生下了一个女儿尤弗洛斯内（Euphrosyne），这个女儿在三十年后作为米哈伊尔二世（Michael Ⅱ）的妻子成为皇后。但没有儿子就无法保证继位，
374 君士坦丁也厌倦了她，迷恋上了宫中的塞奥多特（Theodote）。玛丽被送去修女院，牧首塔拉西奥斯不情愿地批准了离婚；次年 8 月，在君士坦丁堡之外的圣玛玛斯宫（St Mamas），皇帝和塞奥多特成婚。十四个月后她为他生下了一个儿子。

僧侣们无法接受这样的丑闻。皇帝在妻子过世之后再婚无妨，但赶走他的合法皇后而与其他人成婚，就是冒犯圣灵的罪了。他们坚称在任何情况下都不会容忍君士坦丁与塞奥多特成婚，他们的私生子也绝不能成为继承人。抗议的领导者，即比提尼亚的萨库迪昂（Saccudion）修道院院长普拉

托（Plato）和他的侄子塞奥多尔（Theodore）——他此后成了君士坦丁堡斯托迪奥斯（Studium）修道院的院长——被放逐到塞萨洛尼基，但他们的追随者依然不肯就此保持沉默。这些僧侣也不只抨击皇帝通奸，还把几乎与之相当的怒火指向塔拉西奥斯，因为他允许了这次婚姻——即使他曾竭力推脱主持这次婚礼。

我们无从得知普世牧首是否曾经对指责他的人们说明，君士坦丁曾经威胁称，如果不允许他成婚，他就要公开和破坏圣像派结盟，但这并没有阻止他人指控他为异端。随着时间推移，所谓的"通奸事件"（Moechian）①的争议似乎不断扩大，已经远超过讨论皇帝第二次婚姻的范畴。从长期来看，这一事件还进一步加大了教会的分裂，但并不是加深破坏圣像派与崇拜圣像派的隔阂，而是将崇拜圣像派分裂为两方，一方是在一定程度上可称为盲信的僧侣们，另一方则是调和主义者，他们清楚修道院之外还有帝国的其他事务，如果教会和国家能够共同有效运作，那么双方都要做出一定的让步。这一分裂在近期的尼西亚大公会议上，在讨论改信主教的处置问题时已露端倪，它持续了一个多世纪，在几个需要团结的场合中严重分裂与弱化了教会，让本可以共同为帝国的长期利益而努力的教士们互相敌视。

与此同时，君士坦丁已经失去君士坦丁堡中最后的潜在　375
支持者，面对他最强大的敌人——母亲伊琳妮时，已经毫无还手之力。她从来都没有原谅他推翻自己的事——即使只是

---

① 源自希腊语的"moicheia"，即通奸。

暂时软禁——她也清楚再赶走自己是轻而易举的事。她清楚自己儿子内心实际上是同情破坏圣像派的，她的儿子也清楚自己母亲的想法；她对亚洲军队中破坏圣像派的规模也有足够清醒的认识。只要君士坦丁还活着，他就完全可能再发动一场政变，不但能够毁灭她自己，也能毁掉她的所有努力，重新在整个帝国推行破坏圣像的信条。因此，自重新掌权之后，她就在竭力削弱他的权力。很可能是她蓄意鼓动他离婚再娶，以在她自己的最狂热的僧侣支持者们面前抹黑他。几乎确定无疑的是，在他试图挽回自己的军事声誉，于797年春向萨拉森人发动进攻时，正是她的手下给了他错误的情报，声称敌军从边境撤走了；直到返回君士坦丁堡时，他才发现哈伦·拉希德根本没有撤兵，依然占据着大片帝国领土。本来就不曾消除过的懦夫之名此时更是无法摆脱了，而这正是伊琳妮所期望的。

皇帝受黥刑（797）

6月时她已经准备好动手。当君士坦丁从大竞技场骑马前往布拉赫内宫的圣玛玛斯教堂时，一群士兵突然从小巷中冲出来扑向他。他的警卫立即还击，在接下来的混战之中他成功逃走，坐船渡过博斯普鲁斯海峡，希望寻求支持。但伊琳妮的动作比自己的儿子快得多。他几乎立即被捉住并带回宫中，在8月15日星期二下午3时，在他二十七年前出生的紫色寝宫之中，他被挖去了双眼。据称行刑者以格外粗暴的方式进行，以保证他无法活下来；无论他此后能活多久，伊琳妮都无疑是谋杀他的凶手。塞奥法内斯记载称，天空因为神的非难而阴沉下来，并一连持续了十七天。

君士坦丁与塞奥多特所生的儿子在出生几个月之后便夭折了，很可能是自然死亡，但考虑到他祖母的所作所为，我们也不敢做保证。因此，此时的伊琳妮不但独自掌握拜占庭的皇位，也成了第一个以自己的名义而非摄政之名独自统治帝国的女人。① 她为这个皇位努力已久，结果却没有什么机会享受。此前，她的两个主要幕僚——宦官斯塔乌拉基奥斯和埃提奥斯（Aetius）互相妒忌，已经达到近乎病态的程度，他们没完没了地互相陷害攻击，让帝国政府的管理陷入混乱。伊琳妮从来都不怎么受臣民的欢迎，在谋杀了自己的儿子之后更加不受欢迎，此时的她打算靠大量免税来挽回自己的名声，但帝国财政根本无法承受。受益最多的是隐修士们，他们也一直都是她的主要支持者。此外，阿拜多斯以及海峡地区征收的可观的关税和货物税也被减半，遭人们厌恶的所得税被完全废弃，同时被废弃的还有君士坦丁堡市民需要支付的市政费用。

但这样的举措只能缓和事态，不能解决问题。皇太后那些更清醒的臣民厌恶她全然不负责任的举措，她却自以为能够借此轻易收买人心，这也让他们深感鄙夷。主要由破坏圣像派组成的亚洲军队向来厌恶她，在她谋杀君士坦丁时就企图兵变；得知她许诺给哈伦·拉希德数额更大的岁贡时，他们大为惊讶且深感耻辱，无疑会担心自己能否拿到未来的薪

376

---

① 尽管拜占庭时代曾数次出现最高统治者为女性的情况，伊琳妮却是唯一一个企图使用阳性的"奥古斯都"而非"奥古斯塔"（皇太后、皇后、女皇）的女性统治者。——译者注

酬。当帝国国库日趋枯竭时，帝国的文官们无力回天，开始对经济步入正轨一事绝望了。帝国各地的保守主义者，无论老少，都无法接受一位女君主，如今却要忍受这一切。为了国家的利益，而非自身的利益，这些团体一个接一个地发动暴动。将她推翻，只是时间问题。

政变最终还是到来了，那么这些团体究竟是出于以上哪一个原因而决定行动呢？事实上政变的原因很可能不是以上任何一个因素，因为此时发生的另一个事件迫使他们迅速行动。800 年的圣诞节，在罗马的圣彼得大教堂，法兰克国王丕平的儿子查理被教皇利奥三世（Leo Ⅲ）加冕为罗马帝国皇帝，而在 802 年夏季，他派出使节觐见伊琳妮，向伊琳妮求婚。

查理曼（802）

377　　在加冕之前，查理大帝——或者他此后那个著名的称号，查理曼——虽无皇帝之名，但早有皇帝之实。771 年他的兄弟卡洛曼暴死之后，查理成为法兰克王国的唯一统治者，两年后他夺取了帕维亚，自称伦巴第人的国王。返回德意志之后，他随后降伏了信仰异教的撒克逊人，并让他们集体皈依基督教，而后又进军吞并了基督徒国家巴伐利亚。对西班牙的入侵并不算成功——却因此留下了西欧第一篇伟大的史诗《罗兰之歌》（*Chanson de Roland*）。随后查理对匈牙利和上奥地利的阿瓦尔人的进攻摧垮了他们的王国，使他们失去独立地位，国土被并入他的统治地区。就此，在不到一代人的时间内，他将法兰克人的王国从一个颇为常见的、仍近于部族统治的欧洲国家，变为一个统治地域极为广阔的政体，自罗马时代终结之后还没有任何国家能与之相比。

他所做的一切，至少绝大部分是得到了教皇热切的批准的。近半个世纪之前，教皇斯蒂芬艰难地翻越阿尔卑斯山，去查理的父亲丕平那里寻求援助，以对抗伦巴第人；这个请求似乎更应当向拜占庭的皇帝提出，"便溺者"君士坦丁若是在破坏圣像运动之外，能稍微多花一点心思管理意大利的话，这一援助也确实能施行。丕平和查理成功了，拜占庭则失败了，即使罗马与君士坦丁堡之间的裂痕理论上已在尼西亚大公会议之后弥合，教皇哈德良的代表们返回罗马之后，事实上他对他们上交的报告也远不算满意。比如，他们指出，当教皇给伊琳妮和君士坦丁的信件在与会者们面前被高声朗读时，所有存在争议的文段都被略过了，包括他对牧首塔拉西奥斯不合教规就职和使用"普世牧首"称号所进行的抗议。而且，存在争议的南意大利、西西里和和伊利里亚的主教区也没有归还给教皇管辖的意思。那么，哈德良和他的继任者利奥对他们西方的朋友保持忠诚也就不算奇怪了，即使他们要为此在圣像崇拜问题上进行一定的妥协。查理在这一问题上不合时宜地坚持己见，尽管他的态度不像754年的大公会议那样极端，但仍更倾向于破坏圣像派的信条，而不是罗马宗教裁判所的意见。

法兰克人的国王此前来过罗马。774年，时年三十二岁 378 的他前来进行国事访问，受到了哈德良的欢迎；他看到的景象也令他深受触动，并明确了他父亲奉献意大利中部土地一事，这片土地成了教皇国的核心。800年他再度前来，是为了处理更重要的事务。教皇利奥在四年前继任之后，就不断

受一批罗马城中的贵族侵扰，他们决心密谋除掉他；4 月 25
日，他被拖到大街上痛打，直到昏厥。他极为幸运地被朋友
救走，带到位于帕德博恩（Paderborn）的查理的宫廷中避
难。在法兰克特使们的保护之下，他在几个月之后返回罗
马，但此时的他面临政敌罗织的一系列罪行指控，包括出卖
圣职圣物、做伪证和通奸。

然而，要由谁来审判他呢？或者说，谁有权审判基督的
牧师呢？正常情况下，唯一的选择是让君士坦丁堡的皇帝来
主持审判，但此时的帝国皇位由伊琳妮控制。这位皇太后因
为谋杀自己的亲儿子而恶名昭彰，但在利奥和查理看来，这
可谓无足轻重：她是女人，这一点就足够了。同时代人大多
认为女性无法管理朝政，而萨利克（Salic）传统更是禁止
这一行为。在西欧人看来，皇帝的位置是虚悬的，伊琳妮称
帝一事，仅仅是这所谓的罗马帝国已经堕落的又一个证据而
已——如果还需要新证据的话。

查理在 800 年年末前往罗马时，他清楚自己和伊琳妮一
样无权在圣彼得大教堂之中审判；但他也清楚，只要这一指
控不能结束，基督教世界就不但没有皇帝，也将没有教皇，
他决意竭尽所能证明利奥清白。至于他在证词之外的真正想
法，我们只能猜测了。但是在 12 月 23 日高阶圣坛之上，教
皇对福音书庄严宣誓，声称他没有犯下被指控的任何罪行，
聚集起来的教士们也接受了他的说法。两天后，当跪拜的查
理在基督教弥撒结束之后起立时，利奥将皇帝的冠冕戴在他
的头上，围观者齐声欢呼庆贺。他的敌人们迅速指出，他所
获得的仅仅是个名号，这顶皇冠没有让他获得哪怕一个臣

民，也没有让他增加哪怕一个士兵，更没有让他多获取哪怕一寸土地。然而这个名号遗留下来的影响要超过他的任何一次征服，因为它意味着，在四百多年之后，西欧又重新有一位皇帝了。 379

君士坦丁奉献书（802）

这位教皇为何这么做，依然存在疑问。他当然不是刻意想要分裂罗马帝国，更不是想制造两个对立的帝国，如此前那样。至少在他看来，那时没有任何在世的皇帝，那么他立一个皇帝也是理所应当的；在他看来，因为拜占庭人在各个方面——政治、军事和教义——都无法令人满意，他就应当选择一个西欧人：智慧出众、气度不凡、掌控的领土广阔，还要体格健壮，胜过同时代的人。如果说利奥在那个圣诞节的清晨给查理以极大的荣耀，也可以说他其实给了自己更大的荣耀：任命罗马帝国皇帝，授予他们皇冠与权杖的权力。这确实是个全新的，甚至革命性的创建。没有哪位在他之前的大主教自称拥有如此权力，他不仅把皇冠当作个人礼物赠予皇帝，同时让自己在面对他所立的皇帝时，拥有无可置疑的权威。

如果说这一非凡的举措没有先例的话，其权力又是从何而来？中世纪最著名——也最成功——的伪造文件就此诞生：所谓的《君士坦丁奉献书》。它声称君士坦丁大帝认可同时代的教皇西尔维斯特（Sylvester）至高无上的权威，君士坦丁本人委婉地退至帝国"行省"，将他的皇冠留给教皇，允许他选择任何人暂时担任罗马皇帝。这一完全伪造的文件于世纪之交在宗教裁判所中完成，以证明教皇拥有他所宣称的无可估量的权力，并维持了六百多年，直到十五世纪中期，文艺复兴时代的人本主义者洛伦佐·瓦拉（Lorenzo Valla）揭示这一文献为伪造为止。①

380　　史学家们对皇帝加冕仪式是利奥与查理合谋，还是当时的法兰克国王惊讶地接受了冠冕，争论已久。并无合谋的可能性似乎更高。查理从未对皇帝之位表现出兴趣，他余生也依然自称"法兰克与伦巴第国王"（Rex Francorum et Langobardorum）。最重要的是，他不愿意效忠教皇。我们有理由相信，当他得知自己被迫效忠他人时，他内心是极为愤怒的，在一生中的任何其他时刻，他都会愤怒地拒绝。但此时，在这个历史上的重要时间节点，他发现了一个可能仅此一次的机会。伊琳妮，无论她做过什么，都是一个可以结婚的寡妇，而且是个格外美貌的寡妇。如果他能和伊琳妮成婚，那么东帝国与西帝国的土地将在同一顶皇冠之下统一，而那顶皇冠将属于他。

　　君士坦丁堡的居民得知查理加冕时的反应不难猜测。在任何思维正常的希腊人看来，此举不但傲慢至极，而且是大

---

① 身为皇帝宣称的顽固支持者，但丁对此进行了一段著名的批判：
Ahi, Costantin, di quanto mal fu matre,
Non la tua conversion, ma quella dote
Che da te prese il primo ricco patre!
（啊，君士坦丁，如此邪恶
并非因汝改信而生
却是因汝赠予
首位富裕神父之馈赠！）
——《地狱》（Inferno），xix, 115～117

第十八章　伊琳妮（775~802）

逆不道。拜占庭帝国的建立存在两个基石，一个是罗马人的权力，另一个是基督信仰。两者在君士坦丁大帝时合二为一，他既是罗马皇帝，也是"同使徒"（Equal of the Apostles），这象征意义上的统一由他所有合法的继承者传承下去。因此确定无疑的是，既然天堂之中只有一个上帝，那么人间也应当只有一个最高统治者，其他宣称这一称号的人既是僭位者，也是渎神者。

更重要的是，和西欧的王公们不同，拜占庭不实行仅限男性掌权的萨利克继承法，虽然他们厌恶皇太后，想要把她推翻，但他们不会质疑她掌控皇位的根本权力。因此，当他们得知伊琳妮的想法时大为不安，也深受冒犯：她并不觉得与一个文盲的蛮族——查理虽然略能阅读，但众所周知他是不会写字的——成婚有何不妥，甚至打算接受这一提议，不是耍弄权术，而是欣然允诺。

就我们对她性格的了解，她这样做的原因并不难理解。伊琳妮是个极度自私的人，也是个实用主义者。802年，当查理的使节来到君士坦丁堡时，她已经让帝国沦落并陷入贫穷。她的臣民鄙视并咒骂她，她的幕僚们在钩心斗角，她的国库已经耗干。一场政变迟早要发生——而且很可能只早不迟——她性命堪忧。现在，突然来了一个出乎意料的救星。对她而言，求婚者是个对立的皇帝一事无关紧要，他只是个投机分子和异端也无关紧要，如果他真和传说的一样未受教育，那么她很可能像之前操纵自己的前夫和儿子那样操纵他。同时，靠着与他成婚，她还能保持帝国的统一，并且保证自己的安全——后者对她而言自然重要得多。

381

467

此外也有其他吸引她的地方。这一提案给了她逃离，至少是暂时逃离令人窒息的宫廷的机会。伊琳妮守寡了二十二年，这些年她的身边几乎只有宫女和宦官，此时的她很可能刚刚五十出头，甚至更为年轻，那么找一个新丈夫又有什么奇怪的呢？更何况，传说中的他高大且格外英俊，嗓音如歌，双目湛蓝，还是个出色的猎手。

但她最终没有如愿。她的臣民们绝不肯让一个粗野的法兰克人占据皇位，无法接受这样一个人：穿着古怪的亚麻上衣，配着荒谬的交叉的红绑腿，说着无法理解的语言，甚至连名字都不会写，就像三个世纪前的东哥特人狄奥多里克那样，需要拿金印代签。在 802 年 10 月的最后一天，当伊琳妮偶感不适，在埃雷乌瑟利乌斯宫歇息时，一群高级官员占据了圣宫，在大竞技场进行集会并宣布将她废黜。被逮捕并带到都城之后，她没有抗议，平静而庄严地接受了事态的变化，也许对她而言，这也算是一种解脱。她随即被流放到马尔马拉海的王子群岛，而后又被送到莱斯沃斯岛（Lesbos），并于一年后逝世。

皇太后被推翻（802）

推翻了皇太后伊琳妮之后，拜占庭帝国历史的第一个阶段也结束了。此时距离君士坦丁大帝在博斯普鲁斯海峡的入口处，开始兴建他的新罗马的那个春日清晨，已经过去四百七十二年——对我们而言，那是宗教改革到如今的距离。在这些年之中，罗马帝国和帝国中央的那座城市已经面目全非。帝国本身大为萎缩，叙利亚、巴勒斯坦、埃及、北非以

及西班牙全部被穆斯林夺走；意大利中部先被伦巴第人占 382
据，后被法兰克人控制，而后又交给了教皇。君士坦丁堡则
在戏剧性地扩大，成为世界上无可争辩的最大也最富裕奢华
的城市。时而发生的瘟疫带来了不少破坏，但在九世纪初，
城中人口可能不少于二十五万，而且很可能更多。

　　然而那里依然是一座被围攻的城市。东面的萨拉森人训
练有序、组织严密，他们带来的长期威胁，甚至超过波斯帝
国威胁最大时；西面的哥特人、匈人和阿瓦尔人的威胁尽管
都被成功地解决了，但此时的保加尔人和斯拉夫人格外无
情。假如君士坦丁选择的都城战略位置略为逊色，假如狄奥
多西和他的继承者在建造陆墙与海墙时稍有懈怠，也许这些
敌人之中的某一个，或者某几个，早就杀进城中——本书的
篇幅也就要比现在短得多了。

　　但即使在最艰难的岁月中——当波斯人在博斯普鲁斯海
峡扎营、阿瓦尔人兵临城下时，当萨拉森人的舰船涌入马尔
马拉海时——每一个拜占庭人，从皇帝到最低贱的臣民，都
能够鼓起勇气，因为他们有同样的、不可动摇的信念：罗马
帝国是唯一且不可分割的，帝国的统治者是神选的在人间的
辅助统治者。其他的基督教王公也许不会以应有的方式表示
尊敬，也有可能拿起武器与他对抗，但没有人敢为他们自己
抢夺这个封号。但现在，突然之间，这些绝不可能的事就这
样发生了。一个突然发迹的蛮族首领自封为皇帝，还被罗马
的教皇加冕。此后将会有两个帝国，而不是一个。旧秩序终
结了。基督教世界将不复当年。

伊斯坦布尔的拜占庭遗迹
（公元 800 年之前）

本书是历史著作而非旅游指南。准备游览伊斯坦布尔的读者或许希望了解拜占庭城中还有那些旧时代的遗迹存留。下面这份清单并不完整，但提到的遗迹或遗物，对非专业爱好者而言也都值得游览观赏。

*** 世界级的名胜，值得特意前往伊斯坦布尔参观。

** 值得游览。

* 值得一看，但太小或损毁严重，不适合短期游客前往参观。

无星号的遗迹仅剩废墟乃至地基，提及仅为满足读者的好奇心。

注：这份清单得以完善要感谢博学的约翰·弗里（John Freely）先生，他的著作《漫步伊斯坦布尔》（*Strolling through Istanbul*, London, 1987）提供了不可估量的帮助。

** 瓦伦斯引水渠

皇帝瓦伦斯于 375 年建造，以便为都城提供水源，位于第四座山和第三座山之间的峡谷中。原本长达一千米的引水渠，现存约九百米的遗迹。

* 地下墓穴

位于穆拉特帕夏清真寺（Murat Pasha）后方，在米利特街和瓦坦街的路口，其中的大批地下墓室是近年才发现的，其年代应该可追溯至六世纪。

教堂

*** 圣索菲亚大教堂

君士坦丁堡牧首驻地，"神圣智慧教堂"，由君士坦丁大帝之子君士坦提乌斯于 360 年建成。目前的建筑物是第三次重建的版本，由查士丁尼在 532 年的尼卡暴动之后重建，在 537 年 12 月 26 日完成。此后难免对其进行了修复，但大教堂的基本结构依然如故，主要的区别在于，奥斯曼土耳其人在 1453 年夺取君士坦丁堡后，这里被改成了清真寺。

*** 圣伊琳妮教堂

在托普卡帕宫第一个庭院之中，"神圣和平教堂"是拜占庭城中最古老的基督教教堂之一。在得到君士坦丁大帝或其子君士坦提乌斯重建之后，它便作为牧首的驻地，直到附近的圣索菲亚大教堂建成。圣伊琳妮教堂也在尼卡暴动引发的火灾中损毁，而后由查士丁尼主持重建，在 537 年完工。这里通常不对外开放，但可以向圣索菲亚大教堂的主管人员申请参观。其中的胜景值得探访。

*** 圣塞尔吉乌斯与圣巴库斯教堂

今称小圣索菲亚清真寺，位于大竞技场中轴线延长线与海墙的交接处。这座教堂始建于527年，由查士丁尼与狄奥多拉主持建造，因此年代比如今的圣索菲亚大教堂和圣伊琳妮教堂更早。

* 圣约翰·斯托迪奥斯修道院

位于陆墙和马尔马拉海的交接处附近，462年建成的这座教堂是城中最古老的教堂——准确地说是教堂遗址，其屋顶已经坍塌。那个著名的修道院，拜占庭城中曾经的精神与文化中心，已经荡然无存。

* 圣卡尔珀斯与圣帕皮罗斯殉道者教堂

位于今希腊教会的圣米纳斯教堂旁边，如今已经是木匠的店铺。其中的大型圆穹顶砖室可以追溯到四至五世纪。

* 圣普利尤克托斯教堂

位于巨大的赛扎德巴西十字路口旁，在瓦伦斯引水渠以西，建于524～527年。如今已成废墟，但依然可谓奇景。

铜器厂的圣母教堂

曾经庞大壮丽的五世纪教堂，如今只剩后殿和一段有垛围墙。位于圣索菲亚大教堂以西约一百码处，阿莱姆达尔街。

蓄水池

** 君主蓄水池（耶莱巴坦地下水宫）

在532年的尼卡暴动之后由查士丁尼主持建造。城中所有非露天蓄水池中规模最大，也最华美的一座，总共有十二列，每列二十八根石柱。如今得到了全面整修，游客不应错过。

** 宾比尔迪雷克蓄水池

在迪万约卢大街左侧，距圣索菲亚大教堂约 400 米，原意为"一千零一柱"，实际上只有十六列十四排石柱。石柱全高约 14.5 米。蓄水池或许是在君士坦丁大帝时代始建，而五世纪或六世纪时进行了拓宽。已对公众开放，但里面黑暗潮湿且肮脏。

埃提乌斯露天蓄水池

在费夫齐帕夏街，距离米赫里马赫清真寺不远。421 年始建，长 224 米，宽 85 米，如今改建成运动场。

阿斯帕露天蓄水池

位于苏丹塞利姆一世清真寺西南。约 470 年由阿斯帕主持建造，占地 152 平方米，如今改建成菜园和农场建筑。

圣莫西乌斯露天蓄水池

位于阿尔迪梅尔梅区。在阿纳斯塔修斯一世在位时（491～518）建造，占地超过 25000 平方米，是拜占庭帝国早期蓄水池中最大的。如今已成果菜园。

普尔科莉亚地下蓄水池

正对着阿斯帕蓄水池的东南角。为何建造尚无法确知，但应当是在五世纪或六世纪建成。其中有四排科林斯式石柱。不对公众开放。

斯托迪奥斯地下蓄水池

位于修道院辖区东南角。如今成了垃圾场，但其中的二十三根科林斯式花岗岩石柱依然值得参观。

石柱

*阿卡狄乌斯石柱

位于杰拉赫帕夏街，在同名清真寺右侧两条街处。阿卡狄乌斯皇帝在 402 年树立的石柱是仿照君士坦丁石柱完成的，如今只剩基座。其中一条楼梯能够走到废墟顶端，那里还有石柱的另一小段（1715 年被拆毁）。

*君士坦丁石柱

君士坦丁大帝建造，以标志城市建成。矗立至今，但境况凄惨。

*哥特人石柱

位于居尔哈内公园（Gulhane Park）之中、托普卡帕宫之后。花岗石基座之上的科林斯式石柱刻着铭文："幸运地击败哥特人后凯旋"（FORTUNAE REDUCI OB DEVICTOS GOTHOS）。或许由君士坦丁大帝竖立，也可能是克劳狄乌斯二世（268～270 年在位）竖立的。

*马尔西安石柱（基兹塔西）

位于法提赫清真寺以南约二百码处。铭文上提到石柱是禁卫军执政官塔提安努斯（Tatianus）为纪念皇帝马尔西安（450～457 年在位）所立。此后土耳其人认为这石柱能辨别处女的真伪。

** 大竞技场

今称阿特梅伊丹尼（"赛马场"），这个君士坦丁堡市民生活的中心保留了主要的架构，以及中央的赛道，还有图特摩斯三世方尖碑（公元前 1549～公元前 1503 年）、德尔斐的阿波罗神庙的蛇柱基座，以及基座铭文上幸运地提到的罗德岛巨像的粗糙石柱。

＊萨姆森救济院

曾被普罗柯比提及的这个福利机构位于圣伊琳妮教堂和托普卡帕宫外墙之间，如今只剩一堆废墟（以及少量重建的石柱）。

宫殿

＊圣宫

君士坦丁大帝建造，这里一直是皇帝的主要居所，直到 1204 年的第四次十字军时。原建筑大部分已经毁坏或改建，仅有布克里昂（Bucoleon）的旧海门废墟尚存，三扇大理石窗框融入海墙的一部分。＊＊圣宫地面镶嵌画可以在新建的镶嵌画博物馆中参观。

安条克宫

位于圣索菲亚大教堂以西约三百码处的迪万约卢大街，这个五世纪的大贵族修建的宫殿只剩这片废墟了。此后这里被改建成了一座殉道者教堂，存放卡尔西顿的圣尤菲米亚的遗骨。

＊罗曼努斯宫

在郁金香修道院以南约二百码处，是曾经的博德鲁姆清真寺（地下清真寺）的遗址。这里原本是拜占庭的教堂，是米列莱昂修道院的一部分。旁边的巨大地下圆厅在五世纪动工，本准备作为宫殿的接待大厅，但最终未能完成。此后地下圆厅被改建为蓄水池，罗曼努斯宫便建造在蓄水池之上。

*** 城墙

环绕全城的城墙之中，最古老的一段在金角湾以西，可以追溯至君士坦丁大帝的时代；然而大部分的城墙——以及现存的全部陆墙——是狄奥多西二世在位期间，由东方禁卫军执政官安特米乌斯主持修建的，在 413 年完工。陆墙与马尔马拉海一侧的海墙依然相连，与金角湾一侧相连的部分已经基本消失。

皇帝列表

284~305	戴克里先
286~305	马克西米安

联合执政

305~306	"苍白者"君士坦提乌斯一世
305~311	伽列里乌斯
306~312	马克森提乌斯（接替君士坦提乌斯）

联合执政

306~324	"大帝"君士坦丁一世
312~324	李锡尼

联合执政

324~337	君士坦丁一世　　独自执政
337~340	君士坦丁二世
337~350	君士坦提乌斯二世
337~350	君士坦斯

联合执政

350~361	君士坦提乌斯二世　　独自执政
361~363	尤里安
363~364	约维安
364~375	瓦伦提尼安一世
364~378	瓦伦斯

联合执政

375~383	格拉提安
379~392	狄奥多西一世
383~392	瓦伦提尼安二世（接替格拉提安）

联合执政

392~395	狄奥多西一世

（东帝国）		（西帝国）	
395~408	阿卡狄乌斯	395~423	霍诺里乌斯
408~450	狄奥多西二世	423	君士坦提乌斯三世
		423~425	约安内斯
450~457	马尔西安	425~455	瓦伦提尼安三世

477

拜占庭的新生：从拉丁世界到东方帝国

<table>
<tr><td colspan="2">（东帝国）</td><td colspan="2">（西帝国）</td></tr>
<tr><td></td><td></td><td>455</td><td>佩特罗尼乌斯·马克西姆斯</td></tr>
<tr><td></td><td></td><td>455～456</td><td>阿维图斯</td></tr>
<tr><td>457～474</td><td>利奥一世</td><td>457～461</td><td>马吉奥利安</td></tr>
<tr><td></td><td></td><td>461～465</td><td>利比乌斯·塞维鲁斯</td></tr>
<tr><td></td><td></td><td>467～472</td><td>安特米乌斯</td></tr>
<tr><td></td><td></td><td>472</td><td>奥利布里乌斯</td></tr>
<tr><td></td><td></td><td>472～474</td><td>格利凯里乌斯</td></tr>
<tr><td>474</td><td>利奥二世</td><td>474</td><td>尤里乌斯·尼波斯</td></tr>
<tr><td>474～491</td><td>芝诺</td><td>474～476</td><td>"小奥古斯都"罗慕路斯</td></tr>
<tr><td>（475～476</td><td>巴西利斯库斯）</td><td></td><td></td></tr>
<tr><td>491～518</td><td>阿纳斯塔修斯一世</td><td></td><td></td></tr>
<tr><td>518～527</td><td>查士丁一世</td><td></td><td></td></tr>
<tr><td>527～565</td><td>查士丁尼一世</td><td></td><td></td></tr>
<tr><td>565～578</td><td>查士丁二世</td><td></td><td></td></tr>
<tr><td>578～582</td><td>提比略二世（提比略·君士坦丁）</td><td></td><td></td></tr>
<tr><td>582～602</td><td>莫里斯</td><td></td><td></td></tr>
<tr><td>602～610</td><td>福卡斯</td><td></td><td></td></tr>
<tr><td>610～641</td><td>希拉克略</td><td></td><td></td></tr>
<tr><td>641</td><td>君士坦丁三世
希拉克伦纳斯 ｝联合执政</td><td></td><td></td></tr>
<tr><td>641～668</td><td>"浓须者"君士坦斯二世</td><td></td><td></td></tr>
<tr><td>668～685</td><td>君士坦丁四世</td><td></td><td></td></tr>
<tr><td>685～695</td><td>"受劓刑者"查士丁尼二世</td><td></td><td></td></tr>
<tr><td>695～698</td><td>利昂提奥斯</td><td></td><td></td></tr>
<tr><td>698～705</td><td>提比略三世</td><td></td><td></td></tr>
<tr><td>705～711</td><td>"受劓刑者"查士丁尼二世</td><td></td><td></td></tr>
<tr><td>711～713</td><td>菲利皮库斯·巴尔达内斯</td><td></td><td></td></tr>
<tr><td>713～715</td><td>阿纳斯塔修斯二世</td><td></td><td></td></tr>
<tr><td>715～717</td><td>塞奥多西奥斯三世</td><td></td><td></td></tr>
<tr><td>717～741</td><td>利奥三世</td><td></td><td></td></tr>
<tr><td>741</td><td>"便溺者"君士坦丁五世</td><td></td><td></td></tr>
<tr><td>742</td><td>阿尔塔巴斯多斯</td><td></td><td></td></tr>
<tr><td>743～775</td><td>"便溺者"君士坦丁五世</td><td></td><td></td></tr>
<tr><td>775～780</td><td>利奥四世</td><td></td><td></td></tr>
<tr><td>780～797</td><td>君士坦丁六世</td><td></td><td></td></tr>
<tr><td>797～802</td><td>伊琳妮</td><td>800～814</td><td>查理曼</td></tr>
</table>

I 原始资料

资料合集

BLOCKLEY, R. C. The Fragmentary Classicising Historians of the Later Roman Empire. English translations. Vol. II, Liverpool 1983 (B.F.C.H.).

Corpus Scriptorum Ecclesiasticorum Latinorum. 57 vols. Vienna 1866– (incomplete) (C.S.E.L.).

Corpus Scriptorum Historiae Byzantinae. Bonn 1828–   (incomplete) (C.S.H.B.).

COUSIN, L. Histoire de Constantinople. French translations. 8 vols. Paris 1685 (C.H.C.).

HOARE, F. R. The Western Fathers. English translations. London 1954 (H.W.F.).

MIGNE, J. P. *Patrologia Graeca.* 161 vols. Paris 1857–66 (M.P.G.).

-- *Patrologia Latina.* 221 vols. Paris 1844–55 (M.P.L.).

Monumenta Germaniae Historica. Eds. G. H. Pertz, T. Mommsen *et al.* Hanover 1826–   (in progress) (M.G.H.).

MULLER, C. I. T. *Fragmenta Historicorum Graecorum.* 5 vols. Paris 1841–83 (M.F.H.G.).

MURATORI, L. A. *Rerum Italicarum Scriptores.* 25 vols. Milan 1723–51 (M.R.I.S.).

Nicene and Post-Nicene Fathers, Library of the. 2nd series. 14 vols. with trans. Oxford 1890–1900 (N.P.N.F.).

个人资料

AGATHIAS of Myrina. *The Histories.* Trans. J. D. Frendo. Berlin 1975.

AGNELLUS of Ravenna. *De Sancto Felice.* In *Liber Pontificalis Ecclesiae Ravennatis,* ed. O. Holder-Egger. In M.G.H., *Scriptores Rerum Langobardicarum et Italicarum, saec. VI-IX.* Hanover 1878.

AL-BALADHURI. *Kitab Futuh al-Buldan*. Trans. as *The Origins of the Islamic State* by Philip K. Hitti. New York 1916.

AMBROSE, Saint. *Opera*. In C.S.E.L., Vol. 73. 10 parts. Vienna 1955-64.

AMMIANUS MARCELLINUS. *Rerum Gestarum Libri*. Ed. V. Gardthausen. 2 vols. Leipzig 1874-5.

ANASTASIUS, Bibliothecarius. In M.P.L., Vol. 80; M.P.G., Vol. 108.

ANONYMUS VALESII. Usually included with Ammianus Marcellinus, *q.v.*

AURELIUS VICTOR. *De Caesaribus*. Eds. F. Pichlmayr and R. Gruendal. Leipzig 1966.

CANDIDUS the Isaurian. History. Trans. in B.F.C.H.

CEDRENUS, Georgius. In C.S.H.B.; also M.P.G., Vols. 121-2.

CLAUDIAN. *Carmina*. Ed. T. Birt. In M.G.H., Vol. 10 (Eng. verse trans. by A. Hawkins. 2 vols. London 1817).

CONSTANTINE VII PORPHYROGENITUS. *De Administrando Imperio*. Gk. text with Eng. trans. by R. J. H. Jenkins. Washington 1969.

—Commentary, by R. J. H. Jenkins. London 1962.

CORIPPUS. *De Laudibus Justini Augusti Minoris*. In M.G.H., *Auctores Antiquissimi*, III, ii.

EUNAPIUS. History. Trans. in B.F.C.H.

EUSEBIUS, Bishop of Caesarea. *A History of the Church from Christ to Constantine*. Trans. G. A. Williamson. London 1965.

—Life of Constantine. Trans. A. C. McGiffert in N.P.N.F., Vol. 2.

EUTROPIUS. *Breviarium ab Urbe Condita*. Ed. F. Ruehl. Leipzig 1887. Trans. J. S. Watson, London 1890.

EVAGRIUS. In M.F.H.G., Vol. 5.

GEORGE of Pisidia. The Heracliad, The Persian Expedition and the *Bellum Avaricum*. In C.S.H.B., Vol. 19; also M.P.H., Vol. 92.

GERMANUS, Patriarch. Letters. In M.P.G., Vol. 98, 156ff.

GREGORY of Nazianzus, St. Selected Orations and Letters. Trans. C. G. Browne and J. E. Swallow in N.P.N.F., Vol. 7.

JEROME, Saint. *Letters*. Fr. trans. by J. Labourt. 8 vols. Paris 1951-63.

JOANNES ANNOCHENES. In M.F.H.G., Vols. 4-5.

JOANNES LYDUS. *On Powers, or The Magistracies of the Roman State*. Ed. and trans. A. C. Bandy. Philadelphia 1983.

JOHN CHRYSOSTOM, Saint. *Oeuvres Complètes*. Fr. trans. Abbé Joly. 8 vols. Paris 1864-7.

JOHN of Damascus. Orations. In M.P.G., Vol. 94, 1232ff.

JOHN, Bishop of Ephesus. *Ecclesiastical History*, Pt. III. Ed. and trans. R. P. Smith. Oxford 1860.

参考文献

JORDANES (JORNANDES). In M.R.I.S., Vol. 1.

JULIAN, Emperor. *Works.* Trans. W. C. Wright. 3 vols. London 1913.

LACTANTIUS. *On the Deaths of the Persecutors.* Trans. W. Fletcher. Ante-Nicene Library. Edinburgh 1871.

LEO, Grammaticus. Lives of the Emperors (813–948). In C.H.C., Vol. III.

LIBANIUS. *Selected Works.* Trans. A. F. Norman. 2 vols. London and Cambridge, Mass. 1969 and 1977.

Liber Pontificalis. De Gestis Romanorum Pontificum. Text, intr. and comm. by L. Duchesne. 2 vols. Paris 1886–92 (reprint, Paris 1955).

MALALAS, JOHN. In M.P.G., Vol. 97.

MARTIN I, Pope. Letters. In M.P.L., Vol. 87.

MENANDER, Protector. Embassies. In C.H.C., Vol. III.

NICEPHORUS, St, Patriarch. *Opuscula Historica* (602–770). Ed. C. de Boor. Leipzig 1880. Fr. trans. in C.H.C., Vol. III.

OLYMPIODORUS. History. In B.F.C.H.

Paschal Chronicle. In M.P.G., Vol. 92.

PAUL the Deacon. *Historia Langobardorum.* In M.G.H., *Scriptores,* Vols. ii, xiii. Eng. trans. by W. C. Foulke, Philadelphia 1905.

PAULINUS. Life of Ambrose. In H.W.F.

PHILOSTORGIUS. *Historia Ecclesiae.* In M.P.G., Vol. 65. Partial trans. E. Walford, London 1851.

PRISCUS. History. Trans. in B.F.C.H.

PROCOPIUS of Caesarea. Works. Trans. H. B. Dewing. 7 vols. London 1914–40.

RUFINUS, TYRANNIUS. Ecclesiastical History. Trans. in N.P.N.F., Vol. 3.

SEBEOS, Bishop. *Histoire d'Héraclius.* Trans. and ed. F. Macler. Paris 1904.

SIDONIUS, APOLLINARIS. *Poems and Letters.* Trans. W. C. Anderson. 2 vols. London 1936.

SOCRATES SCHOLASTICUS. Ecclesiastical History. Trans. in N.P.N.F., Vol. 2.

SOZOMEN. Ecclesiastical History. Trans. (anon.) in N.P.N.F., Vol. 2.

THEODORET. *History of the Church.* Trans. (anon.) London 1854.

THEOPHANES, St (called Isaacius). *Chronographia.* Ed. C. de Boor. 2 vols. Leipzig 1883 (reprinted Hildesheim 1963). Also in M.P.G., Vols. 108-9.

THEOPHYLACT, Simocatta. History of the Emperor Maurice. In C.S.H.B., 1924. Fr. trans. in C.H.C., Vol. III.

ZONARAS, Joannes. *Annales*. Ex rec. M. Pindari. In C.S.H.B. and M.P.G., 134–5.

ZOSIMUS (Panopolitanus). *Historia*. Ed. with Latin trans. J.F. Reitemeyer. Leipzig 1784.

II 现代著作

ALFOLDI, A. *The Conversion of Constantine and Pagan Rome*. Oxford 1948.

ANDREOTTI, R. *Il Regno dell' Imperatore Giuliano*. Bologna 1936.

BAYNES, N. H. 'Constantine the Great and the Christian Church'. *Proceedings of the British Academy*. 1929.

BAYNES, N. H. *Byzantine Studies and Other Essays*. London 1955.

BAYNES, N. H. and MOSS, H. St L. B. (eds.) *Byzantium: an Introduction to East Roman Civilisation*. Oxford 1948.

BIDEZ, J. *La Vie de l'Empereur Julien*. Paris 1930.

BOWERSOCK, G. W. *Julian the Apostate*. London 1978.

BROWNING, R. *Justinian and Theodora*. London 1971.

–– *The Emperor Julian*. London 1975.

–– *The Byzantine Empire*. London 1980.

BURCKHARDT, J. *The Age of Constantine the Great*. Trans. M. Hadas. London 1849.

BURY, J. B. *A History of the Later Roman Empire (395–800 A.D.)*. 2 vols. London 1889.

BUTLER, A. J. *The Arab Conquest of Egypt and the Last Thirty Years of Roman Dominion*. Oxford 1902.

BYRON, R. *The Byzantine Achievement*. London 1929.

CAETANI, G. C. *Annali dell' Islam*. Vols. I–VIII. Milan 1905–18.

Cambridge Medieval History. Esp. Vol. IV, *The Byzantine Empire, 717–1453*. New edition, ed. J. M. Hussey. 2 vols. Cambridge 1966–7.

CHARLESWORTH, M. P. *The Roman Empire*. Oxford 1951.

COBHAM, C. D. *The Patriarchs of Constantinople*. Cambridge 1911.

DELEHAYE, H. *Les Saints Stylites*. Brussels and Paris 1923.

Dictionnaire d'Histoire et de Géographie Ecclésiastiques. Eds. A. Baudrillart, R. Aubert and others. Paris 1912– (in progress).

Dictionnaire de Théologie Catholique. 15 vols in 30. Paris 1909–50 (with supplements).

DIEHL, C. *L'Afrique Byzantine*. 2 vols. Paris 1896.

–– *Figures Byzantines*. 2 ser. Paris 1906 and 1913.

–– *Histoire de l'Empire Byzantin*. Paris 1918.

–– *Choses et Gens de Byzance*. Paris 1926.

参考文献

DOWNEY, G. *Constantinople in the Age of Justinian.* University of Oklahoma 1960.

DRAPEYRON, L. *L'Empereur Héraclius et l'Empire Byzantin.* Paris 1869.

DUDDEN, F. H. *The Life and Times of St Ambrose.* 2 vols. Oxford 1935.

DUNLOP, D. M. *The History of the Jewish Khazars.* Princeton 1954.

EBERSOLT, J. *Le Grand Palais de Constantinople et le Livre des Cérémonies.* Paris 1910.

Enciclopedia Italiana. 36 vols. 1929–39 (with later appendices).

Encyclopaedia Britannica. 11th ed. 29 vols. Cambridge 1910–11.

— 15th ed. 30 vols. University of Chicago 1974.

FINLAY, G. *History of Greece, BC 146 to AD 1864.* New ed. Ed. H. F. Tozer, 1877. 8 vols.

FIRTH, J. B. *Constantine the Great.* New York 1905.

FISHER, H. A. L. *A History of Europe.* London 1935.

FLICHE, A. and MARTIN, V. *Histoire de l'Eglise, depuis les Origines jusqu'à nos Jours.* Paris 1934.

FRENCH, R. M. *The Eastern Orthodox Church.* London and New York 1951.

GARDNER, A. *Julian, Emperor and Philosopher, and the Last Struggle of Paganism against Christianity.* London 1895.

— *Theodore of Studium.* London 1905.

GIBBON, E. *The History of the Decline and Fall of the Roman Empire.* 7 vols. Ed. J. B. Bury. London 1896.

GORDON, C. D. *The Age of Attila* (trans. of contemporary sources). University of Michigan 1966.

GRANT, M. *The History of Rome.* London 1978.

GROSVENOR, E. A. *Constantinople.* 2 vols. Boston 1895.

GWATKIN, H. M. *Eusebius of Caesarea.* London 1896.

HARNACK, T. G. A. *History of Dogma.* Eng. trans. London 1899.

HEAD, C. *Justinian II of Byzantium.* University of Wisconsin Press 1972.

HEFELE, C. J. von. *Histoire des Conciles d'après les Documents Originaux* (Fr. trans. from German by H. Leclercq). 5 vols in 10. Paris 1907–13.

HILL, Sir George. *A History of Cyprus.* 3 vols. Cambridge 1913.

HITTI, P. K. *History of the Arabs.* 3rd ed. New York 1951.

HODGKIN, T. *Italy and her Invaders.* 8 vols. Oxford 1880–99.

HOLMES, W. G. *The Age of Justinian and Theodora.* 2 vols. London 1907.

HUSSEY, J. M. *The Byzantine World.* London and New York 1957.

JANIN, R. *Constantinople Byzantine.* Paris 1950.

JENKINS, R. *Byzantium: The Imperial Centuries, AD 610–1071.* London 1966.

JONES, A. H. M. *Constantine and the Conversion of Europe*. London 1948.

KRAUTHEIMER, R. *Early Christian and Byzantine Architecture* (Pelican History of Art). London 1965.

LETHABY, W. R. and SWAINSON, H. *The Church of Sancta Sophia, Constantinople: a Study of Byzantine Building*. London 1894.

MACLAGAN, M. *The City of Constantinople*. London 1968.

MACMULLEN, R. *Constantine*. London 1970.

MAINSTONE, R. J. *Hagia Sophia: Architecture, Structure and Liturgy of Justinian's Great Church*. London 1988.

MANN, H. K. *The Lives of the Popes in the Middle Ages*. 18 vols. London 1902–32.

MARIN, E. *Les Moines de Constantinople*. Paris 1897.

MARTIN, E. J. *A History of the Iconoclastic Controversy*. London 1930.

MILMAN, H. H. *The History of Christianity from the Birth of Christ to the Abolition of Paganism in the Roman Empire*. 3 vols. Rev. ed. 1867.

NEANDER, A. *General History of the Christian Religion and Church*. 9 vols. Eng. trans. London 1876.

New Catholic Encyclopaedia. Washington, DC 1967.

OCKLEY, S. *History of the Saracens*. 4th ed. London 1847.

OMAN, C. W. C. *The Byzantine Empire*. London 1897.

OSTROGORSKY, G. *History of the Byzantine State*. Trans. J. Hussey. 2nd ed. Oxford 1968.

PEROWNE, S. *The End of the Roman World*. London 1966.

RIDLEY, F. A. *Julian the Apostate and the Rise of Christianity*. London 1937.

RUNCIMAN, S. *A History of the First Bulgarian Empire*. London 1930.

SETTON, K. M. *The Byzantine Background to the Italian Renaissance*. Proceedings of the American Philosophical Society, Vol. 100, no. 1 (February 1956).

SMITH, J. H. *Constantine the Great*. London 1971.

SMITH, W. and WACE, H. *Dictionary of Christian Biography*. 4 vols. London 1877–87.

STEIN, E. *Histoire du Bas-Empire, II: de la Disparition de l'Empire de l'Occident à la Mort de Justinien (476–565)*. Paris and Brussels 1949.

SUMNER-BOYD, H. and FREELY, J. *Strolling through Istanbul*. Istanbul 1972.

SWIFT, E. A. *Hagia Sophia*. New York 1940.

SYKES, Sir Percy. *A History of Persia*. 2 vols. 3rd ed. London 1930.

THOMPSON, E. A. *A History of Attila and the Huns*. London 1948.

VAN DER MEER, F. *Atlas of Western Civilisation*. Trans. T. A. Birrell. Amsterdam 1954.

-- and MOHRMANN, C. *Atlas of the Early Christian World*. Trans. M. F. Hedlund and H. H. Rowley. London 1958.

VASILIEV, A. A. *The Goths in the Crimea*. Cambridge, Mass. 1936.

-- *Justin the First: an Introduction to the Epoch of Justinian the Great*. Cambridge, Mass. 1950.

-- *History of the Byzantine Empire, 324–1453*. Madison, Wisconsin 1952.

VOGT, J. *The Decline of Rome: The Metamorphosis of Ancient Civilisation*. Trans. J. Sondheimer. London 1967.

索　引

索 引

图书在版编目（CIP）数据

拜占庭的新生：从拉丁世界到东方帝国／（英）约
翰·朱利叶斯·诺里奇（John Julius Norwich）著；李
达译．－－北京：社会科学文献出版社，2020.3（2021.6 重印）
　书名原文：BYZANTIUM：THE EARLY CENTURIES
　ISBN 978 - 7 - 5201 - 1815 - 6

　Ⅰ．①拜…　Ⅱ．①约…　②李…　Ⅲ．①拜占庭帝国 -
历史　Ⅳ.①K134

　中国版本图书馆 CIP 数据核字（2017）第 279423 号

拜占庭的新生：从拉丁世界到东方帝国

著　　者／〔英〕约翰·朱利叶斯·诺里奇（John Julius Norwich）
译　　者／李　达

出 版 人／王利民
组稿编辑／董风云
责任编辑／张　骋　成　琳

出　　版／社会科学文献出版社·甲骨文工作室（分社）（010）59366527
　　　　　地址：北京市北三环中路甲 29 号院华龙大厦　邮编：100029
　　　　　网址：www.ssap.com.cn
发　　行／市场营销中心（010）59367081　59367083
印　　装／三河市东方印刷有限公司

规　　格／开　本：889mm×1194mm　1/32
　　　　　印　张：17.5　插　页：0.75　字　数：366 千字
版　　次／2020 年 3 月第 1 版　2021 年 6 月第 2 次印刷
书　　号／ISBN 978 - 7 - 5201 - 1815 - 6
著作权合同
登 记 号／图字 01 - 2016 - 0693 号
定　　价／79.00 元

本书如有印装质量问题，请与读者服务中心（010 - 59367028）联系